M. TERENTI VARRONIS

ANTIQUITATUM RERUM DIVINARUM

LIBRI I XIV XV XVI

Edited by

REINHOLDO AGAHD

ARNO PRESS

A New York Times Company

New York / 1975

Editorial Supervision: ANDREA HICKS

Reprint Edition 1975 by Arno Press Inc.

Reprinted by permission of B. G. Teubner

Reprinted from a copy in
The University of Illinois Library

ANCIENT RELIGION AND MYTHOLOGY
ISBN for complete set: 0-405-07001-2
See last pages of this volume for titles.

Manufactured in the United States of America

Library of Congress Cataloging in Publication Data

Varro, Marcus Terentius.
M. Terenti Varronis Antiquitatum rerum divinarum libri I, XIV, XV, XVI.

(Ancient religion and mythology)
Reprint of the 1898 ed. (Lipsiae, In aedibus B. G. Teubneri) which was issued as an offprint from Jahrbücher für classische Philologie, supplement 24.
"Quaestiones Varronianae": p.
Includes bibliographical references.
1. Rome--Religion. I. Agahd, Reinhold. II. Title: Antiquitates rerum divinarum. III. Series.
BL800.V372 1975 292'.07 75-10661
ISBN 0-405-07268-6

ANCIENT RELIGION AND MYTHOLOGY

This is a volume in the Arno Press collection

ANCIENT RELIGION AND MYTHOLOGY

Advisory Editor

W. R. Connor

Associate Editor

Robert E. A. Palmer

See last pages of this volume
for a complete list of titles

M. TERENTI VARRONIS

ANTIQUITATUM RERUM DIVINARUM

LIBRI I XIV XV XVI

PRAEMISSAE SUNT QUAESTIONES VARRONIANAE

AUCTORE

REINHOLDO AGAHD

COMMENTATIO EX SUPPLEMENTO VICESIMO QUARTO ANNALIUM PHILOLOGICORUM
SEORSUM EXPRESSA

LIPSIAE

IN AEDIBUS B. G. TEUBNERI

MDCCCXCVIII

PAGINARUM NUMERI SUNT SUPPLEMENTI VICESIMI QUARTI ANNALIUM PHILOLOGICORUM

LIPSIAE: TYPIS B. G. TEUBNERI

RICARDO REITZENSTEIN

SACRUM

Praefatio.

Varro quid in Rerum Divinarum libris I XIV XV XVI docuisset ut quaererem, monuit me ante hos decem annos Guilelmus Studemund, ad opus propter varias quasdam easque molestissimas difficultates relictum iterum atque iterum me revocavit Ricardus Reitzenstein. Eandem interea quaestionem Erdmannus Schwarz in libro, qui inscribitur: „De M. Terentii Varronis apud sanctos patres vestigiis" (recepto in XVI suppl. annal. Fleckeisen. Lips. 1888) diligenter nec sine fructu tractavit, cui quantum debeam ipsa haec mea quaestio docebit. Sed idem vir doctus qui non perspexerit totam quaestionem ab Augustini de Civitate Dei libris IV VI VII incipiendam esse miror.[1] Nam etiam si de his Rerum Divinarum libris aliunde nihil compertum esset, tamen qua fuerint indole ex solo Augustino disceretur, quippe qui ordine Varroniano saepe per aliquot continua capita servato auctoris sui verba neque depravare neque cum alienis commiscere soleat. Huic quaestioni pauca de Senecae libro, quem de superstitione scripsit (vd. Aug. C. D. VI 10 sq.), subiunxi.

In altera parte commentationis de Tertulliano egi, quem inter testes secundum sed longe a primo remotum locum tenere iusserim. Passim enim tam in Apologetico libro quam in duobus ad Nationes libris auctorem quendam incertum adhibuit eundem, quo Minucius in Octavio, in Institutionum Divinarum libro I Lactantius usi sunt. Quod si respicitur, non pauca Varroni abiudicantur, quae adhuc viri docti ei attribuere solent.

Iam quem Varro philosophum hisce in libris secutus sit, exposui, quo melius appareat, quas ille cum de aliis rebus, tum de anima professus sit rationes philosophas quidque ex eis, quae Servius genuinus ad Vergilii versus Aen. VI 703—745, commentator Bernensis ad Lucani versus Phars. IX 1 sqq. adnotant, ad eum revocandum sit. Tum de Cornelio Labeone egi Arnobium maxime, Macrobium, Marcianum, Laurentium, nonnullos Servii genuini interpolatorisque locos respiciens. Denique exposui, quos Varro deos certos incertos selectos intellexerit et quid ipse de Indigitamentorum indole iudicem.

Restat, ut praeceptori dilectissimo, Ricardo Reitzenstein, pro amplissimis eius erga me beneficiis gratias agam quam maximas, cui quantum debeam verbis satis exsequi non possum, sed penitus haeret in mente. Et si quid his meis studiis de Varrone statuero, quod iudicibus non improbandum videbitur esse, hoc me profecturum non fuisse, nisi ille me opera consilio cohortationibus adiuvisset, semper ego pio recordabor animo.

1) Cf. Georgium Wissowa, Deutsche Litteratur-Zeitung 1889 Nr. 36 p. 1310. 2) Fragmentis in disponendis quam secutus sim rationem, singulari praefatione ostendam.

Argumentum.

Quaestio I.

De Varronis R. D. libris I XIV XV XVI ab Augustino in libris C. D. IV VI VII exscriptis.

§ 1.

Quibus Varronis scriptis Augustinus in libris C. D. IV VI VII usus sit.

Varronianae doctrinae reliquias, quas in libris de Civitate Dei **VI** et **VII** tradit, Augustinum ex ipsius Varronis libris sumpsisse ex his colligitur argumentis: Collaudat Varronem nomine addito VI 2. 3. 4. 5. 6. 7. 8. 9, VII 1. 2. 3. 5. 6. 9. 17. 23. 24. 28, nomine omisso[1]) VII 8. 9. 11. 13. 14. 16. 18. 19. 20. 21. 22. 30. idem haud raro adnotat, quo Varronis loco quaeque invenerit, ut VII 17 p. 295, 13. 22. VII 5 p. 281, 13. VII 6 p. 281, 31; refert auctorem suum alibi vel alia vel similia de eadem re docuisse: VI 4 p. 252, 10. VI 6 p. 257, 14. VII 5 p. 280, 23. VII 13 p. 291, 7. VII 23 p. 301, 22. Adde, quod contra Varronem VI 7. 8 theologian politicam a mythica separari non posse verbose explicat; quod VII 1 p. 273, 4 sqq. VII 5 p. 281, 15 sqq. hunc VII librum ideo se scripsisse pronuntiat, ut Varronem ultimo R. D. libro inania 'de diis selectis' protulisse ostenderet; quod VII 2—4 multis verbis quaerit, quam rationem ille in diis seligendis secutus sit. Vix etiam VI 3 totius Antiquitatum Romanarum operis dispositionem, vixque VI 9 p. 266, 9 sqq. Rerum Divinarum libri XIV argumentum dedisset, nisi ex ipso Varrone penderet. Denique si Varroniana auctore quodam intercedente ad hos C. D. libros pervenissent, qualis ille auctor fuerit quaero, qui Varronis coniungeret sententias cum Cicerone (VI 2), Seneca (VI 10. 11), Sallustio (VII 3), Vergilio (VII 9), Terentiano (VI 2), praeter quos nullius auctoris his quidem in libris mentio fit. Contra si horum sententias ab Augustino nullo dubio ex ipsis receptas praetermiseris, paene meram habebis doctrinam Varronianam.

Iam vero in libro C. D. **IV** Augustinus Varronem nominatim collaudat: capp. 1. 9. 22. 27. 31, nomine omisso adhibet capp. 8 (cf. VI 9) 11 (cf. ib.) 12. (cf. VII 5. 6) 16. 21 (cf. VI 9. VII 3) 34 (cf. IV 11. 21). Locos diversos inter se comparat IV 31 p. 185, 32—186, 7; de Rerum Divinarum dispositione et argumento, quamvis breviter, agit cap. 1 p. 146, 20 sqq. Praeter Varronem tantum-

1) Proposui non nisi ea capita, quibus Varroniana inesse primo obtutu apparet. — Utor in libris de Civitate Dei altera Dombarti editione, in reliquis Augustini scriptis Mignei patrologiae cursu completo.

modo Vergilium (IV 9. 11) et Ciceronem (IV 30) in usum convertit. Itaque quoniam in hoc libro prorsus eadem ratione contra Varronem disputat, qua in libris VI et VII, etiam in libro IV Augustinum ex ipso Varrone hausisse concludendum est, id quod adhuc nemo in dubium vocavit nisi O. Gruppeus.[1]) Qui ut L. Krahneri de Curione, Varronis logistorico, argumentationem[2]) contra E. Schwarzium[3]) firmaret, Augustinum, cum libros C. D. I—V conscriberet, R. D. libris omnino non usum esse coniecit. Sed priusquam eius sententiam examinemus, de ipso Krahnero videamus.

Proponit enim iste vir doctus commentationis suae summam his verbis p. 5: „Fragmenta quaedam, R. D. libris illata [usque ad Krahneri aetatem], in his propriam sedem non habere potest demonstrari, quae ad Curionem pertinere admodum probabili coniectura mihi videor pronuntiasse.“ Deinde orditur a quattuor locis, quos e Varrone sumptos Augustinus continue profert C. D. IV 31 p. 185, 29—186, 5; p. 186, 11—14; p. 186, 21—29; IV 32 p. 187, 20—24 „quae fragmenta sententiarum similitudine ita coniuncta esse dicit, ut ex uno eodemque libro petita esse videantur.“

Ut facilius cognoscatur, qua colligendi ratione Krahnerus utatur, omnes, de quibus res est, Augustini locos sub uno conspectu praebere liceat:

C. D. IV 31 p. 185, 18 sqq.: A

Quid ipse Varro, quem dolemus in rebus divinis ludos scenicos quamvis non iudicio proprio posuisse, nonne ita confitetur, non se illa iudicio suo sequi, quae civitatem Romanam instituisse commemorat, ut si eam civitatem novam constitueret, ex naturae potius formula deos nominaque eorum se fuisse dedicaturum non dubitet confiteri? Sed iam quoniam in vetere populo esset, acceptam ab antiquis nominum et cognominum historiam tenere, ut tradita est, debere se dicit, et ad eum finem illa scribere ac perscrutari, ut potius eos magis colere quam despicere vulgus velit.

C. D. VI 4 p. 250, 17—251, 6: F

Varro propterea se prius de rebus humanis, de divinis postea scripsisse testatur, quod eqs. „Si de omni natura deorum et hominum scriberemus, prius divina absolvissemus, quam humana attigissemus.“

ib. pag. 252, 7—13: G

Ita se libros rerum divinarum non de veritate, sed de falsitate scripsisse confessus est. Quod apertius alibi posuit, sicuti in quarto libro commemoravi, ex naturae potius formula se scripturum fuisse, si novam ipse conderet civitatem; quia vero iam veterem invenerat, non se potuisse nisi eius consuetudinem sequi.

1) Wochenschrift f. klass. Philologie 1889 Nr. 19 p. 513 sqq.
2) Varronis Curio de cultu deorum. Progr. Neobrandenburg. 1851.
3) De M. Ter. Varronis apud ss. patres vestigiis (Suppl. ann. philol. XVI Lips. 1888).

ib. p. 185, 29—186, 5 (= Krahn. Cur. fr. 4): B

Quibus verbis homo acutissimus satis indicat non se aperire omnia, quae non sibi tantum contemptui essent, sed etiam ipsi vulgo despicienda viderentur, nisi tacerentur. Ego ista conicere putari debui, nisi evidenter alio loco ipse diceret, de religionibus loquens, multa esse vera, quae non modo vulgo scire non sit utile, sed etiam tametsi falsa sunt, aliter existimare populum expediat et ideo Graecos teletas ac mysteria taciturnitate parietibusque clausisse.

ib. p. 186, 11—14 (= Krahn. Cur. fr. 5): C

Dicit idem auctor, quod hi soli ei videantur animadvertisse, quid esset deus, qui crediderunt eum esse animam motu ac ratione mundum gubernantem.

ib. p. 186, 21—29 (= Krahn. Cur. fr. 6): D

Dicit etiam antiquos Romanos plus annos CLXX deos sine simulacro coluisse. „Quodsi adhuc", inquit, „mansisset, castius dii observarentur." Cuius sententiae suae testem adhibet inter cetera gentem Iudaeam, nec dubitat eum locum ita concludere, ut dicat, qui primi simulacra deorum populis posuerunt, eos civitatibus suis et metum dempsisse et errorem addidisse.

C. D. IV 32 p. 187, 20—24 (= Krahn. Cur. fr. 7): E

Dicit etiam de generationibus deorum magis ad poetas, quam

IV 27 p. 180, 4 sqq.

Expedire existimat (sc. Scaevola) falli in religione civitates. Quod dicere etiam in libris rerum divinarum Varro ipse non dubitat.

C. D. VII 5 p. 280, 8—23; 23—28: HI

(H) Primum eas interpretationes Varro sic commendat eqs...; haec sunt mysteria doctrinae, quae iste vir doctissimus penetraverat (sc. in R. D. l. XVI). (I) Sed o homo acutissime, num in istis doctrinae mysteriis illam prudentiam perdidisti, qua tibi sobrie visum est, quod hi, qui primi populis simulacra constituerunt, et metum dempserunt et errorem addiderunt, castiusque deos sine simulacris veteres observasse Romanos?

C. D. VI 6 p. 257, 12—16: KL

(K) Maior societas (inquit Varro) debet nobis esse cum philosophis

ad physicos fuisse populos inclinatos, et ideo et sexum et generationes deorum maiores suos, id est veteres credidisse Romanos et eorum constituisse coniugia.	quam cum poetis. (L) Et tamen alio loco dicit de generationibus deorum magis ad poetas, quam ad physicos fuisse populos inclinatos.

Krahnerus igitur hanc argumentandi viam ingressus est:

Primum locum (B) per verba 'evidenter alio loco dicit' oppositum esse alii loco Varroniano IV 31 p. 185, 18 sqq. (A) atque eidem, quem Augustinus VI 4 p. 252, 7—13 (G, G = A) per verba 'apertius alibi ponit' cum tertio quodam loco Varroniano conferret p. 250, 17—251, 6 (F). His igitur duobus Augustini capitibus „contineri tres locos Varronis ex tribus diversis libris repetitos", atque hunc locum C. D. VI 4 p. 250, 17 sqq. (F) e R. D. libro I sumptum esse, alterum IV 31 p. 185, 18 sqq. (A) = VI 4 p. 252, 7—13 (G) R. D. libro X tribuendum esse, tertium vero locum quadripertitum IV 31. 32 p. 185, 29—187, 24 (B + C + D + E) „ad nullum R. D. librum, sed ad alium quendam reiciendum videri, cui opinioni magnum probabilitatis momentum accedere, si praeter huius loci primam particulam etiam reliquas demonstrari possit ab Augustino ita notari, ut ex alio loco petitae esse dicantur et ad res in R. D. libro aliquo dictas adhibeantur examinandas." Atque ea quidem, quae IV 32 (E) legerentur, Augustinum VI 6 p. 257, 14—16 (L; L = E) ita repetere, ut post verba aliqua e R. D. libro I profecta (v. 12—14, K) ipse adderet: 'Et tamen alio loco dicit'. Simili modo ea, quae IV 31 (D) proferrentur, VII 5 p. 280, 23—28 (I; I = D) alii loco e R. D. libro XVI (v. 8—23 H) ita obici, ut ex hoc libro ea non hausta esse appareret, sed ex libro aliquo ante R. D. librum XVI conscripto. Atqui ex aliquo „superiore libro" Augustinum etiam petivisse, quae VII 28 p. 311, 7 sqq. de Samothracum mysteriis e Varrone sumpsisset, quae ad Antiquitates non pertinere consilium ipsum docere, quo ab Augustino afferrentur". „Ut enim", inquit p. 8, „in loco consimili VII 5, ita etiam hoc loco sententiam aliquam in Ant. libro XVI pronuntiatam pugnare affirmat cum iis, quae pridem in alio loco docuerat"[1]). Ergo haec ex Antiquitatum fragmentis removenda atque alii libro addicenda esse, nempe eidem, quo saepius Augustinus usus esset, ut res in R. D. libris prolatas examinaret; hunc librum esse Varronis logistoricum, qui inscribitur Curio de cultu deorum[2]), ex

1) Cui argumento quam nulla vis insit, per se patet. Unde enim scit Krahnerus librum 'superiorem' eum esse, qui priore tempore conscriptus sit? Ceterum Augustino vix notum fuit, quo temporum ordine Varro opera sua conscripsisset.

2) Dialogum quendam Krahnerus autumat tecte ab Augustino significari IV 31 p. 186, 2 his verbis 'loquentem de religionibus.' Contra quae Schwarzius l. l. p. 447 rectissime scribit: „Loquendi verbum non solum de vere loquentibus, h. e. dialogi personis, usurpatum esse patri evincitur hoc exemplo VI 5 p. 253, 7: 'loquebatur non de naturali theo-

quo Augustinus ipso teste hausisset C. D. VII 9. 34. 35. Ita „removeri ex Augustini illis locis causam offensionis et Varronis libris bene esse consultum".

Krahnerus offensiones quasdam, quas ipse in Varronis libris esse fingit, ita tollit, ut omnia, quae Augustinus 'alio loco' posita fuisse testatur, alii libro vel alii operi attribuat. Quod quam incaute conclusum sit, iam inde manifestum est, quod ipse Augustinus C. D. VII 13 duos locos ex eodem R. D. libro XVI (cf. C. D. VII 23 p. 301, 22 sqq. 33 sq.) ita collaudat, ut alterum per verba 'alio loco' inducat[1]). Accedunt alia, quibus eius sententia refutetur, argumenta non pauca.

Augustinus enim C. D. VII 28 p. 311, 7 sqq., loco quodam R. D. libri XVI tractato Varronem in superiore libro, cum de Samothracum mysteriis ageret, docuisse dicit Iovem caelum, Iunonem terram, Minervam ideas esse. Quibus expositis pergit pater: „Hoc dico istum in hoc libro selectorum deorum rationem illam (sc. illam in 'superiore libro pronuntiatam') trium deorum, quibus quasi cuncta complexus est, perdidisse. Caelo enim tribuit masculos deos, feminas terrae[2]) (sc. in libro sel. deor.); inter quas posuit (sc. in libro sel. deor.) Minervam, quam supra ipsum coelum ante (i. e. in superiore libro) posuerat." Verbum 'ante' in hunc quem dixi sensum accipiendum esse cum Augustinus tota sua argumentatione docet[3]) tum Macrobius Sat. III 4, 8 Serviique interpolator ad Aen. II 296, quem utrumque locum Georgius Wissowa[4]) item atque hunc locum, quem Augustinus e 'libro superiore' arcessit, ad Varronis de Dis Penatibus disputationem refert. Legimus enim utrobique Minervam esse summum aetheris cacumen. Ceterum quod Varro Minervam uno eodemque loco et ideas et summum aethera dicit, Platonicorum et Stoicorum sententias coniungit, Posidonium vel alium ex recentioribus philosophis Stoicis secutus. De qua re conferas, quae huic universo Varronis loco simillima praebet Hippolytus Phil. 19, 1. 2 (Diels. dox. p. 567): Πλάτων ἀρχὰς εἶναι τοῦ παντὸς θεὸν καὶ ὕλην καὶ παράδειγμα· θεὸν μὲν τὸν ποιητὴν eqs. ὕλην δὲ τὴν πᾶσιν

---

logia' sc. Varro in R. D. libro I." Accedit quod religionum vox praeter 'cultum deorum' permulta alia significat.

1) Hoc argumentum Schwarzius p. 449 adn. 2 minus valere putat, 'quia non eadem utrobique tractatur res.' Verum nostra non refert, quid Varro tractaverit, sed quo sensu Augustinus praebeat verba 'alio loco.'

2) Hoc Varro non docuit, sed Augustinus verba quaedam Varronis, quae cap. 28 ineunte refert, male interpretatus est.

3) Quamquam Krahnerus scribit p. 8: „'ante', h. e. in priore libri XVI parte, cf. Aug. C. D. VII 16." Nimirum Minerva cap. 16 ad summum aethera refertur, sed hoc Augustinus e posteriore libri XVI parte sumpsit, ubi de Minerva proprie res erat. Equidem neque intellego, ubi 'in priore parte' Varro de hac dea egisse possit, neque quare Augustinus loco supra exscripto duas diversas sententias in uno eodemque Varronis libro occurrentes protulerit, cum tota eius argumentatio in eo vertatur, quod Varronem in duobus libris diversa docuisse credit.

4) Die Ueberlief. d. Röm. Penaten. Herm. XXII p. 32 sqq. 47.

ὑποκειμένην eqs. τὸ δὲ παράδειγμα τὴν διάνοιαν τοῦ θεοῦ εἶναι, ὃ καὶ ἰδέαν καλεῖ, οἷον εἰκόνισμά τι, ᾧ προσέχων ἐν τῇ ψυχῇ ὁ θεὸς τὰ πάντα ἐδημιούργει. Idea autem vel mens Dei secundum Stoicorum interpretationem superiore parte Dei vel aetheris cacumine significatur.

Quod vero Augustinus Varronem in libro XVI a 'superiore' illo libro dissentire contendit, gravissime errat; neque enim ille hoc, de quo pater cogitat, libri XVI loco omnes deos ad caelum, deas ad terram referendos esse exposuit, id quod pater opinatur, sed in enumerandis vel interpretandis diis selectis masculis a Iano i. e. a caelo, feminis a Tellure, i. e. a terra se incepturum esse professus est. Atque ipse Augustinus C. D. VII 16 p. 294, 19 sq.[1]) e R. D. libro XVI refert Minervam esse summum aethera! Itaque quando quidem Varro in hoc 'selectorum deorum libro' de Minerva idem docet quod in 'superiore illo libro', de diversis operibus non est cur cogitetur neque cur a sententia simplicissima et ipso dicendi usu commendata discedatur, secundum quam ille 'superior liber' R. D. liber XV est. Denique ut omnis tollatur dubitatio, apud Probum person. ad Verg. ecl. VI 31 servantur, quae Varro revera in Curione de Dis Magnis Potentibus Valentibus, i. e. de Penatibus[2]) exposuit. Haec autem a nostro loco magis differunt, quam ut utraque brevi unius logistorici complexu contineri potuerint[3]). —

De altero loco VII 5 p. 280, 23—28 (I) = IV 31 p. 186, 21—29 (D) = CD IV 9 p. 157, 7 sqq., quem Krahnerus ab eis dissentire opinatur, quae leguntur C. D. VII 5 p. 280, 8—23 (H), satis est repetere, quod Schwarzius dicit p. 448: „Ego intellegere possum, quod Krahnerus se posse negat, eundem scriptorem in eiusdem operis I libro simulacra ficta queri, ultimo libro, quid simulacrorum fictores secuti viderentur exponere potuisse excusantem magis quam praedicantem." Necnon alterum eiusdem viri docti argumentum afferre velim:

1) „Minervam vel summum aethera vel etiam lunam esse dixerunt (i. e. Varro dixit)". Varro hic duas interpretationes ex sua consuetudine protulit; cf. Aug. C. D. VII 30 p. 313, 24 sqq.: „Ista sunt certe, quae diis selectis per nescio quas physicas interpretationes Varro, sive quae aliunde accepit, sive quae ipse coniecit, distribuere laboravit." — Occasione oblata, id quod supra p. 11 adn. 2 monui, repetiverim: false Augustinus VII 28 nobis persuadere studet a Varrone in R. D. XVI Minervam etiam ad terram relatam esse.

2) „Varro in Logistorico, qui inscribitur Curio de deorum cultu, cognomenta Magnorum deorum: Tres arae sunt in circo medio ad columnas... in una inscriptum DIIS MAGNIS, in altera DIIS POTENTIBVS, in tertia DIIS ⟨VALENTIBVS, hoc est⟩ (ita recte addidit Wissowa l. l. p. 50) Terrae et Caelo. In haec duo divisus mundus. Item duo initiales, unde omnia et omnes orti, et hi dii magni appellati in Samothrace."

3) Wissowa l. l.: Die Gründe, aus denen Krahner das Bruchstück dem Curio zuweist, sind unzulänglich und werden vollkommen aufgehoben durch den Widerspruch, in dem dasselbe mit dem Fragmente dieses Logistoricus bei dem sogenannten Probus steht.

Augustinus enim C. D. IV 9 et VII 5 testatur Varronem haec de simulacris false institutis dixisse, „cum tantae civitatis perversa consuetudine premeretur" (Augustini verbis utor) atque „haec contra posteriores Romanos dicere ausum esse, neque timoris silentio pressisse", quia antiqui Romani simulacra non coluissent. Hae autem libertatis laudes et timoris notae, quae quid sibi velint, si Curio patri observetur, Schwarzius recte quaerit, ad Antiquitates bene pertinent[1]), quippe quod opus Varro ipso testante (ap. Aug. C. D. VI 4 p. 252, 7 sqq. IV 31 p. 185, 18 sqq., cf. C. D. VI 6 p. 255, 11 sqq.) conscripserit populi secutus consuetudinem.

Similiter Schwarzius tertium locum C. D. IV 31 p. 185, 29 sqq. (B) a Krahnero in Curione positum ad Res Divinas pertinere ostendit (p. 447) collatis Aug. C. D. IV 27 p. 180, 4 sqq. III 4 p. 101, 5 sqq. Res ita in aperto est, ut plura addere supervacaneum sit.

Quartus autem locus C. D. IV 31 p. 186, 11—14 (C) indidem petitus est unde is, quem Augustinus statim superaddit (D), id quod elucet comparato loco Aug. de cons. ev. I 22, 30. 23, 34[2]). Atqui hunc e R. D. libris profluxisse modo demonstratum est; ergo et ille eodem referendus est.

Restat, ut ea, quae C. D. VI 6 p. 257, 14—16 (L) = IV 32 (E) leguntur, Rebus Divinis vindicem, quae Schwarzius (p. 449) Curioni abiudicare non ausus est; credit enim haec 'eodem modo de poetis et physicis observata esse', quo illa, quae VI 6 p. 257, 2—14 (K) huic loco opponuntur, ita ut 'non possimus nisi eodem de generibus theologiae universis loco ea collocata iudicare. Atquin eadem alio loco dicta fuisse: ergo alium librum significari Krahnero concedendum videri'. Verumenimvero ea, quae duobus istis locis referuntur, Varro eodem modo non observavit. Altero enim loco disputat, quas philosophorum et poetarum doctrinas populus sequi deberet et quam rationem secutus ipse eorum sententias in hoc R. D. opus reciperet; altero loco docet, quo modo adhuc populus philosophorum et poetarum sententias revera secutus esset. Itaque non est, cur haec uni eidemque R. D. libro non tribuamus; immo quod similia sunt (non paria, moneo), uni libro ea tribuere paene cogimur. Adde quod hic, de quo agimus, locus cum ceteris, quos adhuc Rebus Divinis tribuendos evicimus, cognatione tam arta coniunctus est, ut indidem eum prodiisse extra omnem dubitationem ponatur.

Atque haec quidem de Krahnero! Iam videamus, quibus argumentis Gruppeus eius sententias, a Schwarzio si non omnes at magnam partem refutatas, adiuvet aut commendet. Audiamus ipsum:

---

1) Etiam ea, quae Augustinus p. 280, 23 sqq. cavillatur: „Sed, o homo acutissime, num istis doctrinae mysteriis (sc. eis, quae e R. D. l. XVI modo arcessivit) illam prudentiam perdidisti, qua tibi sobrie visum est, quod hi, qui primi eqs.", melius ad diversos eiusdem operis libros, quam ad diversa opera referuntur.

2) Locos exscripsi infra p. 19.

„Schwarz ist es nicht gelungen[1]), die bei Krahners Reconstruction noch verbleibenden Bedenken zu heben. Meines Erachtens erledigen sich die gegen Krahner erhobenen Einwände einfach, wenn man die volle Consequenz von dessen Folgerung zieht und annimmt, dass Augustin bis zur Abfassung des 5. Buches von Varronischen Schriften überhaupt nur den Curio besass. Alles was er in diesen Büchern über die antiquitates mitteilt, scheint mir entweder aus Curio zu stammen, welcher nach meiner Ueberzeugung bestimmt war, die antiquitates rerum divinarum gegen gewisse Angriffe zu rechtfertigen, teils aber — das sind die mit inquiunt angeführten Götterlisten und Götterdeutungen — aus dem grossen Werk des Cornelius Labeo. Labeo schöpfte nachweislich aus Varro, und so enthalten denn die Augustinischen Excerpte aus seinem Werke in der That zahlreiche Varroniana, zugleich aber ist die Varronische Doctrin doch teilweise von dem Platoniker nach dessen philosophischen Neigungen stark verändert, und so erklären sich denn die Verschiedenheiten der Götterlisten des IV. Buches der Civitas Dei von denen des VI. und VII. Buches und denen Tertullians.“

Gruppeus igitur Augustini librum IV ab eis, quibus simillimus est, libris VI VII (vd. supra p. 7 sq.) separatum cum eis aequat, quibus dissimillimum eum esse quivis primo obtutu videt. Sed tantum abest, ut vel aliquantulum demonstrandi causa proferat, ut ipsius eius viri sententiam subruat, cui patrocinari studet et in quo ipse nititur; Krahnerus enim magnam atque gravem quaestionis partem in eo exaedificat, quod Curionem a n t e R. D. libros conscriptum esse ex Aug. C. D. VII 5. 28 colligit: Gruppeus idem opus post R. D. libros compositum vult, nesciens hanc suam sententiam illis Augustini locis prorsus vetari. Deinde vero quod deorum syllogas ab Augustino in libro C. D. IV relatas a syllogis librorum VI et VII et Tertulliani differre contendit, iusto levius facit. Immo mirum quantum concinunt, quod apparet e conspectu deorum certorum, quem huic disputationi adieci. Sane si respexeris deorum interpretationes, sunt quae differant: IV 10. 11 Saturnus ad temporis longitudinem, VII 13. 18. 19 ad semen refertur; IV 11 est Liber vinearum, Mercurius mercium, Diana silvarum, Minerva ingeniorum praeses, quae numina Varro teste Augustino C. D. VII 14. 16 ad semina, sermonem, lunam, summum aethera rettulit. Verum praeterquam, quod haec magna ex parte tam pervulgata erant, ut Augustinus ea de suo facile addere posset, quid expedit Labeonem, qui Platonis sententias cum Stoicis commiscuerit, huc auxilio vocare, ubi diversae ipsorum Stoicorum sententiae commemorantur? Varronem autem saepius complurium auctorum varias

---

1) Gruppeus male videtur intellexisse, quid argumentando consequi voluerit Schwarzius; Krahneri sententiam subvertere, non confirmare studuit.

sententias coniunctas praebuisse constat. Sed quid plura? Labeo ipse Liberum et Mercurium ad solem, Dianam et Minervam ad lunam rettulit, cf. Macr. Sat. I 18, 7 sqq. al. Arnob. III 31 cf. Kahl. com. Lab. Philol. Suppl. V p. 719 sqq.[1]).

Sed in Curione librorum R. D. patrocinium suscepisse Varronem Gruppeus dicit, quod nescio an duobus e locis collegerit, quorum alterum (IV 31) supra exscriptum littera A notavi, alterum legis IV 22. Priori loco respondent quae ex ipsis R. D. libris ab Augustino C. D. VI 4 afferri etiam Gruppeus credit (vd. supra locos litteris G F notatos); alterum ad R. D. libros referendum esse colligitur ex Aug. C. D. VI 1 p. 243, 29 sqq.: num Varronem in Curione ipsa R. D. verba repetiisse credimus? Conferas iam cum copiosissimo loco C. D. VI 3. 4, imprimis p. 250, 17 sqq. (vd. supra sub litt. F), quae idem Augustinus C. D. IV 1 p. 146, 20—23 profert: 'Varro ... cum rerum humanarum atque divinarum dispertitos faceret libros, alios humanis, alios divinis pro sua cuiusque rei dignitate distribuens ...'. Rursus illa ad R. D. libros, haec ad Curionem quisquam revocabit? Varroni quid in libris R. D. scribendis spectaret, his ipsis in libris exponendum erat. Itaque eos, quos modo laudavi, locos ex ipsis R. D. libris petitos esse non nisi invictis coacti argumentis concedemus[2]).

Sed quid ego haec persequor somnia? Constat nobis: Augustinum Varroniana, quae in C. D. libris IV VI VII fert, ex ipsis R. D. libris hausisse praeter ea, quae Curioni se debere ipse testatur.

§ 2.

Qua ratione Varronis R. D. libri I XIV—XVI ex Augustini C. D. libris IV VI VII restituendi sint.

De R. D. libro I.

Varro apud Augustinum C. D. VI 2 p. 248, 6 sqq. quibus causis commotus R. D. scripserit libros exponit; quocum loco quodammodo cohaerent, quae C. D. VII 3 p. 277, 25 sqq. leguntur, quare nescio an haec quoque ad totius operis prooemium referenda sint.

C. D. VI 3 totius Antiquitatum Rerum Romanarum operis dispositio enarratur, quam non ab Augustino e diversis Varronis libris arcessitam et confectam, sed ab ipso Varrone operi suo praemissam

---

1) Contra hoc argumentum: „das (sc. ea, quae e Labeone sumpta Gruppeus opinatur) sind die mit inquiunt eingeführten Götterlisten" haec moneo: Augustinus, quoniam in libris VI VII quae Varroni debet promiscue, vel intra eiusdem capitis fines, modo per verba 'Varro inquit, dicit' modo per verba 'inquiunt, dicunt' attulit, ne in quarto quidem libro certum consilium secutus est ita, ut diversis introductionum formulis diversos fontes significaret.

2) Unus restat locus IV 27, cuius argumentum tam e Curione quam e R. D. libris petitum esse potest. Revera eum huc referendum esse ex eis patet, quae supra contra Gruppeum dicta sunt.

esse vel inde colligitur, quod ille eandem consuetudinem et in aliis libris sequitur, ut L. L. V 11 (cf. VII 5, VIII 44), R. R. I 5, 2, Rer. Hum. XX ap. Non. p. 92, 14, Litt. ad Opp. ap. Gell. N. A. XIV 7, 4; Sat. Men. nesc. quid vesp. vehat ap. Gell. N. A. XIII 11, 3. Et ubique eandem, quam nostro loco, exhibet partitionem 'secundum homines (vel corpora), loca, tempora, actiones (vel res)'. Accedit, quod Augustinus ad certa atque continua Varronis verba digitum intendere videtur, cum VI 4 in. de hac dispositione dicit: „In hac tota serie pulcherrimae ac subtilissimae distributionis et distinctionis vitam aeternam frustra quaeri eqs.“ [1]).

C. D. VI 4 declarat Varro de diis Romanis, non de 'omni natura deorum' in R. D. libris se acturum esse atque hanc ipsam ob rem prius Res Humanas quam Divinas absolvisse [2]). Unde manifestum fit, qui sint illi 'viri docti', quos Augustinus collaudat VI 1 p. 244, 25 sqq. his verbis: „Cui ergo deo vel deae propter quid supplicaretur eqs.“ Hoc autem e loco apparet indidem eum petivisse, quae refert IV 22 p. 172, 12 sqq. et quae repetit VI 1 p. 244, 2 sqq., nisi quod pro Varrone 'acutissimos et peritissimos viros' inducit. — C. D. VI 5, quod caput artissime cum quarto cohaeret, etsi non ad verbum, attamen satis accurate [3]) Varronis de tribus theologiae generibus [4]) sententias refert, colligiturque ex Augustino Varronem primo de nominibus egisse, deinde de singulis theologiis verba fecisse, denique rem paucis complectendo tres illas theologias inter se comparavisse. Huic ultimae parti propter argumenti similitudinem is locus adiungendus est, ubi non multo post Augustinus ipsum Varronem testantem facit tria theologiae genera segregari non posse

---

1) Quod Varro in Rerum Divinarum libro I Rerum Humanarum dispositionem breviter repetivit, non mirum est, cum similiter L. L. V 1 de superiorum librorum argumento rationem reddat.

2) Eadem leviter perstringit Augustinus C. D. IV I p. 146, 20; vd. supra p. 15.

3) Tertullianus enim ad nat. II 2 de theologia physica simillima, sed multo plura praebet.

4) Hic commemoraverim, quas ineptias Frickius (die Quell. Aug. im 18. B. de C. D. Höxter. Progr. 1886 p. 22) de theologia civili prodiderit: „In jenen Büchern (sc. de gente P. R.) waren nur diejenigen Götter behandelt, welche sich auf das civile genus theologiae bezogen, d. h. verdiente Menschen, welche wegen ihrer der Mitwelt erwiesenen Wohlthaten nach ihrem Tode zu Göttern erhoben wurden.“ Tria illa theologiae genera non ad diversos deorum ordines pertinent, sed, ut Varronis verbis utar (ap. Aug. C. D. VI 5), ad 'diversas rationes, quibus de diis explicatur', et illi dii, quos Frickius ad theologian civilem revocat, etiam a physicis et poetis tractabantur, quamvis diversa ratione. Civilis theologus Romanus exponit omnem Romanorum religionem, qualiscunque est, sive populus unum sive plures deos colit, sive deos sempiternos sive deos ex hominibus factos credit. Ab hac civili theologia, quae 'ad urbem accommodata' de propria deorum Romanorum natura ageret, Varro cum Stoicis diligenter discrevit naturalem, quae 'ad mundum accommodata' de 'omni natura deorum' quaereret.

his verbis VI 6 p. 257, 6sqq.: „Ait Varro ea, quae scribunt poetae, minus esse eqs.“ Hic exposuit, qualis civili theologiae cum physica et mythica ratio esset, tum quomodo ipse in theologia civili explicanda philosophos et poetas sequi deberet (vd. supra p. 13). Huc etiam aptissime referuntur, quae C. D. IV 27 de Scaevolae sententiis commemorantur, quae ad Varronem redire veri simillimum est, praesertim cum Augustinus intra ipsam disputationem eum his verbis collaudet: „Quod dicere etiam in libris rerum divinarum Varro ipse non dubitat“[1]).

Ex his hic fere Varronianarum sententiarum nexus elicitur: Primo declaravit, quod consilium in R. D. libris scribendis sequeretur, deinde quo modo eos disponeret, tum quapropter eos post R. H. libros collocaret; se enim non nisi de diis populi Romani acturum esse. His subiunxit diverse de diis agere philosophos, poetas, politicos. Denique exposuit, qualis sibi, ut theologo politico, cum philosophis et poetis coniunctio esset. Quaeritur autem, rectene haec in R. D. libro I collocentur.

Atque Gruppeus quidem loco supra laudato scribit: „Ebenso ist es Schwarz entgangen, was meiner Ansicht nach eine zusammenfassende Betrachtung der Varroniana des 6. und 7. Buches hätte lehren müssen, dass alle hier enthaltenen Bruchstücke der antiquitates rerum divinarum der letzten Triade angehören, und dass insbesondere die öfters erwähnte philosophische Einleitung unmöglich [!] als Vorbereitung für das ganze Werk, sondern nur eben für diese Triade, die allein die Theologie behandelte, gedient haben könne“[2]).

Contra haec satis est citare quod Servius adnotat ad Aen. VI 703: „De anima etiam Varro in primo divinarum plenissime tractavit.“ Scripsit igitur profecto in R. D. libro I de philosophorum doctrinis. Res confirmatur testimonio Ciceronis, qui Ac. I 2, 8 Varronem in antiquitatum prooemiis philosophiae se operam dedisse profitentem facit. Nam verba ‘in prooemiis antiquitatum’ recte Merkelius (Ov. fast. proll. p. CXI) interpretatur: ‘in libris singularibus utrique corpori praepositis’, quamquam id fieri posse Krahnerus (Cur. p. 4) abrupte negat. Nullo iure. Nam etiam Augustinus hos primos libros exordia nominat VI 6 p. 249, 13sqq., cf. 1 sq., ubi non tam sua quam Varronis verba reddit, atque profecto nescio, quo nomine aptius horum librorum indoles describi potuerit, ‘qui’, ut ait Augustinus, ‘prius de omnibus loquerentur’. Sed graviora proferamus. Totius operis partitionem, quam Augustinus VI 3 affert, certe non in prooemio XIV sed I libri exposuit Varro, neque ab illa

1) Idem de hac re sentiunt, quos inspexi, viri docti omnes e. g. Prellerus, Röm. Myth. I p. 34, 1; Zellerus Phil. d. Griech. III, 1^3 p. 566, 4. 674.

2) Idem tamen vir doctus in Comm. Momms. p. 546 ita iudicat: „Die Disposition des Werkes (sc. Ant. Rom.), die Augustin mitteilt, scheint er mir in dem Einleitungsbuch der Antiquitates rerum div. gelesen zu haben.“

seiungi possunt, quae Aug. VI 4 tradit, quaeque ex ultimis R. D. libris repetita esse nemo putabit. Eundem vero Augustinum VI 5 cum dicit: „deinde illud, quale est, quod tria genera theologiae dicit esse eqs.“ ab exordio primi libri ad librum XIV transiisse quis credet, cum praesertim haec arte cohaereant cum eis, quae antecedunt, totumque respiciant Rer. Div. opus? Nam inde a primo libro theologian Varro tractat civilem, ita quidem, ut sacra a civitate instituta et opiniones a populo receptas secundum philosophorum disciplinam corrigeret, cf. Aug. C. D. VII 1 p. 273, 7: „Theologia **civilis** a M. Varrone sedecim voluminibus explicata est“, C. D. IV 31 p. 185, 18: „Varro, quem dolemus in rebus divinis ludos scenicos quamvis non iudicio proprio posuisse.“ Quod consilium si disertis ipse professus est verbis — atque extant profecto talia apud Aug. C. D. VI 6 —, hoc eum paene sub finem totius operis fecisse haud probabile est, cum praesertim haec verba (l. l. p. 257, 11): „Quae erunt communia cum populis (sc. philosophis et poetis), una cum civilibus scribemus“ nisi in libro I non perscripta esse possint.

Denique si omnes istas philosophorum sententias in aliquo XIV libri exordio commemoravit, quid opus erat, eadem libri XVI prooemio retractare; quae si quindecim libris interiectis Varro legentibus brevi in memoriam revocavit, nemo mirabitur. Ergo R. D. libro I et haec assignanda sunt, quae adhuc enucleavi, et ea, quae cum his sententiarum quadam cognatione coniuncta tenentur.

Atque cum illo fragmento C. D. VI 6, ubi Varro exposuit, quomodo in civili theologia tractanda philosophos et poetas sequi deberet, aliud cohaeret, quo dixit, quousque philosophos sequi sibi liceret, cum theologia civilis a physica dissentiret, apud Aug. C. D. IV 31 p. 185, 18 sqq. = C. D. VI 4 p. 252, 7—13 (vd. locorum syllogen supr. p. 8 sq. AG.). Hoc Krahnerus in R. D. libro X ponit his, ut apparet, Augustini verbis adductus: „Varro, quem dolemus in rebus divinis ludos scenicos quamvis non iudicio proprio posuisse, nonne ita confitetur eqs.“ Sed ut Augustinus persaepe, cum proprie de rebus e R. D. libro I arcessitis agit, ludos a Varrone non contemptos esse reprehendit (vd. IV 27. VI 1. 5. 6. 7. 8. 9), ita Varro in R. D. libro I theatrum et ludos perstrinxit (vd. C. D. VI 5 p. 254, 18). Quamobrem etiam haec, quippe quae a R. D. libro X prorsus abhorreant, in librum I, cui plane congrua sunt, revocanda censeo. Neque ulla difficultas inde oritur, quod haec alibi locum tenuisse Augustinus testatur, alibi ea, quae ex initio libri paullo ante collaudat (VI 4, vd. supra p. 16); haec enim Varro scripsit, postquam illam de singulis theologiis disputationem absolvit. Ita etiam eorum Augustini verborum ratio habetur, quibus haec alibi dicta fuisse refert atque ea quae IV 31 p. 185, 29 sqq. (= IV 27) Varronem ‘de religionibus’ i. e. de theologiis loquentem[1]) dixisse testatur.

1) Eodem propter simile argumentum rettuli C. D. III 4 p. 101, 5 sqq.; cf. Schwarz. p. 447.

Eiusdem Varronianae disputationis frustula quaedam extant his locis: C. D. IV 31 p. 186, 11—14. 21—29; IV 9 p. 156, 30—157, 13; de cons. ev. I 22, 30. 23, 34[1]):

C. D. IV 9:

Iovem deorum omnium dearumque regem volunt, hoc eius indicat sceptrum, hoc in alto colle Capitolium. ⟦De isto deo, quamvis a poeta dictum, convenientissime praedicant: 'Iovis omnia plena'⟧[2]). Hunc Varro credit etiam ab his coli, qui unum deum solum sine simulacro colunt, sed alio nomine nuncupari. Quod si ita est, cur tam male tractatus est Romae sicut quidem et in ceteris gentibus, ut ei fieret simulacrum? Quod ipsi etiam Varroni ita displicet, ut ... nequaquam dicere et scribere dubitaret, quod hi, qui populis instituerunt simulacra et metum dempserunt et errorem addiderunt.

C. D. IV 31:

Dicit idem auctor (sc. Varro) quod hi soli ei videantur animadvertisse, quid esset deus, qui crediderunt eum esse animam motu ac ratione mundum gubernantem .... Dicit etiam antiquos Romanos plus annos CLXX deos sine simulacro coluisse. Quod si adhuc, inquit, mansisset, castius dii observarentur. Cui sententiae suae testem adhibet inter cetera gentem Iudaeam, nec dubitat eum locum ita concludere, ut dicat, qui primi simulacra deorum populis posuerunt, eos civitatibus suis et metum dempsisse et errorem addidisse.

de cons. ev. I 22, 30 sqq.:

Varro deum Iudaeorum Iovem putavit, nihil interesse censens, quo nomine nuncupetur, dum eadem res intellegatur ... Nam quia nihil superius solent colere Romani, quam Iovem, quod Capitolium eorum satis aperteque testatur, eumque regem omnium deorum arbitrantur, cum animadverteret Iudaeos summum deum colere, nihil aliud potuit suspicari, quam Iovem ... Dicunt se Iovem ⟦non hominem mortuum⟧ colere ⟦nec homini mortuo⟧ Capitolium dedicasse, sed spiritui vivificanti omnia, quo mundus impletur.

Hac disputatione Varro postquam breviter suam de veri dei natura sententiam pronuntiavit, hunc philosophorum deum eundem esse docuit, quem Romanorum Iovem[3]). Idem censere ipsos cives Romanos, cum ei ut deorum regi sceptrum atque Capitolium darent. Hunc deum esse eundem, quem Iudaei sine simulacro colerent, atque, ut apud Iudaeos, ita etiam apud veteres Romanos deos sine simulacris fuisse; quod si mansisset, futurum fuisse ut castius etiamtum dei observarentur,

1) Cf. C. D. VII 5 p. 280, 23—28; VI 1 p. 243, 13 sqq. XIX 22 p. 392, 18 sqq. de cons. ev. I 23, 35. 36.

2) His uncinis ⟦ ⟧ inclusi Varronis verba cum Augustini additamentis eum in modum coniuncta, ut separari nequeant.

3) Ea Varronis verba, quae Augustinus Cons. Ev. de Iove servavit, C. D. IV 9 Vergilii versu reddit.

quoniam e simulacrorum institutione insolentia et error nata essent. Hic ubique suam vel philosophorum sententiam cum civium opinionibus comparat ita, ut a quorum partibus ipse stet non praetermittat; hac vero eadem ratione utitur eo loco, de quo modo diximus, qui legitur apud Augustinum C. D. IV 31, p. 185, 18—32, eodem scilicet capite ineunte, in quo etiam alter ex his locis, de quibus nunc res est, extat. Ergo Augustinus toto capite 31 eundem Varronis locum expilavit, nisi quod p. 186, 1—5 nonnulla ex 'alio' atque superiore loco arcessita interposuit. Denique cum eodem spectent, quae cum his consociata e Varrone referuntur C. D. IV 32 (= VI 6 p. 257, 14 sqq.), et haec ibidem collocanda sunt.

Praeter hos unum tantum adhuc repperi locum, R. D. libro I tribuendum: C. D. VI 9 p. 263, 21 sqq. (= IV 18 p. 167, 10 sqq.), ubi omnes deos secundum Varronem bonos existimandos esse refertur. Hoc enim certe docuit, cum de deorum natura, id est virtute ageret. Atqui commemorat Boethius de diis et praes. (in Cic. ed. Orell. V 1 p. 392, 2 sqq.): „Videtur quibusdam haec sententia, qua ait Cicero (Top. 20, 76) 'deorum virtus natura excellit, hominum autem industria', ex libris M. Varronis, hominis acutissimi, de humanis et divinis rebus, ubi de theologiae divisione agitur, succincte per transitum mutata“[1]). De theologiae divisione egit in libro I: ergo hic exposuit, quid de deorum natura existimaret.

De R. D. libro XIV.

Augustinus cum ineunte libro C. D. VII quaerit, quam rationem secutus Varro deos 'selectos' selegerit, scribit cap. 2 p. 274, 14 sqq.: „Haec numina . . . si propterea selecta dicuntur, quia opera maiora ab his administrantur in mundo, non eos invenire debuimus inter illam quasi plebeiam numinum multitudinem minutis opusculis deputatam. Nam ipse primum Ianus, cum puerperium concipitur, unde illa cuncta opera sumunt exordium minutatim minutis distributa numinibus, aditum aperit recipiendo semini. Ibi est et Saturnus propter semen ipsum; ibi Liber... ibi Libera... Sed ibi et dea Mena... Vitumnus et Sentinus.“ VII 3 p. 276, 31 sqq. addit: „Ibi posuerunt et Mentem. . . et Minervae per ista minuta opera puerorum memoriam tribuerunt.“ Conscripsit igitur Varro in R. D. opere singularem quendam librum, quo 'quasi plebeia numinum multitudo minutis opusculis deputata' ita continebatur, ut aliquot dii maiores interponerentur. Quem librum esse R. D. librum XIV de diis certis testatur Serv. interp. ad Verg. Aen. II 141.

Huius libri dispositionem ab ipso Varrone, ut apparet, expressam accipimus C. D. VI 9 p. 266, 9 sqq. atque Augustinus hunc

1) Quae Varroniana apud ipsum Ciceronem Boethium ducem sequentes inveniamus, alibi quaerendum est.

ordinem in diis enumerandis in universum servat, licet in singulis nonnulla demutet. Quod hac demonstretur tabella:

			IV 11	IV 21	IV 34	VI 9[1])	IV 8	IV 16	VII 2.3.
	Dii qui ad ipsum hominem pertinent	Dii, qui pertinent ad semina concepta vel concipienda	3			2			7
	Dii qui ad ipsum hominem pertinent	Dii qui hominem a prima infantia usque ad nuptias producunt	23	11	5 dii pueriles	2	4	4	4
	Dii qui ad ipsum hominem pertinent	Dii nuptiales vel coniugales	3	dii nuptiales	dii coniugales	13			
Dii, qui non ad ipsum hominem pertinent	Dii qui ad victum pertin.	Dii agrestes, pecuarii, pomarii		dii agrestes 1	6		16		
Dii, qui non ad ipsum hominem pertinent	Dii, qui ad alia pertin., quae huic vitae necessaria sunt	Dii bellici		4	3				
Dii, qui non ad ipsum hominem pertinent	Dii, qui ad alia pertin., quae huic vitae necessaria sunt	Dii pecuniarii		3					
Dii, qui non ad ipsum hominem pertinent	Dii, qui ad alia pertin., quae huic vitae necessaria sunt	Dii, qui ad loca pertinent					3		

C. D. IV 21 suo loco commemorantur dii 'nuptiales' et 'agrestes' nullis praeter Fructeseiam nominibus appositis. Sub finem capitis Augustinus e diversis locis collectos praebet Fessoniam Pelloniam Apollinem Aesculapium Spiniensem Rubiginem[2]), quos ideo in unum locum contulit, ut numina, quae mala depellerent, Romanis omnino colenda non fuisse ostenderet, si Felicitas vera dea esset. Simile consilium secutus initio eiusdem capitis coniunctos praemittit Mercurium et Minervam, qui doctrinam praeberent, et Catium patrem, qui catos i. e. acutos faceret[2]). Atque ultimum hunc deum ad Varrónem redire per se patet (cf. Varr. L. L. VII 46). De ceteris, quamvis dubitanter, idem iudicaverim, quoniam et de Minerva Varro simile docet apud Aug. C. D. VII 3 p. 277, 4 et de Mercurio Augustinus haec quidem vix de suo addere potuit.

IV 34 Augustinus cum Iudaeos sine ista deorum minutorum turba in maximis periculis servatos esse exponit, Varronis ordinem quattuor diis agrestibus post bellicos collocatis mutavit, Iudaeorum

---

1) Intercidonam Pilumnum Deverram e libro XIV petitos esse contra Merkelium recte demonstrat Schwarzius p. 454.

2) Haec numina in conspectu supra proposito non enumeravi.

varia fata respiciens. Nymphas Lymphasque e Varrone arcessitas esse docet Serv. interp. ad Verg. Aen. XII 139 (cf. Aug. C. D. IV 22 p. 172, 29), at num Neptunus eodem referendus sit, dubio obnoxium est, cum huius dei Augustinus ita mentionem faciat, ut non nisi ad Iudaeos pertineat.

Verum cave ne Varronem meras deorum syllogas aut exiles divinorum officiorum enumerationes composuisse credas. Cui opinioni obstant ampli illi de Carmentibus et Vaticano tractatus, quos e R. D. libro XIV affert Gellius N. A. XVI 16 III 17 et quae de Intercidona Pilumno Deverra Priapo ipse Augustinus C. D. VI 9 tradit. Itaque si in eodem capite p. 263, 4 sqq. de Libero et Libera praeter ea, quae ipso Augustino testante (VII 2) in hoc R. D. libro XIV exposita fuerunt, alia de horum deorum sacris rebusque cum his tam arte coniuncta leguntur, ut separari nequeant: haec indidem fluxisse manifestum est.

Iam ea velim numina respiciamus, quae Augustinus uno tenore tractat C. D. IV 14 sqq., Victoriam dico et Felicitatem, Fortunam, Virtutem, Fidem, Pudicitiam similia, quorum proprium est nomina ipsa earum rerum habere, quas praebere credebantur. Quae cum Augustinus partim in illis syllogis enumeret (Fortunam et Iuventutem C. D. IV 11, Quietem IV 16, Mentem, Victoriam, Honorem, Pecuniam IV 21), partim expressis verbis huic libro R. D. XIV tribuat (Mentem, Virtutem, Felicitatem C. D. VII 3 p. 277, 11 sqq.): consentaneum est credere indidem eum non pauca in capita 14 sqq. recepisse. Sed antequam singula percurramus, interim alium locum adeamus C. D. IV 24, ubi philosophus quidam Virtutem Honorem Concordiam Victoriam Felicitatem non rerum quasi notiones sed veros deos esse demonstrat. Hunc philosophum revera Varronem fuisse, id quod per se veri simile est, inde elucet, quod hoc loco praeter talia numina, quae in R. D. libro XIV inveniuntur, nulla commemorantur; imprimis hae deae Bellona Segetia Cunina Bubona Varronem resipiunt. Ceterum Cicerone (N. D. II 23, 60) Augustinum non usum esse ostendit Schwarzius p. 442. Sed ut Varro exponendum esse censebat haec numina a philosophis iure in deorum numero haberi, ita eadem revera a Romanis publice coli in ipso hoc R. D. opere ostendere debebat. Atque quibus ex argumentis hoc evicerit, facile perspicies, si haec mecum consideraveris: In libro R. D. XVI cum de Tellure ageret, pontifices quattuor diversis diis, qui ad terram pertinerent, sacra facere atque 'hos omnes suis nominibus appellatos, suis officiis distinctos, suis aris sacrisque veneratos' esse refert (vd. Aug. C. D. VII 23 p. 303, 18 sqq. IV 10 p. 159, 1 sqq.). Ibidem Ianum a Iove Romanos distinguere docet, cum 'seorsus eis instituissent templa, seorsus aras, diversa sacra, dissimilia simulacra (C. D. VII 10 p. 287, 17 sqq.). Eodem argumento e Varrone desumpto Augustinus contra ipsum eum utitur C. D. VII 15, cum scribit p. 293, 28 sqq.: „(Multis stellis) nullas aras, nulla sacra, nulla templa fecerunt, nec deos non dico inter hos selectos sed ne inter illos quidem quasi plebeios habuerunt", cf. C. D. IV 11 p. 162, 12 sqq. Et revera novos deos ita inter Romanos receptos esse notum est, ut templum eis vel ara vel delubrum et sacra publice statuerentur; cuius rei ex antiquis auctoribus unum Ciceronem testem praebere satis est, apud quem similia leguntur N. D. III 17. 18, imprimis §§ 43. 47. His igitur indiciis ipse Varro usus deos publicos populi Romani illos fuisse ostendit. Itaque, ut redeamus unde egressi sumus, quod in his potissimum capitibus IV 18 sqq. tam multa de templis, aris, sacris verba fiunt, hoc non casu quodam factum est ita, ut Augustinus, nescio quo consilio, modo R. D. librum VI modo librum XIV evolveret[1]), sed in eodem usque libro sanctus pater commoratus est. Adde quod, quae IV 18 de Felicitatis et Fortunae templis arisque commemorat, ea a dearum interpretationibus solvi minime possunt[2]).

Iam quaeritur, unde Augustinus hauserit, quae IV 19 de Fortunae Muliebris simulacro tradit similia vel paria eis, quae leguntur apud Dion. Hal. A. R. VIII 55. 56. Val. Max. I 8, 4. Lact. I. D. II 7, 11. Plut. Fort. Rom. V 1, Vit. Cor. 37[3]). Scripserunt de hac re Th. Mommsenus Röm. Forsch. II 119 sqq. H. Jordanus Eph. ep. I 234 sq. Bogdanus Kriegerus Quib. fontt. Val. Max. usus sit (Berol. 1888) p. 50 sqq.

Atque Jordanus Dionysium quae praeberet cap. 55 ex alio fonte petiisse demonstravit quam quae, suis ineptiis deformata, traderet cap. 56, atque hunc alterum fontem etiam a Valerio Maximo expilatum esse ostendit. Enucleantur autem e Dionysii prolixitate erroribusque hae fere alterius auctoris sententiae: 'Simulacrum Fortunae Muliebris a mulieribus dedicatum secundum pontificum libros non semel sed bis locutum est: „Rite me, matronae, dedistis". Loquebatur autem duobus diversis diebus, primo, quo ipsum una cum templo consecratum est, altero, quo altera Fortunae muliebris sacra annuaria facta sunt.' Hoc de altero die Dionysium de suo addidisse Jordano placet; sed cum auctorem communem de consecrationis die egisse e Valerio concludendum sit, nescio an ille de duobus illis diebus festis, quos huic deae Romanos vovisse constat (vd. Jordanum l. l. p. 235), verba fecerit atque inter hos et duplex illud deae testimonium rationem quandam intercedere voluerit[4]). Verum de hac re certi nihil affirmaverim. Iam Augustinus

1) Hoc false opinatur Schwarzius p. 443.

2) Varronem in R. D. libro XIV et alibi aras vel sacra commemorasse confirmant et Gellius N. A. XVI 16, 2 (de Carmentibus) III 17 (de Aio Locutio) et Augustinus C. D. VI 9 de Libero et Libera.

3) Lactantium statim mittemus, cum per totum illud caput e Valerio Maximo pendeat: I 8, 1. 4. 3. 2; I 1, 17. 20. 19. I 1 ext. 1. 5. I 7, 4. 2. Neque Plutarchum in usum vocare licet, quippe quem utroque loco Dionysio sua debere Mommsenus certissime probaverit.

4) Kriegerus nihil certi proficit, cum (Jordanum male intellegens)

cum Valerii et Dionysii altero loco (cap. 56) ita congruit, ut aut ex ipso Valerio aut ex illorum auctore pendeat. Illud viro summo, Mommseno[1]), hoc mihi veri videtur similius. Nam cum Augustinus Valerio nusquam sit usus[2]), ea autem quae praecedunt quaeque sequuntur a Varrone recepta referat, quem haud raro a Valerio adhibitum esse ostendit ipse Bogdanus Krieger et cum hanc ipsam de Fortuna muliebri fabulam non modo ita irrideat, quasi eam non ex alio quodam auctore sed ex eodem, unde cap. 18 repetierit, verum etiam de cultu ei a Romanis instituto referat, qua in re eum Varronis morem gessisse vidimus: Varronem et ab Augustino et a Valerio exscriptum esse crediderim. Atque res aliquantum quidem firmari videtur inde, quod Dionysii teste tota fabula e libris pontificalibus originem duxit, libros autem pontificales Varro ut fontes gravissimae auctoritatis sescenties in usum vocavit. Iam ut videamus, quem Varronis librum Augustinus Valerius Dionysius adhibuerint, Augustinum R. D. librum XIV adiisse credi ipse sententiarum nexus iubet, quod idem de Valerio Dionysioque crediderim, nisi forte Varronem duobus locis (sc. in R. D. libro VI et XIV) de eadem re eadem eisdem verbis exposuisse opinaris.

Sub finem pauca addiderim de hoc loco C. D. IV 21 p. 170, 26 sqq.: „Ars bene recteque vivendi virtus a veteribus definita est. Unde ab eo, quod Graece ἀρετή dicitur, virtus nomen artis Latinos traduxisse putaverunt.“ Haec e Varroniana de dea Virtute expositione profecta esse inde colligo, quod Varro in eo libro, quem de philosophia conscripsit, ap. Aug. C. D. XIX 3 virtutem definivit ‘artem agendae vitae’ vel ‘artem vivendi’. Atque similiter eum de arte et ἀρετῇ in Disciplinarum libris egisse sequitur e Cassiod. de art. ac disc. lib. art. praef. KGL VII p. 213.

De R. D. libro XVI.[3])

Longe maximum libri XVI fragmentorum numerum praebet Augustinus in libro C. D. VII, in quo contra Varronis de diis selectis librum se pugnare confitetur (cap. 1). Hunc librum cum conscriberet Varro id se studuisse ipse profitetur[4]) (ap. Aug. C. D. VII 5 p. 281, 15 sqq.), ut theologian civilem ad theologian naturalem referret.

---

ad alterum fontem multo pauciora revocet atque eandem rationem inter Valerium et Plutarchum, quam inter Valerium et Dionysium interesse ratus quaestionem in Plutarchi auctoritate exaedificet.

1) Idem e verborum similitudine concludit Schwarzius p. 443 adn. 1, quem tamen effugit, quid in hac quaestione maxime spectandum sit.

2) Illa de ludorum Romanorum instauratione (IV 26) Augustinum Valerio non debere ipse Mommsenus demonstravit.

3) De R. D. libro XV agetur, ubi deorum certorum, incertorum selectorum notiones describentur. Ceterum huc pertinent hi quattuor Augustini loci: C. D. VII 17, VII 28 de Penatibus, (cf. supra p. 11 sq.), IV 23 p. 174, 11 sq. de diis Consentibus, VI 7 p. 259, 1 sqq. de Acca Larentia.

4) Hoc apparet ex his Augustini verbis: „In quo (sc. de dis sel.

Quapropter de naturali theologia nonnulla praelocutus est, vel potius paucissima, auctore Augustino l. l. p. 281, 13. Excusavit autem cum alia tum simulacrorum cultum, ut Augustinus testatur, qui singularem quandam istius expositionis enuntiationem[1]) ita aggreditur VII 5 p. 281, 11 sqq.: „Unde intelligitur, totam eius theologian, eam ipsam scilicet naturalem, cui plurimum tribuit, usque ad animae rationalis naturam se extendere potuisse. De naturali enim paucissima praeloquitur eqs.“ Deinde pergit VII 6 in.: „Dicit idem Varro adhuc de naturali theologia praeloquens.“

His quae modo exscripsi verbis Augustinus alterum quod huc pertinet fragmentum inducit[2]), quo explicatum est, quae et quales animae rationales praeter animum universalem in mundo essent et quibus in partibus mundi habitarent. Hic igitur, ut expressis verbis moneam, neque exposuit, quae ratio inter unum verum deum et ceteros deos esset, neque demonstravit a populis praeter illum deum universalem alios deos recte credi, quae tamen in hac praefatione physica eum praetermisisse vix censebis. Atque profecto talia eum exposuisse legimus apud Augustinum C. D. VII 23 p. 301, 22 sqq. copiosissimo de tribus animae gradibus loco[3]), quem omnes viri docti exceptis Krahnero et Schwarzio in praefatione illa collocare non dubitaverunt. Me ut veterum auctoritatem sequar praeter ea, quae dixi, imprimis id movet, quod Augustinus has de tribus animae gradibus et illas de animo universali doctrinas, quas C. D. VII 6 e praefatione naturali arcessitas praebet, coniunctas aut irridet aut significat C. D. VII 29 p. 312, 15—21; VII 16 p. 296, 4—8, de doctr. Chr. I 1, 7. 8; de ver. rel. 54, 109, quos locos quin conscripserit de Varrone cogitans, mihi quidem vix dubium est.

Sed Schwarzius (p. 460) et Krahnerus (Cur. p. 5) ex Augustini verbis VII 23 p. 302, 9: „Redeat ergo ab hac eqs.“, et ex v. 20 sqq.: „Fieri enim potest, ut eqs. adhuc tamen hunc librum versans eqs.“ collegerunt, ‘Varronem cum illa de tribus animae gradibus exponenda aggressus esset, iam hunc librum aliquamdiu versavisse’. Quod false collectum esse perspicietur, si totius capitis nexus examinabitur. Interrogat enim Augustinus, cur Tellus dea sit. Respondetur: „Quia fecunda est.“ Hoc argumentum, quod nescio an ab ipso eo excogitatum putaveris, revera e Varrone arcessitum esse probatur comparato hoc loco C. D. VII 30 p. 313, 14[4]). His refutatis alterum

---

libro) videbimus, utrum per interpretationes physiologicas ad hanc naturalem possit referre civilem.“

1) VII 5 p. 281, 9 sqq.: „Fatetur interim (sc. in illa simulacrorum excusatione) vir doctissimus animam mundi ac partes eius esse veros deos.“ Verba repetit VII 9 p. 286, 13 sq.

2) Huius fragmenti partem denuo affert VII 9 p. 286, 20 sqq.

3) Ad eundem locum spectat C. D. VII 3 p. 275, 24 sqq. VII 13 p. 291, 7 sqq.

4) „Qui terram ... fecundat,“ (sc. Deus est, non Tellus). Vd. Schwarz. l. l. p. 462.

inducit argumentum: „Pars animae mundi, quae per terram permeat, deam facit.“ Varronem hoc protulisse eundemque cum anima mundi hominis animam per totum corpus transeuntem contulisse — qua re lepide hic abutitur Augustinus[1]) — inde perspicitur, quod iam eundem locum, quo in irridendo Varrone modo usus est, his verbis ex illo se repetiisse tradit: „Et certe idem Varro (sc. idem, qui Tellurem ut partem mundi divinaeque participem animae recte in deorum numero haberi dicit) in eodem de diis selectis libro (sc. in quo de Tellure dea agens haec protulit, alio autem loco) tres esse adfirmat animae gradus, unum eqs....; tertium gradum esse animae summum, quod vocatur animus...; hoc praeter hominem carere omnes mortales. Hanc partem animae mundi dicit Deum...; cuius vim, quae pervenit in astra ea quoque facere deos, et per ea quod in terram permanat, deam Tellurem eqs.“ Haec (e theologia naturali petita) quoniam aliqua ex parte Augustinus priusquam laudaret refutaverat, ad illam, unde profectus est, sententiam e tractatu de Tellure (i. e. e civili theologia) petitam sententiam (cf. p. 302, 26) rediturus suo iure pergit: „Redeat ergo ab hac, quam theologian naturalem putat, quo velut requiescendi causa ab his (sc. theologiae civilis) ambagibus atque anfractibus fatigatus egressus est; redeat, inquam, redeat ad civilem; hic eum adhuc teneo, tantisper de hac ago.“ Varro igitur in illo de animae gradibus tractatu fines totius operis, hoc est civilis theologiae, se egressum esse ipse professus est, naturali eum tribuit theologiae, id est philosophiae. Quae cum Augustinus, ut modo diximus, falsa sibi videri iam antea aperuerit (p. 301, 17 sqq.), redire egressum iubet ad theologian civilem, hoc est ad ipsum hunc de Tellure dea locum, quem ineunte capite tetigerat. Non cum illis philosophorum opinionibus sibi nunc rem esse pergit eandem sententiam repetens magis quam continuans (p. 302, 13—26), sed cum Varrone, ut theologo civili, sibi item atque antea agendum esse (vd. v. 20: „nunc autem istum adhuc politicum volo“); fieri enim posse, ut Varro illas philosophorum sententias, quae tam facili opera refutentur, non philosophandi causa proposuerit, sed religionis civilis defendendae causa. Hoc proximum his verbis exponit v. 20 sqq: „Fieri enim potest, ut, licet in illam naturalis theologiae veluti libertatem caput erigere paullulum voluisse videatur, adhuc tamen hunc librum versans et se in illo versari cogitans (i. e. cum hoc R. D. opus, quo civilis, non naturalis religio continebatur, adhuc versaret vel nondum confecisset et in tali civili, ut ita dicam, libro se versari sibi conscius esset) eum (sc. huius argumenti librum) etiam inde (sc. ubi ad naturalem theologian egressus de animae gradibus verba facit) respexerit et hoc (sc. de animae gradibus) propterea dixerit, ne maiores

---

1) p. 301, 18 sq.: „... in hominibus anima ... et tamen homines dii non habentur.“

eius sive aliae civitates Tellurem atque Neptunum inaniter coluisse credantur (i. e. ut civiles religiones defenderet)." Quodsi propter ipsa haec verba „adhuc hunc librum versans" Schwarzius tractatum illum in principio libri XVI collocatum fuisse negat, 'quia pateret Varronem cum illa exponenda aggressus esset, iam hunc librum aliquamdiu versavisse' concedo illa verba e sententiarum nexu soluta sic accipi posse; universo autem capiti talis interpretatio minime convenit. Neque enim — quod Schwarzio statuendum erat — verba 'adhuc versans' premit Augustinus, sed pronomen 'hunc' (sc. librum de theologia civili scriptum) premit, cui opponat 'inde', hoc est ex egressione illa, qua philosophe de anima mundi verba fecit. Quae egressio cum ultimo totius operis libro praemissa sit, facile explicatur, cur Augustinus 'adhuc tamen' dixerit; si minus, ipsum Varronem fac dixisse se alio opere fusius haec explicaturum. Sed alius verbo 'adhuc' non potest subesse sensus nisi quem supra proposui: „cum nondum philosophiam sed adhuc theologian civilem tractaret[1]). Ergo Augustini quidem verbis minime prohibemur egressionem illam in principio libri collocare, quam Varro cur in medio libro posuerit, nulla invenitur causa.

Quos deos Varro hoc libro tractandos selegerit, docet Augustinus C. D. VII 2 p. 274, 8 sqq.; quare hos potissimum selegerit, refert C. D. VII 17 p. 295, 27 sqq. Quibus de locis copiosius agam, cum de notione deorum certorum incertorum selectorum proprie res erit. In his capitibus C. D. VII 7—16. 18—22. 23 fin. 24. 26. 30 quae de singulis diis Augustinus ferat Varroniana, plerumque recte exposuit Schwarzius p. 460 sqq., quare equidem idem tractare mitto, nisi quod hic illic nonnulla vel addenda vel corrigenda videntur.

Quod ad Ianum attinet, extant duae bifrontis imaginis interpretationes, quorum altera VII 8 in. expressis verbis Varroni datur, altera VII 8 p. 284, 20 sqq. auctore non nominato affertur. Quae cum accurate ei interpretationi respondeat, quam Varro de Iano quadrifronte praebuit (vd. Aug. C. D. VII 8 p. 284, 16 sqq.), non sine iure ad eundem fontem refertur; namque Varro eiusdem rei plures explicationes saepius protulit velut cum in medio libro XVI de ipso Iano scribit (ap. Aug. VII 28 p. 310, 31): „Ianum alii caelum, alii dixerunt esse mundum." Denique capite 8 exeunte p. 284, 24 sqq. alteram cavillatur Augustinus Iani gemini vel bifrontis interpretationem respondentem ei, quam de Iano bifronte capite ineunte e Varrone arcessivit; nam bifrontem Varro cum hominis ore vel pa-

1) Quae inde a verbis 'sed hoc dico (p. 302, 26 sqq.) sequuntur, ad nostram rem non pertinent. Quare satis est commemorare Augustinum id, quod iam inde a verbis 'sed pars animae mundi' (p. 301, 16) in animo habebat, verbisque 'hic eum adhuc teneo' (p. 302, 12) praenuntiaverat, perficere. Demonstrat enim, si Tellurem, ut partem mundi divinae animae participem, deam esse recte credatur, alios Romanorum deos a Varrone per interpretationes physicas false ad terram relatos esse.

lato contulerat (cf. Cic. N. D. II 18, 49), quadrifrontem 'gentiles', ut ait pater, similitudine quadam explicuerunt, quae ei cum piscis faucibus esset. Haec igitur Varroni tribuenda sunt.

De Iovis potestate (C. D. VII 9. VII 30) et cognominibus (VII 11. 12) nihil adiciendum est, nisi quod hunc locum Schwarzius non dignum habuit, quem in fragmenta reciperet, C. D. VII 10: „Cum ergo et Ianus mundus sit et Iuppiter mundus sit unumque sit mundus, quare duo dii sunt Ianus et Iuppiter? Quare seorsus habent templa seorsus aras, diversa sacra dissimilia simulacra? Si propterea, quod alia vis est primordiorum (cf. gr. ἀρχή), alia causarum (cf. αἴτιον), et illa Iani, illa Iovis nomen accepit . . ." Schwarzius igitur proprio Marte ipsum Augustinum haec sibi finxisse nescio an crediderit ex illis verbis, quae paullo ante collaudaverat cap. 9: „Penes Ianum sunt prima, penes Iovem summa". Sed etiamsi e 'primis' 'primordia' efficere potuit, e 'summis' 'causam' certe non effecit, atque certum fontis sui locum se inspexisse ipse iudicat VII 11 p. 288, 16 sqq.: „Puto inter se propinquiora esse causas rerum atque primordia, propter quas res unum mundum duos deos esse voluerunt, Iovem atque Ianum, quam continere mundum et mammam dare animalibus." Ultimis vero verbis adludit ad Iovis cognomina Tigillum et Ruminum a Varrone commemorata (vd. cap. 11 in.): ergo et priora illa et totus capitis 10 locus ad Varronem redeunt.

Augustinus C. D. VII 19 p. 298, 9 sqq. contra ea, quae Varro de Caelo a Saturno filio castrato dixerat, ita pugnat: „Sed ecce Saturnus si Caeli est filius, Iovis est filius. Caelum enim esse Iovem innumerabiliter et diligenter affirmant. Ita ista, quae a veritate non veniunt, plerumque et nullo impellente se ipsa subvertunt." Unde veri simile est Varronem de Iove praeter notissimam illam mundi interpretationem et hanc attulisse, qua ad caelum revocabatur[1]). Atque profecto etiamsi et hanc alteram pro sua venditaverit (id quod Augustinus quidem indicare videtur), sibi ipsi non repugnat; arbitratur enim in huius libri praefatione (Aug. C. D. VII 6) „deum (sc. universalem) esse animam mundi (= aethera = ignem = caelum) et hunc ipsum mundum esse deum; sed sicut hominem sapientem, cum sit ex corpore et animo, tamen ab animo dici sapientem, ita mundum deum dici ab animo, cum sit ex animo et corpore"; cf. L. L. V 59 sq. R. D. I ap. Tert. ad nat. II 2 p. 97, 12 sqq., Prob. Verg. Ecl. VI 31 p. 18 K.[2]). Quae cum ita sint, Varronis etiam sunt sententiae, quas Augustinus perstringit C. D. VII 16 p. 294, 16 his verbis: „Mundus .... Iuppiter et caelum Iuppiter."[3])

---

1) Hanc sententiam sequitur in R. D. XV apud Aug. C. D. VII 28 (de Penatibus).

2) „Sin vero caelum pro igni intellexerimus, quem eundem mundum et κόσμον dictum probat Varro in Cynicis quam inscribit Dolium aut Seria sic eqs.

3) E duobus diversis Varronis locis Augustinus conglutinavit, quae

Saturnum fabulasque de Saturno traditas ipse Varro ad semen rettulit, vd. Aug. C. D. VII 19 p. 298, 15 sq. Sed praeterea notissimam illam interpretationem eum aut laudavisse aut laudatam redarguisse putandum est, qua Graeci Saturnum i. e. Κρόνον ad χρόνον referebant. Legitur enim apud Aug. C. D. VI 8 p. 261, 24 sqq.: „Saturnum suos filios devorasse ita nonnulli interpretantur, quod longinquitas temporis, quae Saturni nomine significatur, quidquid gignit ipse consumat, vel sicut idem opinatur Varro, quod pertineat Saturnus ad semina, quae in terram, de qua oriuntur, iterum recidunt." Ubi verbis illis 'idem Varro' vix aliud quidquam significari potest, quam Varronem etiam illam 'nonnullorum sententiam' commemoravisse. Atque cum eodem modo Tertullianus (ad nat. II 12) praeter propriam Varronis sententiam et hanc Graecorum de tempore opinionem proferat, mihi quidem non dubium est, quin haec similitudo inde nata sit, quod ambo scriptorum ecclesiasticorum loci ad Varronem redeunt.

Contra ea, a quibus Varro de deabus agendi initium fecit, (C. D. VII 28 p. 320, 27 sqq.), Augustinus, ut monui, ita pugnat, ut eum sibi constare neget, quod hoc quidem loco omnes masculos deos ad caelum, omnes feminas ad terram, alibi autem nonnullos deos ad terram, deas ad coelum referendos esse censeret. Sed Varronem male intellexit, qui hoc loco ut disponendi libri XVI rationem redderet, exposuit, cur masculorum deorum seriem a Iano i. e. caelo, feminarum a Tellure i. e. terra exordiretur.

C. D. VII 16 p. 294, 12 sqq. leguntur: „Quandoquidem etiam Matrem Magnam eandem Cererem (sc. de qua paullo ante dictum erat) esse volunt[1]), quam nihil dicunt esse, quam terram, eamque perhibent et Iunonem et ideo ei secundas causas rerum tribuunt." Hoc de Iunone sine dubio Varro scripsit, cum hanc deam proprie tractaret, nam eodem spectant, quae ex hoc tractatu profecta leguntur VII 30 p. 313, 15 sqq.; atque prorsus in eundem modum causae principales Iovi tribuebat in ipsa de Iove disputatione. Quam ob rem etiam illud 'Cererem nihil aliud dicunt esse quam terram' ad Cereris tractatum referendum est[2]). — De Iunone Varronem praeter

scribit VII 9 p. 286, 30 sqq.: „Magis Iovi universum solent tribuere ... Ergo et Iovem, ut deus sit et maxime rex deorum (= p. 285, 7 sq. 12 sqq. e tractatu de Iove), non alium possunt existimare quam mundum ut diis ceteris secundum istos suis partibus regnet (= p. 286, 13 sqq. = VII 5 p. 280, 11 sq. 281, 9 sqq. e praefatione physica)." — Ad Varronem omnino non redeunt fabulae illae contumeliosae, quas a populis (non a Romanorum civitate) credi dicit Augustinus C. D. VII 9 p. 286, 1 sqq. Nam praeterquam quod talia referre a consilio et ratione Varronis plane abhorrebat, haec ita pervulgata erant, ut Augustinus certum locum de eis adire opus non haberet.

1) Haec Augustinus non apud Varronem legisse, sed inde collegisse videtur, quod ille utramque deam ad terram rettulit.

2) Totum locum Schwarzius ibi posuit, ubi de Matre Magna agitur.

alia et eam sententiam commemoravisse, qua ad aerem revocabatur, probabile est ex Augustini verbis VII 16 p. 294, 33 sq.: „Iuno secundarum causarum domina et Iuno aer et Iuno terra"; cf. locum consimilem de Iove supra p. 28 med.

Quid Varro de stellis docuerit vel quae ratio apud eum inter Iovis stellam et Iovem, mundi deum, intercesserit, nescio; sed aliquid eum in hoc libro de hac re docuisse constat ex Augustini capp. VII 15. 16. Posidonium illa resipiunt, etsi quid de singulis Varro tradiderit aut Augustinus addiderit, in incerto relinquenda puto. Quam ob rem ne ea quidem, quae de Mercurio et Marte stellis vel deis leguntur C. D. VII 15 p. 292, 25 sq., p. 293, 20 sqq. in Varronis fragmentis collocare ausim, quamquam aliter iudicat Schwarzius p. 485. 486. Ceterum altero loco ('si propter solas stellas Mercurium et Martem partes mundi putant, ut eos deos habere possint') Augustinus ad ea adludit, quae VII 5 p. 281, 9 sqq. VII 9 p. 286, 13 sq. e R. D. libri XVI praefatione physica repetivit, atque id ex eo loco, ubi Varro non de stellis ageret, sed simulacra instituta excusaret

§ 3.

De ceteris, quae Augustinus in hos C. D. libros e R. D. libris recepit.

Augustinus refert VII 22 p. 300, 8 sq. 15. 34 sqq. a Varrone Salaciam alibi undam nuncupatam esse, alibi, ut Neptuni coniugem, aquae partem inferiorem; similiter commemorat VII 23 p. 302, 30 sq. VII 20 p. 298, 27 Proserpinam ab eodem alibi ad terrae fecunditatem, alibi, ut Orci coniugem, ad terrae partem inferiorem relatam esse: unde Schwarzius p. 466 Varronem de deorum coniugiis continuo tractatu secundum Stoicos verba fecisse collegit. Recte is quidem; extat enim ille tractatus apud ipsum Augustinum C. D. IV 10 p. 157, 17—20, 25—30, ubi eum e Varrone pendere non solum locis modo laudatis sed universo totius capitis argumento probatur[1]).

Haec autem commemoravit, postquam IV 9 eum R. D. libri I locum compilavit, ubi Varro exposuit populos a philosophis dissentientes deorum simulacra sexus, generationes coniugia constituisse (vd. C. D. IV 31. 32, supra p. 9. 19 sq.), quamobrem in libro I collocanda videntur, praesertim cum argumenti cognatione arte cum illis cohaereant. Atque hoc etiam ipse Augustinus videtur ostendere, cum scribit VII 23 p. 302, 31: „Ubi eius (sc. Orci) coniux Proserpina, quae secundum aliam in eisdem libris positam opinionem non terrae fecunditas

---

1) Nimirum Iovi hoc loco aether, Iunoni aer datur; sed hanc quoque sententiam Varro in R. D. libro XV (ap. Aug. C. D. VII 28) et XVI (cf. supra p. 28 med. 30 in.) pronuntiavit; profecto illa interpretatio, qua alibi Iovem ad mundum, Iunonem ad terram referre solebat, non idonea erat, qua hoc loco horum deorum coniugium explicaret.

sed pars inferior perhibetur?" Namque si hoc e libro XVI sumpsisset, nescio an scripsisset 'in eodem libro'. Itaque de brevissima libri XVI praelocutione cogitandum esse Schwarzio non concedo.

Sed extant in hoc eodem capite C. D. IV 10 non pauca, quae revera libro XVI assignanda sunt[1]). Conferas enim:

de Minerva vel summo aethere IV 10 p. 158, 12 = VII 16 p. 294, 19; de Iove vel caelo, de Iunone vel terra[2]) p. 158, 25 = VII 16 p. 294, 32. 34; de Tellure et Tellumone p. 158, 33 = VII 23 p. 303, 13 sqq.; de Matre deum p. 159, 3 sq. = VII 24 p. 304, 10 sq. VII 16 p. 294, 13 sq.; de Cerere vel terra p. 159, 7 = VII 16 p. 294, 13; de Vesta vel terra ignita p. 159, 7 sqq. = VII 16 p. 294, 20 sqq. VII 30 p. 313, 22 sqq. Itaque praeterea ad R. D. librum XVI iure referemus, quae de Minerva e Iovis capite nata p. 158, 13 sq., de virginibus Vestalibus Vestae propter ignis virginitatem attributis p. 159, 10 sq., de Vesta aliquando Veneris nomine nuncupata p. 159, 14 sq. placita exponuntur. Sed Augustinus quod scribit p. 158, 22: „Saturnus, inquiunt, temporis longitudo est" non minus e sua memoria quam e Varronis libris sumpsisse potest.

De deorum potestatibus, quae enumerantur capite IV 11 ineunte recte iudicat Schwarzius p. 441: „Cogitavit Augustinus de Varrone, sed quae enumerata videmus, ex sola memoria hausit. Ceterum de nullo selectorum tantulum discimus." Iam hosce locos IV 11 p. 160, 4 sqq. 161, 26 sqq. 162, 10 sqq. IV 12 p. 162, 28 sqq. Varroni atque primo quidem R. D. libro tribui, quia Augustinus auctorem apertissime indicat his verbis p. 161, 26 sqq.: „Hi omnes dii deaeque sit unus Iuppiter, sive sint, ut quidam volunt, omnia ista partes eius sive virtutes eius, sicut eis videtur, quibus eum placet esse mundi animum, quae sententia velut magnorum multumque doctorum est[3]). Hoc revera Varroni placuit in ea R. D. libri I parte, ubi exponebat, quae ratio theologo politico cum philosophis et poetis esset (vd. C. D. IV 31 al., supra p. 19 sq.). Sed hoc loco tam breviter sententiam suam professus est, ut superiore quodam loco fusius eum de eadem re egisse credendum sit, sc. in ipsa de theologia physica disputatione. Atque quod hic coniectura assecuti sumus, infra, cum ad Tertullianum venerimus, ostendemus; nam Tertulliano teste (ad nat. II 2. 3) Varro illo loco de deo mundano, de mundi animo, de elementis et diis elementorum, de astris copiose egit. Similia etiam in libri XVI praefatione physica docuit (ap. Aug. C. D. VII 6. 23),

1) Hoc perspexit etiam Schwarzius p. 438 sq., cuius ad argumenta hoc adicio: Augustinum, cum C. D. VII 1 'in superioribus libris parum de diis selectis se dixisse confiteatur, in libro autem VI nisi de Matre Magna et Saturno (cap. 8) de nullo deorum selectorum dixerit, in libro IV nonnulla protulisse paene necesse est credere.

2) Haec e Varrone, non e Vergilii aliquo commentatore petita esse contra Frickium (Quell. Aug. in XVIII de civ. dei p. 69) Schwarzius recte ostendit p. 439 adn. 2.

3) Cf. p. 162, 28: Nonne debet movere acutos homines eqs.

sed hoc ipsum, quod similia, non paria sunt, impedimento est, quominus nostra ibi ponantur. Restat igitur, ut libro I tribuantur. Eodem rettuli, quae de Iove et ceteris diis ut Iovis partibus Augustinus commemorat VII 13 in., quamquam ex Varronis de Iove disputatione petita esse possunt; sed quoniam haec cum eis, quae modo tractavimus, mirum quantum concinunt, mihi quidem magis probatur Augustinum illo loco memoriter repetiisse, quae in librum IV ex ipso Varrone receperat.

C. D. VII 3 p. 276, 3 sqq. Augustinus ut Varronem nulla certa ratione in diis seligendis usum esse demonstraret, hac utitur argumentatione, quam Varroni ipsi non recte tribuisse nonnullos viros doctos apparebit comparatis inter se his locis:

VII 3 p. 275, 15 sqq.:	VII 3 p. 276, 3 sqq.:
Confert selectus Ianus aditum et quasi ianuam semini (sc. in R. D. libro **XIV**, vd. C. D. VII 2);	Quodsi respondetur, omnium initiorum potestatem habere Ianum et ideo illi etiam, quod aperitur conceptui non immerito attribui;
confert selectus Saturnus semen ipsum (sc. in R. D. l. XIV, vd. ib.);	et omnium seminum Saturnum et ideo seminationem quoque hominis non posse ab eius operatione seiungi;
confert selectus Liber eiusdem seminis emissionem viris, confert hoc idem Libera, quae Ceres seu Venus est, feminis (sc. in R. D. l. XIV, vd. ib.);	omnium seminum emittendorum Liberum et Liberam, et ideo his etiam praeesse, quae ad substituendos homines pertinent;
confert selecta Iuno ... fluores menstruos ad eius, quod conceptum est, incrementum (sc. in R. D. libro **XVI**, cf. C. D. VII 2):	omnium purgandorum et pariendorum Iunonem et ideo eam non deesse purgationibus feminarum et partubus hominum:
et confert Vitumnus ... vitam, confert Sentinus ... sensum (sc. in R. D. libro XIV, cf. C. D. VII 2).	quaerant quid respondeant de Vitumno et Sentino, utrum et ipsos velint habere omnium quae vivunt et sentiunt potestatem.

Duae istae sententiarum series ita inter se respondent, ut ipsum Augustinum alteram e priore ita confecisse appareat, ut ex singularibus deorum muneribus, quae prius enumeraverat, quasi generales potestates deduceret deductasque ab adversariis sibi obici fingeret. Illa autem munera singularia e capite 2 p. 274, 19 sqq. transcripsit, quo ea partim e R. D. libro XIV partim e libro XVI arcessiverat: ergo ex altera sententiarum serie ne tantulum quidem novi discimus.

C. D. IV 23 p. 173, 18 sqq. 174, 7 sq. (cf. IV 15 p. 165, 7) enumerantur nonnulli dii, quibus a Romulo Tatio ceteris regibus templa pro populo Romano vota essent; similes Tatianos deos enumerat Varro L. L. V 74. In eodem capite p. 174, 27 sqq. (cf. IV 29) refert Augustinus secundum 'homines doctissimos', quid Tarquinio in Capitolio condendo accidisset, cum Mars Terminus Iuventas Iovi cedere noluissent; eadem commemorat Varro in libro II de serm. Lat. ap. Gell. N. A. XII 6, 3. Atque ex eodem fonte, unde illa de Capitolio, profluxerunt etiam, quae de Summano referuntur ibidem p. 175, 28 sqq.; conferas enim haec verba de Martis Termini Iuventatis sacello: „sicut habent eorum litterae" cum his de Summano: „sicut apud ipsos legitur"; similiter ibi dictum est: „... ut hoc vix homines doctissimi scirent", hic: „... ut vix inveniatur, qui Summani nomen ... se saltem legisse meminerit". Haec igitur omnia quin ad Varronem redeant, non dubium est. Exposuit vero ea in R. D. libro I, cum de theologia civili ageret, id quod ostendetur in altera quaestione, ubi de ceteris huius tractatus frustulis apud Tertullianum, Minucium, Lactantium servatis agetur.

De simulacris sacrisque, quorum C. D. VI 7 mentio fit, mihi dicendum non est. Varroniana e Curione in caput C. D. VII 34 transcripta Klausenius (Aen. u. die Penaten II p. 957) R. D. libris false tribuit.

Qua ratione Augustinus in his, quos adhuc tractavi, libris Varronis R. D. libris I XIV XV XVI in usum vocaverit, hac tabella illustrabitur[1]):

Varr. Rer. Div.

lib. I	XIV	XV	XVI
	C. D. IV 8		
C. D. IV 9			
IV 10			C. D. IV 10
IV 11	IV 11		
IV 12			
	IV 14		
	IV 15		
{IV 18	{IV 18		
	IV 19		
	IV 20		
	IV 21		
IV 22			
IV 23			
	IV 24		
*IV 27			

1) Ea capita, in quibus Augustinus diversos Varronis locos comparari diserte affirmat, notis significavi atque * asterisco quidem, ubi eundem, unculis {, ubi plures R. D. libros inspexit.

lib. I	XIV	XV	XVI
*IV 31			
IV 32			
	IV 34		
VI 1			
VI 2			
VI 3			
*VI 4			
VI 5			
*VI 6			
			VI 8
	VI 9		
			VII 1
	{ VII 2		{ VII 2
	{ VII 3		{ VII 3
{ VII 5			{ VII 5
			VII 6—8
			*VII 9
			VII 10
			*VII 11
			VII 12
			*VII 13
			VII 14
			*VII 16
		{ VII 17	{ VII 17
			VII 18—21
{ VII 22			{ VII 22
{ VII 23			* { VII 23
			VII 24
		{ VII 28	* { VII 28
			VII 29
			*VII 30

Hos locos Varronianos ab Augustino vel e memoria sua vel e superioribus ipsius sui operis capitibus depromptos in tabella componenda non respexi:

E R. D. libro XIV de Felicitate C. D. IV 23 in. (cf. C. D. IV 18), de Argentino et Aesculano IV 28 (cf. IV 21), de Fortuna Barbata Iuventate VI 1 s. fin. (cf. IV 11), de Forculo Cardea Limentino VI 7 (cf. IV 8), de dea Pecunia VII 11 (cf. IV 11); e R. D. libro I de Ditis et Proserpinae coniugio VII 28 (cf. VII 23).

§ 4.

Quae Augustinus e Senecae contra superstitiones libro petierit Varroniana.

Seneca in eo libro, quem contra superstitionem scripsit, cuius exilissimae relliquiae extant apud Augustinum C. D. VI 10. 11, hoc ipso teste civilem theologian reprehendit, naturalem praedicavit. Fingit autem adversarium quendam contra philosophorum sententias ita pugnantem (C. D. VI p. 267, 21 sqq.): „Credam ego caelum et terram deos esse et supra lunam alios, infra alios? Ego feram aut Platonem aut Peripateticum Stratonem, quorum alter fecit deum sine corpore, alter sine animo?“ Hunc refellit respondens: „Quid ergo tandem veriora tibi videntur T. Tatii aut Romuli aut Tulli Hostilii somnia? Cloacinam Tatius dedicavit deam, Picum Tiberinumque Romulus, Hostilius Pavorem atque Pallorem.“ Posteriorem locum exscripsit e Varronis de theologia civili tractatu, cf. Aug. C. D. IV 23, vd. supra p. 32 sq. Quare casu factum esse non potest, quod cum priore loco concinunt hae Varronis doctrinae: E R. D. XVI praef. ap. Aug. C. D. VII 6 (cf. supra p. 25): „Ab summo circuitu caeli ad circulum lunae aetherias animas esse astra ac stellas, eos caelestes deos non modo intellegi esse sed etiam videri; inter lunae vero gyrum et nimborum ac ventorum cacumina aerias esse animas. . . et vocari heroas et lares et genios“; e R. D. libro I ap. Tert. ap. 47 (de quo loco in altera quaestione agetur): „Alii incorporalem adseverant, alii corporalem, ut tam Platonici quam Stoici“; ind. ap. Tert. ad nat. II 3: „Elementa, caelum, dico, et terram et sidera et ignem, deos credi proposuit Varro.“ Has igitur sententias, quae ad theologian naturalem pertinent, eidem auctori debuit cui illas de theologia civili, sc. Varroni; neque tamen duos R. D. libros I et XVI eum adiisse credo, sed unum librum I. — Quae de ritibus sacris matrimoniis deorum profert p. 267, 32 sqq. 269, 19 sqq., ab ipso sescenties spectata ad nullum scriptorem redeunt; sed Varronis deos certos in memoria ei versatos esse censeo, cum scriberet p. 269, 24 sqq.: „Populonia vel Fulgora vel diva Rumina. . . Omnem istam ignobilem deorum turbam, quam longo aevo longa superstitio congessit.“

Conspectus deorum certorum, qui nonnullis Augustini et Tertulliani capitibus enumerantur.[1])

Tert. ad nat. II 11	Aug. C. D. IV 11	Aug. C. D. IV 21	Aug. C. D. VI 9	Aug. C. D. IV 8	Aug. C. D. IV 16	Aug. C. D. IV 34	Aug. C. D. VII 2
							Ianus
Consevius			*Educa				
			*Potina				Saturnus
	Liber		Liber				Liber
	Libera		Libera				Libera
Fluvionia							
							Mena
Vitumnus							Vitumnus
Sentinus		*Mercur					Sentinus
Diespiter	Diespater	*Minerva					
	*Mena	*Catius					
	Lucina	Lucina				Lucina	
Candelifera							
Carmentes							
	Opis	Opis					
	Vaticanus	Vaticanus					
Farinus							
(Locutius)							
	Levana					*Rumina	
(Cunina)	Cunina	Cunina				Cunina	
*Levana	*Carmentes						
	*Fortuna						
Runcina (?)	Rumina	Rumina					
Potina	Potina					Educa	
Edula (?)	Educa					Potina	
Sta(tina)		Statilinus				dii pueriles	Aug. C. D. VII 3
(Adeona)		Adeona					Abeona
Abeona		Abeona					Adeona
Domiduca							
(Mens)		Mens					Mens
Volumnus		Volumnus					
Voleta		Volumna					
(Pave)ntina	Paventia						
Venilia	Venilia			Cluacina			
Volupia	Volupia			Volupia			
				Lubentina			
				*Vaticanus			
				*Cunina			

1) Ordinem servavi, quo patres singulos deos enumeraverunt. Deorum nomina, quae illi Varronis ordinem neglegentes alieno loco posuerunt, asteriscis (*) significavi.

Tert. ad nat. II 11	Aug. C. D IV 11	Aug. C. D. IV 21	Aug. C. D. VI 9	Aug. C. D. IV 8	Aug. C. D. IV 16	Aug. C. D. IV 34	Aug. C. D. VII 3
Praestitia							
Peragenor	Agenoria						
	Stimula				Stimula		
					Murcia		
	Strenia				Strenia		
					Quies		
							Minerva
	Numeria						
	Camena						
Consus	Consus						
	Sentia						
			*Intercidona				
(Iu)venta	Iuventas						
Fortuna barb.	Fortuna barb.		*Pilumnus				
		dii nuptiales	*Deverra			dii coniugales	
Afferenda							
	Iugatinus		Iugatinus				
			Domiducus				
			Domitius				
			Manturna				
*Mutunus et Tutunus	dea Virginiensis		dea Virgin.				
*Pertunda							
Subigus			Subigus				
Prema			Prema				
			Pertunda				
			Venus				
	Mutunus vel Tutunus vel Priapus		Priapus			Priapus	
Tert. ad nat. II 15							
(Vi)duus							
Caeculus							
(Or)bana							
dea mortis (Mors ?)							
		dii agrestes		Rusina			
				Iugatinus			
				Collatina			
				Vallonia			
		Fructeseia		Seia			
				Segetia			
				Tutilina			
				Proserpina			
				Nodutus			
				Volutina			

Tert. ad nat. II 15	Aug. C. D. IV 11	Aug. C. D. IV 21	Aug. C. D. VI 9	Aug. C. D. IV 8	Aug. C. D. IV 16	Aug. C. D. IV 34	Aug. C. D. VII 3
				Patelana Hostilina Flora Lacturnus Matuta Runcina			
		Mars Bellona Victoria Honor Pecunia Aescolanus Argentinus				Nymphae Lymphae Mars Bellona Victoria *Segetia *Bubona *Mellona *Pomona	Virtus Felicitas Pecunia
dii locorum Ianuspater Iana Ascensus Clivicola Forculus Car(dea) Limentinus				Forculus Cardea Limentinus			
		*Fessonia *Pellonia *Apollo *Aesculapius *Spiniensis *Rubigo					

Quaestio II.

De Varronis R. D. libris I XIV XV XVI a Tertulliano in libro ad nat. II exscriptis.

Tertullianus scribit ad nat. II 1 p. 94, 15 sqq. (ed. Wissowa-Reifferscheid): 'Elegi ad compendium Varronis opera, qui rerum divinarum ex omnibus retro digestis commentatus idoneum se nobis scopum exposuit.' Cui disertis verbis se ipsum adhibuise Varronem testanti cur fidem negemus nulla reperta est neque reperietur causa. Sed praeter hunc alium quoque auctorem et ipsum Varronis vestigiis ingressum Tertulliano praesto fuisse evincam. Nam cum Fridericus Wilhelmus[1]) Minucii Octavium Tertullianique Apologeticum — brevitatem enim hisce in rebus sequimur — ex eodem fonte derivatos esse demonstraverit[2]), ex eodem etiam in eiusdem Tertulliani libros ad nationes non pauca permanasse me probaturum esse spero.

Libros ad nationes eodem fere quo Apologeticum tempore conscriptos esse e multis locis vel similibus vel congruentibus Hartelius[3]) collegit et permulta ex altero opere in alterum ad verbum fere recepta esse, priorem autem disputationis formam libris ad nationes contineri contendit, concinens ille quidem cum aliis viris doctis, quorum e numero unum affero Noeldechenium (Texte und Untersuch. z. Gesch. d. altchristl. Litt. V 2; Tertullian p. 120. 143), aliis aliter iudicantibus velut Eberto (Gesch. d. christl.-lat. Litt.[1] p. 40). Quae lis cum mea quidem sententia nondum disceptata sit[4]), ita agendum mihi est, ut tam quaeram, quid colligatur, si Apologeticum priorem facimus librum, quam quid sequatur, si contra statuimus.

---

1) De Min. Fel. Octavio et Tert. Apologetico. Bresl. philol. Abh. II 1 p. 1 sqq. — Qui antea Octavium et Apologeticum comparaverint invenies apud Wilhelmum p. 1 sq., Massebieavium Rev. de l'hist. des rél. XVI p. 316, Sittlium in Burs.-Müller Jahresb. 1889, 2 p. 19; cf. etiam K. J. Neumann Der röm. Staat und die allgem. Kirche bis auf Diocletian I p. 241 sqq. et G. Wissowa Gött. gel. Anz. 1891 p. 27 sq. — Apud Schwarzium de Tertulliani duplici fonte nihil extat, unde cur in priore huius disputationis parte raro ad illum respiciam explicatur.

2) Wilhelmo assentiuntur Hartelius patr. Stud. II p. 18, Wendlandius Gesch. d. altchristl. Litt. I, 647, Sittlius l. l. Oblocuti sunt cum alii tum nuperrime male intellecto Minucii cap. 14, 1 M. Schanz (Rhein. Mus. L 114). Ipse cur Wilhelmum sequar infra, puto, satis apparebit.

3) Patr. Stud. II p. 15 sqq.

4) Idem se iudicare Harnackius vir doctissimus benignissime mecum communicavit.

§ 1.

Quae per auctorem quendam Christianum e Varronis R. D. libris permanaverint in Tertulliani ad nat. libros[1]) et eiusdem librum Apologeticum[2]), Minucii Octavium[3]), Lactantii Inst. Div. librum I.[4])

Primum quaeramus de fabulis, quas commemorant Tertullianus ap. 14 p. 168, 4—170, 7; ad nat. I 10 p. 78, 22—79, 25; II 13 p. 123, 4 sqq.; II 14; Minucius Oct. 22, 7; 23, 1—7; Lactantius J. D. I 9. 10. 18, quorum locorum argumenta sub uno conspectu propono:

Tert. ap. 14:	Tert. ad nat. I 10:	Min. 22, 7:
		Castores alternis moriuntur. Aesculapius fulminatur. Hercules Oetaeis ignibus concrematur.
		23, 1 sqq.:
'Conversus ad litteras vestras, quibus informamini ad prudentiam et liberalia officia, quanta invenio ludibria!'	'Nec cessat litteratura, qu<in levius> aut turpius aut vana aut falsa de diis inferat. Ab ipso exordia<r vate> vestro..., magnificando qui de eis lusit. Adhuc meminimus Homeri.' Apud hunc:	'Has fabulas et ab imperitis parentibus discimus, et ... ipsi studiis et disciplinis, carminibus praecipue poetarum... Et Plato ideo Homerum... eiecit'. Apud hunc:
Venus Aenean a Diomede defendens sauciatur;	Venus sauciatur;	Venus sauciatur;
Mars tredecim menses vincitur;	Mars tredecim menses vincitur;	Mars vincitur, vulneratur, fugatur;
Iuppiter ne eandem vim per ceteros caelites experiretur, opere cuiusdam monstri liberatur,	Iuppiter eadem paene a caelitum plebe perpetitur,	Iuppiter a Briareo liberatur, ne a diis ceteris ligaretur,

1) Ed. Vindob. ex recens. Augusti Reifferscheid et Georgii Wissowa.
2) Ed. maior Francisci Oehler Lips. 1853.
3) Ed. Vindob. ex recens. Caroli Halm.
4) Ed. Vindob. ex recens. Samuelis Brandt.

Tert. ap. 14:	Tert ad nat. I 10:	Min. 23, 4 sqq.:
Sarpedonis casum flet,	Sarpedonis casum flet,	Sarpedonem filium cruentibus imbribus deflet,
in sororem foede subat sub commemoratione non ita dilectarum iam pridem amicarum.	cum Iunone luxuriatur commendato libidinis desiderio per enumerationem amicarum.	cum Iunone uxore concumbit toro Veneris inlectus flagrantius, quam in adulteras solet.
‘Exinde quis non poeta . . . dedecorator invenitur deorum?’	‘Exinde quis non poetarum in deos insolens . . .?’	Alibi
		Hercules stercora egerit;
Apollo Admeto pecus pascit;		Apollo Admeto pecus pascit;
Neptunus Laomedonti muros instituit;		Neptunus Laomedonti muros instituit;
		Vulcanus Iouis fulmen cum Aeneae armis fabricatur;
apud Pindarum lyricum Aesculapius avaritiae merito fulmine iudicatur.		
		Mars et Venus in adulterio deprehenduntur;
		Ganymedes, Iouis stuprum consecratur.

Cf. Tert. ad nat. II 13. 14: Iovis facinora, Herculis facta et occasus; Aesculapii origo, facta, occasus. Lact. I. D. I 9. 18: Herculis facta et occasus; I 10: Aesculapii origo, facta, occasus; Apollinis et Neptuni servitia; Mars homicida; Mars cum Venere adulterat; Castor et Pollux alternis vivunt, alternis moriuntur, Homero auctore ambo mortui sunt; Mercurius fur ac nebulo; Liberi et Iovis facinora.

Minucium et Tertullianum in Apologetici capite 14 ex eodem scriptore ecclesiastico pendere probat Wilhelmus l. l. p. 53 sqq. his potissimum argumentis: Scriptores illi ita inter se discrepant, ut alter alterum expilavisse non possit. Quamquam enim magnam earundem fabularum copiam eodem plerumque ordine commemorant eodem commoti consilio, scilicet ut de ipsorum diis gentiles in ‘omni litterarum genere foedissime egisse’ ostendant, tamen Minucius solus tradit Castores alternis morientes, Herculem concrematum, Martem vulneratum et fugatum, Briarei nomen, Iunonem Veneris toro usam, Herculem stercora egerentem, Vulcanum Iovis fulmen et Aeneae arma fabricantem, Martis et Veneris adulterium. Tertullianus autem solus exhibet Venerem Aeneam defendentem, Martem tredecim menses vinctum, Aesculapium apud Pindarum avaritiae merito fulminatum, quae apud Minucium frustra quaeruntur. Atqui quae alteruter plura praebet, non temere de suo addidit; nam eadem extant apud plerosque Graecorum scriptores ecclesiasticos, e quibus unum collaudo Clementem Alexandrinum[1]), qui Protr. II 29 sqq. cum alia tum haec memoriae prodit:

II 29: Mars auctore Homero tredecim menses vinctus est; Vulcanus in Lemno fabricatur. 30: Aesculapius secundum Pindarum avaritiae merito fulminatus est; Castores mortuos esse Homerus, alternis mori ac vivere Cypriacorum auctor refert; Hercules in Oeta monte concrematus est. 33: Venus et Mars adulterant; Ganymedes consecratus est. 35: Apollo Admeto, Hercules Omphalae, Neptunus et Apollo Laomedonti serviunt. 36: Venus et Mars a Diomede vulnerati sunt.

Iam vero Tertullianus, quae profert ap. 14 et ad nat. I 10, II 13. 14, ea tam similibus inter se verbis exprimit, ut alterum locum altero neglecto conscripsisse non possit; praeterea autem in utroque opere eundem fontem denuo adiisse debet, quoniam in utroque nonnulla commemorat, quae in altero opere non extant. Omittit enim ap. 14 Herculis facta et occasum, Iovis facinora, Aesculapii originem et facta; desunt autem in libris ad nat.: Venus Aenean a Diomede defendens, Iuppiter monstri cuiusdam opere liberatus, Apollo et Neptunus servientes. Haec autem magna ex parte inveniuntur apud Minucinm (Herculis occasus, Herculis Apollinis Neptuni servitia), Lactantium (Herculis facta et occasus, Aesculapii origo et facta, Iovis facinora) Clementem (Aesculapi interitus, Apollinis Herculis Neptuni servitia, Veneris vulneratio). Ergo et librorum ad nat. loci ad auctorem illum communem redeunt.

Denique Lactantius item atque Minucius inducit Herculem stercora egerentem et in Oeta monte concrematum, Aesculapium fulminatum, Apollinem et Neptunum servientes, Martem et Venerem adulterantes, Castores alternis morientes. Neque tamen e Minucio pendet, cum et in enarrandis fabulis multo copiosior sit et praeter illa permulta commemoret, quae cum Tertulliano communia habet. Longum est totos exscribere locos (cf. de Hercule I. D. I 9, 1—11; I 18, 3—10 = ad nat. II 14 p. 125, 5—126, 10; de Iove I. D. I 10, 10—14 = ad nat. II 13 p. 123, 4—124, 17); satis est haec proponere de Aesculapio:

---

1) Alios invenies apud Wilhelmum p. 55.

Tert. ad nat. II 14 p. 126, 10 sqq.:

In caelum suble⟨vastis⟩ et alium ignis ex divini vi confectum, qui pauca e⟨xperientiae⟩ ingenia commentus dicebatur mortuos ad vitam recurasse.[1] ⟨Is Apoll⟩inis filius, tam homo, quam Iovis nepos, Saturni pronepos ⟨vel potius⟩ spurius ut incerto patre ut Argivus Socrates detulit[2], ⟨quemque expositum r⟩epertum, turpius Iove educatum, canino scilicet ubere ⟨hominem fuisse ne⟩mo negare potest, fulmine haustus est.[4]) Malus Iuppiter ⟨Optimus hic rur⟩sus est, impius in nepotem, invidus in artificem. Sedenim Pin⟨darus merit⟩um eius non occultavit: cupiditatem et avaritiam lucri ⟨in eo dicit vindic⟩atam, qua quidem ille vivos ad mortem, non mortu⟨os autem ad vitam⟩ praevaricatione venalis medicinae agebat.[6]

Lact. I. D. I 10, 1 sqq.:

Aesculapius et ipse non sine flagitio Apollinis natus quid fecit aliud divinis honoribus dignum, nisi quod sanavit Hippolytum?[1] Mortem sane habuit clariorem, quod a deo meruit fulminari. Hunc Tarquitius[3] de viris illustribus disserens ait incertis parentibus natum[2] expositum et a venatoribus inventum, canino lacte nutritum, Chironi traditum didicisse medicinam[5]: fuisse autem Messenium sed Epidauri moratum.

Cf. Tert. ap. 14 p. 168, 16 sqq.: Est et ille de lyricis, Pindarum dico, qui Aesculapium canit avaritiae merito, quia medicinam nocenter exercebat, fulmine iudicatum. Malus Iuppiter, si fulmen illius est, impius in nepotem, invidus in artificem.

Socrates Argivus auctor erat Tarquitii, quippe ad quem Lactantius praeter ea, quae Tertullianus Socrati tribuit, nonnulla referat, quae Socrates teste scholiasta Pindarico (vd. adn. 5) docuerat. Neque igitur Tertullianum Lactantius in usum vocavit, ita ut quae ille tradidit aliunde amplificaret, sed verborum similitudo inde nata est,

---

1) Schol. Pind. Pyth. III 96: λέγεται ὁ Ἀσκληπιὸς χρυσῷ δελεασθεὶς ἀναστῆσαι Ἱππόλυτον τεθνηκότα. Vd. Meinek. An. Al. 149. Cf. adn. 6.

2) Cf. Schol. Pyth. III 14: Σωκράτης γόνον Ἀρσινόης τὸν Ἀσκληπιὸν ἀποφαίνει, παῖδα δὲ Κορωνίδος εἰσποιητόν. Vd. Meineke l. l.

3) De Tarquitio, qui Sullae temporibus floruisse videtur, vd. Teuffel Röm. Litt. 158, 2.

4) Schol. Pind. Pyth. III 102: Ῥίψας δι᾽ ἀμφοῖν] Σωκράτης τὸν Ἀσκληπιόν φησι καὶ τὸν διδάξαντα αὐτὸν Χείρωνα. Socrates igitur Pindarum in usum vocaverat. Cf. adn. 5. 6.

5) Schol. Pind. Nem. III 92: Ἀσκληπιὸς παρὰ Χείρωνι ἐτράφη, ὡς καὶ Σωκράτης ὁ Ἀργεῖός φησιν. Cf. Pind. Pyth. III 80 sqq.: καί ῥά μιν Μάγνητι φέρων πόρε (sc. Apollo) Κενταύρῳ διδάξαι πολυπήμονας ἀνθρωποῖσιν ἰᾶσθαι νόσους.

6) Pind. Pyth. III 95 sqq.: Ἀλλὰ κέρδει καὶ σοφίᾳ δέδεται· Ἔτραπεν καὶ κεῖνον (sc. Aesculapium) ἀγάνορι μισθῷ χρυσὸς ἐν χερσὶν φανεὶς ἄνδρ᾽ ἐκ θανάτου κομίσαι ἤδη ἁλωκότα· χερσὶ δ᾽ ἄρα Κρονίων ῥίψας δι᾽ ἀμφοῖν ἀμπνοὰν στέρνων καθέλεν ὠκέως, αἴθων δὲ κεραυνὸς ἐνέσκιμψεν μόρον.

quod uterque eundem auctorem exscripsit Latinum, qui Socratis testimonium cum Tarquitio coniunctum praebuerat.

Sed ex quo fonte totam illam fabularum collectionem sumpsit Tertulliani Minucii Lactantii auctor? De Varrone quidem cogitare minime licet. Nam Wilhelmus cum Varroni haec tribuit eique R. D. libri I parti, qua theologia mythica tractata erat, Tertulliani ad nat. libros ad 'auctorem communem' redire neglexit. Deinde quod argumentationem in Augustini locis C. D. VI 7 p. 258, 8. 14 exaedificat, nihili est; nam Augustinum ibi Varrone non usum esse demonstravit Schwarzius l. l. p. 453 sqq. Neque eo, quod Varronem in hoc ipso libri I capite 10 bis nominari dicit, movemur: infra (p. 54 sqq.) ostendetur Tertullianum, quae capite 10 ineunte profert, non ex ipso Varrone sed ex 'auctore communi' sumpsisse saturamque illam Menippeam, ad quam medio capite nos remittit, ipsum vix inspexisse. Denique cum exponit, quo modo cognatio illa inter 'auctorem communem' et Clementem ceterosque scriptores Graecos orta sit, plane improbabilia fingere cogitur Wilhelmus. Brevitatis causa stemmate liceat illustrare, quod ille verbis copiose expressit:

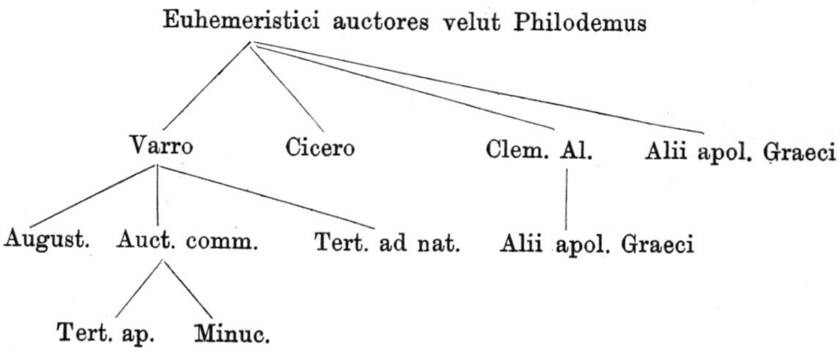

Ut Varronem has fabulas praebuisse cogitaret, Wilhelmus his Augustini verbis adductus est C. D. VI 5 p. 252, 27 sqq.: 'Primum genus (sc. theologiae mythicae), inquit (sc. Varro), quod dixi, in eo sunt multa contra dignitatem et naturam immortalium ficta. In hoc enim est, ut deus alius ex capite, alius ex femore sit, alius ex guttis sanguinis natus; in hoc ut dii furati sint, ut adulterarint, ut servierint homini; denique in hoc omnia diis attribuuntur, quae non modo in hominem, sed etiam, quae in contemptissimum hominem cadere possunt'. Idem vir doctus, cum ad Ciceronis de natura deorum librum digitum porrigit, hunc videtur respicere locum I 16, 42: 'Nec multo absurdiora sunt ea, quae poetarum vocibus fusa ipsa suavitate nocuerunt, qui et ira inflammatos et libidine furentis induxerunt deos, feceruntque ut eorum bella proelia, pugnas vulnera videremus; odia praeterea, discidia discordias, ortus interitus, querellas lamentationes, effusas in omni intemperantia libidines, adulteria vincula, cum humano genere concubitus mortalisque ex immortali procreatos.' At qua ratione Wilhelmus id explicabit, quaero, quod Varronis et Ciceronis loci, qui a primario fonte proxime absunt, inter se simillimi, ab apologetis Graecis plane abhorrent, cum illa fabularum copia, quae compluribus deinceps auctoribus intercedentibus ad apologetas Latinos perfluxit, et verbis et contextu cum Graecis accurate congruat?[1]) Wilhelmi igitur commentum stare nequit, res ita se habet: Varro et Cicero de theologia mythica agentes eundem secuti sunt auctorem Stoicum (nempe Posidonium, ut iam hic pronuntiem, quod fusius in quaest. III demonstrabitur), scriptores autem ecclesiastici, et Latini et Graeci, ad philosophum quendam Euhemero addictum redeunt, quod ultimum ipse perspexit Wilhelmus. Atque profecto Varronem in illa expositione, qua de theologia mythica Stoicorum rationem secutus quae de diis false poetae docuissent adumbravit, secundum Socraten periegetam et Tarquitium historiae scriptorem facta et occasum Aesculapii aut universa Herculis facinora, tam bona quam mala, Euhemero assentientem copiosissime narravisse quis est qui credat?[2]) De Varrone igitur minime cogitandum est. Irrigavit vero 'auctor communis' hortulum suum e fonte Graeco, eodem vel simili, e quo Clemens hausit. Ad ea, quae ibi invenit, nonnulla adiecit e scriptoribus Latinis, velut Tarquitii testimonium.

Iam inter se conferendi sunt hi loci: Tert. ap. 10 p. 154, 9 sqq. ap. 11 p. 158, 2 sqq. ad nat. II 12 p. 120, 21 sqq. II 13 p. 121, 19 sqq. II 16 p. 128, 17 sqq.; Min. Oct. 20, 5—21, 2; Lact. I. D. I 8, 8. I 18, 1. I 18, 18—23:

---

1) Cf. Tert. ad nat. II 14: Hercules Aesculapius; Min. 22, 7: Castores Aesculapius Hercules; Lact. I 9. 10: Hercules Aesculapius; Clem. Al. Pr. II 30: Aesculapius Castores Hercules. Tert. ap. 14; Min. 23, 5; Lact. I 10; Clem. II 35: Apollo Neptunus. Min. 23, 7; Clem. II 33: Venus Mars Ganymedes.

2) Varronem haec in aliis R. D. libris, ubi proprie de Aesculapio et Hercule agebat, conscripsisse nullo probatur testimonio. Immo ne in his quidem libris Euhemeri doctrinam secutus est. Ceterum si quis 'auctorem communem' duos vel plures Varronis locos expilavisse opinetur, qui factum sit explicari nequit, ut idem plerumque ordo in fabulis enarrandis servetur ab apologetis Graecis.

Tert. ap.	Tert. ad nat.	Min.	Lact.
ap. 10 p. 154, 9—14: Conscientia vestra vos damnet, si poterit negare omnes istos deos vestros homines fuisse. Si et ipsa inficias ierit, de suis antiquitatum instrumentis revincetur, de quibus eos didicit, testimonium perhibentibus ad hodiernum et civitatibus, in quibus nati sunt, et regionibus, in quibus aliquid operati vestigia reliquerunt, in quibus etiam sepulti demonstrantur.	ad. nat. II 12 p. 120, 21—121, 5: Qualitas posterita⟨tis a prin⟩cipibus generis ostenditur, mortalia de mortalibus terre⟨na de terreni⟩s; gradus ad gradus comparantur, nuptiae, conceptus, ⟨natal⟩es cucurrerunt, patriae, sedes, regna, monumenta ⟨liquent. Igitur⟩, qui natos non possunt negare (scil. deos), mortuos credant, ⟨qui mortuos⟩ confitentur, deos non putent.	20, 5—21, 2: 5. Dum reges suos colunt religiose, dum defunctos esse desiderant in imaginibus videre, dum gestiunt eorum memorias in statuis detinere, sacra facta sunt, quae fuerant adsumpta solacia. 6. Denique ... unaquaeque natio conditorem suum aut ducem inclytum aut reginam pudicam sexu suo fortiorem aut alicuius muneris vel artis repertorem venerabatur ut civem bonae memoriae: sic et defunctis praemium et futuris dabatur exemplum. 21, 1. Lege historicorum scripta vel scripta sapientium: eadem mecum recognosces. Ob merita virtutis aut muneris deos habitos Euhemerus exsequitur, et eorum natales,	I 8, 8: Illos igitur, quos imperiti et insipientes tamquam deos et nuncupant et adorant, nemo est tam inconsideratus, quin intellegat fuisse mortales. Quomodo ergo, inquiet aliquis, dii crediti sunt? Nimirum quia reges maximi ac potentissimi fuerunt, ob merita virtutum suarum aut munerum aut artium repertarum, cum cari fuissent iis quibus imperitaverunt, in memoriam sunt consecrati. Quod si quis dubitat, res eorum gestas et facta consideret, quae universa tam poetae, quam historici veteres prodiderunt.[1])
ap. 11 p. 158, 2—159, 4: Nihil Saturnum et Saturniam gentem expectabat. Vani erunt homines, nisi	II 13, p. 121, 19 sqq. 122, 12 sqq.: Perspiciamus causas allegandae mortalitatis in cael⟨um⟩.... Sa⟨ne, quae		I 18, 1: Hoc loco refellendi sunt etiam ii, qui deos ex homi-

Tert. ap.

certi sint a primordio et pluvias de caelo ruisse ... item omnem frugem ante Liberum et Cererem et Minervam, immo ante aliquem principem hominem de terra exuberasse ... Denique invenisse dicuntur necessaria ista vitae, non instituisse. Quod autem invenitur, fuit, et quod fuit, non eius deputabitur, qui invenit, sed eius qui instituit; erat enim antequam inveniretur. Ceterum si propterea Liber deus est, quod vitem demonstravit, male cum Lucullo actum est, qui primus Cerasia et Ponto Italiae promulgavit,

Tert. ad nat.

poste⟩rior opinio est, discuti debet, si deus remini⟨scentia meritorum, ⟨divinitatem tribuerit⟩ ... Ergo an meruerit, re⟨tractemus⟩.[2]

ad nat. II 16
p. 128, 17—129, 17.

Sedenim quidam fructus et ne⟨cessar⟩ia victui demonstraverunt. Quaeso vos, cum dicitis invenisse illos, non⟨ne con⟩fitemini prius fuisse quae invenirentur? Cur ergo non auctorem po⟨tius ho⟩noratis, cuius haec dona sunt, sed auctorem transfertis in repertores? *Deinde commemorantur frugum in-*

Min.

patrias, sepulcra dinumerat et per provincias monstrat, Dictaei Iovis et Apollinis Delphici et Phariae Isidis et Cereris Eleusiniae. 2. Prodicus assumptos in deos loquitur, qui errando inventis novis frugibus utilitati hominum profuerunt. In eandem sententiam et Persaeus philosophatur: dici adnectit inventas fruges et frugum ipsarum repertores isdem nominibus, ut comicus sermo est Venerem sine Libero et Cerere frigere.

Lact.

nibus factos non tantum fatentur, sed ut eos laudent, etiam gloriantur, aut virtutis gratia ut Herculem, aut munerum, ut Cererem ac Liberum aut artium repertarum ut Aesculapium ac Minervam.

I 18, 18—23:

Nunc ad reliqua pergamus.[3]) Nomen deorum Cereri ac Libero traditio munerum fecit. Possum divinis docere litteris vinum atque fruges ante progeniem Caeli atque Saturni fuisse in usu hominum, sed ab his inventa esse fingamus. 19. Num po-

1) Sequentibus capitibus 9. 10 percenset Lactantius res gestas et facta Herculis Aesculapii Iovis secundum auctorem communem, ut modo vidimus.

2) Post haec capitibus 13 14 Minucius secundum auctorem communem retractat Iovis Aesculapii Herculis 'merita'.

3) Hoc scribit L. postquam §§ 2—17 Herculis merita examinavit maximam partem secundum auctorem communem, ut supra monstratum est.

Tert. ap.	Tert. ad nat.	Min.	Lact.
quod non est propterea consecratus, ut frugis novae auctor, qui ostensor. Quam ob rem si . . . constitit, vacat ex haç parte causa adlegendae humanitatis in divinitatem . . . Sed convertimini ad causam aliam, respondentes conlationem divinitatis meritorum remunerandorum fuisse rationem.	*ventores Cato et Cn. Pompeius* . . .: Potuerunt mihi novorum apud Romanos pomorum ⟨inventores hi mer⟩uisse praeconium divinitatis. Tam vanum hoc, quam etiam ⟨propter artium c⟩ommenta deos haberi. Quibus si comparentur nostrae aetatis⟨artifices, quant⟩o dignius posteris quam prioribus consecratio competisset? . . . Atque adeo, quos ob artes sanctifi⟨catis, laeditis i⟩n ipsis artibus . . .		test plus aut maius videri collegisse fruges . . . aut uvas de vitibus lectas expressisse . . ., quam fruges ipsas aut vites generasse ac protulisse de terra? 20. Reliquerit haec sane deus humanis ingeniis eruenda: tamen fieri non potest, quin ipsius sint omnia, qui et sapientiam tribuit homini, ut inveniret et illa ipsa, quae possent inveniri. 21. Artes quoque inventoribus suis immortalitatem peperisse dicuntur, ut Aesculapio medicina, Volcano fabrica . . . 22. Sunt et aliae artes, quarum repertores humanae vitae plurimum profuerunt: cur non et illis adtributa sunt templa? 23. Sed nimirum Minerva est, quae omnes (sc. artes) repperit.

Minucium primum duo Tertulliani opera adiisse, deinde tres Ciceronis locos expilavisse (N. D. I 15, 38; II 42, 118. 119. II 23, 60), denique haec ex aliis auctoribus supplevisse vix credes. Immo haec si non omnia at magnam partem apud unum scriptorem composita repperit, de qua re conferas Wilhelmum p. 52. Neque magis Tertullianus e Minucio pendet, qui neque de Libero Cerere Minerva (ap. 11. ad nat. II 13) neque de 'regionibus, in quibus dii aliquid operati vestigia reliquerunt', quidquam enarravit. Tertulliani vero loci, qui in Apologetico et ad nat. libro II leguntur, propter verborum et similitudines et differentias ad eundem fontem redeunt. Nam leguntur illic 'antiquitatum instrumenta et regiones', hic 'natales sedes, regna monumenta, artium repertores', quae ne casu addita credantur Minucii verba obstant. Unde sequitur, ut Tertullianus et Minucius has sententias philosophi cuiusdam Euhemerum secuti e communi fonte desumpserint. Hunc autem fontem eundem fuisse, cui simillimas illas de quibus supra dixi fabulas debuerunt, ultro patet.

Quaeritur autem, quae intercedat ratio inter illos et Lactantium. Nescio enim an hunc ex illis ita pendere conicias, ut Herculem Aesculapium, Volcanum Minervam (I 18, 1. 21. 23) partim e sua memoria partim ex alio fonte arcessiverit. At illa, quae de ipso Hercule et Aesculapio disputat, cum his locis arte coniuncta I 9. 10. 18, 2 sqq., ex 'auctore communi' profecta esse supra probatum est; quamobrem haec indidem fluxisse libentius statuerim.

Iam si 'auctoris communis' fontem anquirimus, Wilhelmus rursus Varronem proponit. Nullo iure; Varro enim Cererem Liberum Volcanum Minervam 'physiologice' interpretatus est (vd. Aug. C. D. VII 16. 21; quaest. I p. 27 med. 29, neque ullum extat vestigium, quo eum Euhemeri placita in R. D. libros copiose recepisse probetur. Nam quod Wilhelmus Augustinum Varronis auctoritatem secutum esse declarat, cum scriberet C. D. VI 7 p. 258, 18—21: 'Quid de ipso Iove senserunt, qui eius nutricem in Capitolio posuerunt? Nonne attestati sunt Euhemero, qui omnes tales deos homines fuisse mortalesque conscripsit', partim recte partim false dictum est. Illa quidem de nutrice Iovis in Capitolio posita e Varrone hausit, quoniam quae deinceps de Epulonibus narrat Varronem docuisse declarat, 'ubi Capitolina iura panderet'. Verum ex his verbis: 'Nonne attestati sunt (sc. cives, qui capram posuerunt) Euhemero eqs.' si modo quidquam de Varrone colligere licet, colligendum tantum est eum docuisse civitatem Romanam Euhemero iure non 'attestatam' esse, quam sententiam Augustinus breviter reprobat. Euhemeri igitur adversarium, non assectatorem Varro sese declaravit. [1])

---

1) Frickius, quem quaest. I p. 16 adn. 4 harum rerum tam imperitum esse commemoravi, ut nesciat, quid sit theologia mythica physica civilis, Augustinum in librum C. D. XVIII multas fabulas secundum Euhemerum explicatas e Varronis R. D. libris recepisse nullo iure contendit, nam demonstrare ne conatur quidem.

Sed locupletem quidem scriptorem expilavisse videtur 'auctor communis', si modo hunc praeter doctrinas[1]) philosophorum etiam ipsorum nomina Minucio praebuisse cum Wilhelmo statuitur. Atque ex Graeco quodam scriptore eum pendere coniecerim simili ei, qui Ciceroni praesto erat.[2])

Cum his locis Tertullianus et Minucius coniungunt, quae de Saturno conscribunt ap. 10 p. 155, 2—156, 11; ad nat. II 12 p. 119, 8—120, 3; Oct. 21, 4—8; eadem praebet Lactantius I. D. I 13, 6—10 (vd. p. 52 sq.).

Apologetici et Octavii locos alterum ex altero non exscriptos esse, sed ad 'auctorem communem' redire luculentissime demonstravit Wilhelmus p. 43 sqq.; quod praecipue comprobavit collato auctoris incerti[3]) libello illo, qui est de origine populi Romani (ed. B. Sepp. Monach. 1879). Atqui quae leguntur ad nat. II 12 mirum quantum cum apologetici loco concinunt. Nam Tertullianus praeterquam quod in utroque opere eadem fere scriptorum nomina eademque Saturni gesta commemorat utrobique iisdem verbis omnes deos homines mortuos esse exponit, cum Saturnus, antiquissimus deus deorumque omnium 'origo', homo fuisset, quod idem etiam Minucius facit (Oct. 21, 9).[4]) Nec verba neque sententiae tam accurate inter se congruerent, si diversos fontes expilavisset; immo totis capitibus collatis Tertullianum bis eundem fontem adiisse quilibet intelleget. Iam vero si apologetici locum prius conscripsit, ex hoc ipso desumpsit quae refert ad nat. II 12; novi enim nihil exhibet nisi nomen Taciti, cuius Historias (V 2, 4) ipse legisse videtur, cf. ap. 16; ad nat. I 11; Wilhelm. p. 45; Hartel. Patr. Stud. II p. 20 adn. 1. Sin autem prior est libri ad nat. locus, ipsum eum ex 'auctore communi' desumpsit, quoniam argumenta illa, quae Wilhelmus de apologetico attulit, etiam ad ea pertinent, quae prorsus in eandem sententiam in libro ad nat. II dicta sunt.[5]) Ergo, utrumcunque opus prius elaboratum

1) Has doctrinas eum revera protulisse una voce testantur Tertullianus Minucius Lactantius.

2) Latinus auctor nescio an post Euhemerum Ennium commemoravisset, Euhemeri praestantissimum interpretem. Terenti illud (Eun. IV 5, 6) 'sine Cerere et Libere friget Venus' auctor communis (an Minucius?) aut e Cicerone (N. D. II 23, 60) addidit aut, ut proverbium tritissimum, e memoria hausit.

3) Mommseni (Herm. XII 1877 p. 401, N. Arch. d. Ges. f. ält. deutsche Gesch. V 1880 p. 59) sententiam, qua contineri statuit hoc libello epitomen deperditi libri cum ab aliis tum a Paulo Diacono adhibiti, qui ex Vergilii Aeneidis praecipue commentariis fluxerit, Wilhelmus contra Iordanum (Herm. III 1869 p. 407) defendit p. 47 sqq.

4) Hos locos proponere nolui, ne disputationem meam nimis onerarem.

5) Si res ita se habet, libri ad nat. II locum in alterum opus ita recepit, ut eum ex 'auctore communi' amplificaret; nam ea, quae ad nat. II 12 frustra quaeris, Diodori testimonium, tabularum nummorumque inventionem, iam ab 'auctore communi' data esse e Minucio apparet.

est, hic locus ad nat. II 12 de Saturno ad 'auctorem communem' vel apologetico vel nullo auctore intercedente redit.

Denique Lactantius Tertulliano Minucioque plura praebet praeter Varronis nomen nonnulla de nummorum veterum signis, quae nescio an ex Ovidii fastis (I 230) hausta credideris, quandoquidem paullo infra versus 230 sq. indidem collaudat. Sed cum in Originis libro III (cap. 4) eadem fere legantur, haec ad eum per 'auctorem communem' transiisse non minus credibile est. Iam unde accepit Varronis memoriam? Num Tertulliani locum inspexit ad nat. II 13 in.?[1]) Vix credendum est, quia toto hoc capite Tertullianus ad Saturnum nusquam respiciens eum deorum ordinem percenset, quos non solum Euhemeri defensores, sed omnes fere gentilium doctores ab initio homines fuisse concedebant. Immo ad verum fontem, sc. 'auctorem communem', his causis ducimur: Cassius ille, cuius testimonium omnes afferunt nostri, non Cassius Severus est, ut scribit Tertullianus, sed Cassius Hemina, historiarum scriptor, qui cum Nepote coniunctus a Varrone, ut videtur, in usum vocatur apud Gellium N. A. XVII 21, 3. Iam Tertullianus si Cassium Severum nominat, non legit Minucium, qui verbis 'Cassius in historia' hunc errorem excludit, sed idem fere, quod Lactantius exhibet 'Latini Nepos et Cassius', ubi ipsa verborum collocatione recentior aliquis Cassius indicari videtur. Itaque ille falso Severi cognomen, recte Minucius historiae verbum addidit.[2]) Primarii autem auctoris memoriam unus Lactantius retinuit, qui 'Latini Nepos et Cassius et Varro' ait; eadem est res, quae de Tarquitii supra commemorati quaeque de Pescennii Festi infra commemorandi memoria apud unum Lactantium servata statuitur: neque de Minucio neque de Tertulliano, sed de 'auctore communi' pendet Lactantius.

Quantum vero 'auctor communis' Varroni debeat, immo an eum omnino ipsum hoc quidem loco inspexerit, dubium est. Concinit enim tam accurate cum epitoma illa 'Originis', ut aut eundem, quem huius libelli auctor, Vergilii interpretem, aut ipsam 'Originem' deperditam expilaverit.[3]) Vergilii quidem versuum (Aen. VIII 322 sq.) a Lactantio et 'Originis' auctore collaudatorum vestigia apud Minucium cognoscuntur in his verbis: 'Itaque latebram suam, quod tuto latuisset, vocari maluit Latium.'[4])

---

1) Ad nat. II 13 in., p. 121, 6 sqq.: 'Quos a primordio possunt non ⟨asserere nisi homines fuisse, recipiunt in⟩ divinitatem, affirmando illos post mortem de⟨os factos, ut Varro⟩ et qui cum eo somniaverunt.'

2) Wilhelmi egregiae disputationi nihil addidissem, nisi Massebieavius (Rev. de l'hist. des rélig. XV 339) omnia susque deque habuisset, cum Tertulliani verba a Minucio 'correcta' esse contenderet.

3) Diodori et Thalli memoriam arcessivit e Graeco fonte, fortasse ecclesiastico; cf. Wilh. p. 49 sq., qui Thallum et Diodorum collaudatos esse monet a personato Iustino cohort. 9, Thallum a Tatiano or. 36 sqq., Theophilo ad Aut. III 29.

4) Verg. Aen. VIII 322 sq.: Latiumque vocari Maluit, his quoniam latuisset tutus in oris.

Tert. ap. 10 p. 155, 2—156, 11:	Tert. ad nat. II 12 p. 119, 8—120, 3:	Min. Oct. 21, 4—8:	Lact. I. D. I 13, 6—10:
Saturnum itaque, si quantum litterae docent, neque Diodorus Graecus | aut Thallus neque Cassius Severus aut Cornelius Nepos nec ullus commentator eiusmodi antiquitatum aliud quam hominem promulgaverunt, si quantum rerum argumenta nusquam invenio fideliora quam apud ipsam Italiam, in qua Saturnus post multas expeditiones postque Attica hospitia consedit, exceptus a Iano vel Iane, ut Salii volunt. Mons quem incoluerat, Saturnius dictus, civitas, quam depalaverat, Saturnia usque nunc est, tota denique Italia post Oenotriam Saturnia cognominabatur. Ab ipso	Extat apud lit⟨te⟩ras vestras usque quaque Saturni census. Legimus apud Cassium Severu⟨m⟩, apud Cornelios Nepotem et Tacitum, apud Graecos quoque Diodoru⟨m⟩, quive alii antiquitatum canos collegerunt. Nec fideliora vestigia e⟨ius⟩ quam in ipsa Italia signata sunt. Nam post plurimas terras et ⟨Attica⟩ hospitia Italiae, uel, ut tunc vocabatur, Oenotriae consedit, e⟨xceptu⟩s ab Iano sive Iane, ut Salii vocant. Mons quem coluerat, Satu⟨rnius⟩ dictus, urbs, quam depalaverat, Saturnia usque nunc est; tota d⟨enique⟩ Italia de Saturno vocabatur. Tali teste terra, quae nunc d⟨o-	Saturnum principem huius generis et examinis omnes scriptores vetustatis Graeci Romanique hominem prodiderunt. Scit hoc Nepos et Cassius in historia, et Thallus ac Diodorus hoc loquuntur. Is itaque Saturnus Creta profugus Italiam metu filii saevientis accesserat, et Iani susceptus hospitio rudes illos homines et agrestes multa docuit ut Graeculus et politus, litteras inprimere, nummos signare, instrumenta conficere. Itaque latebram suam, quod tuto latuisset, vocari maluit Latium, et urbem Saturniam idem de suo nomine et Ianiculum Ianus ad memoriam uterque posteritatis reliquerunt. Homo igitur utique qui fugit,	Fugit igitur (sc. Saturnus) et in Italiam navigio venit, cum errasset diu ... Hunc errantem atque inopem Ianus excepit: cuius rei argumenta sunt nummi veteres, in quibus est cum duplici fronte Ianus, et in altera parte navis ... Omnes ergo non tantum poetae sed historiarum quoque ac rerum antiquarum scriptores hominem fuisse consentiunt, qui res eius in Italia gestas memoriae prodiderunt, Graeci Diodorus et Thallus, Latini Nepos et Cassius et Varro. Nam cum agresti quodam more in Italia viveretur, 'Is genus indocile ac dispersum montibus altis | Composuit, legesque dedit, Latiumque vocari | Maluit, his quoniam latuisset tutus in

Tert. ap.	Tert. ad nat.	Min. Oct.	Lact.
primum tabulae et imagine signatus nummus, et inde aerario praesidet. Tamen si homo Saturnus, utique ex homine, et quia ab homine, non utique de Caelo et Terra. Sed cuius parentes ignoti erant, facile fuit eorum filium dici, quorum et omnes possumus videri. Quis enim non caelum ac terram matrem ac patrem venerationis et honoris gratia appellet? vel ex consuetudine humana, qua ignoti vel ex inopinato adparentes de caelo supervenisse dicuntur. Proinde Saturno repentino ubique caelitem contigit dici; nam et terrae filios vulgus vocat, quorum genus incertum est.	minatur⟩ orbi, etiamsi de origine Saturni dubitatur, de actu tamen ⟨constat⟩, hominem illum fuisse. Ita si homo Saturnus, procul dubio ⟨de homine⟩, immo quia homo, non utique de Caelo atque Terra. Sed cui parentes ⟨ignoti⟩, quibusdam facile fuit illum eorum filium dici, quorum poss⟨unt omnes⟩ videri. Quis enim non caelum ac terram patrem ac matrem venerat⟨ionis gra⟩tia appellet? an de consuetudine humana, qua ignoti quiq⟨ue ex inopi⟩nato apparentes de caelo advenisse dicuntur. Proinde ⟨quia venisset peregrinus, repent⟩ino ubique inolevit caelitem dici; nam et volgo ⟨generis incertos terrae⟩ filios iactitamus.	homo utique qui latuit, et pater hominis et natus ex homine: Terrae enim vel Caeli filius, quod apud Italos esset ignotis parentibus proditus, ut in hodiernum inopinato visos caelo missos, ignobiles et ignotos terrae filios nominamus.	oris | (Verg. Aen. VIII 321). Censetne aliquis deum esse, qui pulsus est, qui fugit, qui latuit? Nemo tam stultus est. Qui enim fugit aut latet, et vim et mortem timeat necesse est.

Actum igitur est de Varrone totius huius fabulae auctore, cui equidem nihil tribuerim nisi unum hoc Tertulliani: 'a Iano vel Iane, ut Salii volunt'. Si vero quis plura eum 'auctori communi' praebuisse crediderit, nihil ad nos: fac illum in antiquitatibus Rer. Hum. vel alio in libro Saturni gesta Euhemeri rationem secutum exposuisse; in libro Rer. Div. XVI hoc eum fecisse aut facere potuisse nego.[1]) Nam, ut supra iam diximus, in hoc libro totum se praestitit philosophum eumque Stoicum, atque ipse Augustinus C. D. VII 19, postquam nonnullarum de Saturno fabularum interpretationes physicas examinavit, expressis verbis pronuntiat: 'Haec et alia de Saturno multa dicuntur (sc. a Varrone in R. D. libro XVI) et ad semen omnia referuntur'.[2])

Transeo ad locos Min. Oct. 13, 1—4; 38, 5; 26, 9. 12; Tert. ap. 46 p. 281, 12 sqq.; ap. 22 p. 206, 10 sqq.; ap. 14 p. 169, 5 sqq.; ad nat. II 2 p. 96, 12 sqq. I 10 p. 79, 17 sqq.; Lact. I. D. III 20, 10. 15. 16 (vd. p. 56 sq.).

Iure a nobis hos omnes, quos contulimus, locos inter se collatos esse his, opinor, apparebit indiciis; Minucius philosophorum de diis sententias plenius proposuit Oct. 13, 1—4, brevius repetit 38, 5 ita tamen, ut de perditis philosophorum moribus pauca adiciat. Idem facit Tertullianus ap. 46, nisi quod singulorum vitiorum singula affert exempla; de Socratis daemonio ap. 46. 22 similia, de Platone ap. 46 eadem profert, quae Minucius Oct. 26, 9. 12; de Thalete ap. 46 eandem refert narratiunculam, quam Minucius Oct. 13, 4; 38, 5 Ciceronem (N. D. I 22, 60) secutus Simonidi potius tribuit; hic (Oct. 38, 5 sub fin.) in corruptos philosophorum mores invehitur, certa exempla ille profert ap. 46, sed ea ipsa, quae Minucio ante oculos fuerunt: 'corruptores' enim et 'adulteros' et 'tyrannos' Tertullianus enumerat Socratem Speusippum Pythagoram Zenonem.

Tertullianum e Minucio non pendere manifestum est; quid igitur? Minuciusne Tertullianum expilavit adhibito praeter illum Cicerone? Nam huius locum N. D. I 22, 60 de Simonide certe inspexit, alterum N. D. I 34, 93 de Socrate, scurra Attico (cf. Oct. 38, 5) inspexisse potest. Sed quod de Platone refert 26, 12, neque e Tertulliano sumpsit, quippe qui hanc vocem 'negotium' (= ἔργον apud Plat. Tim. 28 C) non praebeat, neque e Cicerone, qui de eodem

---

1) Augustinus cum scribit C. D. VII 4 p. 279, 23 sqq.: 'De Iano quidem non mihi facile quicquam occurrit, quod ad probrum pertineat ... Saturnum fugientem benignus excepit, cum hospite partitus est regnum eqs.', a Varrone non pendet, id quod concedes, cum totum illud caput perlegeris. Ceterum his verbis 'non mihi facile quicquam occurrit' ipse Augustinus multas deorum fabulas hic illic se legisse indicat.

2) Miror qui Wilhelmus his Augustini verbis suam sententiam fulcire velit, secundum quam Saturnum apud Varronem in Reb. Div. hominem fuisse credit. Nam cum verba 'alia multa' premat, neglegit ea, quae sequuntur, quibus illa sententia prorsus evertitur.

Platonis loco alia eaque perversa scribat N. D. I 12, 30; tertium igitur quendam fontem adiit! Artificiosius hoc quam verius videtur, etiam hoc loco praestat utrumque patrem eodem auctore usum credere. Illum autem Christianum fuisse cum toto verborum colore tum eis probatur, quae Oct. 26, 9 ap. 22 de daemonibus i. e. spiritibus falsis e more Christianorum disputata leguntur: ita etiam hic deprehenditur 'auctor ille communis' supra descriptus.

Iam locus ille ad nat. II 2 si post hunc locum ap. 46 conscriptus est, ex apologetici libro fluxit addita illa de Diogene historiola, quae sine dubio ex apologetici fonte arcessita est; itaque totus locus ad 'auctorem communem' redit. Idem statueudum est, si libri ad nationes priores esse iudicantur. Nam Tertullianum hoc loco (ad nat. II 2) eundem, quem postea, cum totum ap. 46 locum componeret, adhibuisse auctorem, scilicet 'auctorem communem', ut modo demonstratum est, ipsa verba testantur.

Neque huic sententiae obstat quod Tertullianus Varronis R. D. libros in libro ad nat. II se impugnare declarat neque quod hoc capite satis multa e Varrone praebet, quae ad theologiam physicam pertinent. Quamquam viri non indocti Varronem has miserrimas de quibusdam philosophis narratiunculas tradidisse putant, cum de theologia physica ageret. Sed haec non modo a ceteris, quae vere e Varronis de theologia physica disputatione profecta in hoc capite II leguntur, sed etiam a tota Varronis ratione abhorrent. Varro, quem 'in hoc theologiae physicae genere nihil culpavisse' Augustinus C. D. VI 5 p. 253, 17 expressis verbis commemorat, talia philosophis certe non exprobravit praesertim non hoc loco. Socratem autem ἄθεον, qualem comoedorum finxit lascivia (cf. e. g. Aristoph. Nub. 848) apud eum, cui Varro in hac tota de theologia physica disputatione se addixerat, Posidonium dico (vd. quaest. III p. 84 sqq.), Platonis non minus quam Zenonis assectatorem, audisse vix quisquam credet! De Varrone igitur cogitare non licet, sed de 'auctore communi', de cuius fontibus postea agetur. Eidem debet Tertullianus quae ap. 14, ad nat. I 10 de Socrate et Diogene refert, praesertim cum eum toto capite ad nat. I 10, ut supra ostendimus p. 40 sqq., in usum vocaverit.

Denique Lactantius III 20, 10. 15. 16 de Socrate cum Minucio et Tertulliano accuratius congruit, quam ut casu hoc factum esse credatur. Hos ipsos igitur erunt qui eum compilavisse dicant. At eundem intra perbreve spatium exscripsisse Socratis dictum e Minucio 13, 1, eiusdem iurandi formulam et e Tert. ap. 46 et ex alio incerto auctore, cui anserem debet, (simili Theophilo ad Autol. III), scurram e Min. 38, 5, Zenonis nomen e Cic. N. D. I 34, 93, galli prosecationem e Tert. ap. 46 equidem non credo. Sed haec collecta invenit in eodem illo fonte uberiore, ex quo eadem hauserunt Tertullianus et Minucius.

Restat ut de fontibus 'auctoris communis' quaeratur. Etiam hic certissimis indiciis ad Graecos scriptores ducimur. Nam de Ari-

Min. Oct. 13, 1—4:	Tert. ap. 46 p. 281, 12 sqq.:	Tert. ad nat. II 2 p. 96, 12 sqq.:	Lact. III 20, 10. 15 sq.:
Socraten, sapientiae principem, quisque vestrum imitetur. Eius viri, quotiens de caelestibus rogabatur,nota responsio est: quod supra nos, nihil ad nos. 2. Merito ergo de oraculo testimonium meruit prudentiae singularis. Quo de oraculo idem ipse persensit idcirco universis se esse praepositum, non quod omnia comperisset, sed quod nihil se scire didicisset . . . 3. Hoc fonte defluxit Arcesilae nec multo post Carneadis et Academicorum plurimorum in summis quaestionibus tuta dubitatio . . . 4. Quid Simonidis melici . . . cunctatio. Qui Simonides cum de eo, quid et quales arbitraretur deos ab Hierone tyranno quaereretur, primo deliberationi diem petiit, postridie biduum porro rogavit, mox alterum tantum admonitus adiunxit. Postremo cum causas tantae morae tyrannus inquireret,	Nomen hoc philosophorum daemonia non fugit. . . ., cum secundum deos philosophi daemonas deputent. Socratis vox est: Si daemonium permittat. Idem et cum aliquid de veritate sapiebat deos negans, Aesculapio tamen gallinaceum prosecari iam in fine iubebat, credo ob honorem patris eius, quia Socratem Apollo sapientissimum omnium cecinit. . . . Quid Thales ille princeps physicorum sciscitanti Croeso de divinitate certum renuntiavit commeatus deliberandi saepe frustratus? . . . Licet Plato adfirmet factitatorem universitatis neque inveniri facilem et inventum enarrarari in omnes difficilem. Ceterum si de pudicitia provocemus, lego partem sententiae Atticae in Socratem corruptorem adulescentium pronuntiatum . . . Novi et Phrynen meretricem Diogenis . . . audio et quendam Speusippum de Platonis schola in adulterio perisse. . . . Democritus . . . incontinentiam . . . profitetur . . . Si de probitate defen-	Extant testimonia tam ignoratae quam dubitatae inter philosophos divinitatis. Diogenes consultus, quid in caelis agatur, ‘nun⟨quam’⟩, inquit, ‘ascendi’. Item an dei essent, ‘nescio’, inquit. Thales Milesius Croeso sciscitanti, quid de diis arbitraretur,post⟨ali⟩quot deliberandi commeatus, nihil renuntiavit. Socrates ⟨ipse⟩ deos istos quasi certus negabat. Idem Aesculapio gallinace⟨um⟩ prosecari quasi certus iubebat.	Celebre hoc proverbium Socrates habuit: ‘quod supra nos, nihil ad nos’ . . . 15. verum idem per canem et anserem deierabat. O hominem scurram, ut ait Zeno Epicureus, ineptum perditum desperatum, si cavillari voluit religionem, dementem, si hoc serio fecit, ut animae turpissimum pro deo haberet! . . . 16. Illud vero nonne summae varitatis, quod ante mor-

Min. Oct.

respondit ille, quod sibi quanto inquisitio tardior pergeret, tanto veritas fieret obscurior.

38, 5:

Proinde Socrates scurra Atticus viderit nihil se scire confessus testimonio licet fallacissimi daemonis gloriosus, Arcesilas quoque et Carneades et Pyrro et omnis Academicorum multitudo deliberet, Simonides etiam in perpetuum comperendinet: philosophorum supercilia contemnimus, quos corruptores et adulteros novimus et tyrannos et semper adversus sua vitia facundos.

26, 9. 12:

Eos spiritus daemonas esse Socrates novit, qui ad nutum et arbitrium adsidentis sibi daemonis vel declinabat negotia vel petebat ... 12. Plato ... invenire deum negotium credidit.

Tert. ap.

dam, ecce lutulentis pedibus Diogenes superbos Platonis toros deculcat. Si de modestia certem, ecce Pythagoras apud Thurios, Zenon apud Prienenses tyrannidem adfectant ... Si de aequanimitate ..., Lycurgus ... Si de fide ..., Anaxagoras ... Si de simplicitate ..., Aristoteles ..., Aristippus ..., Hippius ...

ap. 22 p. 206, 10 sqq.:

Sciunt daemones philosophi, Socrate ipso ad daemonii arbitrium exspectante. Quidni? cum et ipsi daemonium a pueritia adhaesisse dicatur.

ap. 14 p. 169, 5 sqq.:

Taceo de philosophis, Socrate contentus, qui in contumeliam deorum quercum et hircum et canem deierabat. Sed propterea damnatus est Socrates, quia deos destruebat. ... Sed et Diogenes nescio quid in Herculem ludit et Romanus cynicus Varro trecentos Ioves, sive Iupitros dicendos, sine capitibus introducit.

Tert. ad nat.

ad nat. I 10 p. 79, 17 sqq.:

Socrates in contumeliam deorum quercum et ca⟨n⟩em et hircum iurat ... Sed et Diogenes nescio quid in Hercu⟨lem lusit⟩, et Romani stili Diogenes Varro trecentos Ioves, seu Iuppi⟨teres d⟩icendum est, sine capitibus inducit.

Lact.

tem familiares suos rogavit, ut Aesculapio gallum, quem voverat, prosecarent?

stotele Platone Aristippo eisdem verbis eadem, quae apud Tertullianum ap. 46 p. 284, 7 sqq. leguntur, Tatianus refert or. 2 p. 2, 19 Schwartz. Conferas enim:

Si de simplicitate consistam, Aristoteles familiarem suum Hermian turpiter loco excedere fecit ... Idem Aristoteles tam turpiter Alexandro regendo potius adulatur, quam Plato a Dionysio ventris gratia venditatur. Aristippus in purpura sub magna gravitatis superficie nepotatur.	Τίς δὲ τῶν πάνυ σπουδαίων ἀλαζονείας ἔξω καθέστηκεν; ... Ἀρίστιππος ἐν πορφυρίδι περιπατῶν ἀξιοπίστως ἠσωτεύσατο. Πλάτων φιλοσοφῶν ὑπὸ Διονυσίου διὰ γαστριμαργίαν ἐπιπράσκετο. Καὶ Ἀριστοτέλης ... λίαν ἀπαιδεύτως Ἀλέξανδρον τὸ μεμηνὸς μειράκιον ἐκολάκευεν· ὅστις ἀριστοτελικῶς πάνυ τὸν ἑαυτοῦ φίλον διὰ τὸ μὴ βούλεσθαι προσκυνεῖν αὐτὸν καθείρξας ὥσπερ ἄρκτον ἢ πάρδαλιν περιέφερεν.

Tertullianum e Tatiano non pendere demonstrat Harnackius (Ueberlief. d. griech. Apol. d. 2. Jahrh. in 'Texte u. Unters. z. Gesch. d. altchristl. Litt.' 1883 I p. 220 adn. 277), ergo ne 'auctor' quidem 'communis'; qui si hac in parte Tatiani simillimus fuit, ex eodem atque ille fonte eoque Graeco hausisse putandus est[1]).

Idem praeter hunc auctorem Graecum usurpavit Latinos. Nam si modo ille Minucio et Lactantio suppeditavit Socratem, scurram Atticum, Ciceronem adhibuit (N. D. I 34, 93). Deinde narravit 'Varronem, Romani stili Diogenem (vel Romanum Cynicum) trecentos Ioves sine capitibus induxisse' (vd. Tert. ap. 14; ad nat. I 10). Quem locum postquam viri doctissimi Oehlerus (ad ap. 14 p. 171 adn. r), Rieseus (Varr. Sat. prol. p. 31: fragm. inc. sed. 10) Buechelerus (satur. inc. 7) ad Varronis saturas rettulerunt, Krahnero duce (de Varr. ex Marc. Sat. supplendo p. 9) Schwarzius (l. l. p. 427 sq.) ad R. D. libros pertinere iudicat; nam verbis illis 'trecentos Ioves' significari dicit 'illas minutas species vel potestates vel cognomina' (sc. a Varrone in R. D. libris ap. Aug. C. D. VII 10. 11 Iovi data) neque a Tertulliano verba Varronis ex aliqua satura exhiberi, sed 'in universum Varronis deorum ad Iovem pertinentium enarrationem et interpretationem' (sc. in Reb. Div. prolatam) 'irrideri.' Mitto nec trecenta cognomina Varronem enumerasse nec patrem hac voce indefinitum numerum significare potuisse (cf. Wölfflinium Arch. f. lat. Lexicogr. IX 188); mitto ipso illo Senecae loco ap. 8 p. 223 Buech.[2]), quem Schwarzius collaudat verba 'sine capitibus' Varroni

1) Tatiani (atque 'auctoris communis') fontem Harnackius describit: 'Diese Quelle enthielt erbärmlichen Klatsch über die vorzüglichsten Philosophen." 2) 'Stoicus deus quomodo potest rotundus esse, ut ait Varro, sine capitibus sine praeputio?'

ipsi eique Stoicos ridenti vindicari[1]), quod certe in libris R. D. non fecit: sed 'introducendi' illa vel 'inducendi' vox ad tragoediam aut saturam Menippeam legentes remittit necnon haec verba 'Romani stili Diogenes' vel 'Romanus cynicus' Menippi imitatorem indicant, quod viri illi doctissimi rectissime monuerunt. Deinde ne nexum quidem sententiarum a Tertulliano confectum Schwarzius respexit: 'Philosophi impii sunt, id quod unus Socrates[2]) iam demonstrat, qui in contumeliam deorum per canem iurabat; Diogenes cynicus in tragoedia Herculem inducit irridetque tres Hercules sine mente sine viribus[3]); Varro Romani stili Diogenes vel trecentos Ioves introducit sine capitibus ⟨sine praeputio⟩[4]); cetera lasciviae ingenia in mimis etiam turpiora fingunt . . .' Vides igitur non Varronem irrideri, sed impium eius dictum vel commentum referri. Talia autem, ut repetam, Varro in R. D. libris certe non dixit.

Progrediamur ad sacra et mysteria, quae tradunt Tertullianus ap. 9 p. 144, 7 sqq. ad nat. II 7 p. 107, 20 sqq.; Minucius Oct. 30, 3 sqq. 22, 1 sqq.; Lactantius I. D. I 21, 1 sqq.[5]) (vd. p. 60 sqq.)

Wilhelmus hos locos Tert. ap. 9 p. 143, 5—146, 3 Min. Oct. 30, 3. 4 ex 'auctore communi' fluxisse demonstravit p. 12 sqq. Atque Tertullianus quidem ap. 9 plura Minucio affert: infantes in Africa usque in proconsulatum Tiberii Saturno immolatos; maiorem aetatem a Gallis Mercurio immolatam; defunctos a Scythis comesos; in Bellonae sacris sanguinem de femore proscisso in palmulam exceptum. Quae vero Minucius commemorat Tauris Ponticis et Aegyptio Busiridi ritum fuisse hospites immolare, Romanis Graecum et Graecam, Gallum et Gallam sacrificii loco viventes obruere, frustra in apologetico quaeris. Iam Tertullianus ad. nat. II 7 Saturni sacra tradit ita, ut eius verba propius accedant ad apologeticum, quam ad Octavium; deinde de Cybele dea paene eadem, de Cerere admodum diversa pronuntiat atque Minucius, neutra autem occurunt in apologetico; tum quae de Herculeo pollucto narrat, neque in apologetico neque in Octavio leguntur. Denique Lactantius non modo plura exhibet sacra sed etiam in eis, quae affert, multo copiosior est. Praebet enim praeter aliquot poetarum et scriptorum enuntiata[6]), quae si non omnia at certe magnam partem ex ipsis

1) Stoicos in saturis Menippeis saepius a Varrone derisos comparatis fragm. 571 et 245 bene docuit Norden Jahrb. f. Phil. Suppl. XVII 321.

2) Vd. cap. 14: Taceo de philosophis Socrate contentus eqs. ad nat. I 10: Taceo de philosophis . . . denique et Socrates eqs.

3) De hac re docte disputavit Ernestus Weber Leipz. Stud. X 150; cf. F. Dümmler. Akad. 205.

4) Haec enim verba Varroni ex Senecae loco supra laudato tribuenda sunt.

5) Cf. Tert. scorp. 7, Cic. de re publ. III 9, 15; vd. etiam p. 63 adn. 2, Oehl. adnotationes ad singulos ap. locos.

6) Collaudat ter Ovidii fastos et metamorphoses, Pescennium Festum, Lucretium, Quintilianum (cf. Quint. declam. ed. Ritter p. I adn.) Lucanum, Caesarem Germanicum, Sallustium.

Tert. ap. 9.

Infantes penes Africam Saturno immolabantur usque ad proconsulatum Tiberii... Cum propriis filiis Saturnus non pepercit, extraneis utique non parcendo perseverabat, quos quidem ipsi parentes sui offerebant et infantibus blandiebantur, ne lacrimantes immolarentur ... Maior aetas apud Gallos Mercurio prosecatur[1]). Remitto fabulas Tauricas theatris suis. Ecce in religiosissima urbe Aeneadarum piorum est Iuppiter quidam, quem ludis suis humano sanguine proluunt .... Nescio quid et sub Catilina degustatum est:

Min. 30, 3 sqq.:

Saturnus filios suos non exposuit, sed voravit. Merito ei in nonnullis Africae partibus infantes immolabantur, blanditiis et osculo comprimente vagitum, ne flebilis hostia immolaretur. Tauris etiam Ponticis et Aegyptio Busiridi ritus fuit hospites immolare, et Mercurio Gallis humanas ... victimas caedere[1]), Romanis Graecum et Graecam, Gallum et Gallam sacrificii ⟨loco⟩ viventes obruere[3]), hodieque ab ipsis Latiaris Iuppiter homicidio colitur[2]) ... Ipsum credo docuisse foedere coniurare Catilinam, et Bellonam sacrum suum haustu humani cruoris imbuere, et comitialem morbum hominis sanguine ... sanare. Non dissimiles et qui de harena feras devorant inlitas ...

Min. Oct. 22, 1 sqq.:

Considera denique sacra ipsa et ipsa mysteria ... Isis per-

Lact.

(1) Diximus de diis ipsis, qui coluntur: nunc de sacris ac mysteriis eorum pauca dicenda sunt. Apud Cyprios humanam hostiam Iovi Teucrus immolavit; idque sacrificium posteris tradidit, quod est nuper Hadriano imperante sublatum. 2. Erat lex apud Tauros ..., uti Dianae hospites immolarentur. ... 3. Galli Hesum atque Teutatem humano cruore placabant[1]). Ne Latini quidem huius immanitatis expertes fuerunt, siquidem Latialis Iuppiter etiamnunc sanguine colitur humano[2]) ... 6. Apparet tamen antiquum esse hunc immolandorum hominum ritum, siquidem Saturnus in Latio eodem genere sacrificii cultus est, non quidem ut homo ad aram immolaretur, sed uti in Tiberim de ponte Milvio mitteretur 7. Quod ex responso quodam factitum, Varro auctor est, e. q. s.[4]) ... 8. Ovidius in fastis docet ... 9. Nam de infantibus, qui eidem Saturno immolabantur propter odium Iovis, quid dicam non invenio ... 13. Pescennius Festus in libris historiarum per saturam refert Carthaginienses Saturno humanas hostias solitos immolare eqs. 16. Ab isto genere sacrorum non minoris insaniae inudicanda sunt publica illa sacra, quorum alia sunt Matris deum in quibus homines suis ipsis virilibus litant; amputato enim sexu nec viros se nec feminas faciunt: alia Virtutis, quam eandem Bellonam vocant, in quibus ipsi sacer-

Tert. ap.

Aiunt et apud quosdam gentiles Scytharum defunctum quemque a suis comedi. Hodie istic Bellonae sacratus sanguinis de femore proscisso in palmulam exceptus et esui datus signat. Item illi qui munere in arena noxiorum iugulatorum sanguinem ... exceptum avida siti comitiali morbo medentes auferunt, ubi sunt? Item qui de harena ferinis obsoniis coenant. ...

Tert. ad. nat. II 7:

Nonn⟨e⟩, qui dicitis deos post mortem factos, homines

Min.

ditum filium cum Cynocephalo suo et calvis sacerdotibus luget plangit inquirit, et Isiaci miseri caedunt pectora et dolorem infelicissimae matris imitantur; mox invento parvulo gaudet Isis, exultant sacerdotes, Cynocephalus inventor gloriatur, nec desinunt annis omnibus vel perdere quod inveniunt vel invenire quod perdunt. Haec tamen Aegyptia quondam nunc et sacra Romana sunt et desipias Isidis ad hirundinem, sistrum, et ad sparsis membris inanem tui Serapidis sive Osiris tumulum. Ceres facibus accensis et serpente circumdata errore subreptam et corruptam Liberam anxia et sollicita vestigat: haec sunt Eleusinia. Et quae Iovis sacra sunt? Nutrix capella est et avido patri subtra-

Lact.

dotes non alieno sed suo cruore sacrificant. 17. Sectis namque humeris et utraque manu districtos gladios exserentes currunt efferuntur insaniunt. Optime igitur Quintilianus in Fanatico ... 20. Isidis Aegyptia sacra sunt, quatenus filium parvulum vel perdiderit vel invenerit. Nam primo sacerdotes eius deglabrato corpore pectora sua tundunt; lamentantur sicut ipsa, cum perdidit, fecerat. Deinde puer producitur quasi inventus et in laetitiam luctus ille mutatur. Ideo Lucanus: 'nunquamque satis quaesitus Osiris'. 21. Semper enim perdunt, semper et inveniunt. Refertur ergo in sacris imago rei, quae vere gesta est ... Quod illum ipsum poetam minime fugit (sc. Lucanum), apud quem Pompeius loquitur: 'Evolvam e. q. s.' (Phars. IX 158 sq.). 22. Hic est Osiris, quem Serapim vel Serapidem vulgus appellat. ... Sacra vero Cereris Eleusinae non sunt his dissimilia. Nam sicut ibi Osiris puer planctu matris inquiritur, ita hic ad incestum patrui matrimonium rapta Proserpina; quam quia facibus, Aetnae vertice accensis quaesisse in Sicilia Ceres dicitur, idcirco sacra eius ar-

1) Vd. Luc. Phars. I 445; comm. Bern. ad hunc vers. Plut. de sup. 13; Plin. N. H. XXX 13; Cic. de re publ. III 9, 15.
2) Cf. Wilh. l. l. p. 15; Th. Roeper Luc. Pont. (Ged. 1849) p. 38; Marqu. Röm. Staatsverw. III[4] p. 297 adn. 4.
3) Cf. Plin. N. H. XXVIII 12; Plut. Q. R. 83. 4) Macr. Sat. I 7, 28 sqq.

Tert. ad nat.

confitemini ante mortem? . . . Non creditis poetis cum de relationibus eo⟨rum⟩ etiam sacra disposueritis? Cur rapitur sacerdos Cereris, ⟨si non⟩ tale Ceres passa est? Cur Saturno alieni liberi immolantur, si ille ⟨suis pe⟩percit? Cur Idaeae masculus amputatur, si nullus illi fastidiosi⟨or adules⟩cens libidinis frustratae dolore castratus est? Cur Hercule⟨um pol⟩luctum mulieres Lanuvinae non gustant, si non mulierum causam p⟨raeivit⟩[1])? Mentiuntur sane poetae, sed non ideo, quod talia digesserint ⟨de deis⟩ . . .

Min.

hitur infans ne voretur, et Corybantum cymbalis, ne pater audiat vagitus, tinnitus, eliditur. Cybelae Dindyma pudet dicere, quae adulterum suum infeliciter placitum . . . ad stuprum inlicere non poterat, exsecuit, ut deum scilicet faceret eunuchum. Propter hanc fabulam Galli eam et semiviri sui corporis supplicio colunt.

Lact.

dentium taedarum iactatione celebrantur. 38. Ipsius autem Cretici Iovis sacra quid aliud, quam quomodo sit aut subtractus patri aut nutritus, ostendunt? Capella est Amaltheae nymphae, quae uberibus suis aluit infantem, de qua Germanicus Caesar in Arat eo carmine sic ait eqs. . . . 39. Ita quidquid est gestum in abscondendo puero, id ipsum per imaginem geritur in sacris. 40. Sed et matris eius mysterium idem continet, quod Ovidius exponit in fastis (IV 207 sqq.):

Ardua iam dudum resonat tinnitibus Ide
Tutus ut infanti vagiat ore puer.
. . . .
. . . . hoc Corybantes opus.
. . . .
. . . .
Cymbala pro galeis, pro scutis tympana pulsent
. . . .

41. Hanc totam opinionem, quasi a *poetis fictam*, Sallustius respuit . . . 43. Ex ipsis itaque mysteriis et caerimoniis intellegere debuerunt, hominibus se mortuis supplicare. Non igitur exigo, ut aliquis poetarum fictionibus credat. Qui hos mentiri putat. . . .

1) Marc. Sat. I 12, 28 sqq.

auctoribus hausit, satis multa sacra ab illis omissa, quae nulli certo fonti debita e memoria sua sumpsisse non potest. Atque mira interest similitudo inter Lactantium et Tertullianum ad nat. II 7. Uterque enim ea coniuncta refert, quae Minucius diversis capitibus commemorat; uterque ex his sacris mysteriisque intellegendum esse dicit paganos hominibus mortuis pro diis supplicare; uterque explicat sacra deorum secundum relationes poetarum disposita imaginem quandam praebere eius rei, quae gesta sit. Denique quae Tertullianus de Herculeo pollucto refert cum eis, quae apud alterum de Saturni sacrificio leguntur, iam apud Varronem coniuncta fuerunt, id quod e Macrobii verbis[1]) elucet.

Consentiunt igitur patres his quattuor locis inter se ita, ut unusquisque quaedam sibi propria praebeat. Quoniam autem iterum atque iterum vidimus eos de deorum natura et cultu agentes ideo similia referre, quod ex eodem auctore pendeant, Wilhelmi iudicium, quod de locis ap. 9 Oct. 30 probavit, ita supplendum est, ut omnes hi loci ex 'auctore communi' profecti credantur. Quae sententia inde firmatur, quod, ut supra de deorum fabulis et gestis atque de philosophorum sententiis et moribus, ita etiam hic de sacris et mysteriis apologetae Graeci mirum quantum cum Latinis congruunt[2]).

Iam 'auctoris communis' fontes indagandi sunt. Atque vernaculis Romanorum sacris interim omissis ad extraneos aggrediar ritus: Wilhelmus putat p. 14 ea, quae de homicidiis ab Afris in Saturni, a Gallis in Mercurii honorem institutis referantur, ad Varronis R. D. librum XVI revocanda esse, collato hoc Augustini loco C. D. VII 19 p. 297, 28 sqq.: 'Deinde ideo dicit (sc. Varro) a quibusdam pueros ei (sc. Saturno) solitos immolari, sicut a Poenis, et a quibusdam etiam maiores, sicut a Gallis, quia omnium seminum optimum est genus humanum.' Nam cum Saturnus inter Gallorum deos nusquam alibi scriptus sit, Augustinum videri res a Varrone relatas confudisse ita, ut pro Mercurio Saturnum substitueret. Quae coniectura quam lubrica sit, primum elucet ex his verbis Dion. Hal. A. R. I 38: 'Λέγουσι δὲ καὶ τὰς θυσίας ἐπιτελεῖν τῷ Κρόνῳ τοὺς παλαιούς, ὥσπερ ἐν Καρχηδόνι, τέως ἡ πόλις διέμεινε, καὶ παρὰ Κελτοῖς εἰς τόδε χρόνου γίνεται καὶ ἐν ἄλλοις τισὶ τῶν ἑσπερίων ἐθνῶν, ἀνδροφόνους.' Deinde Augustinus toto illo capite epitomen reddit Varroniani de Saturno tractatus atque omnia, quaecunque refert, tam subtiliter inter se nexa sunt, ut incredibile sit aut Varronem de Saturno dis-

1) Sat. I 12, 28: 'Unde et mulieres in Italia sacro Herculis non licet interesse, quod Herculi, cum boves Geryonis per agros Italiae decceret eqs.' Ib. I 7, 31 (enarrato Saturni sacrificio): 'Herculem ferunt postea cum Geryonis pecore per Italiam revertentem suasisse illorum posteris eqs.

2) Cf. e. g. Theoph. ad Autol. I 9: Saturnus Iuppiter . . . Osiris Attis . . . Serapis . . . Diana Scythica; eund. III 8. Simile sacrorum et mysteriorum corpus exhibet etiam Clemens Al. Protr. II 12—20.

serentem Mercurii mentionem fecisse Augustinumque eius verba confudisse, aut Augustinum aliunde, nempe e Varronis de Mercurio tractatu, aliquid in hanc de Saturno expositionem recepisse, Mercurii nomine insuper in Saturnum demutato. Immo 'auctor communis' Varronem inspexisse non potest, si modo Tertulliano praebuit usque in proconsulatum Tiberii in Africa infantes immolatos esse. Quod mihi quidem non dubium est[1]), cum similiter Lactantius commemoret apud Cyprios humanam hostiam usque ad Hadrianum imperatorem immolatam esse. 'Auctoris communis' de sacrificio Africano fontem apud Lactantium extare opinor, nempe Pescennium Festum, ad quem etiam illud de Cypria immolatione redire coniciendum est[2]).

Neque magis demonstrari potest e Rebus Divinis reliquam de Graecorum sacris expositionem fluxisse. Varro enim de Matris Magnae mysteriis nihil dixit teste Augustino C. D. VII 26, de sacris Cereris Eleusinae alia docuit, cf. Aug. C. D. VII 20. Neque id mirum. Varro enim quae commemoravit sacra physice interpretatus est, 'auctor communis' quam arte in omnibus sacris illustrandis Euhemeri premat vestigia, quivis intellegit. Consentiunt plerumque patres Graeci, ad auctorem Graecum etiam hic remittimur.

Ad Varronem redeunt, ut supra dictum est p. 63, quae Tertullianus de Herculeo pollucto et Lactantius de hominibus in Saturni honorem de ponte Milvio deiectis tradunt. Sed haec suo iure Mirschius in Rerum Humanarum libro II collocavit. Num Varroni tribuenda sint, quae apud Minucium de Graeci et Graecae, Galli et Gallae sacrificio leguntur, incertum est. Sed ad hos, de quibus nunc agimus, Varronis libros certe non pertinent. Bellonae sacra (vd. Marquardt-Wissow. Röm. Staatsv. III⁴ p. 75 sqq.) cum illa aetate vulgo celebrarentur, 'auctor communis' de suo addidit.

Annecto hos locos: Tert. ad nat. II 7 p. 107, 13 sqq.; Min. Oct. 23, 2:

Tert.	Min.
Criminatores deorum poetas eliminari Plato censuit, ipsum Homerum sane coronatum civitate pellendum.	Plato ideo praeclare Homerum illum inclitum laudatum et coronatum de civitate, quam in sermone instituebat, eiecit.

Minucium neque e Cicerone (de rep. IV 5, 5) neque e Tertulliano, Tertullianum non e Minucio pendere recte observavit Wilhelmus p. 26 sq. Affinitatem autem inter patres inde ortam esse

1) Noeldechenius (Tert. p. 22), qui de 'auctore communi' nihil cogitavit, hoc e Tertulliani memoria profluxisse contendit.

2) De huius scriptoris aetate nihil exploratum est. Vd. quae supra de Tarquitio et Socrate Argivo diximus p. 43, de Cassio p. 51.

coniecit, quod Tertullianus ex ipso Varrone hausisset, Minucius ex 'auctore communi' Varronem secuto. At de Varrone nihil nobis compertum est; Tertullianus certe haec indidem repetiit, unde ea fluxerunt, quae cum his arte cohaerentia de sacris 'ad relationes poetarum dispositis' tradit. Quae ad 'auctorem communem' redire supra demonstravimus. Ille autem Graeco auctore usus esse videtur, cum eadem apud Iust. ap. II 10 et Pseudo-Iust. coh. 24 legantur.

Iam aliam seriem locorum percenseamus, quibus de Romanorum deorum consecrationibus agitur: Min. Oct. 25, 8; Tert. adv. Marc. I 18; ap. 5 p. 130, 5 sqq.; ap. 6 p. 135, 11 sqq.; ad nat. I 10 p. 75, 22 sqq.; ibid. p. 75, 27 sqq.; Lact. I 20, 1 sqq. Addo Aug. C. D. IV 23 p. 173, 18 sqq.; IV 29; VI 10 p. 267, 25 sqq.; III 11 p. 109, 6 sqq.; III 12; II 14 p. 70, 22 sqq.; epist. ad Max. Mad. 17 clas. II (Migne 33 p. 84):

Min. Oct. 25, 8: Romanorum vernaculos deos novimus: Romuli sunt[1]) Picus Tiberinus et Consus et Pilumnus ac Volumnus dii. Cloacinam Tatius et invenit et coluit, Pavorem Hostilius atque Pallorem, mox a nescio quo Febris dedicata... Sane et Acca Laurentia et Flora, meretrices propudiosae... inter Romanorum deos computandae.

Tert. adv. Marc. I 18: Romulus Consum et Tatius Cloacinam et Hostilius Pavorem et Metellus Alburnum (et quidam ante hoc tempus Antinoum).

Tert. ap. 5 p. 130, 5 sqq. (= ad nat. I 10 p. 75, 22—27): Vetus erat decretum, ne qui deus ab imperatore consecraretur, nisi a senatu probatus. Scit M. Aemilius de deo suo Alburno. Tert. ad nat. I 10 p. 75, 27 sqq. (= ap. 6 p. 135, 11 sqq.): Saepe censores inconsulto populo ⟨deos⟩ adsolaverunt. Certe Liberum Patrem cum sacris suis consules senatus auctoritate non urbe solummodo, verum tota Italia eliminaverunt. Ceterum Serapem et Isidem et Arpocraten et Anubem prohibitos Capitolio Varro commemorat, eorumque aras a senatu deiectas nonnisi per vim popularium restructas eqs.

Lact. I 20, 1 sqq.: Venio nunc ad proprias Romanorum religiones, quoniam de communibus dixi. *2—10 Acca et Flora meretrices in deorum numero habentur.* 11. Cloacinae simulacrum in cloaca maxima repertum Tatius consecravit et quia cuius esset effigies ignorabat, ex loco illi nomen imposuit. Pavorem Palloremque Tullus Hostilius figuravit et coluit... 12. Ab hoc illud Marci Marcelli de consecratione Honoris atque Virtutis honestate nominum differt, re congruit. 13. Eadem vanitate Mentem quoque inter deos senatus collocavit...[2]) 17... Mala sua

1) Ita cum Baehrensio legendum esse puto pro 'Romulus'.
2) §§ 14—17 Ciceronem (de leg. II 11, 28) impugnat.

pro diis habent, ut Romani robiginem ac febrem...[1]) 27. Urbe a Gallis occupata obsessi in Capitolio Romani cum ex mulierum capillis tormenta fecissent, aedem Veneri Calvae consecrarunt ...[2]) 33. Eodem tempore Iovi quoque Pistori ara posita est, quod eos in quiete monuisset eqs. 35—36 *enumerat Lactantius temporum ordine neglecto eiusmodi deos, qui propter indignam naturam risui vel offensioni essent,* Fornacem, deam Mutam, Cacam, Cuninam, Stercutum, Tutinum 'et mille alia portenta', *quem locum concludit his verbis:* ut iam vaniores, qui haec colenda susceperint, quam Aegyptios esse dicamus, qui monstrosa et ridicula quaedam monstra venerantur. 37 sq. *De Termino atque Capitolino Iovis templo a Tarquinio aedificato verba fiunt.*

Seneca de superst. ap. Aug. C. D. VI 10: Veriora tibi videntur T. Tatii aut Romuli aut Tulli Hostilii somnia? Cloacinam Tatius dedicavit deam, Picum Tiberinumque Romulus, Hostilius Pavorem atque Pallorem.

Aug. C. D. IV 23 p. 173, 18 sqq.: Ut quid Constituit Romulus Romanis deos Ianum Iovem Martem Picum Faunum Tiberinum Herculem et si quos alios?... Titus Tatius addidit Saturnum, Opem, Solem, Lunam, Vulcanum Lucem et quoscunque alios addidit, inter quos etiam deam Cloacinam? ... Ut quid Numa tot deos et tot deas?... Hostilius certe rex deos et ipse novos Pavorem atque Pallorem propitiandos non introduceret, si..... (Cum *Felicitate*) colebatur Priapus et Cloacina et Pavor et Pallor et Febris et cetera ... numina ... p. 174, 29 sqq.: Mars Terminus et Iuventas maiori et regi suo nullo modo cedere loco voluerunt. Nam sicut habent eorum litterae, cum rex Tarquinius Capitolium fabricare vellet eqs. *Cf.* C. D. IV 29.

Aug. ep. 17 class. II ad Maxim. Madaur. (Migne 33 p. 84): deum Stercutium, deam Cloacinam, Venerem Calvam, deum Timorem, deum Pallorem, deam Febrem et cetera innumerabilia huiuscemodi, quibus Romani templa fecerunt et colenda censuerunt, quae si negligis Romanos deos negligis.

Aug. C. D. III 11 p. 109, 6 sqq.: Numa Pompilius cum cogitaret otiosus, quibusnam diis tuendam Romanam salutem regnumque committeret... ib. cap. 12: Nec his sacris tamen Roma dignata est esse contenta, quae tam multa illic Pompilius constituerat. Nam ipsius summum templum nondum habebat Iovis; rex quippe Tarquinius ibi Capitolium fabricavit. Aesculapius autem ab Epidauro ambivit ad Romam... Mater etiam deum nescio unde a Pessinunte... Cynocephalus longe postea venit

---

1) §§ 18—26 de consecratione agit eorum deorum, qui a notionibus abstractis, quae dicuntur, nomina acceperunt.

2) §§ 28—32 propria Lactantii verba sequuntur.

ex Aegypto. Utrum etiam dea Febris...; sed undecumque nata sit, non, opinor, audebunt eam dicere ignobilem dii peregrini deam civem Romanam. Sub hoc tot deorum praesidio constituta Roma..., quibus templa altaria, sacrificia sacerdotes instituendo atque praebendo summum verum deum offenderet (sc. Roma).

ib. II 14 p. 70, 22 sqq.: (Platonem praeferendum esse censemus, si non) Romulo et Herculi, certe vel Priapo vel alicui Cynocephalo postremo vel Febri, quae Romani numina partim peregrina receperunt, partim sua propria sacraverunt.

Unde patres ipsi hauserint, quaerere mittamus; primum harum rerum auctorem si anquiramus, Minuciana ad Varronem redire elucet ex Aug. C. D. IV 23, quo de loco vd. quaest. I p. 32 sq. Eodem redeunt etiam quattuor illi Tertulliani loci, quos ex uno loco profectos esse non est, quod fusius demonstrem. Nam Romuli Tatii Hostilii deos, qui leguntur adv. Marc. I 18, Varro praebuit teste Augustino, de Libero patre similia in R. D. libro XIV ap. Aug. C. D. VI 9 (vd. quaest. I p. 22) docuit; denique de Aegyptiis diis[1]) Tertullianus ipse ad nat. I 10 Varronem ad testimonium vocat. Quam ab rem Varroni cetera, quae Tertulliani locis supra propositis traduntur, tribuere non dubito[2]). Unde sequitur, ut Varro singillatim exposuerit, qui dii quo temporum ordine quo iure inter Romanorum deos publicos recepti essent. Atqui huiusmodi tractatum exhibet etiam Lactantius I 20, 1 sqq., nisi quod praecipuum suum fontem vel suis vel aliorum verbis amplificat. Occurrunt enim § 2: Accae et Florae nomina ut apud Minucium 25, 1; § 11: iidem Tatii et Hostilii dei, quos Minucius et Augustinus (C. D. IV 23) commemorant; § 17: Febris, cuius Augustinus ibidem mentionem facit; § 35: Tutunus, qui Augustini Priapo respondet; § 36: Aegyptiorum dii, de quibus plura profert Tertullianus ap. 6, ad nat. I 10; § 37: Terminus et Iuppiter Capitolinus, de quibus etsi non eadem tamen similia exhibet Augustinus C. D. IV 23. 29. Varroniana igitur quaedam huic Lactantii capiti inesse certum est[3]); sed quae vere insint, difficile diiudicatur, praesertim cum aliorum praeterea auctorum vestigia non pauca cognoscantur. Nam ubi deos secundum consecrationum ordinem enumerat, ut hoc

1) Similia refert Valerius Maximus I 3, 3, quem locum B. Kriegerus (Quibus fontibus Val. Max. usus sit eqs. Berol. 1888) Tertulliani testimonio fretus ad Varronem refert. Sed nescio an haec Valerii temporibus notiora fuerint, quam quae ad certum fontem revocari opus sit. — Praeter hoc exemplum I 3, 3 et illud I 8, 4, de quo egimus quaest. I p. 23, nihil e Valerio ad R. D. libros XIV—XVI pertinet; nam quo iure Kriegerus p. 44. 80 Aemiliam virginem Vestalem (I 1, 7) ad R. D. librum XV sive XVI referat, equidem nescio.

2) Praeter Antinoum, quem Tertullianus (adv. Marc.) ipse addiderit an ex auctore suo sumpserit, non discepto.

3) Hoc ultro pateret, si Augustinum, cum litteras illas ad Maximum Madaurensem scriberet, Varrone usum esse constaret. At revera ipse Lactantium exscripsisse videtur.

quidem loco ipse Varro, de Acca et Flora Livium (I 4, 7) et Verrium Flaccum sequitur, de Termino et Iove Capitolino a Varrone abhorrens propius ad Vergilii commentatores accedit (cf. Serv. gen. Aen. IX 448), de Iove Pistore Ovidium (Fast. VI 349 sqq.) exscripsit, Mentem Deam e Cicerone (de leg. II 11, 28) sumpsisse videtur. Atque §§ 35 sq. ubi nullo consecrationum ordine respecto nonnullos deos minutos irridet, quamquam non pauca commemorat, quae ad Varronem redire ex aliis Varronis locis probatur[1]), tamen propter id ipsum, quod temporum ordinem neglegit, tum quod Varronis hi loci omnes e libris R. D. XIV et XV atque e diversis horum librorum partibus afferuntur, his quidem in paragraphis (sc. 35 sq.) eum, de quo nunc agimus, Varronis locum Lactantius non inspexit. Quid vero? Etiam hic alius occurrit fons: Ovidius enim illa de Fornace Dea praebuit Fast. II 525 sqq. Itaque e Lactantii capite Varronem supplere non ausim, nisi e certis argumentis comparando evincitur.

Eodem huc pertinent alii duo Augustini loci C. D. II 14, III 11 s. fin., 12[2]), ubi de diis Romanorum publicis eorumque receptione verba fiunt. Enumerat autem II 14 hos deos: Romulum (cf. Min. l. l.), Herculem (cf. Aug. C. D. IV 23), Priapum (cf. Aug. l. l., Lact. I 20, 36), Febrem (cf. Aug. Min. l. l,), Cynocephalum (cf. Tert. ll. ll., Lact. l. l.). Idem III 12 commemorat Numam regem (cf. Aug. l. l.), Cynocephalum (cf. supra), Febrem (cf. supra); commemorat etiam templa altaria sacrificia, quibus ex indiciis Varro, ut ostendimus quaest. I p. 22 sq., deum quendam deum populi Romani publicum esse conclusit. Itaque mihi quidem vix dubium est, quin e Varrone sumpserit Aesculapium Epidauro, Matrem deam Pessinunte arcessitos atque deorum publicorum in deos peregrinos et proprios divisionem, quamquam Varronem ipsum nominibus 'peregrinorum' et 'propriorum' deorum usum esse ex Augustino quidem colligendum esse non videtur. Ceterum conferas Min. 25, 8: 'Romanorum vernaculos deos novimus', Lact. I 20, 1: 'Venio nunc ad proprias Romanorum religiones, quoniam de communibus dixi.'

Minucium Oct. 25, 1—7. 12 et Tertullianum ap. 25. 26 p. 223, 8—226, 3 ex eodem fonte hausisse certis, puto, argumentis probavit Wilhelmus p. 18—26, quae bene firmantur, si adsumis Tert. ad nat. II 17 p. 132, 6 sqq.[3]), ubi Persarum imperium, quod in apologetico omittitur, sicut apud Minucium affertur. Neque minus inter se similes videntur Minucius Oct. 25, 9 et Tertullianus ap. 25 p. 220, 10—223, 7[4]) (= ad nat. II 17 p. 130, 1—132, 6). Unde 'aucto-

1) De Cunina cf. Aug. C. D. IV 8. 11. 21. 34, de Tutino eund. C. D. VI 9, de Larunda Arnob. III 41, de Sterculo Tert. ad nat. II 9 (vd. p. 77 sqq.)

2) Hoc in capite Augustinus primum Varronem deorum certorum et incertorum ordines statuisse commemorat.

3) Argumenta illa, quibus Wilhelmus de apologetico utitur, iure etiam ad alterius operis locos referuntur, quippe qui cum illis et sententiarum et verborum forma nexuque plane congruant.

4) Ap. 25 p. 220, 10 sqq.: 'Quoniam Romani nominis proprie men-

rem communem' deos Romanos (vernaculos apud Minucium) a peregrinis distinxisse et Sterculum Mutunum Larentinam commemorasse constat. Varrone eum usum esse cum ex his tum e Minucii loco 25, 8 supra allato colligitur, qui inter illos medius interpositus ex 'auctore communi' non repetitus esse vix potest[1]. Varro autem cum teste Augustino C. D. IV 22 in R. D. libro I gloriaretur praestare se civibus suis, quia commemoraret deos, quos coli oporteret a Romanis, cumque in eodem libro, ut tradit Nonius (197, 15) diceret: 'Et religiones et castus id possunt, ut ex periculo ⟨nos⟩ eripiant nostro', quid universa respublica religioni deberet vix omisit, praesertim cum tritum illud apud plerosque eiusdem aetatis scriptores[2], Romanos propter religionem deorumque cultum orbe terrarum potitos esse, ad universi R. D. operis rationem egregie quadraret. Ad eundem refero haec Tertulliani verba ap. 25 p. 223, 11 sqq. = ad nat. II 17 p. 132, 8 sqq.: 'Etsi a Numa concepta est curiositas superstitiosa (= ad nat. II 17: Etsi a Numa sacra introducta sunt), nondum tamen aut simulacris aut templis res divina apud Romanos constabat. Frugi religio et pauperes ritus et nulla Capitolia certantia ad caelum, sed temeraria de caespite altaria et vasa adhuc Samia et nidor parvus ex illis et deus ipse nusquam. Nondum enim tunc ingenia Graecorum atque Tuscorum fingendis simulacris inundaverant.' Eadem fere invenies apud eundem de id. 3 in., de praescr. haer. 40. Similia enim scribit Augustinus in eo, de quo modo dictum est, capite C. D. III 12 p. 109, 20 sqq.: 'Nec his sacris Roma dignata est contenta esse, quae tam multa illic Pompilius constituerat. Nam ipsius summum templum nondum habebat Iovis.' Commode etiam contuleris eiusdem verba C. D. IV 31 p. 186, 21 sqq. e R. D. libro I collaudata (vd. quaest. I p. 19 sq.): 'Varro dicit antiquos Romanos plus annos centum et septuaginta deos sine simulacro coluisse', quem annorum numerum Tarquinii temporibus confectum esse, inde a quibus Tuscorum et Graecorum auctoritas plurimum

---

tio occurrit, non omittam congressionem, quam provocat illa praesumptio dicentium Romanos pro merito religiositatis diligentissimae in tantum sublimitatis elatos, ut orbem occuparint, et adeo deos esse, ut praeter ceteros floreant qui illis officium praeter ceteros faciant. Scilicet ista merces a Romanis deis pro gratia expensa est. Sterculus et Mutunus et Larentina provexit imperium. Peregrinos enim deos non putem extraneae genti magis fautum voluisse, quam suae ... Viderit Cybele ... Iuppiter Cretam suam ... Vellet Iuno Punicam urbem, posthabita Samo, dilectam deleri?' Min. 25, 9: Isti (sc. vernaculi dei) scilicet adversus ceteros, qui in gentibus colebantur, Romanorum imperium protulerunt; neque enim eos adversus suos homines vel Mars Thracius vel Iuppiter Creticus vel Iuno nunc Argiva nunc Samia nunc Poena vel Diana Taurica vel Mater Idaea vel Aegyptia illa non numina sed portenta iuverunt.

1) Minucium (25, 8) e Seneca non pendere ostendit Wilhelmus.

2) Exempli gratia afferantur Cic. N. D. III 2, 5; II 3, 8; de har. resp. 9; Val. Max. I 1, 8; Hor. Carm. III 6; Carm. saec. 37 sqq. Dion. Hal. A. R. I 4.

valere coepit, acutissime viderunt Ambroschius Stud. p. 6, 21, Kettnerus Varr. Stud. p. 57 sq., Preller.-Iordanus R. M. I p. 105, 1, Merkelius Ov. fast. prol. CXCI. Atque Varronem religionem simulacrorum institutione corruptam doluisse docent illa, quae loco modo proposito subiciuntur: 'Quodsi adhuc, inquit (sc. Varro) mansisset, castius di observarentur.' Unde etiam cognoscitur, qualis illa fuerit 'puritia', de qua refert Nonius p. 156, 6: 'Varro Rer. Div. lib. I: Quae puritia est infrequens polluta.' Denique Varro si quidem in aliis operibus, veluti in illo de vita pop. Rom.[1]), de paupere antiquorum Romanorum ritu verba fecit, in his Rer. Div. libris eadem certe non omisit.

Hanc de diis Romanis commentationem in R. D. libro I sedem tenuisse atque partem effecisse censeo disputationis illius de theologia civili compositae, quam Varro in R. D. I ap. Aug. C. D. VI, 5 his verbis describit: 'Tertium genus (sc. civile) est, quod in urbibus cives ... nosse ... debent. In quo est, quos deos publice colere, ⟨quae⟩ sacra et sacrificia facere quemque par sit.' Cf. Non. p. 197, 12: 'Varro Rer. Div. lib. I: Nostro ritu sunt facienda quam his civilibus, Graeco castu', et eiusdem auctoris locos modo collaudatos. Denique si quidem Varro, id quod infra apparebit, cum hanc theologian tractaret, deos municipales enumeravit, ibidem eum exposuisse credere paene necesse est, quid et qui essent dii publici populi Romani. —

Examinavi adhuc non nisi tales locos, quos ex 'auctore communi' receperunt tres patres Tertullianus Minucius Lactantius. Praebet vero unus Tertullianus in utroque opere ter binos locos, quos utrum ex 'auctore communi' an ex ipso Varrone hauserit quaeramus.

Atque his locis ap. 47 p. 287, 7 sqq. ad nat. II 2 p. 96, 4 sqq. Tertullianus philosophorum diversa de deo mundo anima placita affert, quae e Varrone petita esse apparet ex Aug. C. D. VI 5 p. 253, 10 sqq. (Vd. quaest. I p. 16; Schwarz p. 416.) Deinde ap. 24 p. 219, 1 sqq.; ad nat. II 8 p. 108, 18 sqq. deos 'decuriones cuiusque municipii' enumerat[2]) secundum Varronem, ut ipse dicit ad nat. II 8, ubi contra 'gentile' (i. e. civile) 'genus deorum' pugnat. Atqui Tertullianus tota paene priore parte libri ad nat. II eum sententiarum ordinem accurate servat, quem Varro secutus est, atque ipsa ratio docet haec de philosophis et diis decurionibus iam apud Varronem eum locum tenuisse, quem eis Tertullianus tribuit: itaque haec eum apud ipsum Varronem legisse credendum est. Sane si res ita se habet, pater etiam in apologetico conscribendo Varronem

1) Non. p. 494, 5: Varro de Vita P. R. I ... omnia regiis temporibus delubra parva facta.

2) Num Varro etiam deos Syrorum Afrorum Maurorum Arabum, Noricorum commemoraverit, incertum quidem, veri tamen non absimile est.

ipsum hoc utroque quidem loco inspexit. Atque profecto hoc veri non est dissimile, cum studium suum in utrumque opus uno eodemque tempore contulerit[1]).

Ea denique, quae ap. 10 p. 154, 15 sqq. ad nat. II 12 p. 116, 10 sqq.[2]) profert deorum genera, partim memoriae debere videtur lecto nimirum et relecto aut Varrone aut 'auctore communi', partim de suo addidit et finxit insuper ipse alios ordines aliunde non compertos. Ad nostram rem non pertinent nisi dii Romani, peregrini, captivi, adoptivi (?), proprii, communes, novicii (?), veteres (?).

§ 2.

Quae ex ipsis R. D. libris desumpta Tertullianus referat in libro ad nat. II.

Ad nat. II 1 p. 94, 15 sqq. Tertullianus de tribus theologiae generibus eundem R. D. libri I locum, quem Augustinus C. D. VI 5 praebet, satis neglegenter exscripsit; nam a Varrone genus mythicum primo loco positum atque tertium genus non gentile sed civile nuncupatum esse ex Augustino elucet.

Cap. 2 p. 96, 4—9 secundum Varronem philosophorum quorundam de deo sententias enumerat, de quo loco modo dictum est p. 70. Deinde nonnullis de philosophis narratiunculis ex 'auctore communi' allatis (vd. supra p. 54 sqq.) pergit p. 96, 22 sqq.: 'De mun⟨dano deo⟩dicimus. Hinc enim physicum theologiae genus cogunt' (i. e. in hac sententia totum theologiae genus physicum vertitur atque ab hac initium sumit). Quibus verbis Varronem designat, quippe qui de physico genere locutus sit et mundum deum esse in R. D. libris revera docuerit teste Augustino compluribus locis, de quibus vd. quaest. I p. 19. 25 sq. 31 sq.; accedit quod Tertullianus ad nat. II 3 hanc ipsam sententiam modo ad 'physicum genus' modo ad Varronem revocat. Exeunte autem capite scribit: 'Unde et Varro ignem mundi animum facit eqs.', quae recte relata esse permulti probant Augustini loci, e. g. C. D. VII 6. 23. Iam vero quae inter hos duos locos Tertullianus interponit, ea cum his affinitate coniuncta tenentur, ut ad Varronem omnia referenda esse ultro pateat. Accedunt certa argumenta, quae aliqua quidem ex parte iam Schwarzius invenit (p. 415). Similem enim deorum divisionem, quam Tertullianus Dionysio adscribit, e Varrone collaudat Servii interpolator Aen. VIII 275. Deinde vir ille doctus scite monet Tertullianum de Arcesilao Latinum quendam auctorem secutum esse, cum Arcesilaus non habuisset, cur Caelum et Terram cum Romanorum diis Saturno et Ope compararet; at Varronis illud notum esse artificium e L. L.

1) Cum Tertullianus in apologetico Varronem pro praecipuo auctore certe non habuerit, Varroniana vestigia in hoc opere agnoscere non licet, nisi Varronis loci alibi inventi comparari possunt.

2) His locis 'rudera aedificii Varroniani latere' coniecit Schwarzius p. 420.

V 57: 'Principes dei Caelum et Terra. Hi dei idem qui ... in Latio Saturnus et Ops.' Neque non his Tertulliani verbis: 'Aegyptiorum plerique quattuor deos credunt, Solem et Lunam, Caelum et Terram' ex parte similia sunt, qui de L. L. l. l. leguntur: 'Principes dei Caelum et Terra. Hi dei idem, qui Aegypti Serapis et Isis.' Praeterea nostro loco de Zenone eadem fere comperimus, quae apud Varronem L. L. V 59. Denique ut Tertullianus Zenonis mentionem coniungit cum eis, quae Varro de igne, mundi et hominis anima, et de morte discessu ignis effecta docuit: ita Varro ipse L. L. V 59 Zenonem commemorat, § 60 de animae et corporis discessu agit. Haec igitur omnia ad locum quendam R. D. librorum redeunt simillimum ei, qui extat L. L. V 57—60.

Cap. 3 in. legitur: 'His (sc. eis, quae cap. 2 relata sunt) ita expeditis videmus physicum istud ad hoc subornatum, ut deos elementa contendat, cum ex his etiam alios deos natos allegat; dei enim non, nisi ⟨de dei⟩s nascerentur.' Quid sibi velit illud 'physicum istud', cognoscitur ex his verbis paullo post in eodem capite obviis: 'Elementa deos credi proposuit Varro.' Ipsis e verbis: 'His ita expeditis', quibus respondent in capite altero: 'Hinc physicum theologiae genus cogunt', colligendum est Tertullianum in compilando Varronis sententiarum ordinem servasse. Atque Varronem quidem 'elementa deos credi proposuisse' recte refert, conferas enim Aug. C. D. IV 11. 12 (e R. D. I, vd. quaest. I p. 31), VII 23 (e R. D. XVI, vd. quaest. I p. 25); sed quod eum 'alios deos ex his (primariis diis, elementis scilicet) natos allegasse' contendit, ab illius physica theologia plane abhorret. Scimus enim ex Aug. C. D. IV 32 (e R. D. I, vd. quaest. I p. 20) eum secundum Stoicorum doctrinam deorum generationes et coniugia a populo credita vituperasse; atque ipse Tertullianus, cum paullo post horum deorum ordinum neutrum recte credi accuratius exponit, Reatinum sibi non constare expresse monet, cum alio loco neque deos nasci neque quicquam e deo nasci posse doceret. Sed Varro etiamsi deos ex diis natos esse certe nusquam docuit, tamen cum Stoicis quodammodo deos natos agnovit, scilicet deos eiusmodi, qui ab origine homines post mortem in divinitatem recepti essent, cf. Aug. C. D. VII 6. 23 (e R. D. XVI, vd. quaest. I p. 25). Atque profecto eum hoc loco de his cogitavisse vel locutum esse ex ipsius Tertulliani verbis apparet, quibus declarat se hos 'deos ex aliis deis natos' in mythico apud poetas plenius suo loco examinaturum esse; ibi autem (cap. 7) tractat homines post mortem deos factos.[1] Mera igitur Varroniana doctrina in

1) Vd. ad nat. II 7 p. 106, 6 sqq.: 'Ceterum ut ad mythicum transeamus, nescio an tantum par quaerere mediocritati nostrae, an tanti de documentis divinitatis confirmentur, ut Mopsus Africanus et Boeotus Amphiaraus ... Interim hos (sc. mythicos deos) certe homines fuisse vel eo palam est, quod non constanter deos illos, sed heroas appellatis'. Quoniam Stoici philosophi e vaticinationibus argumentum quoddam

lucem prodit, si tolluntur verba 'ex his', quae Tertullianum revera interpolavisse ipsius verba docent quae statim subiunxit: 'dei enim non, nisi de diis nascerentur', quippe quibus declaret, qua de causa ad propria Varronis verba illud 'ex his' subaudiendum sit.[1]) Iam hoc e Tertulliani verbis remoto hoc eruitur Varronis fragmentum: 'Physicum istud ad hoc subornatum, ut deos elementa contendat, cum natos[2]) alios deos alleget'[3]). Haec autem accuratissime concinunt, quo concentu nostra sententia prorsus stabilitur, cum hoc loco Serv. int. Aen. VIII 275: 'Varro dicit deos alios esse, qui ab initio certi et sempiterni sunt[4]), alios qui immortales ex hominibus facti sunt, et de his ipsis alios esse privatos, alios communes eqs.' Atque eidem deorum ordines latent etiam loco illo miserrime mutilato, ad nat. II 13 in: 'Quos a primordio possunt non ⟨asserere nisi homines fuisse, recipiunt in⟩ divinitatem affirmando illos post mortem d⟨eos factos, ut Varro⟩...'. Profecto Tertullianus Varronem hic iterum male intellegere voluit; nam toto hoc capite Euhemeri rationem secutus non nisi eos deos tractat, qui Augustino permultis locis testante Varroni dii elementorum vel physici, ut ita dicam, fuerunt, velut Opem Saturnum Iovem. Unde aliquantum secum

---

ducere solebant, ex quo deos esse colligerent (cf. Cic. N. D. II 3, 7 sqq.), deinde quia ipse Tertullianus ad nat. II 3 de genere quodam deorum, quod Varro de theologia physica agens tetigerat, tum demum ipsum locuturum esse declarat, cum ad theologian mythicam transiisset: nescio an ad Varronis theologian physicam potius haec quam ad mythicam revocanda sint.

1) Haec iam conscripseram, cum mihi in manum veniret Hartelii Patr. Stud. pars III, ubi etiam vir ille doctissimus p. 40 sq. Tertullianum auctori suo aliquid supposuisse e toto sententiarum nexu colligit atque addit (liceat ipsius eius verba afferre): Das scheint der begründende Satz zu verbürgen: 'Denn sie (die Kinder der Elemente) würden nicht als Götter geboren, wenn nicht diejenigen Götter wären, von welchen sie abstammen'.

2) Ne haec quidem verba Tertulliani corruptionibus plane libera sunt; nam hoc quidem nomine 'deos natos' Varro vix usus est, cum genus 'deorum ex hominibus factorum' commemoraret.

3) Qui illud 'ex his' a Tertulliano interpolatum esse non perspexerunt, 'ex elementis' intellegunt, cum pater proprie de diis, qui sunt in elementis, verba faciat. Illa Schwarzii sententia videtur esse, qui p. 410 in his verbis 'cum ex his alios deos natos alleget' Varronis vestigia inesse opinatur, quamquam ea non digna habuit, quae in fragmentis poneret. Idem p. 412, 1 totum Tertulliani locum comparari posse iudicat cum Serv. gen. Aen. VI 724, ubi de elementis agitur, mundi partibus, ex quibus a deo omnia gignantur. At Varro illos alterius ordinis deos, sc. heroas, deos ex elementis factos nominare vix potuit. Nam quod in hominibus consecratis divino honore dignum est, non corpus est ex elementis factum, sed anima rationalis, animi mundani pars; cf. Aug. C. D. VII 6. 23. Neque stellas alteri ordini tribuit, quippe quas in ipsis elementis enumeratas (vd. ad nat. II 5, infr. p. 75) inter certos et sempiternos deos habuerit.

4) Deos 'certos et sempiternos' e Varronis sententia elementa esse testatur Aug. C. D. VII 6. 23.

pugnat, cum pergit ad nat. II 14 in: 'Sed quoniam *alios* seorsum volunt in divinita⟨tem ab⟩ hominibus receptos et distingui inter nativos (φύϲει) et factos (θέϲει) secundum Dion⟨y⟩s⟨i⟩u⟨m Stoi⟩-cum, de ista quoque specie adiciam.' Quae verba, quippe quibus Dionysio eadem sententia tribuatur, quam Varronem pronuntiasse modo vidimus, certe ex hoc antiquario sumpsit[1]).

Sed redeamus ad cap. 3. P. 97, 23—98, 11 Tertullianus, postquam explicavit, si alteri deorum generi divinitatem false tributam esse ostenderetur, hoc etiam ad alterum valere, demonstrandum sibi proponit elementa deos non esse. Neque tamen in demonstrando recta via procedit, sed hac utitur argumentatione: Quia mundus elementa contineret, generatim de mundo se acturum esse, partibus mundi 'praeministrantem'; nam quae mundi condicio esset, eandem utique esse elementorum, ut mundi partium. Itaque bifariam rationem sibi ingrediendam esse, prout mundus cum Platone institutus, cum Epicuro non institutus putaretur. Vides ex hac tota Tertulliani propria deliberatione nihil ad certum fontem revocari posse nisi Platonis et Epicuri de mundi institutione opiniones. Has vero apud Varronem legisse videtur, cum ipse ap. 47 ex illius de physica theologia disputatione afferat: 'Sic et de ipso mundo *natus innatusve sit*, decessurus mansurusve sit, *variant* (sc. *philosophi*).' Tum argumentationis priorem partem breviter absolvit dicens mundum, si esset institutus, non esse deum, cum 'careret substantia divinitatis' i. e. aeternitate. Levissimum hoc est argumentum contra Varronem, qui in aeternitate divinitatem positam esse minime docuerit. Altera pars his verbis continetur p. 98, 15—20: '(Si vero institutus omnino non est mundus ac propterea deus habendus, quod ut deus neque initium neque finem sui patitur), quomodo *quidam* assignant, elementis, quae deos volunt, generationem, cum *Stoici* negent quicquam d⟨eo⟩ nasci? Item quomodo volunt, quos de elementis natos ferunt deos ⟨ha⟩beri, cum deum negent nasci? (Itaque quod mundi erit, hoc elementis ad⟨scri⟩betur) caelo dico et terrae

1) Cf. Cic. de leg. II 8, 19: 'Divos et eos, qui caelestes semper habiti, colunto, et ollos, quos endo caelo merita locaverint, Herculem Liberum Aesculapium Castorem Pollucem Quirinum, ast olla, propter quae datur homini ascensus in caelum, Mentem Virtutem Pietatem Fidem, earum laudum delubra sunto'. Recte quidem Prellerus (R. M. 1^3, 75) vidit Ciceronis priores ordines respondere Varronis diis 'certis et sempiternis' (vel physicis vel nativis) et diis ex hominibus factis. Sed quod Ciceronem e Varrone pendere iudicat, hoc iam refutavit Iordanus (adn. ad Prell. l. l.), qui ipse utrumque ad pontifices revocat. Verum, ut omittam pontifices *Romanos* inter deos et heroas omnino non distinxisse, *Thebanorum* et *Lacedaemoniorum* deos Amphiaraum et Tyndareum, quos Varro apud Servium exhibet, illi viri in libris suis vel commentariis certe non commemoraverunt. Immo Varro et Cicero Stoicos philosophos secuti sunt, id quod Tertulliani loco ad nat. II 14 certissime confirmatur; cf. etiam Plut. plac. I 6 (Diels. Doxogr. p. 296), Philod. περὶ εὐϲ. fr. 13 Diels. (p. 80 Gomp.), Cic. N. D. I 15, 39.

et sideribus et igni, quae deos et deorum p⟨a⟩rentes adversus negatam generationem dei et nativitatem frustra v⟨obis⟩ credi proposuit Varro.' Quae uncis inclusi, non ad Varronem, sed ad Tertulliani propriam argumentandi rationem pertinent. Reliquis verbis Varronem rursus reprehendit, quod alibi doceret deos quosdam ex physicis illis diis natos esse, alibi, ut Stoicorum assecla, negaret quicquam e deo nasci aut deum nasci. Atqui illud Varronem non docuisse supra expositum est: ergo ex verbis modo exscriptis haec tantum ei tribuenda sunt: 'Elementa deos volunt (sc. Varro) . . . Stoici negant quicquam deo nasci . . . deum negant nasci[1]) . . . . Caelum et terram et sidera et ignem deos . . . credi proposuit Varro.'

Denique quod hoc eodem capite p. 99, 5 sqq. ad Varronem refert elementa, praecipue caelum et astra, animalia esse quoniam 'per semet ipsa moveantur nullo apparente motatore', recte rettulit; cf. Cic. N. D. II 15, 42 sqq. Varronem igitur designat, cum scribit cap. 4 in.: 'Aiunt quidam propterea deos ⟨θεοὺc appella⟩tos, quod θέειν id est ἵεcθαι pro currere ac motari interpretatio est.' Quae autem in eodem capite 4 de Zenone leguntur: 'Zeno quoque materiam mundialem a deo separat, vel eum per illam tamquam mel per favos transiisse dicit', quamquam e Varrone profecta esse possunt, tamen illi non magis tribuenda esse crediderim, quam Platonis de forma mundana aut Epicuri Peripateticorumve de magnitudine solis sententias, quippe de quibus rebus num Varro in R. D. libris egerit, mihi quidem dubium sit. Denique narratiunculam illam, qua Thaletem irridet, Varronem non attulisse certissimum est. Haec omnia de Zenone Platone Epicuro cett. Tertullianus uni eidemque fonti debere videtur, fortasse 'auctori communi', cf. supra p. 54 sqq., vel doxographo cuidam simili ei, quo in libro suo de anima conscripto utitur.

Cap. 5 p. 102, 14—103, 11 compilat Varronis locum, ubi explicat, unde cum elementa universa tum solem lunam sidera caelum terram deos esse colligeretur.[2]) Eadem et in hoc ipso capite et sub finem cap. 6 saepius perstringit ita, ut novi nihil addat.

Haec Tertullianus e Varronis de theologia physica commentatione, ordine Varroniano plerumque servato tradit. Iam transeamus cum patre ad 'mythicum genus.' Sane ex toto capite 7, quo 'deos mythicos' tractat, huc non pertinent nisi haec paucissima verba p. 107, 5 sq.: '(Riden⟨dum an i⟩rascendum sit) tales deos credi, quales homines esse non debeant.' Quae cum scriberet, eundem

---

1) In aperto est Stoicos hoc de diis elementariis, velut de Iove Iunone, Marte Venere dixisse, quibus poetarum fabulis generatio et nativitas assignabatur, non de hominibus post mortem consecratis.

2) Num eundem locum exscripserit adv. Marc. I 13 ('substantias . . . deos pronuntiaverunt . . . considerando scilicet et magnitudinem et vim et potestatem et honorem eqs.'), quae sententia Schwarzio placuit p. 431, dubium est; nam etsi similitudinem quandam exstare concedo, tamen eandem rem eamque satis notam similibus verbis exponi posse, immo exponi paene debere moneo.

Varronis locum ante oculos habebat, quem servat Augustinus C. D. VI 5: 'In hoc (sc. theologiae mythicae genere) omnia diis attribuuntur, quae non modo in hominem, sed etiam in contemptissimum hominem cadere possunt.' — De capitis 7 initio dictum est p. 72 adn. 1; totam alteram partem (p. 107, 12 sqq. 20 sqq.) ad 'auctorem communem' rettulimus p. 59 sqq.

Denique cap. 8 examinat 'gentile illud genus inter populos deorum' atque nonnullos deos municipales e Varrone arcessitos enumerat p. 108, 18 sqq., de quo loco diximus p. 70.

Iam vero si quaeritur, e quo R. D. libro Tertullianus haec in capita 2—8 transscripserit, velim haec mecum consideres: Tertullianus tria illa theologiae genera deinceps tractat, ex Augustino autem constat (vd. quaest. I p. 16 sqq.) idem fecisse Varronem in R. D. libro I. Deinde locum illum de philosophorum sententiis ad nat. II 2 p. 96, 4—9 e R. D. libro I atque commentatione physica, ad nat. II 7 e commentatione de poetarum theologia ibidem conscripta profluxisse docet Augustinus C. D. VI 5; caput 8 ad eiusdem libri commentationem civilem redire per se patet. Denique pater rationes illas philosophas, quas ad nat. II 2 p. 96, 22 sqq. — II 6 percenset, expressis verbis ad physicam theologian refert II 2 p. 96, 22; II 3 p. 97, 18: ergo et haec R. D. libro I restituenda sunt, praesertim cum e Boethio (de dis et praesens.)[1]) colligendum sit Varronem in hoc R. D. libro I, 'ubi de theologiae divisione ageret', copiose de deorum natura quaesiisse.

Sane Schwarzius p. 410 sqq. has rationes physicas in R. D. libri XVI praefatione naturali collocavit similitudine quadam commotus, quam interesse censet inter Tert. ad nat. II 2 ex. II 3 in. atque Aug. C. D. VII 6[2]). Atenim ista similitudine si revera extat, nihil probatur, cum Varro in R. D. libri XVI praefatione breviter repetierit, quae de theologia naturali in libro I exposuerat. Neque vero, quod gravissimum mihi videtur, Schwarzio contigit, ut quae oblocuntur eius placitis Augustini verba interpretando tolleret. Qui scribit C. D. VII 5: 'De naturali theologia paucissima praelocutus est (sc. Varro)' et VII 6: 'Haec est videlicet breviter in ista praelocutione proposita theologia naturalis.' Nam vir doctus quod contendit p. 412: 'Augustinum illam Varronis praefationem uberiorem

1) In Ciceronis editione Orelliana V 1 p. 392, 2 sqq. Locum exscripsi in quaest. I p. 20.

2) Comparat: Tert. ad nat. II 2 ex.: 'ut perinde in mundo ignis omnia gubernet sicut animus in nobis' cum Aug. C. D. VII 6 p. 282, 2 sqq.: 'sicut hominem sapientem cum sit ex corpore et animo, tamen ab animo dici sapientem, ita mundum deum dici ab animo, cum sit ex animo et corpore'; necnon ad nat. II 3 in.: 'His ita expeditis videmus physicum istud ad hoc subornatum, ut deos elementa contendat, cum ex his alios deos natos alleget' cum C. D. VII 6 p. 282, 4 sqq.: 'Hic videtur quoquo modo unum confiteri Deum; sed ut plures etiam introducat, adiungit mundum dividi in . . . caelum . . terram . . . aethera . . . aera'.

certe ipsum legisse, quam quae nunc illo parvo capite (C. D. VII 6) continetur, ipse significat, cum: Varro, inquit, adhuc de naturali theologia praeloquens deum se arbitrari animam mundi eqs. — adhuc enim non dixisset, nisi ante haec alia philosophica legisset', Augustinum male interpretatus est, qui revera verbo illo 'adhuc' nihil nisi in priore capite (VII 5) se ex hac praefatione iam nonnulla praebuisse significat, vd. quaest. I p. 25. Ergo praefatio illa profecto erat brevissima neque amplos hos, quos Tertullianus exscripsit, tractatus complecti poterat; restat igitur, ut eas ad R. D. librum I referamus.[1])

Iam pergamus ad caput 9, ex quo capite primum haec verba examinanda sunt p. 111, 3 sqq.: 'Romanorum deos Varro trifariam disposuit in certos, incertos, electos[2]) ... Nos vero bifariam Romanorum deos recognosci⟨mus⟩ communes et proprios, id est, quos cum omnibus habent et quos ⟨ipsi⟩ sunt commenti. Et nunc quod[3]) hi sunt publici et adventicii dicti, ⟨eoru⟩m[4]) arae docent, adventiciorum ad fanum Carnae, publicorum in Pa⟨latio⟩. Quare ⟨qua⟩[5]) communes dei quam physico quam [in] mythico compre⟨hendun⟩tur, actum iam est de istis. Speciebus de propriis dicere ⟨attin⟩et, de Romanis. Stupeamus tertium illud genus hostilium deorum, ⟨satisque d⟩e[6]) eo, quod nulla gens alia tantum sibi superstitionis invenerit. ⟨Ipsos in⟩[7]) duas species dirigimus, alios de hominibus assumptos, alios men⟨te con⟩ceptos'. Tertullianus igitur genuinae Varronis dispositioni trifariae aliam opponit bifariam 'communium et propriorum' deorum. Hanc vero fortasse iam ab 'auctore communi' prolatam esse vidimus supra p. 68 sq., cuius verborum noster hic meminisse potest, nisi eum etiam hic ex ipso Varrone hausisse credere mavis. Varronem enim cum de theologia civili atque de 'dis Romanis' ageret, similia dixisse l. l. probare studuimus. Aut si Tertullianum Varrone usum esse negaveris, at certe 'auctorem communem' ei aliquid in hac re debere veri non absimile mecum putabis. Iam dii illi publici adventicii hostiles, qui deinceps leguntur, quoniam optime illius de diis Romanis commentationis indoli respondent, non inepte eodem referuntur sive 'auctorem communem' Tertullianus, sive ipsum adiit Varronem. Alterum hoc mihi veri similius esse videtur.[8])

1) Eadem iisdem plerumque argumentis contra Schwarzium demonstrasse Schmekelium (Phil. d. mittl. Stoa p. 120 adn.) tum demum vidi, cum mea iam conscripseram.

2) Immo, selectos exhibuit testante Augustino permultis locis. Verbis, quae subinde omisi, quibus Tertullianus de Varroniana disponendi ratione ineptias suas profert, Varronis doctrina minime illustratur.

3) Coniec. Hartel. Patr. Stud. III p. 56; numquid praebet cod. Agob. 4) suppl. Hartel. 5) Quare A quia Wissowa quare ⟨qua⟩ Hartel. 6) suppl. Hartel. 7) 'Ceteros in' suppl. Gothofr. Hartel. Wissowa; scripsi 'ipsos in' cf. ad nat. II 3 p. 97, 22. 24.

8) Verba, quae illustrandi causa ipse Tertullianus ad deos 'communes et proprios' adiungit: 'id est, quos cum omnibus habent et quos ipsi sunt commenti', ad Varronem non pertinent.

Nam etsi Varro deos publicos et adventicios inter se sic, ut apud Tertullianum fit, opposuisse non potest, cum adventicii quoque publice colantur,[1]) Tertullianus verbis eius per dolum immutatis in suam rem abutitur, quibus monstraret publicos deos eosdem esse atque deos proprios;[2]) ita divisionem illam deorum communium et propriorum clam demutat in communes et publicos sive proprios. Hos ultimos ad theologian civilem revocare facile erat, illos physico et mythico generi tribuendos esse collegit. Quae cum superioribus capitibus iam absolvisset, de diis communibus satis actum esse clamat, neque restare, nisi ut de propriis diceret, hoc est de diis vere Romanis. Sed priusquam ad eos tractandos transiret, tertium quoddam praeter communes et proprios genus deorum praetereundo absolvit, deos hostiles, a quibus tandem ad ipsos deos proprios revertitur. Atque hos 'in duas species dirigit, alios de hominibus assumptos, alios mente conceptos', secundum quam partitionem etiam eos deos disponit, quos capp. 9. 10 et 11 tractat.[3]) Atqui dii illi, quos mente conceptos vocat, cap. 11 tractati revera Varronis dii certi sunt, quibus Varro quidem illud nomen non indidit; immo ipsa nuncupatio originem Christianam prae se fert, quare ne hi quidem duo deorum propriorum ordines ad Varronem pertinent.[4]) Quae cum ita sint, e verbis supra propositis magis minusve dubitanter has Varronianae doctrinae reliquias enucleaverim: '(Nos vero) bifariam Romanorum deos (recognoscimus) communes et proprios ... arae adventiciorum ad fanum Carnae, publicorum in Palatio ... genus hostilium deorum'.

---

1) Hoc argumentum etiam G. Wissowa protulit (de dis Rom. indig. et novens. p. 8).

2) Redeunt igitur ad Varronem non nisi haec verba: 'arae adventiciorum ad fanum Carnae, publicorum in Palatio'. Ceterum Varronem ibi proprie de dis indigetibus et novensidibus egisse ita ut ne mentionem quidem faceret nominis deorum 'publicorum' et 'adventiciorum', Wissowa (l. l.) coniecit. — Recte contra Ambroschium (Stud. und Andeut. p. 165. 190) Merkelius, cui adsentitur Wissowa, exposuit (Ov. fast. prol. p. CXCV) de singularum ararum inscriptionibus cogitandum esse.

3) Inde a capite 12 altera huius libri ad nat. II pars incipit, ad quam quae hoc capite 9 de deorum divisione accipimus iam non pertinent. Quaerit enim in hac nova parte non quos, sed quales deos receperint, sc. in divinitatem, quae verba revera subaudienda esse elucet ex capitis 13 initio et universo argumento, item ex capitis 14 initio. Errat igitur Schwarzius (p. 422), cum putat Tertullianum verbis suis capite 9 pronuntiatis ('actum est de communibus') non stare, sed denuo agere de dis Romanis, quos ab aliis gentibus receperint, i. e. de dis communibus.

4) Ex his, quae exposuimus, apparet similitudinem illam, quam huic Tertulliani loco cum Serv. interp. ad Aen. VIII 275 ('Varro dicit deos alios esse, qui ab initio certi et sempiterni sunt, alios, qui immortales ex hominibus facti sunt: et de his alios esse privatos, alios communes') intercedere Schwarzius p. 421 contendit, specie magis quam re effici. Haec enim, quae apud scholiastam leguntur, Varro philosophus de theologia physica agens proposuit; illa autem paucissima, quae in Tertulliani latent copiis, Varronianae doctrinae frustula theologus protulit civilis.

Cap. 9 p. 112, 1 sqq. tractantur hi dii: Aeneas Romulus Sterculus Faunus Fauna Sanctus, cap. 10: Larentina, cap. 11 dii, qui hominem a conceptione usque ad coniugium producunt. Atque hos deos minutos e Varronis R. D. libro XIV petitos esse docet Augustinus praecipue his capitibus: C. D. IV 11. 21. VI 9. VII 2. 3; conferas etiam conspectum deorum certorum priori quaestioni adiunctum.[1]) De Larentina, Herculis scorto, agendum est. De hac dea Augustinus C. D. VI 7 p. 259, 1 sqq. refert fabulam a Varrone memoriae traditam ut ipse significat, cum pergit p. 259, 22 sqq.: 'Haec si poetae fingerent, ad fabulosam theologian dicerentur procul dubio pertinere et a civilis theologiae dignitate separanda iudicarentur. Cum vero haec dedecora non poetarum, sed populorum ..., id est non fabulosae, sed civilis theologiae, a tanto doctore (sc. a Varrone) produntur ...'.[2]) Eandem autem fabulam eisdem plerumque verbis Tertullianus cap. 10 commemorat, unde eum, item atque in sequenti capite 11, e Varrone pendere veri simillimum est. At verbis Tertulliani 'sive dum Romuli nutrix et ideo lupa quia scortum' nihil apud Augustinum respondet; inde Mommsenus hoc Macri commentum Varroni abiudicat, etsi notum ei fuisse concedit. Quod si recte statuitur, Tertullianus hunc locum non ex ipso hausit Varrone. At Varro saepius in R. D. libris suam ipsius sententiam solam attulisse non satis habuit, sed diversas protulit velut de Iano (vd. quaest. I p. 27) et de Saturno (vd. quaest. I p. 29), neque cur Augustinus alteram illam fabulam missam fecerit, non facile perspicitur. Itaque si in omnibus his capitibus ipsius Varronis vestigia pressisse Tertullianum constabit, vix erit cur illa verba Varroni eripiamus. E Varrone autem ut Verrius

---

1) Occasione data de his Tertulliani locis agere liceat de an. 37: '(Omnem hominis in utero serendi, struendi fingendi paraturam aliqua utique potestas divinae voluntatis ministra modulatur ... Haec aestimando etiam superstitio Romana) deam finxit Alemonam alendi in utero fetus, et Nonam et Decimam a sollicitioribus mensibus, et Partulam, quae partum gubernet, et Lucinam, quae producat in lucem'; de an. 39: '... in partu Lucinae et Dianae eiulatur, per totam hebdomadam Iunoni mensa proponitur, ultima die Fata scribunda advocantur, prima constitutio infantis super terram Statinae deae sacrum est'. Atque cum Alemona comparanda sunt, quae Varro de similibus diis Fluonia (Tert. ad nat. II 11) Vitumno Sentino (Tert. l. l. Aug. C. D. VII 2. 3) docuit. De Nona et Decima eadem exposuit ap. Gell. N. A. III 16, 5. Denique quamquam Partula differt a Parca, quam deam Varro secundum Gellii luculentissimum testimonium praebuit, non est, cur huius inter deos ad partum pertinentes eum praeter Parcam mentionem fecisse negetur. Lucinam inter hos deos certos refert Aug. C. D. IV 11. 21. 34, Statinam loco corrupto Tertullianus ad nat. II 11, eiusque similem deum Statilinum Augustinus C. D. IV 21 praebet. Quae cum ita sint, totos hos locos ad Varronem redire censendum est, num autem ad R. D. libros incertum.

2) De Larentina quaesierunt Mommsenus Röm. Forsch. II p. 1 sqq. C. I. L. I² 338. Glaesserus De Varron. doctr. ap. Plut. vest. Leipz. Stud. IV p. 200 sqq. Zielinskius (Quaest. Com. cap. VI). Baehrensius (N. Jahrb. f. Phil. 1885 CXXXI p. 777 sqq.). Wissowa Real. Encycl. I 131 sqq.

in fastis Praenestinis[1]) ita Macrobius Sat. I 10, 11—15 et Plutarchus Rom. 4 ex. 5; qu. Rom. 34 ex. 35[2]) pendent, cum ad verbum plerumque et inter se et cum patribus consentiant, nisi quod 'divinos illos honores', quos Larentinam 'meruisse' Augustinus fert, ipsi enumerant: diem festum, sacra, locum ubi sepulta sit. Verum ne haec quidem Varroni abrogaverim, quem in ipsis de diis libris talia protulisse supra docuerimus (qu. I p. 22 sq. al.), ut deos quosdam publice coli demonstraret, etsi in R. D. libris ea ponere non ausim.

Sed haec quidem de Larentina; iam quaerendum est, quae doctrinae Varronianae quasi rudera in eis lateant, quae Tertullianus cap. 9 de ceteris diis ex hominibus assumptis disputat. Nam rudera quaedam revera ibi latere per se veri simillimum est, quoniam pater non modo in superioribus capitibus, sed etiam, quod maioris momenti est, totis capitibus 10. 11 e Varrone pendeat.

Legimus autem p. 111, 23 sqq.: 'Necesse est neminem ex his (sc. diis de hominibus assumptis) quoque tanti esse (sc. ut deus iure fieret). Patrem diligentem Aenean crediderunt, militem numquam gloriosum lapide debilitatum.' Proditorem eum (ut brevius quae sequantur adumbrem) fuisse et patriae et sociorum et Didonis. Et quamvis pius fuisset in filium patremque, tamen propter pietatem filios divinitate non dignos esse. Denique concludit pater: 'Quid aliud Aeneae gloriosum, nisi quod proelio Laurentino non comparuit?' Subinde transit ad Romulum his verbis: 'Romulus aeque post mortem deus.' Verum Aenean post mortem deum creditum esse ante non dixit, si verba illa initio proposita recte relata sunt; hanc autem sententiam universis eius verbis subaudiendam esse si contra dixeris, quid sibi velit quaero hoc: 'patrem diligentem Aenean crediderunt, militem numquam gloriosum, lapide debilitatum.' Neque enim diligentia divinitatem mereri irridet, id quod postea de pietate fecit, ita ut nesciatur, quapropter patrem diligentem commemoraverit, neque bene opponuntur 'pater diligens Aeneas' et 'miles numquam gloriosus'. Nam patri diligenti militem malum esse non turpe est, est autem turpe deo. Deus igitur vel dei alicuius nomen supra iam desideratum in illis verbis latet; Tertullianus non, quod in codice A extat, 'patrem diligentem', sed 'Patrem Indigentem' vel 'Indigetem' scripsit. Cf. C. I. L. I 283: 'Aeneas eqs. I⟨nde cum proelio fact⟩o non con⟨paruisset dictus⟩ est Indigens ⟨et in deorum n⟩umero relatus.' Dion. Hal. A. R. I 64: 'Μάχης γενομένης καρτερᾶς οὐ πρόσω τοῦ Λαυινίου ... τὸ Αἰνείου σῶμα φανερὸν οὐδαμῇ γενόμενον οἱ μὲν εἰς θεοὺς

1) Fast. Pr. Dec. 23. CIL I p. 409: Hanc (sc. Accam) alii Remi atque Romuli nutricem, alii meretricem Herculis scortum fuisse dicunt. Lact. I. D. I 23: Faula, quam Herculis scortum fuisse Verrius scribit.

2) Macrobium quidem et Plutarchum ipso Varrone usos esse non credo, verum per quos rivulos eius sententiae ad illos pervenerint, hoc loco meum non est quaerere.

μεταναστῆναι εἴκαζον ... καὶ αὐτῷ κατασκευάζουσιν οἱ Λατῖνοι ἡρῷον ἐπιγραφῇ τοιᾷδε κοσμούμενον· 'πατρὸς θεοῦ χθονίου' (i. e. Divi Patris Indigetis).'

Ita e Tertulliani verbis huc non pertinent nisi haec: 'Patrem Indigentem Aenean crediderunt ... proelio Laurentino non comparuit' (nam 'pium' Aenean Vergilio eum debere patet). Quae Varroni vindicare eo minus dubito, quod ex huius de gente P. R. libro III Augustinum hausisse Kettnerus (fr. †3) si non demonstravit at probabile reddidit quod praebet C. D. XVIII 19 p. 281, 3 sq.: 'Aenean, quoniam quando mortuus est non conparuit, deum sibi fecerunt Latini.' Deinde ipsum illum Dionysii locum, quem proxime ad haec Tertulliani verba accedere nemo non videt, Varroni tribuendum esse non modo ex his Augustini verbis sed etiam inde colligitur, quod quae sequenti capite de Mezentio scribit teste Plinio N. H. XIV 88 ipsi eidem debet. Expilavit autem, ut opinor, Rerum Humanarum libros. Varro igitur in compluribus diversis operibus de Aenea non pauca scripsit atque eadem, quae hoc loco apud Tertullianum invenimus.

De Sterculo Fauno Sancto commodissime cum Tertulliano congruunt, quae e libro de gente P. R. III Augustinus arcessivit C. D. XVIII 15 p. 275, 18 sqq. 19 p. 281, 4 sqq. (cf. supr.). Denique quae de Fauna leguntur, Macrobius (Sat. I 12, 27) et Lactantius (I. D. I 22) Varroni expresse assignant: ergo haec Tertullianum e Varrone hausisse apertum est. Noli tamen credere eum idem opus adiisse, quod Augustinum; haec certe e R. D. libris Tertullianus petiit. Itaque eidem fonti restituenda esse censeo ea, quae in hoc eodem capite de Romulo vel Quirino leguntur p. 112, 22. 25 sq., etsi similia in aliis Varronis operibus iam non occurrunt. Profecto hunc deum Varro silentio praeterire vix potuit, quamquam notum est ex propria eius sententia Quirinum antiquissimum Sabinorum deum fuisse, vd. L. L. V 73. 74; Dion. Hal. A. R. II 48 (= Varr. R. H. V fr. 7 Mirsch.). Angustias videtur ita effugisse, ut a genuino Sabinorum deo alterum distingueret, nempe Romulum, qui post mortem ideo Quirinus appellatus esset, 'quia parentibus quiritatum esset per illum' (Tert. l. l.), nisi eum duo 'Quirini' veriloquia, vel duas de hoc deo sententias protulisse credere mavis.

In his diis enumerandis Tertullianus temporum ordinem servat (nisi quod Aenean et Romulum initio ponit); tractat enim Sterculum, Faunum Pici filium, Bonam deam Fauni filiam, Sanctum, Aenean, Romulum, Accam; quem ordinem ad Varronem redire et inde firmatur, quod ipse Varro eum sequitur in libro de gente P. R. III ap. Aug. ll. ll. Talis vero deorum dispositio ad R. D. libri XIV argumentum, quod accuratissime ab Augustino describitur C. D. VI 9, vd. quaest. I p. 20 sq., minime quadrat; multo minus autem de R. D. libro XVI cogitare licet, de quo videas, quid Augustinus doceat C. D. VII 2: restat igitur, ut deos illos ad librum XV referamus.

Ceterum deos ex hominibus factos revera ibi tractatos esse etiam argumentis ex ipsa incertorum deorum notione petitis demonstrabitur in quaest. V p. 129 sq.

Inde a cap. 12 Tertullianus id operam dat, ut omnes gentium deos homines fuisse ostendat. Neque tamen de singulis quibusque, sed de uno Saturno, utpote eorum 'origine', agit, quo ex deo ceteros generatos esse his verbis demonstrare studet p. 116, 21 sqq.: 'Ea origo deorum vestrorum Saturno signatur. Neque enim si Var⟨ro⟩ antiquissimos deos Iovem, Iunonem et Minervam refert, nobis excidi⟨sse⟩ debet omnem patrem filiis antiquiorem, tam Saturnum Iove, qua⟨m Cae⟩lum Saturno; de Caelo enim et Terra Saturnus eqs.', quam disputationem in haec concludit verba: 'Hunc vobis patriarcham deorum Caelum et Terra poetis obstetricantibus procreaverunt.' Et ex his ipsis verbis et ex tota disputatione efficitur Tertullianum duos Varronis locos inter se quodam modo pugnantes contulisse, alterum ubi Iovem Iunonem Minervam antiquissimos deos esse docuerat, alterum ubi fabulas quasdam de genealogiis divinis physice interpretatus has generationes proposuerat: Caelum et Terram, Saturnum et Opem[1]), quo ex loco etiam petita sunt quae afferuntur p. 117, 13: 'Legimus Caelum genere masculino.' Quae conclusio his locis firmatur: Aug. C. D. VII 13 (e. R. D. XVI): Saturnus est unus de principibus deus, penes quem omnium sationum dominatus est; L. L. V 57: Principes dei Caelum et Terra eqs.; ib. 64: Quod caelum principium, a satu est dictus Saturnus ... Terra Ops ..; Non. p. 197, 5 sqq.: Varro Rerum Divinarum: Ut deum significas non partem mundi, sic Pater magnus Mater ⟨mag⟩na hi sunt Caelus ⟨et Terra⟩, quae corruptissima Nonii verba nescio an ad hunc de quo agimus locum redeant. Denique ne hoc quidem praetereundum est, quod Varro in R. D. libro XV de Penatibus agens a Iove Iunone Minerva ceterorum deorum originem ducendam esse expressis verbis docet ap. Aug. C. D. VII 28 (vd. quaest. I p. 24 adn. 3; p. 11 sq.).

Pergit autem p. 118, 4 sqq.: 'Eleganter quidam sibi videntur physiologice per allegoricam ⟨argu⟩mentationem de Saturno interpretari tempus esse et ideo Caelum ⟨et Terr⟩am parentes ut et ipsos origini nullos, et ideo falcatum, quia tempore ⟨omnia di⟩rimantur, et ideo voratorem suorum, quod omnia ex se edita ⟨in se i⟩psum consumat. Nominis quoque testimonium compellant: Κρό⟨νον dict⟩um Graece ut Χρόνον. Aeque Latini vocabuli a sationibus rationem ⟨deducunt⟩ qui eum procreatorem coniectantur, per eum seminalia caeli ⟨in terram⟩ deferri.' Cum his comparanda sunt Augustini verba C. D. VI 8 p. 261, 24 sqq.: 'Saturnum suos filios devorasse ita nonnulli interpretantur, quod longinquitas temporis, quod Saturni nomine significa-

1) Iovem ipse Tertullianus addidisse videtur.

tur, quidquid gignit, ipsa consumat vel sicut idem opinatur Varro, quod pertineat Saturnus ad semina, quae in terram, de qua oriuntur, iterum recidunt'; cf. C. D. VII 19 p. 297, 4 sqq. Tertulliani locum ad Varronem redire, id quod iam ex totius capitis tenore et nexu paene pro certo colligitur, Augustini verbis certissime confirmatur, praesertim cum uterque eodem ordine iisdem nonnumquam verbis et temporis et seminis interpretationem afferant. Indidem igitur Tertullianus sumpsit, quod Opem Saturno ideo adiunctam esse addit, 'quod opem vivendi semina conferant et quod opere semina evadant', cum praesertim ex parte respondeant loco Varroniano L. L. V 64.

Haec omnia de Saturno et Ope in R. D. libro XVI collocanda esse Augustinus docet, illa de antiquissimis dis Iove Iunone Minerva ad R. D. librum I vel XV referre malim.

Cap. 15 Tertullianus nonnullos deos ad loca pertinentes enumerat, inter quos Ianum Forculum Car<deam> Limentinum. Atque tres ultimos deos ad Varronis R. D. librum XIV redire ex Augustino constat (C. D. IV 8; VI 7), quare ne ceteros quidem huic auctori abrogare licet. Eadem autem, quae hoc loco, exhibet idem Tertullianus de idol. 15, de cor. 13, scorp. 10, nisi quod duobus prioribus locis Graecorum Apollinem Thyraeum[1]) et antelios deos cum his comparat, atque de cor. 13 Carnam (al. cod. praebent Cardam; a cardinibus ipse nomen illud deducit), scorp. 10 (loco corrupto) Barnum exhibet. Cum Tertullianus haud raro talia, quae semel conscripserat, in alia opera eisdem fere verbis recipere soleat, mihi quidem persuasum est eum tantum in primo loco (de id. 15) conscribendo denuo Varronem inspexisse, a cuius consuetudine minime abhorrebat Graecos deos cum Latinis conferre. Alterum locum e primo transscripsit ita, ut Cardeam, quam formam Varronem tulisse Augustinus VI 7 expresse monet, cum Carna confunderet (si modo Carna recte legitur), sicut fecit Ovidius Fast. VI 102 sqq. (cf. G. Wissowa in Rosch. myth. Lex. p. 854, Marqu. l. l. p. 13, 9). Tertio denique loco, quem e sua memoria hausisse videtur, ipse masculum deum falso finxit.

1) Quamquam Nigidius ap. Macr. I 9, 6 similiter Ianum cum Apolline Thyraeo comparat, tamen huius auctoris vestigia hic extare non credo.

Quaestio III.

Quae philosophorum doctrinae a Varrone in R. D. libris prolatae apud ceteros occurrant auctores.

Priusquam praeter doctrinas philosophorum adhuc inventas alias Varroni tribuendas indagemus, interim quae invenimus cum his Ciceronis locis comparemus: N. D. I 1, 1—4; 16, 42 sq.; II 5, 13 sqq. 9, 23 sq. 11, 29 sqq. 14, 38 sqq.:

Cicero:	Varro:	
N. D. I 1, 1 sqq.: ... De natura deorum tam variae sunt doctissimorum hominum tamque discrepantes sententiae eqs. 2 Velut in hac quaestione plerique deos esse dixerunt, dubitare se Protagoras nullos esse omnino Diagoras Melius et Theodorus Cyrenaicus putaverunt ...[1]) Qui vero deos esse dixerunt, tanta sunt in varietate et dissensione ut eorum molestum sit dinumerare sententias. Nam et de figuris deorum et de locis atque sedibus et actione vitae multa dicuntur deque his summa philosophorum dissensione certatur; quod vero maxime rem causamque continet, utrum nihil agant,	Aug. C. D. VI 5 p. 253, 10 sqq.: 'Secundum genus (sc. theologiae) est, inquit (sc. Varro) quod demonstravi, de quo multos libros philosophi reliquerunt, in quibus est, dii qui sint, ubi, quod genus, quale est: a quodam tempore an a sempiterno fuerint dii; ex igni sint, ut credit Heraclitus, an ex numeris, ut Pythagoras, an ex atomis, ut ait Epicurus. Sic alia, quae facilius intra parietes in schola quam extra in foro ferre possunt aures.' Nihil in hoc genere culpavit (sc. Varro), quod physicon vocant et	Tert. ap. 47 p. 287, 7 sqq.: Deum non ut invenerunt, disputaverunt (sc. philosophi), ut et de qualitate et de natura eius et de sede disceptent. Alii incorporalem adseverant, alii corporalem, ut tam Platonici, quam Stoici; alii ex atomis alii ex numeris, qua Epicurus et Pythagoras, alius ex igni, qua Heraclito visum est. Et Platonici quidem curantem rerum, contra Epicurei otiosum et, ut ita dixerim, neminem humanis rebus. Id. ad nat. II 2 p. 96, 4 sqq.

1) Hos ἀθέους, qui dicuntur, ipse Varro (non Augustinus aut Tertullianus) occultavisse videtur, quippe quos, ut ipsius eius verbis utar, 'facilius intra parietes in schola, quam extra in foro ferre possent aures'. Si non occultasset, nomina eorum, ut hominum ἀθέων, patres ecclesiastici, vix, puto, praeterissent.

Cicero:

nihil moliantur, omni curatione rerum vacent, an contra ab iis et a principio omnia facta et constituta sint et ad infinitum tempus regantur atque moveantur, in primis magna dissensio est ...[1]) **3** Sunt enim philosophi et fuerunt, qui omnino nullam habere censerent rerum humanarum procurationem deos...[1]) **4** Sunt autem alii philosophi, et ii magni atque nobiles, qui deorum mente atque ratione omnem mundum administrari et regi censeant, neque vero id solum, sed etiam ab isdem hominum vitae consuli et provideri ...[3])

Varro:

ad philosophos pertinet, tantum quod eorum inter se controversias commemoravit, per quos facta est dissidentium multitudo sectarum.

Aug. C. D. VI 10 *(e Sen. de sup.)*[2]): (Ego feram) aut Platonem aut Peripateticum Stratonem, quorum alter fecit deum sine corpore, alter sine animo.

Id. ap. 47 p. 287 *sub fin.*: Sic et de ipso mundo natus innatusve sit, decessurus mansurusve sit variant (sc. philosophi).

Id. ad nat. II 3 p. 98, 9 sqq.: Mundus aut ab aliquo institutus sit necesse est, qua Platonis humanitas, aut a nullo, qua Epicuri duritia.

Cicero:

N. D. I 16, 42 sq.[4]): Exposui fere non philosophorum iudicia sed delirantium somnia. Nec enim multo absurdiora sunt ea, quae poetarum vocibus fusa ipsa suavitate nocuerunt, qui et ira inflammatos et

Varro:

Aug. C. D. VI 5 p. 252, 25 sqq.: Deinde ait (sc. Varro): Mythicon appellant, quo maxime utuntur poetae, physicon, quo philosophi, civile, quo populi. Primum, inquit, quod dixi, in eo sunt multa contra dignita-

---

1) Sequuntur verba Ciceronis propria. 2) Vd. quaest. I p. 35.

3) Praeter haec, quae proposui, in prooemio illo Ciceroniano nihil occurrit, quod cum Varrone comparari possit, exceptis nonnullis, quae subinde in § 4 adiuncta paullo infra praebebo. Ceterum haec omnia Cicero, ut primo obtutu apparet, aliunde sumpsit, unde illa, quae sequentibus paragraphis leguntur.

4) Postquam singulorum philosophorum de diis sententias Philodemum vel Phaedrum, Philodemi auctorem, secutus enumeravit haec ex singulari fonte desumpta interposuit, priusquam Epicuri doctrinam tractaret.

Cicero:

libidine furentis induxerunt deos feceruntque, ut eorum bella, proelia, pugnas, vulnera videremus, odia praeterea, discidia, discordias, ortus, interitus, querellas, lamentationes, effusas in omni intemperantia libidines, adulteria, vincula, cum humano genere concubitus mortalisque ex inmortali procreatos. Cum poetarum autem errore coniungere licet ... etiam vulgi opiniones, quae in maxima inconstantia veritatis ignoratione versantur.[1])

Varro:

tem et naturam immortalium ficta. In hoc enim est, ut deus alius ex capite, alius ex femore sit, alius ex guttis sanguinis natus; in hoc ut dii furati sint, ut adulterarint, ut servierint homini; denique ⟨in hoc⟩ omnia ⟨diis⟩ adtribuuntur, quae non modo in hominem, sed etiam quae in contemptissimum cadere possunt.

Ib. p. 254, 14 sqq.: Tertium genus est, quod in urbibus cives, maxime sacerdotes nosse atque administrare debent.

Aug. C. D. IV 27 p. 180, 9 sqq.: Poeticum sane deorum genus cur Scaevola[2]) respuat, eisdem litteris (sc. in R. D. libris) non tacetur: quia sic videlicet deos deformant, ut nec bonis hominibus comparentur, cum alium faciunt furari, alium adulterare, sic item aliquid aliter turpiter atque inepte dicere ac facere; tres inter se deas certasse de praemio pulchritudinis, victas duas a Venere Troiam evertisse; Iovem ipsum converti in bovem aut cygnum, ut cum aliqua concumbat; deam homini nubere, Saturnum liberos devorare: nihil denique posse confingi miraculorum atque vitiorum, quod non ibi reperiatur atque a deorum natura longe absit.

---

1) Ultimis verbis Cicero eam sententiam, quam apud auctorem suum vidit quamque a Varrone servari patet, eo consilio demutavit, ut secundum suam philosophandi rationem etiam theologian civilem item atque poeticam reprehendere posset. 2) Scaevolam et Varronem eodem usos esse fonte ipsa verborum et sententiarum congruentia docet.

Cicero:

N. D. II 5, 13 in.: Cleanthes quidem noster quattuor de causis dixit in animis hominum informatas deorum esse notiones. Primam posuit eam, de qua modo dixi, quae orta esset ex praesensione rerum futurarum. (Cf. II 3, 7: Praedictiones vero et praesensiones rerum futurarum ... Quodsi ea ficta credimus licentia fabularum Mopsum Tiresiam Amphiaraum Calchantem Helenum, quos tamen augures ne ipsae quidem fabulae ascivissent, si res omnia repudiaret ..).

Varro:

Tert. ad nat. II 7 in.: Ceterum ut ad mythicum transeamus, nescio an tantum par quaesere mediocritati nostrae an tanti de documentis confirmentur, ut Mopsus Africanus et Boeotus Amphiaraus.

Cicero:

§ 13 perg. Alteram quam ceperimus ex magnitudine commodorum, quae percipiuntur caeli temperatione, fecunditate terrarum aliarumque commoditatum complurium copia. Cf. I 2, 4: Nam et fruges et reliqua, quae terra pariat, et tempestates ac temporum varietates caelique mutationes, quibus omnia, quae terra gignat, maturata pubescant, a dis immortalibus tribui generi humano putant, multaque colligunt eqs.

Varro:

Tert. ad nat. II 5 in.: Varro dicit creditam elementorum divinitatem, quod nihil omnino sine suffragio illorum gigni ali provehi possit ad vitae humanae et terrae sationem, quando ne ipsa quidem corpora aut animas sufficere licuisset sine elementorum temperamento, quo habitatio ista mundi circulorum condicionibus foederata praestatur.

Cicero:

ib. § 14: Tertiam quae terreret animos fulminibus tempestatibus, nimbis nivibus grandinibus, vastitate pestilentia, terrae motibus et saepe fremitibus lapideisque imbribus et guttis imbrium quasi cruentis, tum labibus aut repentinis terrarum hiatibus eqs.

Varro:

ib. p. 103, 5 sqq.: Nec tantum beneficiis fidem divinitatis elementis convenire, sed etiam de diversis, quae tamquam de ira et offensa eorum incidere soleant, ut fulmina, ut grandines, ut ardores ut aurae pestilentes, item diluvia item hiatus motusque terrarum et iure credi deos eqs.

Cicero:

ib § 15: Quartam causam esse eamque vel maximam, aequa-

Varro:

ib. p. 102, 21 sqq.: Propterea deos credi solem qui dies

Cicero:

bilitatem motus conversionumque caeli, solis lunae siderum omniumque distinctionem, varietatem pulchritudinem ordinem, quarum rerum adspectus ipse satis indicaret non esse ea fortuita eqs.[1])

Varro:

de suo cumulet, fruges caloribus expediat et annum stationibus servet; lunam, solacium noctium patrocinium mensum gubernaculis; item sidera, signacula quaedam temporum ad rurationem notandorum; ipsum denique caelum eqs. Cf. Tert. ad nat. II, 3 p. 98, 24 sqq.: Elementa, caelum dico et terram et sidera et ignem deos credi proposuit Varro, et qui Varroni indicaverunt animalia esse caelum et astra ... Et tamen unde animalia Varroni videntur elementa? Quoniam elementa moventur eqs. (*Vd. infra.)*

Sequuntur 16—22 Chrysippi et Zenonis argumentationes, quibus recte deos credi demonstrare conantur.

Cicero:

II 9, 23: Id ipsum (sc. mundum animantem esse) rationibus physicis confirmare volo. Sic enim res se habet, ut omnia, quae aluntur atque crescunt, contineant in se vim caloris, sine qua neque ali possunt neque crescere. Nam omne quod est calidum et igneum, cietur et agitur motu suo; quod autem alitur et crescit, motu quodam utitur et aequabili, qui quamdiu remanet in nobis, tamdiu sensus et vita remanet; refrigerato autem et extincto calore occidimus ipsi et extinguimur. 24: Cleanthes his etiam argumentis docet eqs. Omne igitur quod vivit, sive animal sive terra editum, id vivit propter inclusum in eo calorem. Ex quo

Varro:

Tert. ad nat. II, 2 p. 97, 11 sqq.: Ignis superni instar vult esse naturam Zeno. Unde et Varro ignem mundi animum facit, ut perinde in mundo ignis omnia gubernet, sicut animus in nobis. Nam cum est, inquit, in nobis, ipsi sumus, cum exivit emorimur. Ergo et ignis cum de mundo per fulgura proficiscitur, mundus emoritur.

1) Eadem praebet Cic. Tusc. disp. I 28, 68 sqq.

Cicero:

intellegi debet eam caloris vim habere in se vitalem per omnem mundum pertinentem.

§ 25—28 calorem revera per totum mundum diffusum et omnibus mundi partibus admixtum esse ostenditur.

§ 29: Omnem naturam necesse est habere aliquem in se principatum, ut in homine mentem, in belua quiddam simile mentis, unde oriantur rerum appetitus. In arborum autem et earum rerum quae gignuntur in terra radicibus inesse principatus putatur ... Itaque necesse est illud etiam, in quo sit totius naturae principatus esse omnium optimum omnium rerum potestate dominatuque ditissimum. Cf. § 33. 34: Primo enim animadvertimus a natura sustineri ea, quae gignuntur e terra, quibus natura nihil tribuit amplius, quam ut ea alendo atque augendo tueretur. Bestiis autem et sensum et motum dedit ...; hoc homini amplius, quod addidit rationem .... Quartus autem gradus et altissimus est eorum, qui natura boni sapientesque gignuntur, quibus a principio innascitur ratio recta constansque, quae supra hominem putanda est deoque tribuenda id est mundo.

§ 30. Videmus autem in partibus mundi inesse sensum et rationem. In ea parte igitur, in qua mundi inest principatus,

Varro:

His similia legimus ap. Varronem in R. D. **XVI** (*non I*) ap. Aug. C. D. VII 23 p. 301, 22 sqq.: Varro in eodem de diis selectis libro tres esse affirmat animae gradus in omni universaque natura: unum, qui omnes partes corporis quae vivunt transit et non habet sensum, sed tantum ad vivendum valetudinem ..., sicut in mundo arbores sine sensu aluntur et crescunt et modo quodam suo vivunt; secundum gradum animae, in quo sensus est ...; tertium gradum esse animae summum, quod vocatur animus, in quo intellegentia praeminet; hoc praeter hominem omnes carere mortales. Hanc partem animae mundi dicit Deum, in nobis autem genium vocari.

Aug. C. D. VII 6 in.: Dicit Varro Deum se arbitrari esse animam mundi et hunc mundum ipsum esse deum; sed

Cicero:

haec inesse necesse est et acriora quidem et maiora. Quocirca sapientem esse mundum necesse est naturamque eam, quae res omnes complexa teneat, perfectione rationis excellere eoque deum esse mundum, omnemque vim mundi natura divina contineri . . .

§ 31: Absurdum est igitur dicere . . . mundum esse sine sensu, qui integro et puro et libero eodemque acerrimo et mobilissimo ardore teneatur: praesertim cum is ardor, qui est mundi non agitatus ab alio neque externo pulsu sed per se ipse ac sua sponte moveatur . . . .

§ 32: Audiamus enim Platonem, quasi quendam deum philosophorum: cui duos placet esse motus, unum suum, alterum externum; esse autem divinius, quod ipsum ex se sua sponte moveatur, quam quod pulsu agitetur alieno. Hunc autem motum in solis animis esse ponit, ab hisque principium motus esse ductum putat.

§ 33. 34 v. supra; 35—37 accuratius de sapientia mundi agitur.

§ 38. 39 *parum accurate Chrysippi doctrinam tractat de virtute illa, quae inesset deo vel mundo. Imprimis haec videas verba* § 39 in.: Est autem nihil mundo perfectius, nihil virtute melius, igitur mundi est propria virtus. Nec vero hominis

Varro:

sicut hominem sapientem . . . ab animo dici sapientem: ita mundum deum dici ab animo, cum sit ex corpore et animo *(e R. D. lib. XVI praef.).*

Aug. C. D. IV 12 p. 162, 31 sqq.: Mundi animus (i. e. ignis) deus est eique animo mundus ut corpus est, ut sit unum animal constans ex animo et corpore, atque iste deus est sinu quodam naturae in se ipso continens omnia, qua vivificatur tota ista moles, vitae atque animae cunctorum viventium pro cuiusque nascendi sorte sumantur. *(Vd. quaest. I p. 31.)*

Tert. ad nat. II 3 p. 99, 5 sqq.: Dicit Varro (elementa et astra et ignem) eo animalia (et deos) credita, quod per semet ipsa moverentur, nullo extrinsecus apparente motatore eorum et incitatore, sicuti apparet, qui rotam compellit et plaustra volvit et machinam temperat, igitur nisi animalia non mobilia per se. Cf. Tert. ad nat. II 4 in.: Aiunt quidam propterea deos θεοὺϲ appellari, quod θέειν id est ἵεϲθαι pro currere ac motari interpretatio est (= Plato Cratylus 397 CD alibi).

(Boethius de diis et praesensionibus): Deorum virtus natura excellit, hominum autem industria. *(Vd. quaest. I p. 20.)*

Cicero:

natura perfecta est et efficitur tamen in homine virtus, quanto igitur in mundum facilius.[1])

§ 39: Atque hac mundi divinitate perspecta tribuenda est sideribus eadem divinitas, quae mobilissima purissimaque aetheris parte gignuntur neque ulla praeterea sunt admixta natura, totaque sunt calida atque perlucida, ut ea quoque rectissime et animantia esse et sentire atque intelligere dicantur.

§ 40. 41 exponit secundum Cleanthem astrorum naturam totam esse igneam, propterea quod ipsa essent animantia.

§ 42. Cum aliorum animantium ortus in terra sit, aliorum in aqua, in aere aliorum, absurdum esse Aristoteli videtur in ea parte, quae sit ad gignenda animantia aptissima, animal gigni nullum putare. Sidera autem aetherium locum obtinent, qui quoniam tenuissimus est et semper agitatur et viget, necesse est, quod animal in eo gignatur, id et sensu acerrimo et mobilitate celerrima esse. Quare cum in aethere astra gignantur, consentaneum est in iis sensum inesse et intellegentiam, ex quo efficitur

Varro:

Aug. C. D. IV 11 p. 162, 10 sqq.: Dicunt omnia sidera partes Iovis (i. e. animae mundi, i. e. ignis superni) esse et omnia vivere atque rationales animas habere et ideo sine controversia deos esse. *Vd. quaest. I p. 31.)*

Aug. C. D. VII 6 p. 282, 10 sqq.: Omnes partes mundi animarum esse plenas, in aethere et aere immortalium, in aqua et terra mortalium: ab summo autem circuitu caeli ad circulum lunae aetherias animas esse astra ac stellas, eos caelestes deos non modo intellegi esse, sed etiam videri *(e R. D. lib. XVI praef.).*

Aug. C. D. VII 23 p. 302, 4 sqq.: aethera porro animum eius (sc. Dei esse); cuius vim, quae pervenit in astra, ea quoque facere deos ... *(e R. D. lib. XVI praef.).*

1) Ad hunc locum adnotat Schoemannus: Solche virtus gelangt auch im Menschen zur Verwirklichung (efficitur = ad effectum perducitur), obgleich schwer und selten wegen der Hindernisse, die ihm entgegenstehn. In dem göttlichen Weltganzen aber, dem kein Hindernis entgegensteht (§ 35), verwirklicht sie sich immer. Quod si respicitur, eo luculentius Ciceronis et Varronis cognatio apparet.

Cicero:	Varro:
in deorum numero astra esse ducenda . . .	*De siderum motu vd. locum supra exscriptum* Tert. ad nat. II 3.
§ 43. Sensum autem astrorum atque intellegentiam maxime declarat ordo eorum atque constantia . . .	Cf. Aug. C. D. IV 11.
§ 44. Nec vero Aristoteles non laudandus in eo, quod omnia, quae moventur, aut natura moveri censuit eqs. moveri autem solem et lunam et sidera omnia eqs. Quae (sc. sidera)	Cf. Tert. ad nat. II 3.
qui videat non indocte solum, verum etiam impie faciat, si deos esse neget.	Cf. Aug. C. D. VII 6.

Etsi Varro nonnunquam id, quod Cicero de deo disputat, diis tribuit, tamen num unquam maior inveniri possit similitudo inter duos auctores, quorum alter quid docuerit paucis tantum e frustulis colligitur, dubito. Atqui Ciceroniani illius N. D. libri II partem priorem (§ 5—44) e Posidonii περὶ θεῶν libris compilatum esse docuerunt Hirzelius (Unters. z. Cic. philos. Schriften p. 191 sqq.) et Schmekelius (Philos. d. mittl. Stoa p. 85 sqq.): ergo et Cicero illa de tribus theologiis verba (N. D. I 1, 1 sqq. 16, 42 sq.) et Varro omnia ea, quae exscripsimus, Posidonio debent.[1]) Quare non mirum est, quod Varro, cum in universum sequi soleat Stoicos, haud raro Platonis mentionem facit, vd. e. g. Aug. C. D. IV 18 (cf. ib. VI 9), Serv. gen. Aen. VI 703. Posidonius auctor erat, is, qui Stoicorum et Platonis doctrinas coniunxit, qua de re testes afferre supersedeo.

Hirzelius l. l. p. 208 sqq. proposuit Ciceronem in eis quae referret N. D. II 17, 45—29, 73 ex Apollodori περὶ θεῶν libris pendere; quae sententia etiam inde firmatur, quod ibi cum hac Varronis de diis expositione similitudines non inveniuntur nisi eae, quae ex eodem argumento sua sponte gignuntur. Sed e R. D. libro XIV Aug. C. D. IV 24 (vd. quaest. I p. 22) verba quaedam exscripsit, quae non nihil cum Cic. N. D. II 23, 60 sq. congruunt, quare equidem destinare noluerim, utrum Cicero ibi praeter Apollodorum Posidonio, an Varro praeter Posidonium Apollodoro, an uterque utroque auctore usus sit.

---

1) Quod quamvis iam Schmekelius viderit, tamen denuo ostendendum erat, quoniam vir ille doctus mira illa Ciceronis in N. D. libris et Varronis similitudine parum perspecta ex aliis eisque infirmis, ut infra elucebit, argumentis iudicium suum collegit.

Iam ut ad propositum transeam, apud Arnobium II 56. 57 nonnullae philosophorum de deo mundo anima opiniones occurrunt similes ex parte eis, quas e Varrone Tertullianus refert apol. 47 p. 287, 7 sqq.; Arnobium igitur Varrone usum esse conicit Schmekelius l. l. p. 113 sqq.[1]) Sed in his rebus, quae sescenties apud doxographos leguntur, mera similitudine genuinus auctor non eruitur, nisi et congruentia verborum et continuitate sententiarum iuvamur[2]), quod his quidem locis non fit. Ceterum num Arnobius Varronem omnino inspexerit doctissimi quique dubitant, etsi ille aliter iudicat.[3]) Immo Varronem Arnobii auctorem vetant inter se concinentes Cicero Augustinus Tertullianus, quippe a quorum dicendi colore Arnobius plane abhorreat. Sed convertam me ad ea, quae Varro de anima scripsit. Hanc enim rem eum in R. D. libro I plenissime tractavisse testatur Servius gen. Aen. VI 703 (cf. ad vers. 733). Atque qui adhuc de hac re egerunt, Varronem ita restituere conati sunt, ut compararent similia quae apud eos auctores extant, qui Varronis sententias undecunque haustas praebere solent; ut Schmekelius (die Philos. d. mittl. Stoa p. 104 sqq. 'de Ovidiana Pythagoreae doctrinae adumbr.' Diss. Gryphiswald. p. 55 sqq.) Augustinum Tertullianum Arnobium Servium Lucani commentatorem alios inter se confert.[4]) Verum, ut dixi, mera similitudo lucri huc nihil affert, propterea quod similitudo quaedam, ubi de eadem re dicitur, ultro nascitur, neque certi quidquam invenitur, nisi antea constitutum est, quibus e fontibus vel omnes illi vel minimum unus hauserit.

De Augustini igitur fonte philosopho quaerendum est. Qui in libris C. D. duobus locis plenioribus de vita successionibus sententiis philosophorum refert: VIII 2—12; XVIII 37 (cf. 14. 24. 25) 41.[5]) Quae capita inter se cohaerere quo facilius cognoscatur, omnia, quoad huc pertinent, exscribere et cum aliis scriptoribus, maxime Hippolyto, conferre liceat:

Aug. C. D. VIII 2[6]):	Hippolyt. Philos.:
Quantum attinet ad litteras Graecas, duo philosophorum genera traduntur: unum Ita-	Prooemium: Τάδε ἔνεστι ἐν τῇ πρώτῃ Τοῦ κατὰ πασῶν αἱρέσεων ἐλέγχου.

1) Comparat Schmekelius etiam Arnob. II 9 ('Qui cunctorum originem — individuorum Demokritus concursiones') cum ap. 47 ('Inventum enim — visum est'). Verum, quamquam scribit: 'Die Übereinstimmung ist viel zu grofs, als dafs sie nicht sofort klar sein sollte', equidem istam concinentiam non vidi, praesertim cum alter de principiis rerum, alter de 'qualitate natura sedibus deorum' disputet. — Tert. locum invenies p. 84. 2) Cf. infra p. 103. 3) Vd. quaest. IV p. 113 sqq.

4) Krahnerum (de Varr. phil. Neobrand. 1846) mittam, quem et maiores refutare supersederunt, ut Dielsius (doxogr. p. 198 adn.)

5) Alibi in his libris huiusmodi res non inveniuntur; de uno loco C. D. XIX 1 p. 346, 19 sqq. vd. p. 99 adn. 2.

6) De hoc capite videas Dielsium doxogr. p. 173 sqq.

Aug. C. D. VIII 2:

licum ex ea parte Italiae, quae quondam magna Graecia nuncupata est; alterum Ionicum in eis terris, ubi et nunc Graecia nominatur. Italicum genus auctorem habuit Pythagoram Samium (*cf.* Hipp. cap. 2 *in seq. pag.*), a quo etiam ferunt ipsum philosophiae nomen exortum. Nam cum antea sapientes appellarentur, qui modo quodam laudabilis vitae aliis praestare videbantur, iste interrogatus, quid profiteretur, philosophum se esse respondit, id est studiosum vel amatorem sapientiae, quoniam sapientem profiteri arrogantissimum videbatur.

Ionici vero generis princeps fuit Thales Milesius, unus illorum septem, qui sunt appellati sapientes. Sed illi sex vitae genere distinguebantur et quibusdam praeceptis ad bene vivendum accommodatis;[1]) iste autem Thales ut successores etiam propagaret, rerum naturam scrutatus suasque disputationes litteris mandans eminuit maximeque admirabilis extitit, quod astronomiae numeris comprehensis (*vd.* Theophr. *in adn. seq. pag.*) defectus solis et lunae etiam praedicere potuit. Aquam tamen putavit rerum esse principium

Hippolyt. Philos.:

Τίνα τὰ δόξαντα τοῖς φυσικοῖς φιλοσόφοις καὶ τίνες οὗτοι καὶ τίνα τὰ τοῖς ἠθικοῖς καὶ τίνες οὗτοι καὶ τίνα τὰ τοῖς διαλεκτικοῖς καὶ τίνες οἱ διαλεκτικοί; Φυσικοὶ μὲν οὖν Θαλῆς Πυθαγόρας Ἐμπεδοκλῆς *eqs.*

Ἠθικοὶ Σωκράτης Ἀρχελάου μαθητὴς τοῦ φυσικοῦ, Πλάτων Σωκράτους μαθητής· οὗτος τὰ τρεῖς φιλοσοφίας ἔμιξεν.

Διαλεκτικοὶ Ἀριστοτέλης Πλάτωνος μαθητής· οὗτος τὴν διαλεκτικὴν συνεστήσατο. Στωικοὶ δὲ Χρύσιππος Ζήνων.

Ἐπίκουρος δὲ σχεδὸν ἐναντίαν δόξαν πᾶσιν ἐπεχείρησεν, Πύρρων ὁ Ἀκαδήμιος (οὗτος ἀκαταληψίαν τῶν πάντων λέγει) Βραχμᾶνες οἱ ἐν Ἰνδοῖς Δρυΐδαι οἱ ἐν Κελτοῖς καὶ Ἡσίοδος. *(De hoc prooem. vd. inf.)*

cap. 1: 1) Λέγεται Θαλῆν τὸν Μιλήσιον ἕνα τῶν ἑπτὰ σοφῶν πρῶτον ἐπικεχειρηκέναι φιλοσοφίαν φυσικήν. οὗτος ἔφη ἀρχὴν τοῦ παντὸς εἶναι καὶ τέλος τὸ ὕδωρ. 2) ἐκ γὰρ αὐτοῦ τὰ πάντα συνίστασθαι πηγνυμένου καὶ πάλιν διανιεμένου ἐπιφέρεσθαί τε αὐτῷ τὰ πάντα ἀφ' οὗ eqs. 3) καὶ τὰ πάντα φέρεσθαί τε καὶ ῥεῖν τῇ τοῦ πρώτου ἀρχηγοῦ τῆς γενέσεως αὐτῶν φύσει συμφερόμενα. Θεὸν δὲ τοῦτ' εἶναι, τὸ μήτε ἀρχὴν μήτε τελευτὴν ἔχον. 4) οὗτος περὶ τὸν τῶν ἄστρων λόγον καὶ τὴν ζήτησιν ἀσχολασθεὶς

1) Cf. Porph. ap. Cyrill. adv. Iul. p. 28.

Aug. C. D. VIII 2:
et hinc omnia elementa mundi ipsumque mundum et quae in eo gignuntur existere.[1]) Nihil autem huic operi quod mundo considerato tam mirabile aspicimus ex divina mente praeposuit.

Hippolyt. Philos.:
Ἕλληϲι ταύτηϲ τῆϲ μαθήϲεωϲ αἴτιοϲ πρῶτοϲ γίνεται ... ἐγένετο δὲ κατὰ Κροῖϲον.

cap. 2. Ἔϲτι δὲ καὶ ἑτέρα φιλοϲοφία οὐ μακρὰν τῶν αὐτῶν χρόνων, ἧϲ ἦρξε Πυθαγόραϲ, ὅν Cάμιόν τινεϲ λέγουϲιν. ἣν Ἰταλικὴν προϲηγόρευϲαν διὰ τὸ τὸν Πυθαγόραν φεύγοντα Πολυκράτην τὸν Cαμίων τύραννον οἰκῆϲαι πόλιν τῆϲ Ἰταλίαϲ κἀκεῖ τὸν βίον πληρῶϲαι.

cap. 5 ... δοκεῖ ἡμῖν τὴν ἀπὸ Πυθαγόρου ἐκθεμένουϲ φιλοϲοφίαν κατὰ διαδοχὴν ἀναδραμεῖν ἐπὶ τὰ δόξαντα τοῖϲ μετὰ Θαλῆν, καὶ ταῦτα ἐξειπόνταϲ ἐλθεῖν ἐπί τε τὴν ἠθικὴν καὶ λογικὴν φιλοϲοφίαν, ὧν ἦρξαν Cωκράτηϲ μὲν ἠθικῆϲ, Ἀριϲτοτέληϲ δὲ διαλεκτικῆϲ.

Huic successit Anaximander, eius auditor, mutavitque de rerum natura opinionem. Non enim ex una re sicut Thales ex umore, sed ex suis propriis principiis quasque res nasci putavit. Quae rerum principia singularum esse credidit infinita et innumerabiles mundos gignere et quaecunque in eis oriuntur; eosque mundos modo dissolvi modo iterum gigni existima-

cap. 6. Θαλοῦ τοίνυν Ἀναξίμανδροϲ γίνεται ἀκροατήϲ ... οὗτοϲ ἀρχὴν ἔφη τῶν ὄντων φύϲιν τινὰ τοῦ ἀπείρου, ἐξ ἧϲ γίνεϲθαι τοὺϲ οὐρανοὺϲ καὶ τοὺϲ ἐν αὐτοῖϲ κόϲμουϲ· ταύτην δὲ ἀίδιον εἶναι καὶ ἀγήρω ἣν καὶ πάνταϲ περιέχειν τοὺϲ κόϲμουϲ. λέγει δὲ χρόνον ὡϲ ὡριϲμένηϲ τῆϲ γενέϲεωϲ καὶ τῆϲ οὐϲίαϲ καὶ τῆϲ φθορᾶϲ.

1) Cf. Theophr. Phys. op. fr. 1 Diels: Τῶν δὲ μίαν καὶ κινουμένων λεγόντων τὴν ἀρχήν, οὓϲ καὶ φυϲικοὺϲ ἰδίωϲ καλεῖ (sc. Aristoles) οἱ μὲν πεπεραϲμένην αὐτήν φαϲι, ὥϲπερ Θαλῆϲ μὲν ... ὕδωρ ... Ἐξ οὗ δέ ἐϲτιν ἕκαϲτα, τούτῳ καὶ τρέφεϲθαι πέφυκε eqs. Θαλῆϲ δὲ πρῶτοϲ παραδέδοται περὶ φύϲεωϲ ἱϲτορίαν τοῖϲ Ἕλληϲιν ἐκφῆναι ... πολὺ διενεγκὼν ἐκείνων ... λέγεται δὲ ἐν γραφαῖϲ μηδὲν καταλιπεῖν πλὴν τῆϲ καλουμένηϲ Ναυτικῆϲ ἀϲτρολογίαϲ. — Similiter Theophrasto cetera, quae Augustinus de singulis refert philosophis, respondent.

Aug. C. D. VIII 2:

vit, quanta quisque aetate sua manere potuerit;[1]) neque ipse aliquid divinae menti in his rerum operibus tribuens.

Iste Anaximenem discipulum et successorem reliquit, qui omnes rerum causas aeri infinito dedit nec deum negavit aut tacuit; non tamen ab ipsis aerem factum, sed ipsos ex aere ortos credidit.[2])

Anaxagoras vero eius auditor harum rerum omnium, quas videmus, effectorem divinum animum sensit et dixit ex infinita materia, quae constaret similibus inter se particulis rerum omnium, quibus suis et propriis singula fieri, sed animo faciente divino.[3])

Diogenes quoque Anaximenis alter auditor aerem quidem dixit rerum esse materiam, de qua omnia fierent, sed eum esse compotem divinae rationis, sine qua nihil ex eo fieri posset.[4])

Hippolyt. Philos.:

cap. 7: Ἀναξιμένης δὲ καὶ αὐτὸς ὢν Μιλήσιος . . . ἀέρα ἄπειρον ἔφη τὴν ἀρχὴν εἶναι, ἐξ οὗ τὰ γιγνόμενα καὶ τὰ γεγονότα καὶ τὰ ἐσόμενα καὶ θεοὺς καὶ θεῖα γίνεσθαι, τὰ δὲ λοιπὰ ἐκ τῶν τούτου ἀπογόνων.

cap. 8: Μετὰ τοῦτον γίνεται Ἀναξαγόρας . . . οὗτος ἔφη τὴν παντὸς ἀρχὴν νοῦν καὶ ὕλην, τὸν μὲν νοῦν ποιοῦντα, τὴν δὲ ὕλην γινομένην· ὄντων γὰρ πάντων ὁμοῦ νοῦς ἐπελθὼν διεκόσμησεν. τὰς δὲ ὑλικὰς ἀρχὰς ἀπείρους ὑπάρχειν, † καὶ τὰς σμικροτέρας αὐτῶν ἄπειρα λέγει. [coni. Diels p. 561 adn.: καὶ κατὰ τὴν σμικρότητα αὐτῶν ἄπειρα λέγει].

1) Cf. Theophr. l. l. fr. 2: Ἀναξίμανδρος Θαλοῦ γενόμενος διάδοχος καὶ μαθητὴς . . . ἑτέραν τινὰ φύσιν ἄπειρον, ἐξ ἧς ἅπαντας γίνεσθαι τοὺς οὐρανοὺς καὶ τοὺς ἐν αὐτοῖς κόσμους, ἐξ ὧν δὲ ἡ γένεσίς ἐστι τοῖς οὖσι καὶ τὴν φθορὰν εἰς ταῦτα γίνεσθαι κατὰ τὸ χρεών. Quem ad locum e Dielsio l. l. p. 174 cito Plut. Strom. 2: τοὺς ἅπαντας ἀπείρους ὄντας κόσμους; Aet. I 3, 3 (D.): διὸ καὶ γεννᾶσθαι ἀπείρους ὄντας κόσμους καὶ πάλιν φθείρεσθαι. De Anaximandro eiusque cum Anaxagora coniunctione vel confusione cf. Theophr. l. l. fr. 2. 4.

2) Cf. Theophr. l. l. fr. 2. 3) Cf. Theophr. l. l. fr. 4. Vd. adn. 1.

4) Cf. Theophr. l. l. fr. 2: Διογένης ὁ Ἀπολλωνιάτης σχεδὸν νεώτατος γεγονὼς τῶν περὶ ταῦτα σχολασάντων eqs. τὴν δὲ τοῦ παντὸς φύσιν ἀέρα καὶ οὗτός φησιν ἄπειρον εἶναι καὶ ἀΐδιον eqs. De deo apud Augustinum commemorato vd. Diels. Jen. Litt. Zeit. 1878 p. 9.

Aug. C. D. VIII 2:

Anaxagorae successit auditor eius Archelaus. Etiam ipse de particulis inter se similibus, quibus singula quaeque fierent, ita putavit constare omnia, ut inesse etiam mentem diceret, quae corpora aeterna id est illas particulas, coniungendo et dissipando ageret omnia.[1]) Socrates huius discipulus fuisse perhibetur,[2]) magister Platonis, propter quem breviter cuncta ista recolui.

Hippolyt. Philos.:

cap. 9: Ἀρχέλαος ... οὗτος ἔφη τὴν μῖξιν τῆς ὕλης ὁμοίως Ἀναξαγόρᾳ τάς τε ἀρχὰς ὡσαύτως· οὗτος δὲ τῷ νῷ ἐνυπάρχειν τι εὐθέως μῖγμα.

cap. 10: Ἡ μὲν οὖν φυσικὴ φιλοσοφία ἀπὸ Θάλητος ἕως Ἀρχελάου διέμεινε. τούτου γίνεται Σωκράτης ἀκροατής.

VIII 3 p. 323, 11—14:

Socrates ergo primus universam philosophiam ad corrigendos componendosque mores flexisse memoratur, cum ante illum omnes magis physicis, id est naturalibus, rebus perscrutandis operam maximam impenderent ...[3])

cap. 18: Ὁ μὲν οὖν Σωκράτης γίνεται Ἀρχελάου τοῦ φυσικοῦ ἀκροατής· ὃς τὸ γνῶθι σαυτὸν προτιμήσας καὶ μεγάλην σχολὴν συστήσας ἔσχε πάντων τῶν μαθητῶν ἱκανώτερον τὸν Πλάτωνα, αὐτὸς μὲν μηδὲ σύγγραμμα καταλιπών.
Cf. etiam Hippolyti prooem.

ib. p. 324, 12—25:

Socrates reliquit plurimos suae philosophiae sectatores (*cf.* Hipp. 18), quorum certatim studium fuit in quaestionum moralium disceptatione versari, ubi agitur de summo bono, quo fieri homo beatus potest. Quod in Socratis disputationibus, dum omnia movet asserit destruit, quoniam non evidenter apparuit: quod cuique placuit inde sumpserunt et ubi cuique visum est constituerunt finem boni. Finis autem boni appellatur, quo quisque cum pervenerit beatus est. Sic autem diversas inter se Socratici de isto fine sententias habuerunt, ut quidam summum bonum esse dicerent voluptatem sicut Aristippus, quidam virtutem sicut Antisthenes. Sic alii aliud atque aliud opinati sunt, quos commemorare longum est. (*Cf.* Hipp. prooem.)

1) Cf. Theophr. l. l. fr. 4. 2) Cf. Theophr. l. l. fr 4.
3) Quae sequuntur similia sunt iis quae e Porphyrio profert Cyr. ad Iul. p. 180 sqq.

Aug. C. D. VIII 4 p. 324, 29—31:	Hippolyt. Philos.:
Sed inter discipulos Socratis non quidem immerito excellentissima gloria claruit, quae omnino ceteros obscuraret, Plato.	cap. 20: Cωκράτηc ἔcχε πάντων τῶν μαθητῶν ἱκανώτερον τὸν Πλάτωνα.
ib. p. 325, 22—31:	
Plato utrumque (sc. philosophiae partem activam et contemplativam) iungendo philosophiam perfecisse laudatur, quam in tres partes distribuit: unam moralem, quae maxime in actione versatur; alteram naturalem, quae contemplationi deputata est; tertiam rationalem, qua verum disterminatur a falso, quae licet utrique, id est actioni et contemplationi, sit necessaria, maxime tamen contemplatio perspectionem sibi vindicat veritatis. Ideo haec tripertitio non est contraria illi distinctioni, qua intelligitur omne studium sapientiae in actione et contemplatione consistere.	Ib. § 2: Ὁ δὲ Πλάτων τὴν πᾶcαν αὐτοῦ cοφίαν ἀπομαξάμενοc cυνέcτηcε τὸ διδαcκαλεῖον μίξαc ὁμοῦ φυcικὴν ἠθικὴν διαλεκτικήν. (*Cf.* Hipp. prooem.)
C. D. VIII 5 p. 328, 11—24:	
Thales in umore, Anaximenes in aere, Stoici in igne, Epicurus in atomis, hoc est minutissimis corpusculis, quae nec dividi nec sentiri queunt, et quicumque alii, quorum enumerationi immorari non est necesse, sive simplicia, sive coniuncta corpora sive vita carentia sive viventia, sed tamen corpora, causam principiumque rerum esse dixerunt. Nam quidam eorum a rebus non vivis res vivas fieri	cap. 21: Cτωικοὶ καὶ αὐτοὶ μὲν ἐπὶ τὸ cυλλογιcτικώτερον τὴν φιλοcοφίαν ηὔξηcαν (*cf.* Aug. C. D. VIII 7 *pag. sequ.*) καὶ cχεδὸν ὅροιc περιέλαβον ὁμόδοξοι γενόμενοι ὅ τε Χρύcιπποc καὶ Ζήνων, οἳ ὑπέθεντο καὶ αὐτοὶ ἀρχὴν μὲν θεὸν τῶν πάντων, cῶμα ὂν τὸ καθαρώτατον, διὰ πάντων δὲ διήκειν τὴν πρόνοιαν αὐτοῦ.

Aug.:	Hippolyt. Philos.:
posse crediderunt, sicut Epicurei, quidam vero a vivente quidem et viventia et non viventia, sed tamen a corpore corpora. Nam Stoici ignem ... et viventem et sapientem et ipsius mundi fabricatorem atque omnium, quae in eo sunt, eumque omnino ignem deum esse putaverunt.[1]	cap. 22: Ἐπίκουρος ἀρχὰς μὲν τῶν ὅλων ὑπέθετο ἀτόμους καὶ κενὸν ... (2) ἐκ δὲ τῶν ἀτόμων συνελθουσῶν γενέσθαι καὶ τὸν θεὸν καὶ τὰ στοιχεῖα καὶ τὰ ἐν αὐτοῖς πάντα καὶ ζῷα καὶ ἄλλα ὡς μηδὲν μήτε γίγνεσθαι μήτε συνεστάναι εἰ μὴ ἐκ τῶν ἀτόμων εἴη. τὰς δὲ ἀτόμους τὰ λεπτομερέστατα σώμαθ' ὧν οὐκ ἂν γένοιτο κέντρον οὐδὲ σημεῖον οὐδὲν οὐδὲ διαίρεσις οὐδεμία, ἔφη, εἶναι, διὸ καὶ ἀτόμους αὐτὰς ὠνόμασε.

C. D. VIII 7 p. 331, 18—29:

Quod autem adtinet ad doctrinam, ubi versatur pars altera, quae ab eis logica, id est rationalis vocatur: absit ut his (sc. Platonicis) comparandi videantur, qui posuerunt indicium veritatis in sensibus corporis eorumque infidis et fallacibus regulis omnia, quae discuntur, metienda esse censuerunt, ut Epicurei et quicumque alii tales, ut etiam ipsi Stoici, qui cum vehementer amaverint sollertiam disputandi, quam dialecticam nominant, a corporis sensibus eam ducendam putarunt, hinc asseverantes animum concipere notiones, quas appellant ἐννοίας, earum rerum scilicet, quas definiendo explicant; hinc propagari atque conecti totam discendi docendique rationem. *Cf.* Hipp. l. l. cap. 21: Στωικοὶ καὶ αὐτοὶ μὲν ἐπὶ τὸ συλλογιστικώτερον τὴν φιλοσοφίαν ηὔξησαν καὶ σχεδὸν ὅροις περιέλαβον.

C. D. VIII 8 p. 332, 12—29:

Reliqua est pars moralis, quam Graeco vocabulo dicunt ethicam *[cf. Hipp. prooem.]*, ubi quaeritur de summo bono, quo referentes omnia, quae agimus, et quod non propter aliud sed propter se ipsum adpetentes idque adipiscentes nihil, quo beati simus, ulterius requiramus. Ideo quippe et finis est dictus, quia propter hunc cetera volumus, ipsum autem non nisi propter ipsum. Hoc ergo beatificum bonum alii a corpore, alii ab animo, alii ab utroque homini esse dixerunt.[2] Videbant quippe ipsum hominem constare ex

1) Cf. Cyrill. adv. Iul. p. 29: Στωικοὶ πῦρ τεχνικὸν ὁδῷ βαδίζον ἐπὶ γένεσιν κόσμου· γεγράφασι δὲ περὶ τούτων Πλούταρχός τε καὶ ἕτεροι ... καὶ Πορφύριος.

2) Haec repetit Augustinus C. D. XIX 1 p. 346, 19—347, 1, et quamquam pergit: 'Ex qua tripertita velut generalium distributione

animo et corpore et ideo ab alterutro istorum duorum aut ab utroque bene sibi esse posse credebant, finali quodam bono, quo beati essent, quo cuncta quae agebant referrent atque id quo referendum esset non ultra quaererent. Unde illi, qui dicuntur addidisse tertium genus bonorum, quod appellatur extrinsecus, sicuti est honor gloria pecunia et si quid huiusmodi, non sic addiderunt ut finale esset, id est propter se ipsum adpetendum, sed propter aliud, bonumque esse hoc genus bonis, malum autem malis. *Cf. quae similia disputat* Hipp. l. l. cap. 23 *de Aristotele eiusque morali doctrina.*

C. D. VIII 9 p. 334, 9—17:

... philosophi sive Ionici generis, qui in eis (sc. philosophis) praecipui fuerunt, ... sive etiam Italici propter Pythagoram et Pythagoreos et si qui forte alii ... sive aliarum quoque gentium qui sapientes vel philosophi habiti sunt: Atlantici Libyes, Aegyptii, Indi, Persae, Chaldaei, Scythae, Galli, Hispani aliique reperiuntur.[1] *Cf.* Hipp. l. l. cap. 24: Ἔστι δὲ καὶ παρὰ Ἰνδοῖς αἵρεσις φιλοσοφουμένων ἐν τοῖς Βραχμάναις. cap. 25: Δρυΐδαι οἱ ἐν Κελτοῖς τῇ Πυθαγορείῳ φιλοσοφίᾳ κατ᾽ ἄκρον ἐγκύψαντες. *Cf. etiam* Hipp. prooem. *sub. fin.*

C. D. VIII 12 p. 339, 5—14:

... cum Aristoteles Platonis discipulus, vir excellentis ingenii at eloquio Platoni quidem impar sed multos facile superans, sectam Peripateticam condidisset, quod deambulans disputare consueverat, plurimosque discipulos praeclara fama excellens vivo adhuc praeceptore in suam haeresim congregasset, post mortem vero Platonis Speusippus, sororis eius filius, et Xenocrates, dilectus eius discipulus, in scholam eius quae Academia vocabatur, eidem successissent atque ob hoc et ipsi et eorum successores Academici appellarentur ...

C. D. XVIII 37 p. 312, 1—32:

(Post eos [sc. prophetas] fuerunt) philosophi gentium, qui hoc etiam nomine vocarentur, quod coepit a Samio Pythagora (cf. C. D. VIII 2) ... Socrates Atheniensis, magister omnium,

---

sectarum Marcus Varro in libro de philosophia tam multam dogmatum varietatem diligenter et subtiliter scrutatus advertit eqs.', tamen ipsius eius verba, quibus brevi post Varroniani huius operis argumentum praebet, impedimento sunt, ne Varro haec scripsisse credatur. Qualem enim revera hic praebuerit tripertitionem, ex his verbis apparet l. l. p. 347, 19 sqq.: 'Haec igitur quattuor, voluptas, quies, utrumque, prima naturae, ita sunt in nobis, ut vel virtus propter haec appetenda sit, aut ista propter virtutem, aut utraque propter se ipsa; ac per hoc fiunt hinc duodecim sectae; per hanc enim rationem singulae triplicantur'.

1) Cf. Cyr. adv. Iul. p. 133; Diog. Laert. I 1. Locos exscripsi infra p. 106.

qui tunc maxime claruerunt, tenens in ea parte, quae moralis vel activa dicitur, principatum ... (cf. VIII 3 sup. p. 97). Non multo post etiam Plato natus est, qui longe ceteros Socratis discipulos anteiret (cf. VIII 4 sup. p. 98). Quibus si addamus etiam superiores, qui nondum philosophi vocabantur septem scilicet sapientes ac deinde physicos, qui Thaleti successerunt in perscrutanda natura rerum studium eius imitati, Anaximandrum scilicet et Anaximenem et Anaxagoram aliosque nonnullos, antequam Pythagoras philosophum primus profiteretur .... (cf. VIII 2 sup. p. 94 sqq.). Soli igitur theologi poetae[1]) Orpheus Linus Musaeus et si quis alius apud Graecos fuit [cf. Hipp. prooem: ʽΗςίοδος] (his prophetis annis reperiuntur priores.) ... Verum quod fatendum est, non quidem in Graecia sed in barbaris gentibus, sicut in Aegypto (cf. VIII 9) (iam fuerat ante Moysen nonnulla doctrina).

C. D. XVIII 14 p. 274, 3 sqq.:

(Per idem temporis intervallum) extiterunt poetae, qui etiam theologi dicerentur, quoniam de diis carmina faciebant ... Orpheus Musaeus Linus. Cf. XVIII 37.

ib. cap. 24 p. 288, 14 sqq.:

Romulo regnante Thales Milesius fuisse perhibetur, unus e septem sapientibus, qui post theologos poetas, in quibus Orpheus maxime omnium nobilitatus est, ϲοφοὶ appellati sunt, quod est Latine sapientes (cf. VIII 2).

cap. 25 p. 290, 3 sqq.:

Omnes hi septem appellati sapientes post poetas theologos claruerunt, quia genere vitae quodam laudabili praestabant hominibus ceteris et morum nonnulla praecepta sententiarum brevitate complexi sunt. Nihil autem monumentorum, quod ad litteras adtinet, posteris reliquerunt ...; Thales vero physicus fuit et suorum dogmatum libros reliquit. (Eo captivitatis Iudaicae tempore) et Anaximander et Anaximenes et Xenophanes physici claruerunt. Tunc et Pythagoras, ex quo coeperunt appellari philosophi (cf. VIII 2).

C. D. XVIII 41 p. 318, 1—32:

Nonne apud Athenas et Epicurei clarebant adserentes res humanas ad deorum curam non pertinere et Stoici, qui contraria sentientes eas regi atque muniri diis adiutoribus et tutoribus disputabant? Unde miror cur Anaxagoras reus factus sit, quia solem dixit esse lapidem ardentem, negans utique Deum[2]) cum in eadem civi-

1) Cf. Cyr. adv. Iul. p. 25.
2) Eadem narrat Porphyrius ap. Cyr. adv. Iul. p. 189 E.

tate gloria floruerit Epicurus vixeritque securus, non solum solem vel ullum siderum deum esse non credens, sed nec Iovem nec ullum deorum omnino in mundo habitare contendens ad quem preces hominum supplicationesque perveniant. Nonne ibi Aristippus in voluptate corporis summum bonum ponens, ibi Antisthenes virtute animi potius hominem fieri beatum adseverans, duo philosophi nobiles et ambo Socratici (cf. VIII 3) ..., quorum etiam ille fugiendam, iste administrandam sapienti dicebat esse rempublicam ...? Nempe palam ... catervatim pro sua quisque opinione certabant, alii adserentes unum, alii innumerabiles mundos; ipsum autem unum alii ortum esse, alii vero initium non habere; alii interiturum alii semper futurum; alii mente divina, alii fortuito et casibus agi[1]); alii immortales esse animas, alii mortales; et qui immortales, alii revolvi in bestias, alii nequaquam; qui vero mortales, alii mox interire post corpus, alii vivere etiam postea vel paullulum vel diutius, non tamen semper; alii in corpore constituentes finem boni, alii in animo, alii in utroque, alii extrinsecus posita etiam bona ad animum et corpus addentes (cf. VIII 8); alii sensibus corporis semper, alii non semper, alii numquam putantes esse credendum (cf. VIII 7).

Augustinus in libro XVIII eundem, quem in libro VIII compilavit auctorem. Nam quae leguntur XVIII 37 (14. 24. 25), iam occurrunt VIII 2. 3. 9, exceptis theologis poetis. Item XVIII 41 de Aristippo et Antisthene Socraticis repetit, quod iam dixerat VIII 3, in enumerandis philosophorum opinionibus accurate distinguit naturales, morales, rationales, quam eandem rationem secutus etiam VIII 5. 7. 8 singulas philosophiae partes tractat, denique cum morales illae et rationales opiniones, quae utrisque locis leguntur, inter se congruant, non dubium est, quin ex eodem auctore etiam naturales de mundo et anima opiniones hoc in capite 41 prolatae profectae sint, quippe quas ab illis separare non liceat. Quae cum ita sint, ne cetera quidem huiusmodi, quae hoc capite 41 leguntur, praecipue Epicureorum et Stoicorum de dis sententias[2]) eodem referre dubito.

Quodsi haec Augustinus ex uno eodemque fonte accepit, de Varronis R. D. libro I non cogitandum est, quippe in quo libro sententiae logicae et ethicae certe locum non tenuerint. Verum fieri posse dixeris, ut Augustini auctor physicas illas de mundo et anima sententias e R. D. libro I hauserit. Cuius opinionis, quod ad placita de anima attinet, argumenta protulisse videtur Schmekelius dissert. p. 47 sqq. Comparat enim quae Lucani commentator adnotat ad Phars. IX 1: 'Alii existimant animas statim elisas corpore solvi ac dissipari in principia sua, inter quos Epicurus. Alii solidas qui-

---

1) Eadem leguntur ap. Cyr. adv. Iul. p. 46, quem locum exscriptum invenies infra p. 103 sq.

2) De Anaxagorae accusatione adhuc dubitandum est, sed vd. p. 106, 2.

dem, postquam exierint de corpore, permanere, deinde tractu temporum dissipari. Alii integras decedere, sicuti venerint in corpora, et semper manere; haec auctoritas in duas opiniones scinditur: Alii enim dicunt liberatas a vinculo corporis in coelum reverti . . .; alii ire per corpora multorum animalium CCCCLXVII⁰ anno rursus in corpora reverti humana: huius opinionis conditor Pythagoras.'

Leguntur hic profecto similia, neque hoc mirum, cum de eadem re agatur. Sed praeterquam quod verba inter se non respondent, sententiae prorsus diverse sese excipiunt ita ut minime perspiciatur, qua forma fuerit ille, quem Schmekelius vult, fons communis? Immo quia diverso ordine similes (non easdem) sententias proferunt, Augustinus vel potius Augustini auctor et commentator diversos sequuntur auctores. At vir ille doctus contendit commentatoris locum iam ab Usenero ad Varronem relatum esse. Sed quid dicit hic vir eximius? Adnotat ad hunc locum: 'De ratione huius partitionis cf. Varro apud Aug. de civ. dei XVIIII 1—3 et satur. fr. p. 191, 3 Riesei.' De ratione igitur partitionis, non de philosophorum sententiis loquitur; atque profecto tales, quae comm. Luc. praebet, sententias apud Varronem in Aug. C. D. XIX 1—3 nullas legimus. Denique si ex satura illa elucet Varronem novisse, quid philosophi quidam de animarum post mortem statu docuerint, minime de Varronis R. D. libro I commentatoris fonte inde quidquam certi colligendum est.

Praemissae sunt his de anima doctrinis apud Augustinum (p. 318, 18 sqq.) nonnulla de mundo similia eis, quae e Varrone refert Tert. ap. 47: 'Sic et de ipso mundo natus innatusve sit, decessurus mansurusve sit, variant', ad nat. II 3 p. 98, 9 sqq.: 'Mundus aut ab aliquo institutus sit necesse est, qua Platonis humanitas, aut a nullo, qua Epicuri duritia.' Sed multo accuratius concinunt cum Augustino Ambrosius Hexaem. I 1, 3 sqq. et Cyrillus adv. Iul. p. 46. Videas enim:

Ambr. Hex. I 1, 3 sqq.:	Aug. C.D. XVIII 41 p. 318, 18—24:	Cyr. adv. Iul. p. 46:
(*Stoicis commemoratis pergit*): De ipso mundo non mediocris inter eos quaestio est.	Nempe palam ... pro sua quisque opinione certabant;	
Nam Pythagoras unum mundum asserit, alii innumerabiles dicunt esse mundos, ut scripsit Democritus ...	alii asserentes unum, alii innumerabiles mundos.	οἱ μὲν ἕνα τὸν κόϲμον, οἱ δὲ πολλούϲ,
Ipsumque mundum semper fuisse et fore Aristoteles usurpat dicere,	Ipsum autem mundum alii ortum esse alii initium non habere, alii interiturum	ἕτεροι δὲ γενετόν, εἰϲὶ δὲ οἳ τούτοιϲ ἀνθεϲτηκότεϲ . . . ἄφθαρτόν τε καὶ ἀγένητον εἶναι λέγουϲιν αὐτόν,

Ambr. Hex. I 1, 3 sqq.:	Aug. C. D. XVIII 41 p. 318, 18—24:	Cyr. adv. Iul. p. 46:
contra autem Plato non semper fuisse sed semper fore praesumat astruere. Plurimi vero nec fuisse semper nec semper fore scriptis suis testantur...	alii sempiternum futurum,	καὶ οἱ μὲν προνοίᾳ θεοῦ διοικούμενον,
Alii mundum ipsum deum esse dicunt, quod ei mens divina, ut putant, inesse videatur...,	alii menta divina,	οἱ δὲ καὶ προνοίας δίχα καὶ τὴν τῶν στοιχείων εὔτακτον κίνησιν αὐτοματισμοῖς καὶ συμβεβηκόσιν ἐκνενεμήκασιν·
quibusdam incitatum motibus sine sensu mundum[1]) conveniat intellegi, qui alieno, non suo motu feratur.	alii fortuito et casibus agi.	καὶ οἱ μὲν ἐμψυχῶσθαί φασιν αὐτόν, οἱ δὲ οὔτε ἔμψυχον οὔτε νοερόν.

Cf. etiam Aug. l. l. p. 318, 2—5: 'Epicurei clarebant asseverantes ad deorum curam res humanas non pertinere, et Stoici, qui contraria sentientes eas regi atque muniri diis adiutoribus disputant'; Ambr. de off. min. I 13, 47 sqq.: '(47) Nihil deum curare de nobis Epicurei dicunt... (48) Aristoteles asserit usque ad lunam eius descendere providentiam... (49) Per omnia deum ire Stoici asserunt et omnia in virtute eius consistere.'

Profluxerunt haec quae proposuimus patrum ecclesiasticorum verba nescio qua ratione ex eodem fonte, quem Varronis librum credi vetant Ambrosius et Cyrillus. Quis Ambrosio in manibus fuerit auctor, incertum est, certe non Varro; Cyrillus inde a pag. 46 B compilavit Plutarchum personatum, de qua re vd. Diels. doxogr. p. 327 sqq.

Iam revertamur, unde egressi sumus, quaeramusque, qualem librum Augustinus adhibuerit, cum universas illas philosophorum rationes supra exscriptas conscriberet. Nam quamquam in disponendo et rerum et temporum ordinem coniungit, tamen unum fontem statuendum esse credo, cum eadem disponendi ratio iam apud Hippolytum occurrat[2]), Hippolytum autem et Augustinum ad eundem fontem redire manifestum sit[3]), quamvis eodem libro eos usos esse non contenderim. Iam vero Dielsius dox. p. 144 sqq. ostendit in Hippolyti excerptis duorum auctorum vestigia latere, Theophrasti

1) Ita enim pro 'Deum', quod Migneus praebet, legendum est.
2) Imprimis ab utroque philosophorum successiones et tres philosophiae partes eadem ratione iunctas praeberi moneo.
3) De Aug. C. D. VIII 2 ostendit hoc Dielsius dox. p. 173 sq.

scilicet et Sotionis vel Heraclidis Lembi, Sotionis epitomatoris, quod idem ad nostrum pertinet. De Sotione et Heraclide quae vir eximius docet, breviter referre liceat. Sotion scripsit διαδοχῶν libros XIII, quorum hoc erat argumentum:

I	Thales. VII sapientes. Physici	VII	Cynici
II	Socrates. Aristippus	VIII	Stoici
III	Socratici	IX	Pythagoras
IV	Plato	X	Eleatici Democritus
V	Academici	XI	Pyrrhonii
VI	Aristoteles et discipuli	XII	Epicurus

XIII Barbari.

Sotionis copiosissimum opus in VI libros contraxit Heraclides Lembus, cuius operis indiculus extat. 'Epitomes enim indicem', ita scribit Dielsius l. l. p. **148**, 'nuper accepimus, quem Useneri curiositas e Ioseppi hypomnestico [ed. I. A. Fabricius cod. pseudepigr. vet. test. Hamb. **1723** vol. II p. 325] vulgavit [Mus. Rhen. XXVIII 431]. Superscriptum est: τίνες αἱρέσεις παρ' Ἕλλησι γεγόνασι; en Ioseppi tabula:

1	ἡ περὶ τῶν φυσικῶν	11	Ἐμπεδόκλειος
2	ἡ περὶ θεολογίας[1])	12	Ἡρακλείτειος
3	ἡ περὶ τῶν ἑπτὰ σοφῶν[2])	13	Ἐλεατική
4	ἡ Σωκρατική	14	Δημοκρίτειος
5	ἡ Κυρηναϊκή	15	Πρωταγόρειος
6	ἡ Κυνική	16	Πυρρωνεία
7	ἡ Ἠλειακή	17	Ἀκαδημαϊκή
8	ἡ Ἐρετριακή	18	Περιπατητική
9	Μεγαρική	19	Στωική
10	Πυθαγόρειος	20	Ἐπικούρειος.'

Iam cognoscitur, unde profecta sint quae apud Augustinum leguntur de VII sapientibus et de theologis poetis, necnon largiora illa, quibus Hippolytum superat, de Socraticis Stoicis Epicureis Barbaris: e Sotione vel Heraclide. Atque hoc ultimum de Barbaris etiam aliunde certissime evincitur. Scribit enim Diog. Laert. I 1: Τὸ τῆς φιλοσοφίας ἔργον ἔνιοί φασιν ἀπὸ βαρβάρων ἄρξαι· γεγενῆσθαι γὰρ παρὰ μὲν Πέρσαις Μάγους, παρὰ δὲ Βαβυλωνίοις ἢ Ἀσσυρίοις Χαλδαίους, καὶ γυμνοσοφιστὰς παρ'

1) Id est de poetis theologis (cf. adn. 3).

2) De trium primarum partium ordine docet idem vir doctissimus p. **152**: 'VII sapientes post physicos primo capite absolutos tractari non poterant; at in prooemio libri primi poterat sermo incidere de physicis a Thalete repetendis, cum quo theologorum id est Homeri Hesiodi Pherecydis' (necnon Orphei Lini Musaei) 'et VII sapientium memoria, ut fieri solet, coniuncta erat'.

Ἰνδοῖς, παρά τε Κελτοῖς καὶ Γαλάταις τοὺς καλουμένους Δρυΐδας καὶ Σεμνοθέους, καθά φησιν Ἀριστοτέλης ἐν τῷ Μαγικῷ καὶ Σωτίων ἐν τῷ ιγʹ τῆς Διαδοχῆς, Φοίνικά τε γενέσθαι Μῶχον καὶ Θρᾷκα Ζάμολξιν καὶ Λίβυν Ἄτλαντα. Αἰγύπτιον μὲν γὰρ Νείλου γενέσθαι παῖδα Ἥφαιστον, ὃν ἄρξαι φιλοσοφίας, ἧς τοὺς προεστῶτας ἱερέας εἶναι καὶ προφήτας. Cf. Aug. C. D. VIII 9 p. 334, 14 sqq.: '... sive aliarum quoque gentium, qui sapientes vel philosophi habiti sunt, Atlantici Libyes (sic!), Aegyptii, Indi, Persae, Chaldaei, Scythae, Galli, Hispani aliique reperiuntur ...' [1])

Quae cum ita sint, illos Augustini locos omnes inter se recte a nobis coniunctos esse apparet; apparet vero etiam collatis scriptoribus Graecis Augustini auctorem e Varrone non pendere. [2])

Deinde videndum est de 'revolutione animarum', de qua Augustinus eadem plerumque ratione agit amplius his locis: C. D. X 30. XIII 19. XXI 13. XXII 26. 27. Sermon. 240. 242. de trin. XII, brevius: Ep. 104, 1, 3. de gen. ad litt. VII 9, 13. 10, 15. enarr. in Ps. 146, 9. Eandem materiam magna patrum ecclesiasticorum turba tractat, ut Tertullianus, Arnobius (de quibus infra videas), Minucius Felix Oct. 33, 6 sqq., Lactantius I. D. VII 13. 20, Ambrosius de exc. fratr. II 65. 127. de bon. mort. X 45. Tractabant eam etiam ludi magistri Vergilium Lucanumve interpretantes, itemque philosophi, imprimis qui ea aetate maxime ac paene soli clarescebant, Neoplatonici: hae igitur sententiae omnibus, qui etiam modice se eruditos volebant esse, tam notae erant, ut Augustino, docto homini, ultro multa se obtulisse necesse sit, quae ad certum fontem referre vix ipse potuit. Adductus etiam ad haec agenda et adiutus videtur esse Ambrosii, magistri sui, verbis et disputationibus; scribit enim contr. Iul. Pelag. II 7, 19: 'Audi ergo, quid episcopus Ambrosius dicat in libro de philosophia contra Platonem philosophum, qui ho-

1) Cf. etiam Cyr. adv. Iul. p. 133 D sq.: Ἱστορεῖ γοῦν Ἀλέξανδρος ὁ ἐπικληθεὶς Πολυίστωρ ἐν τῷ περὶ Πυθαγορικῶν συμβόλων Ἀσσυρίῳ τὸ γένος ὄντι τῷ Ζάρᾳ φοιτῆσαι τὸν Πυθαγόραν. Ἐφιλοσόφησαν δὲ καὶ παρ' Αἰγυπτίοις οἱ κεκλημένοι προφῆται καὶ μὴν καὶ Ἀσσυρίων Χαλδαῖοι καὶ Γαλατῶν οἱ Δρυΐδαι καὶ ἐκ Βάκτρων τῶν Περσικῶν Σαμαναῖοι καὶ Κελτῶν οὐκ ὀλίγοι καὶ παρὰ Πέρσαις οἱ Μάγοι καὶ παρ' Ἰνδοῖς οἱ γυμνοσοφισταὶ καὶ αὐτὸς Ἀνάχαρσις παρὰ Σκύθαις, Ζάμολξις ἐν Θράκῃ, φασὶ δέ τινας καὶ τῶν Ὑπερβοραίων eqs.

2) Quemnam pater exscripserit quamquam quaerere non meum est, tamen propriam coniecturam proferre liceat. Cogito enim de auctore quodam Latino Platonicorum sectae addicto, qui Porphyrium vel in Latinum vertit, vel in vertendo partim contraxit partim amplificavit. Vd. Cyrill. adv. Iul. p. 25 E sqq., imprimis p. 28 A de VII sapientibus, 28 E de Stoicis, p. 133 D de Barbaris, 180 de Socrate, 189 E de Anaxagora, 190 de Socratis damnatione; Apul. de Plat. et eius dogm. I 1—4 de Platonis vita et doctrina (cf. Aug. C. D. VIII 4). De Cyrillo eiusque cum Plutarcho personato et Porphyrio ratione vd. Diels. l. l. p. 10 sq. 47 sqq.

minum animas revolvi in bestias asseverat et animarum tantummodo deum opinatur auctorem, corpora autem diis minoribus facienda decernit[1]): Miror, inquit, tantum philosophum, quomodo animam, cui potestatem conferendae immortalitatis attribuit, in noctuis includat aut ramulis, feritate quoque induat bestiarum, cum in Timaeo eam dei opus esse memoravit inter immortalia a deo facta eqs.' Ubi ipsis verbis indicatur Augustinum id, quod de revolutione animarum a Platone asseverata praemittit, ex Ambrosio sumpsisse. Alia autem apud Porphyrium vel in latina Porphyrii versione legit, quo cum philosopho totis his capitibus: C. D. X 29 sqq. XIII 19. XXII 26. 27. Serm. 240. 242 proprie rem habet. Denique commentatorem quendam Vergilii saepissime adiit; nam omnibus paene locis, quibus animas revolvi dicit Vergilii versus laudat atque eosdem, ad quos Lucani commentator (ad Phars. IX 9) lectores allegat. Itaque praeterea eum hac in re in Varronis vestigiis ingressum esse non modo veri non simile, sed etiam plane incredibile est.

Verum Schmekelius (Phil. d. mittl. Stoa p. 104 sqq.) Augustinum C. D. XXI 13 p. 515, 4—516, 1 et commentatorem Lucani ad Phars. IX 9 p. 291, 3 sqq. Us. et inter se et cum continuis Servii adnotationibus ad Verg. Aen. VI 703—750 comparat.[2]) Qui loci quoniam, ut similes eorundem auctorum, omnes ad unum fontem redirent (ita enim concludit vir ille doctus), Servius autem bis Varronem nominaret: in Varrone huius doctrinae originem reperiri, ex quo Augustinus et alibi haurire soleret. Testes denique vocat Tertullianum (ap. 47 p. 290, 4 sqq., ad nat. I 19 p. 91, 16 sqq.; adiungit etiam in diss. pag. 53 sqq. Tertullianum de an. 28. 23. 32) atque Arnobium (adv. nat. II 14. 27. 30. 13. 33. 16. 28).

At si loci illi Aug. C. D. XXI 13, comm. Luc. IX 9 accuratius recensentur, similitudinem illam inde tantum natam esse apparet, quod uterque eosdem Vergilii versus easdemque horum versuum explicationes profert. Augustinus enim ipse confitetur Vergiliani loci (Aen. VI 736—742), quem paullo ante citaverat, explicationem se dare inde a verbis 'Qui hoc opinantur eqs.'; his verbis accurate respondent commentatoris verba: 'Aliae ventis, aliae igne, aliae aqua purgantur. hoc est aliae ventis per aerem traducuntur, ut purgatae aeris tractu in naturam suam possint', quae ipse commentator versibus Aen. VI 736—40 ab ipso citatis postponit; iam vero si legeris, quae Vergilius dicit l. l. 740—742: 'Aliae (sc. animae) panduntur inanes Suspensae ad ventos, aliis sub gurgite vasto Infectum eluitur scelus aut exuritur igni': concedes nullo dubio etiam commentatoris verbis nihil contineri nisi eorundem Vergilii versuum interpretationem, quos Augustinus ipsos exscripsit. Neque minus commen-

1) Et de hac re copiose agit C. D. XIII 16. 17.

2) Quod dicit p. 106: 'Diese Erklärungen Augustins und des Lucankommentators entsprechen denen des Servius in Aen. VI 703—750 und stehen ihnen vollkommen parallel' nimium contendit.

tator poetae sententiam respicit, cum ineunte loco dicit: 'Animas philosophi eqs. — quo etiam dissolutae non carent, ut et Vergilius ait' (sequuntur vers. Aen. VI 736—740). Denique Augustini verba initio loci dicta[1]), quibus apud commentatorem nihil respondet, huc omnino non pertinent, cum pater ibi contra philosophos Neoplatonicos (perspicuitatis causa hac voce uti liceat pro Platonicis) pugnat. Ergo Augustinus et commentator quoad comparari possunt nihil ferunt nisi Vergilii sententias, quas ut darent, Vergilii quendam commentarium inspexerunt, si modo certum fontem adire opus habebant.

Ex his igitur scriptoribus de hac Varronis doctrina nihil comperitur, neque magis ex Arnobio, qui num Varronem propria lectione noverit incertum esse denuo monere me iam piget. Atque profecto cum Servio nisi in tritissimis rebus non consentit, rerum serie utitur plane diversa, ut ipse Schmekelius hos inter se confert locos p. 110 sqq.:

Serv. ad Aen. VI:	Arnob. adv. nat. II:
v. 724 746. 724	c. 14. 27.
v. 703. 295. 741. 739	c. 14. 30.
v. 745	c. 13.
v. 719	c. 33.
v. 741	c. 16.
v. 714. 439	c. 28. 16. 26 in. 27 in.

Itaque misso Arnobio de altero Schmekelii teste videamus, Tertulliano. Nititur vir doctus maxime in his verbis ap. 47 p. 290, 4 sqq. ad nat. I 19 p. 91, 16 sqq.[2]): 'Vobis traditum est hominis spiritum in cane vel mulo aut pavone rediturum . . . Iudicium vos Minoi et Rhadamantho adscribitis . . . (Eo iudicio iniquos aeterno igni, pios et insontes amoeno in loco dicimus perpetuitatem transacturos). Apud vos quoque Pyriphlegethontis et Elysii non alias condicio disponitur. Nec mythici ac poetici talia canunt, sed et philosophi de animarum reciprocatione et iudicii distributione confirmant.' Ultima (inde a verbis 'iudicium vos Minoi eqs.') notiora sunt, quam quae certo fonti tribui possint; insuper ipse Schmekelius (Phil. d. Stoa p. 109 adn. 2) dicit: 'Dies kann natürlich nicht die uneingeschränkte Meinung Varros gewesen sein.' Priora autem verba quamquam similia sunt eis, quae Varro in sat. Men. Eumen. (fr. 18 Ries. p. 128) praebuit, tamen ad R. D. libri I rationem intellegendam eo minus valent, quod Tertullianus neque in apologetico neque in libro ad nat. I Varronis R. D. libros compilare solet, de qua re videas quaest. II § 1. Immo si auctorem illum, quem nominavimus 'communem', cui plurima in his libris debet, Varronis saturas Me-

1) 'Platonici quidem, quamvis impunita nulla velint esse peccata, tamen omnes poenas emendationi adhiberi putant vel humanis inflictas legibus vel divinis in hac vita sive post mortem.'

2) Utroque loco eadem eisdem verbis commemorat.

nippeas recensuisse meminerimus (cf. ad nat. I 10, ap. 14; quaest. II p. 58 sq.), multo verisimilius est hunc Tertulliano ex ipsa satura paucissima illa de 'hominis spiritu in cane vel mulo vel pavone redituro' dedisse. Atque quod Tertullianus ap. 48 in. e Laberio mimographo sententiam quandam Pythagorae commemorat, ne hoc quidem e Varrone sumpsit[1]), sed ex 'auctore communi', quippe qui ap. Tert. ad nat. I 10 post Varronis saturas Menippeas nullis intermissis mimos vituperet.

Quodsi iam ex his Tertulliani operibus de Varrone certi nihil evincitur, multo incertior res est in eiusdem Tertulliani de anima libro, de cuius origine Varroniona ne coniectura quidem adhuc quidquam repertum est. Nam quod Schmekelius hos locos cap. 28 p. 346, 22 sqq.; cap. 23 p. 336, 22 sqq.; cap. 32 p. 352, 18 sqq. e conexu evulsos cum Augustini et Lucaniani commentatoris locis magis specie quam re similibus comparat, hoc nihili esse iam non opus est fusius ostendere. Interrogo tantum, unde cetera Tertulliani verba originem ducant, quae cum his ita cohaerent, ut segregari nequeant. Ad Varronem certe non redeunt. Denique ipse Schmekelius scribit (diss. p. 54 adn.): 'Idem (sc. quod Aug. C. D. XIII 19 p. 582, 13 sqq. et comm. Luc. IX 9 referunt) legimus apud Tertullianum de an. 54, quod tamen ex altero huius libri fonte, Sorano, petitum esse videtur.' Quibus verbis confitetur duos auctores de eadem re in eundem modum disputare posse neque ex sola sententiarum similitudine certi quidquam concludendum esse.

Denique pauca dicenda sunt de eis, quae de quattuor perturbationibus animi refert Augustinus C. D. IX 3. 4. 5. XIV 3. 5. 8. 15. 19. 22. XXI 3. Epist. 104, 16.

Atque primum quidem haec in universum tum temporis nota fuisse moneo; praecipue autem Augustinus de omni animae natura permulta non modo rettulit sed ipse quaesivit, atque optime accidit, quod ipse hoc profitetur Conf. X 14, 22: 'Ecce de memoria profero, cum dico quattuor esse perturbationes animi cupiditatem laetitiam, metum tristitiam; et quidquid de his disputare potuero . . ., ibi (sc. in memoria) invenio'. Deinde inspexit Vergilium et Vergilii commentarios; nam omnibus locis enumeratis, excepto uno Ep. 104, ad huius poetae versus 'ad Platonicum dogma conscriptos' lectorem adlegat. Tum copiose compilat Ciceronem (Tusc. IV 6 sqq.). Denique, ubi Cicerone plenior est vel ab eo in singularum perturbationum partibus enumerandis et in 'constantiis' explicandis differt, auctorem Platonicum contra Stoicos pugnantem sequitur; cf. e. g. C. D. IX 4: 'Duae sunt sententiae philosophorum de his animi motibus, quae Graeci πάθη, nostri autem quidam, sicut Cicero perturbationes, quidam affectiones vel affectus, quidam vero, sicut iste

1) Et hunc locum Schmekelius in suis Varronis fragmentis posuit p. 129.

(sc. Apuleius) de Graeco expressius passiones putant eqs. (sequentibus verbis Platonicorum et Stoicorum sententiae comparantur)'; ib. XIV 19: 'Illi philosophi, qui veritati propius accesserunt (i. e. Platonici, cf. C. D. VIII 6 sqq.) iram atque libidinem eqs.' Quae cum ita sint, his Augustini locis Varroniana inesse nego, nisi forte nonnulla casu quodam per Vergilii commentarios eo perfluxerunt. —

Quid Varro docuerit, ex uno Platone agnoscitur. Exponit hic in Phaedone — etsi nota refero, referenda puto — p. 76 animam vivere atque intellegentiam habere, antequam in hoc corpus transiret; quae vero anima in corpore inclusa intellegeret, haec eam non denuo discere sed recordari tantum ea, quae aliquando oblita esset; animam igitur esse immortalem. Idem etiam inde colligit p. 80[b], quod anima 'divinae, simplicis, indissolubilis naturae esset', cum corpus esset 'mortali multiformi dissolubili simillimum'. Animam autem ex corporis coniunctione pollutam voluptatibus et cupiditatibus, doloribus et timoribus affici et improbam fieri (p. 81[b]. 83[b]). Atqui si mors totius dissolutio esset, improbos lucraturos esse, si corpore et pravitate una cum anima simul liberarentur. Quod cum fieri non posset, animae salutem cuique esse curandam, et vero philosopho id agendum esse, ut iam in hac vita animam a corpore et affectibus solveret (p. 80[de]. 81[a]. 107[c]). Eiusmodi animas post mortem reliquum tempus vitam cum diis agere (p. 81[a]), vel, ut accuratius exponit p. 114[bc], 'eos qui pie prae ceteris vixissent ad altiora transscendere puramque supra terram habitare regionem; ex his autem quicunque per philosophiam satis sese purgassent, sine corporibus omnino totum per tempus vivere, habitationesque illis etiam pulchriores nancisci'. Animas vero improborum contagione corporea infectas et involutas et gravatas rursus ad visibilem et corpoream materiem cupidinibus suis trahi (81 d); itaque postquam singulae a suo daemone ad inferos deductae (p. 113 d) peccatorum poenas solvissent (p. 113 d—114 b), rursus ad generationem animalium eas remitti (p. 113 a) et pro affectibus suis nova corpora inire vel bestiarum vel etiam hominum (81 e—82 b). Hoc ultimum quomodo fiat, Plato accuratius docet Republ. X p. 617 d sqq.; ibidem p. 621 a mythice exponit animas novam vitam novumque daemonem ut vitae ducem sortitas in campum Lethaeum deduci, ut huius fluminis aquam oblivionis causa biberent.

Similia igitur Varro docuit, cum 'in primo divinarum de Platonis dogmate, quod in Phaedone positum est περὶ ψυχῆς, plenissime tractaret'. Unde apparet, quare de animi perturbationibus egerit; non disputavit quae universa esset animi natura, sed quae post mortem animae condicio. Neque tamen ipso Platone eum usum esse credendum est; sed quoniam aliis locis Platonis doctrinam e Posidonio eum hausisse vidimus, idem hac in re statuendum est, praesertim cum Posidonium de anima secundum Platonem docuisse e

Galeno (de plac. Hipp. et Plat. I 1, 4) sciamus[1]). Verum Posidonius auctoris sui doctrinam aliquantum commutavit, cum ex eius sententia anima humana aetheris vel animi mundani pars esset[2]) cumque non modo philosophorum sed etiam virorum fortium ac bene meritorum animis immortalitatem et quodam modo divinitatem attribueret[3]), qua in re Varro eum secutus est.[4]) Puto autem hunc de anima egisse cum deos ex hominibus assumptos recte credi demonstraret.

Iam vero Vergilius (Aen. VI 724—751[5])) Platonis et Stoicorum rationes coniunctas praebet, quem locum ex parte (724—731. 733. 735) cum Varronis doctrina, quae legitur ap. Aug. C. D. IV 12. VII 6. 23. Tert. ad nat. II, 2. 3, consentientem num inter Varronis fragmenta referrem diu haesitavi; sed Vergilius, poeta doctissimus, haec ex ipsa Posidonii lectione collegisse potest.[6])

Quoniam igitur in universum vidimus, quae Varronem de anima scripsisse credendum sit, singulae Servii commentatorisque Lucaniani adnotationes examinare licet, ubi imprimis cavendum est, ne talia, quibus scholiastae poetarum suorum verba tantum circumscribunt, Varroni tribuantur, e. g. ad Aen. VI 703 p. 97, 2 sqq., v. 724 p. 100, 10 sqq.

Atque Servius scribit ad Aen. VI 713: 'Sciendum non omnes animas ad corpora reverti: aliquae enim propter vitae merita non redeunt.' Hominibus quibusdam propter vitae merita divinitatem tribui docet, ut modo diximus, Varro cum Posidonio; Varroniana igitur hic latere possunt.

Quod ad v. 724 p. 99, 23—100, 9 accipimus deum esse quintum elementum neque apud Vergilium extat (cf. v. 724. 730. 747) et a Varronis sententia plane abhorret (cf. Tert. ad nat. II 2).

Ad v. 727 p. 102, 23 sqq. leguntur: 'Magno se corpore miscet] secundum eos locutus est, qui dicunt deum corporalem esse et eum ita definiunt πῦρ νοερόν, id est ignem sensualem'; ad v. 747: 'Aetherium sensum] id est πῦρ νοερόν, id est ignem sensualem, id est deum.' Cf. comm. Luc. IX 578: 'Ait Posidonius Stoicus: θεός ἐστι πνεῦμα νοερὸν διῆκον δι' ἁπάσης οὐσίας, deus est spiritus

1) Vd. Hirzel, Unters. z. Cic. phil. Schrift. p. 220 sqq. — Platoni simillimum locum legimus Tusc. I 30, 72 apud Ciceronem, quem in hac operis sui parte Posidonio usum esse Schmekelius mihi persuasit (Phil. d. Stoa p. 136. 138 sqq.

2) Cf. e. g. Cic. N. D. II § 33 sq. Varro ap. Aug. C. D. VII 23. IV 12 al.

3) Cf. Cic. Tusc. I 12, 27 (cf. adn. 1). 4) Vd. R. D. I fr. 22; quaest. II p. 72 sqq. 5) Similia praebet ge IV 219 sqq.

6) De huius loci fonte disputat Hirzelius, Unters. z. Cic. phil. Schr. II 1 p. 25—31 ita, ut e Lact. I. D. VII 13 evincere conetur Vergilium Zenonis scripta compilasse. Quem Schmekelius diss. p. 59 adn. luculente refutat ostendens Lactantium capp. 13. 20 Vergilio uti atque Zenonis memoriam false tradidisse. Idem vir doctus hic apud Vergilium Platonem cum Stoicis coniunctum praebere vidit in Phil. d. Stoa p. 451 adn.

rationalis per omnem diffusus materiam. Hunc spiritum summum Deum Plato vocat artificem permixtum mundo omnibusque quae in eo sint.'[1]) Cum Lucani commentator, ut supra demontratum est p. 107 sq. in huius libri IX adnotationibus pleniorem Vergilii commentatorem adhibere soleat, hoc loco eundem auctorem secutus esse videtur, unde eius cum Servio similitudo nata est.[2]) Hunc vero auctorem hic inde Varrone usum esse e Servio constat; itaque Posidonii doctrinam per Varronem, Posidonii asseclam, ad eum perfluxisse veri non est dissimile.

Ad v. 733 adnotat Servius: 'Varro et omnes philosophi dicunt quattuor esse passiones, duas a bonis opinatis eqs.'[3]) Ipsa verba Ciceroni (Tusc. IV 6, 11) ita similia sunt, ut ea non e Varrone sed e Cicerone arcessita esse mihi persuasum sit; quare equidem ex his verbis tantum colligo Servio vel eius auctori notum fuisse, Varronem de animi passionibus scripsisse.

Ad v. 741 copiose de purgationis generibus agitur secundum 'Statium, ubi de auguriis tractat.' Hic videtur fuisse ille Statius Tullianus, e cuius de vocabulis rerum libro I ipse Servius nonnulla praebet Aen. XI 543.[4]) Atque hoc ultimo loco Statius Varronem (L. L. VII 34) exscipsit, ut etiam priore loco Varroni similis (vd. Aug. C. D. VII 30 p. 313, 22 sqq. VII 16 p. 294, 20 sqq.) terrenam ignem a caelesti discernit. Sed cum animas ita purgari doceat, ut in corpora terrena marina aeria transire debeant, qua in re a Platone et, quod maius est, ab ipso Varrone distat (vd. Aug. C. D. VII 6 p. 282, 10 sqq. e. R. D. libro XVI): nihil ex huius verbis ad Varronem referre audeo.

Item differunt a Varrone, quae de duobus cuiusque hominis geniis leguntur ad v. 743 (vd. Aug. C. D. VII 23 p. 301, 33 sq. VII 13 p. 291, 7 sqq.); neque magis quod ad v. 745 disseritur 'neminem posse mereri perpetuam corporis vacationem', Varronis est, cum et Plato et Posidonius contrarium doceant. Denique hos Servii de animarum migratione locos ad vv. 127. 134. 340. 426. 439. 466. 532 (= comm. Luc. I 455—714) ne quis ad Varronem referat, a Platone eos prorsus abhorrere commemoraverim.

Iam ad Lucani commentatorem transeamus; cuius ad Phars. IX 578 adnotatio si recte supra ad Varronem relata est, iusto audacius non agamus, cum idem iudicamus de hoc loco Phars. IX 6: 'Stoici virorum fortium animas existimant in modum siderum

1) Haec ultima verba 'Hunc spiritum — in eo sint' ad Posidonium redire etiam inde apparet, quod genuina Platonis sententia ita non exhibetur, ut Stoicorum illud 'artifex' vel potius 'τεχνικός' ei tribuatur; cf. Diog. Laert. VII 156: Δοκεῖ δὲ αὐτοῖς (sc. Stoicis) τὴν φύσιν εἶναι πῦρ τεχνικόν.

2) Cf. Stob. ecl. I 1 (= Aet. plac. I 1 Diels. p. 302^{b} 11): Ποσειδώνιος πνεῦμα νοερὸν (cf. comm. Luc.) καὶ πυρῶδες (cf. Serv.).

3) Servium exscripsit Don. ad Ter. Andr. V 4, 34.

4) E Servio pendet Macr. Sat. III 8, 5.

vagari in aere et esse sic immortales, ut non moriantur, sed resolvantur, secundum Platonem ne resolvantur quidem. [[Quos semideos manes dixit (sc. Lucanus), quoniam graece ἥρωες ἡμίθεοι vocantur.']] Quibuscum conferas Varr. R. D. XV ap. Arnob. III 41: 'Varro nunc Lares Manes esse, nunc aerios rursus deos et heroas nuntiat appellari, nunc antiquorum sententias sequens Larvas esse dicit Lares, quasi quosdam genios et defunctorum animas'; R. D. XVI ap. Aug. C. D. VII 6: 'in aethere vero et aere immortalium esse animas . . .; ab summo autem circuitu caeli ad circulum lunae aetherias animas esse astra ac stellas . . .; inter lunae vero gyrum et nimborum ac ventorum cacumina aerias esse animas . . . et vocari heroas et lares et genios'; conferas etiam, quae Tertullianus ad Varronis de vatibus in deorum numero receptis expositionem respiciens scribit ad nat. II 7 in.: 'Ceterum ut ad mythicum transeamus eqs. Interim hos certe homines fuisse vel eo palam est, quod non constanter deos illos sed heroas appellatis'. Hae igitur Stoicorum et Platonis de animae statu sententiae Varroni tribuendae videntur esse; quodsi recte creditur, etiam Pythagorae de eadem re sententia, quae ap. Luc. comm. ad Phars. IX 9 legitur (Pythagoras — virorum fortium), fortasse eodem referenda est.[1]) Utrum vero illae variorum philosophorum de animae statu sententiae ad Phars. IX 1[2]) adnotatae e Varrone profectae sint necne diiudicari nequit, cum certa argumenta non extent.

Quaestio IV.

Quae Varronis R. D. librorum I XIV XV XVI relliquiae per Cornelii Labeonis scripta ad posteros perfluxerint.

Labeonis quae supersunt maxime inveniuntur apud Macrobium, Arnobium, Laurentium Lydum, Augustinum, Servium, Servii interpolatorem, Marcianum Capellam; quaesierunt de eo inter recentiores[3]) GKettner (Cornel. Lab., ein Beitrag z. Quellenkritik des Arnob. Numburg. 1877), GWissowa (de Macr. Sat. fontt. Vratisl. 1880), HLinke (quaest. de Macr. Sat. fontt. Vratisl. 1880), JMülleneisen (de Cornel. Lab. fragmentis studiis adsectatoribus Marp. Chatt. 1889) et is, quem in primis sequor auctorem, WKahl (Cornel. Lab. Philol.

1) Quae plura ad v. 9, item quae ad v. 7 adnotantur, ex ipso Vergilio desumpta novi nihil continent. 2) Vd. supra p. 103.

3) Quae Carolus Buresch in libro cui Klaros inscribitur p. 54 et 128 protulit, cum nullis fulciantur argumentis, sciens praetereo.

Suppl. V p. 719 sqq.). Ceterum equidem ultro profiteor in hac quaestione paene omnia a me in dubio relicta esse; nam si iam quid ipse Labeo scripserit haud raro incertum sit, multo res incertior est, ubi de fontibus eius agitur. Varronem enim certe adhibuit, sed praeter illum Nigidium Figulum Granium Flaccum alios atque insuper proprias sententias admiscuit eis, quae apud auctores suos invenerat. Itaque quoniam etiam hic ex mera sententiarum similitudine certi nihil sequitur, alia vero probandi argumenta raro occurrunt, certa Varronis fragmenta e scriptoribus, quos supra enumeravimus, paucissima enucleantur.

De Terra.

Scribit Arnobius III 32 [1]): 'Terram quidam e vobis, quod cunctis sufficiat animantium victum, Matrem esse dixerunt Magnam, eandem hanc alii quod salutarium seminum frugem gerat, Cererem esse pronuntiant, nonnulli autem Vestam, quod in mundo stet sola ceteris eius partibus mobiltiate in perpetuo constitutis.'

Haec Labeoni tribuenda esse Kahlius l. l. p. 764 sqq. probavit, idemque Labeonem Varronis vestigia pressisse censuit his collatis locis: L. L. V 64: 'Terra quod gerit fruges Ceres; antiquis enim C quod nunc G'; Aug. C. D. VII 24 p. 304, 28 sqq.: 'Tellurem, inquit (sc. Varro), putant esse Opem, quod opere fiat melior; Matrem, quod plurima pariat; Magnam, quod cibum pariat.' Quibus locis hi addendi sunt: Aug. C. D. VII 16 p. 294, 12 sqq.: 'Matrem Magnam eandem Cererem volunt (sc. Varro, vd. quaest. I p. 29), quam nihil aliud dicunt esse quam terram'; ib. VII 30 p. 313, 15, ubi pater ad Varronis Cererem spectans (vd. quaest. I p. 27. 32) dicit: 'Fructus terrae animalibus hominibusque largitur.' Varr. R. R. I 1, 5: 'Invocabo primum, qui omnis fructus agriculturae coelo et terra continent, Iovem et Tellurem: itaque quod ii parentes magni dicuntur, Iuppiter pater, Tellus mater.' Ad eundem igitur, quae de Vesta dea apud Arnobium leguntur, redire possunt, etsi Kahlius inconsiderate agit, quod ex Isidoro (or. VIII 11, 59 sqq.) hoc probare conatus est, quem permulta e Varrone hausisse nullo iure contendit; alia circumspicienda sunt argumenta. Perlegas enim velim hos locos: Serv. interp. ad Aen. II 296: 'Vesta terra, quod in medio mundo vi sua stet et ignem intra se habeat'; Serv. gen. ad Aen. I 292: 'Vesta, ... vel quod variis vestita sit rebus, ipsa enim esse dicitur terra, quam ignem habere non dubium est, ut ex Aetna Vulcanoque datur intellegi'; Serv. gen. Aen. II 296: 'Vestam deam ignis, quae ut supra diximus terra est.' Ad eundem hos locos fontem redire manifestum erit. Vestae autem nomen a vestitu derivat Varro apud

1) Hunc locum Swoboda (P. Nigidii Figuli opp. rell. Vind. 1889) p. 26 sq. Nigidio nullo iure adscripsit; cf. G Wissowa, Zeitschr. f. österr. Gymnasialw. XL 1889 p. 995.

Aug. C. D. VII 24 p. 304, 31: 'Tellurem putant esse ... Vestam, quod vestiatur herbis'; necnon eis, quae de terra ignem in se continente Servius tradit, aptissime explanatur, cur Varro et terram esse hanc deam docuerit et ignem leviorem id est mitiorem et coercitum eidem tribuerit apud Aug. C. D. VII 16 p. 294, 20 sqq. IV 10 p. 159, 7 sqq. VII 30 p. 313, 22 sqq. Eundem in explicanda Terrae deae natura etiam ad astronomorum rationes descendisse apparet ex Aug. C. D. VII 24 p. 304, 14 sqq.: '... quod sedens fingatur (sc. Mater Magna sive Tellus), significari: circa eam cum omnia moveantur, ipsam non moveri'; eidem igitur alteram illam etymologian, quae extat apud personatum Servium non sine probabilitate tribuemus: 'Vesta terra, quod in medio mundo vi sua stet.'

Omnes igitur illas 'variorum hominum' opiniones ab Arnobio enumeratas Labeo fortasse apud Varronem invenit, sed in Varronis fragmentis eas eo minus collocare ausim, quod Varro quae comparavimus tribus diversis locis docuit de Tellure Cerere Vesta agens.

Varroniana inesse videntur etiam Macrobii loco Sat. I 10, 20 de Saturno et Ope, cui similia e Varronis R. D. libro XVI Tertullianus transscripsit ad nat. II. 12 p. 118, 10 sqq. (vd. quaest. II p. 82 sq.). Compares enim velim:

Macr.	Tert.
Saturnum et Opem etiam nonnullis caelum ac terram esse persuasum esse, Saturnumque a satu dictum, cuius causa de caelo est, et terram Opem, cuius ope humanae vitae alimenta quaeruntur vel ab opere, per quod fructus frugesque nascuntur.	Latini vocabuli a sationibus rationem deducunt, qui Saturnum procreatorem coniectantur, per eum seminalia caeli in terram deferri. Opem adiungunt, quod opem vivendi semina conferant, tum et quod opere semina evadant.

Cf. Varr. L. L. V 63 sq.: 'Poetae de caelo quod semen igneum cecidisse dicunt in mare *cett.* Quare quod caelum principium, ab satu est dictus Saturnus ... Terra Ops, quod hic omne opus et hac opus ad vivendum.'

Puto revera Cornelium Varronis illum locum, quem Tertullianus inspexit, novisse; demutavit vero eum ita, ut de Varroniano colore nihil, de verbis pauca tantum supersint.

De Bona Dea, Fauna, Maia.

De his deabus vel potius de hac dea diversas opiniones profert Macrobius Sat. I 12, 20—29, quas, ut recte monuit Mülleneisen l. l. p. 6 sqq., duobus e fontibus aperte repetiit: nam §§ 20—22 ipso teste Macrobio ad Labeonem redeunt, §§ 23—29 cui debeantur, dissentiunt viri docti neque mihi compertum est; hoc unum monere satis habeo eo facilius quae utroque loco feruntur Varroniana diversis Rer. Div. partibus adscribi, quod diversis e fontibus ad Macrobium perfluxerunt.[1])

Legimus vero de Bona Dea vel Fauna, Fauni filia, § 27: 'Haec apud Graecos ἡ θεὸς γυναικεία dicitur, quam Varro Fauni filiam tradit adeo pudicam, ut extra γυναικωνῖτιν nunquam sit egressa nec nomen eius in publico fuerit auditum, nec virum unquam viderit vel a viro visa sit, propter quod nec vir templum eius ingreditur.' Haec si conferuntur cum eis, quae Tertullianus ad R. D. librum XV spectans (vd. quaest. II p. 81) dicit ad nat. II 9 p. 113, 3 sqq.: 'Si Fauni filia pudicitia praecellebat, ut ne conservaretur quidem inter viros .... aut rubore insaniae paternae, quanto dignior Bona Dea Penelopa ...', quin indidem, hoc est e R. D. libro XV, petita sint, mihi quidem non dubium est.[2]) Atqui cum e Tertulliano constet Varronem mentionem fecisse 'patris insaniae', incautius agere mihi non videor, cum hunc similia exposuisse statuo atque quae Macrobius § 24. 25 de eadem re et de sacris inde institutis copiose refert.[3])

Transeo ad paragraphos 20—22: 'Adfirmant quidam, quibus Cornelius Labeo consentit, hanc Maiam, cui mense Maio res divina celebratur, terram esse hoc adeptam nomen a magnitudine, sicut et Mater Magna in sacris vocatur, adsertionemque aestimationis suae etiam hinc colligunt, quod sus praegnans ei mactatur, quae hostia propria est terrae. Et Mercurium ideo illi in sacris adiungi dicunt, quia vox nascenti homini terrae contactu datur, scimus autem Mercurium vocis et sermonis potentem. 21. Auctor est Cornelius Labeo huic Maiae id est terrae aedem Kalendis Maiis dedicatam sub nomine Bonae deae et eandem esse Bonam Deam et terram ex ipso ritu occultiore sacrorum doceri posse confirmat. Hanc eandem Bonam Deam Faunamque[4]) et Opem et Fatuam pontificum libris indigitari: 22. Bonam, quod omnium nobis ad victum bonorum causa est, Faunam, quod omni usui animantium favet, Opem quod ipsius

---

1) Quae Arnobius I 36 p. 23, 12 sq. V 18 p. 190, Lactantius I 22, 11 e Sexto Clodio de hac dea referunt, Cornelio Labeoni vix debent.

2) Quae apud Macrobium (§ 28) de feminis ad Herculis sacra non admissis et de ipsis Herculis sacris sequuntur, Varro in hoc quidem libro R. D. XV vix exposuit; Mirschius (de Varr. Ant. rer. hum. libr. Lips. 1882 p. 126) reposuit ea in R. H. libro XVII; verum quod eodem ea refert quae § 27 de Fauna leguntur, Tertulliani locum non respexit. Macrobii auctor duos Varronis locos in unum contraxit.

3) Glaesserus (De Varr. doctr. ap. Plut. vest. Stud. Lips. IV p. 169) nihil esse contendit, cur has paragraphos a Varrone profectas esse credamus. At similia quidem Varro, ut diximus, scripsisse videtur.

4) Quae quominus ad Varronem referamus, non eo prohibemur, quod hic alia Faunae explicatio praebetur atque in R. D. libro XV. Nam in hoc libro se 'dubias de diis sententias posuisse', nec 'omnia ad aliquam summam direxisse' Varro ipse confitetur ap. Aug. C. D. VII 17. Deinde ut distinxit inter Quirinum, Sabinum deum, et Quirinum — Romulum, ita etiam distinxisse potest inter eam Faunam, quae fuisset Fauni filia, et eam, quae ex 'ritu occultiore sacrorum Terra et Maia' esset.

auxilio vita constat, Fatuam a Fando, quod, ut supra diximus, infantes partu editi non prius vocem edunt, quam attigerint terram.'[1])

In R. D. libro XVI dicit Varro ap. Aug. C. D. VII 24 p. 305, 1: 'Alias deas non absurde ad hanc (sc. Tellurem) revocant': hic Maia ad terram revocatur. Ibi cum de Tellure ageret pontificum libros inspexit: horum librorum testimonium etiam hic affertur. In R. D. libro XIV Ops dea vel terra cum Vaticano, vagiendi tutore, coniuncta inter deos ad infantiam pertinentes commemoratur: simili munere hic funguntur coniunctae inter se Ops et Fatua. Idem munus, quod Fatuae, paullo ante attribuitur Mercurio ut deo 'vocis et sermonis potenti'; deum autem sermocinandi vel ipsum sermonem Mercurium esse declaravit Varro in R. D. libro XVI ap. Aug. C. D. VII, 14. Tum Opis interpretatio, quae hic extat, ex parte similis est ei, quam e Varronis R. D. libro XVI ad Macrobium (Sat. I 10, 20) pervenisse modo coniecimus. Denique quod ad haec verba attinet: 'Sus praegnans ei (sc. Maiae) mactatur, quae hostia propria est terrae', quae verba Kahlio p. 765 Labeonis propria esse videntur, cum apud Varronem in R. R. libro II 4, 21 legatur: 'e verribus dicuntur maiales', Samterus (quaest. Varr. p. 18 sqq.) Varronem in R. D. libro XI porcam terrae propriam esse hostiam docuisse satis validis argumentis probavit. His igitur in paragraphis Labeo e Varrone non pauca transscripsisse videtur, etsi quae transscripserit ex argumentis modo propositis ita concludi non posse concedo, ut omnia extra dubitationem posita sint. Neque magis quem vel quos Varronis libros inspexerit, certum est. Forsitan hae rationes physicae, si modo ad Varronem redeunt, in R. D. libro XVI locum tenuerunt, ubi de Tellure agebatur.[2])

De Iano.

Quae de Iano Cornelius Labeo memoriae prodiderit[3]), extat apud Macrobium Sat. I 9, 9 sqq., Laurentium Lydum de mens. 4 p. 50, 12 sqq., Arnobium III 29, Serv. interpolatorem Aen. VII 610[4]), quorum locorum singulae partes ita sese excipiunt:

1) Cf. Kahl. l. l. p. 764 sqq.

2) Extant apud Serv. gen. Aen. IV 167, interp. Aen. IV 59. 166 nonnulla de nuptiarum ritu a Varrone prolata; interpolator autem ad v. 166 praeterea 'quorundam' doctrinam praebet his verbis: 'Quidam sane et Tellurem praeesse nuptiis tradunt, nam et in auspiciis nuptiarum invocatur; cui etiam virgines vel cum ire ad domum mariti coeperint vel iam ibi positae diversis nominibus vel ritu sacrificant', quae verba nescio an eidem Varroni tribuenda sint. Ceterum si coniecturis uti licet, ad nuptiarum ritum diversa illa nomina a Macrobio in § 22 ex pontificum libris commemorata pertinere mihi non incredibile videtur, quippe quae ad vitam in matrimonio agendam et liberos procreandos educandosque nullo negotio referri possint.

3) Cf. Kahl. l. l. p. 742 sqq.

4) 'Quidam Ianum Eanum dicunt ab eundo eumque esse Martem; — et quod apud Romanos plurimum potest, ideo primum in veneratione

Iani cognomina: Lyd. p. 50, 15—51, 5. Macr. § 15. 16. Serv. p. 172, 17—20.

Ianus, temporis vel anni deus eiusque simulacrum: Lyd. p. 51, 5—10; 22—25 (secundum Fonteium). Macr. § 10. Arnob.

Iani nominis interpretationes Graecae: Lyd. p. 51, 10—15 (e Messala?)

Messalae de Iano doctrina: Lyd. p. 51, 15—17. Macr. § 14.

I. a Saliis carminibus honoratur: Lyd. p. 51, 17—19; Macr. § 14 in.

I. a Varrone in R. D. l. XIV commemoratur: Lyd. p. 51, 19 sqq.

I. sec. Gav. Bass. deus aërius: Lyd. p. 51, 24 sqq. Macr. § 13. (nomine omisso) Serv. p. 172, 11 sq.

I. idem qui Sol: Lyd. p. 51, 29 (sec. Lutat.)[1]. Macr. § 9. Arnob.

I. in precibus primus invocatur: Macr. § 9. Serv. 10 sq. Arnob.

I. patronus virorum in bellum proficiscentium: Lyd. p. 51, 30 sqq.; idem qui Mars Serv. 9; cf. 14 sq.

I. est mundus: Macr. § 11. Serv. 13—17. Arnob.

I. proprie est Eanus: Macr. § 11. Serv. 10.

Tres illi auctores quamquam nonnihil inter se congruunt, tamen et verbis et serie sententiarum dissentiunt, ut ne unus quidem ipsum Labeonem inspexisse videatur, quare etiam quid Labeo scripserit, incertum est. Quo difficilius est ex tanta farragine Varroni atque R. D. libro XVI quidquam restituere, etsi R. D. librum V Macrobius, librum XIV Lydus collaudant Labeonemque R. D. libro XVI, in quo proprie de Iano res erat, usum esse per se verisimile est. Atque ad certa huius libri fragmenta, quae apud Aug. C. D. VII 28 p. 310, 31 sq.[2], VII 8 p. 284, 15 sqq.[3] extant, proxime accedunt, quae Servius personatus vv. 13—17 tradit, nisi quod apud Augustinum illa de Iani caulis in pace clausis in bello patefactis desiderantur; sed haec cum ceteris tam arte cohaerent, ut ex alio fonte vix

---

nominari. — Alii Ianum aerem credunt; et quia vocis genitor habeatur, idcirco mandari ei preces nostras ad deos perferendas. — Alii Ianum mundum accipiunt, cuius caulae ideo in pace clausae sunt, quod mundus undique clausus est, belli tempore aperiuntur, ad auxilium petendum ut pateant. Nam quasi mundo ei duas facies dederunt, orientis et occidentis, alii quattuor secundum quattuor partes mundi. — Alii Clusivium dicunt, alii Patulcium, quod patendarum portarum habeat potestatem. Idem Iunonius; idem Quirinus, unde trabeatum consulem aperire portas dicunt, eo habitu, quo Quirinus fuit.' Hunc locum cum Macrobio consentire iam Mülleneisen vidit p. 24.

1) Labeo ipse, quippe qui omnes deos ad Solem referat, Lutatii sententiam secutus esse videtur; praeterea Ianum cum Marte (vd. Serv. interp. in.) aequavisse potest, cf. Serv. int. Aen. III 35: Nonnulli eundem (sc. Martem) Solem et Vulcanum dicunt eqs.

2) 'Diximus (sc. Varro) de Iano, quem alii caelum alii dixerunt esse mundum.'

3) 'Cum eum faciunt quadrifrontem et Ianum geminum appellant, ad quattuor mundi partes hoc interpretantur . . . aut si propterea verum est (sc. simulacrum Iani bifrontis), quia etiam nomine Orientis et Occidentis totus solet mundus intellegi . . .'

arcessita sint. Hic igitur totus locus (vv. 13—17) ad Varronem redire videtur. Eodem fortasse pertinere opinaberis Macrobii verba (§ 11): 'Alii mundum id est caelum esse voluerunt' priori Augustini loco simillima, sed haec Labeo etiam apud eum legisse potest, quem procul dubio adhibuit in eis quae sequuntur: 'Ianumque ab eundo dictum, quod mundus semper eat eqs.', sc. Cornificium, cf. Kahl. p. 749. Iam cognominum illas interpretationes, quas Macrobius (§ 16) et Servii interpolator ferunt, ad Varronem redire posse extant argumenta quaedam quamvis leviora. Nam etsi Ianum Geminum ille in R. D. libro XVI (apud Aug. C. D. VII 8 p. 284, 15 sqq.) aliter interpretatus est, quam Macrobius (§ 9. 16), tamen cum hoc Macrobii loco § 14 in.: 'Saliorum quoque antiquissimis carminibus deorum deus canitur' (cf. § 16: 'Patrem quasi deorum deum') non inepte comparari videtur Varr. L. L. VII 27: 'In Saliari versu scriptum est 'cante' hoc versu: divum emta cante, divum deo supplicante', ubi nescio an verbis 'divum deo' Ianus significatur; sed inde certi de Varronis R. D. libris nihil sequi confiteor. Iam haec quae apud Macrobium leguntur § 16: 'Consivium a conserendo id est a propagine generis humani, quae Iano auctore conseritur' similia sunt eis, quae de Iano et Deo Consevio e R. D. libro XIV commemorant Aug. C. D. VII 2 p. 274, 20 sqq.[1]): 'Ianus ... aditum aperit recipiendo semini' et Tert. ad nat. II 11 p. 115, 1 sq.: 'Deus Consevius quidam, qui con⟨satio⟩nibus concubitalibus praesit.' Ianum Quirinum Varro in R. H. libro XXII apud Festum p. 189, 17 commemoravit. Denique cum hac Macrobii interpretatione: 'Patultium et Clusivium, quia bello caulae eius patent, pace clauduntur' consentiunt quidem ea Servii personati verba, quae ad R. D. librum XVI redire modo coniecimus: 'cuius caulae ideo in pace clausae sunt eqs.'; sed interpolator, ubi ipse cognomina illa explicat, longe aliter dicit 'quod patendarum portarum habeat potestatem'. Itaque quamquam Labeonem Varronis R. D. libris usum esse equidem credo, tamen quid Varroni ex Macrobio Servioque dandum sit nescio. Multo vero etiam incertior est res apud Graecum Lydum, qui in explicando a Macrobio plerumque differens omnia susque deque turbavit et quae in fonte suo invenit saepissime aut male intellexit aut doctrina sua commenticia complevit, de qua re Kahl. l. l. fusius egit. Neque tamen cum Iordano (in Prell. R. Myth. I^3 172, 1) omnem fidem denegandam esse censeo his Lydi verbis p. 51, 19 sqq.: '"Ο δὲ Βάρρων ἐν τῇ τεσσαρεσκαιδεκάτῃ τῶν θείων πραγμάτων φησὶν αὐτὸν (sc. Ianum) παρὰ Θούσκοις οὐρανὸν λέγεσθαι καὶ ἔφορον πάσης πράξεως, καὶ Ποπά-

1) Varro etsi in libro XIV inter Ianum et Consevium distinxit, tamen in libro XVI Consevium inter Iani cognomina enumeravisse potest, cf. deam Lucinam in R. D. libro XIV ap. Aug. C. D. IV 11, 21. 34 et Iunonem Lucinam e R. D. libro XVI ib. VII 2 p. 274, 29 sqq.; deam Domiducam ap. Tert. ad nat. II 11, Iunonem Domiducam ap. Aug. C. D. VII 2 p. 276, 34.

νωνα διὰ τὸ ἐν ταῖϲ καλάνδαιϲ ἀναφέρεϲθει πόπανα.' Haec Merkelius contra Lydi testimonium in R. D. libro XVI posuit, ad cuius libri argumentum, ut confiteor, praesertim priora verba optime quadrant, cf. Aug. C. D. VII 8 in. et med. Verum fieri potest, ut Lydus recte rettulerit. 'Πόπανα' enim est 'ianual' illud, de quo Paulus ex Festo refert p. 104, 18: 'Ianual libi genus, quod Iano tantummodo libatur' (cf. Ov. fast. I 127 sq. et Muelleri ad Pauli locum adn.), et 'Ποπάνων' 'Ianualis' vertendum videtur esse. Varronem igitur, si modo Lydus librum XIV recte rettulit, 'Iani Ianualis' inter deos ad victum pertinentes mentionem fecisse conicio, qui pani vel libo coquendo praesideret; quod disciplina Etruscorum probavit, qui Ianum, ut caelum, uniuscuiusque actionis patronum esse docerent.

De Mercurio.

De Mercurio simillima inter se docent Arnobius III 32, Serv. int. Aen. VIII 138. IV 239, Serv. gen. Aen. IV 242, quibuscum ex parte consentit Macrobius Sat. I 17, 5.[1]) Quae vero apud hos leguntur, similia sunt eis, quae Augustinus C. D. VII 14 p. 292, 2 sqq. de eodem deo e Varrone exscripsit. Hanc similitudinem inde natam esse conicio, quod illi scriptores ad Labeonem, Labeo autem ad Varronem redeat.[2]) Haec coniectura aliquantum inde firmatur, quod de caduceo et fetialibus, de quibus apud Augustinum nihil restat, similia atque quae apud Servios leguntur, Varro scripsit in libro de vita P. R. II (ap. Non. 528, 16. 529, 18 Kettn. fr. 14. 13). Eadem etiam apud Ann. Cornutum (de deor. nat. 65 sq. 66. 73 sq.) leguntur, quem ex eodem fonte Graeco atque Varronem pendere veri non dissimile est, sc. ex Apollodoro. Sed cum personatus Servius hic illic ab Augustino dissentiat[3]), quid apud eum ad Varronem, quid ad alium auctorem redeat, quidve ipse demutaverit, non liquet, quare Varroniana apud eum aliqua extare satis sit statuere. Arnobius ad Augustinum propius accedit, ita ut fere omnia, quae fert, Varroni tribui possint exceptis tamen eis, quae ipse illudendi causa addidit.

De Apolline, Minerva, Neptuno.

Ex Macr. Sat. I 18, 1—4 (cf. Arnob. III 33) constat Labeonem de Apolline Aristotelis[4]) theologumena Varronisque et Granii scripta

1) Hos locos exscripsi in R. D. l. XVI. fr. 31 adn.

2) Macrobii verbis: 'Virtus solis, quae sermonis auctor est, Mercurii nomen accepit' mera continetur doctrina Labeonis, quippe qui omnes deos ad solem referre soleat.

3) Serv.: 'Medicurrius, quod inter caelum et inferos semper intercurrit'; Aug.: 'medius currens, quod sermo currat inter homines medius'. Serv.: 'Quidam hunc in petaso et et in pedibus pinnas habere volunt propter orationis velocitatem'; Aug.: 'alas eius in capite et pedibus significare volucrem ferri per aera sermonem'.

4) Hunc 'Aristotelem' revera esse Aristoclem, Varronis aequalem, conicit Kahl. l. l. p. 760.

commemorasse; quid vero Varroni vel cui eius operi tribuendum sit, omnino incertum est. Ut de Apolline Macrobius, ita de Minerva Arnobius (III 31) Granium testem facit, qui Aristotelis compilet theologumena. Unde si respicis ad Macr. I 18, 1—4, totum hunc locum e Granio petitum apparet; Varronem utrum Granius exscripserit an Labeo addiderit, nescitur.[1]) Iam si ad Arnobium redis, quem Labeone usum esse iam patet, similia eum tradere vides, quam quae de Minerva Augustinus C. D. VII 16 p. 294, 17 sqq. IV 10 p. 158, 12 sqq. e Varronis R. D. libro XVI (vd. fr. 61 sq.); C. D. VII 28 p. 311, 10 sqq. e R. D. libro XV (vd. fr. 3 a. 4); C. D. VII 3 p. 277, 3 sqq. e R. D. libro XIV (vd. fr. 43); itaque etiam hoc loco aut Varronem Granius exscripsit aut, quod mihi quidem videtur esse veri similius, Varroniana Granio intermiscuit Labeo.

Neptuni veriloquium quod legitur apud Arnob. III 31 (vd. R. D. XVI fr. 36 adn.) Varronianum esse Kahl. p. 773 non sine probabilitate coniecit comparato Varronis loco L. L. V 72. Num ad R. D. libros redeat incertum.[2])

De Iunonis cognominibus.

Iunonis cognomina magnam partem eadem enumerant Marc. Cap. II 149; Myth. Vat. III 4, 3; Arn. III 30.[3]) Sed priusquam de de eis dicamus, nonnulla de Marciani fonte dicenda sunt.

Eyssenhardt in praef. ed. suae compluribus locis Marcianum satis multa, quae pronuntiaret, apud ipsum Varronem legisse contendit levissimis ne dicam nullis usus argumentis. Immo mihi quidem persuasum est Marcianum ipsos Varronis libros ne semel quidem oculis vidisse, quoniam unum illum locum (II 149—167) quo Varroniana quaedam paullo clarius elucere videantur, certe ex ipso Varrone non petiit. Nam quod de §§ 150—167 Eyssenhardt scribit l. l. p. 48: 'De loco gravissimo rectissime iudicavit Krahnerus (de Varr. phil. p. 24): 'Quae omnia Varroniana esse contentione instituta cum Tertulliani et Augustini notationibus intelligentes facile perspicient'', equidem qui non nescire mihi videor, quas philosophiae doctrinas Augustinus et Tertullianus e Varrone repetierint,

1) A Varrone Granium non exscriptum esse constat.

2) Arnobius quae de Volcano profert III 23. 33 e certo auctore sumpsisse non videtur, neque magis Varroni haec eius verba dare audeo III 33: 'quod ad cunctos veniat, Venerem, et quod sata in lucem proserpant, cognominatam esse Proserpinam', quia ille L. L. V 62 Veneris nomen a vinciendo derivat. — Num interpretationes illae physicae, quas de Volcano et Venere commemorat Serv. gen. Aen. VIII 414. 454. 389 (cf. R. D. XVI fr. 35 adn.) V 801 (cf. R. D. XVI fr. 63 adn.), et Veneris cognominum collectio quam praebet Serv. int. Aen. I 720 sive per Labeonem sive alia via ad Varronem ex parte quidem redeant, dubium est, praesertim cum ex eis, quae de his diis Varro scripserit, paucissima ab Augustino servata sint. Ceterum Volcani etymologiam hic aliam e Varrone profert VII 16. 30 (vd. R. D. XVI fr. 35), quam Serv. Aen. VIII 414.

3) Hos locos exscripsi in R. D. XVI fr. 57 adn.

Marciani opiniones cum illis non modo non congruere, sed etiam plane dissentire sentio. An credat quisquam Varronem daemonas cum angelis comparavisse posse (vd. Marc. II 153), vel inter κακοὺς et ἀγαθοὺς δαίμονας distinxisse (vd. Marc. II 163), cum Augustino teste omnes deos non nisi bonos existimandos esse docuerit (C. D. VI 9, IV 18, vd. R. D. I fr. 29), vel de summis deis et de Iove pronuntiasse: 'Sunt puriores nec admodum eos mortalium curarum vota sollicitant ἀπαθεῖςque perhibentur', cum Stoicos secutus omnibus deis rerum humanarum curationem sescenties attribuerit? Neque magis Varro permulta illa deorum minorum genera accurate inter se distincta et diversis muneribus instructa inter deos superiores interposuit, quae Marc. II 151 sqq. commemorat, neque Lunam esse Proserpinam (vd. § 161) docuit. At haec omnia docuisse scimus Labeonem utpote philosophum Platonicum, cuius rei testes afferre satis habeo Aug. C. D. IX 9; III 25; II 14; Arnob. III 33; Fulg. expos. ant. s. v. manalis lapis; atque quoniam haec arte cohaereant cum § 149, ubi cognomina Iunonis paene eadem leguntur, quae Arnobius (III 30 p. 132, 11 sqq.) nullo dubio e Labeone sumpsit[1]): his omnibus in paragraphis Marcianum in Labeone niti veri est simillimum.

Iam ut de ipsis cognominibus agam, collectionem simillimam praebet mythographus Vaticanus III, mutatis tamen interdum singulis nominum interpretationibus. Quem auctorem hic exscripserit nescio[2]), redit vero, si modo recte nobis adhuc conclusum est, ad Labeonem. Sed quem auctorem secutus est Labeo? Cum Varrone intercedit ei similitudo quaedam, quamquam eum a Varronis doctrina, quae quidem apud Aug. C. D. VII 2. 3 extet, nonnunquam abhorrere confiteor; similis etiam est interdum aliis Varronis locis ut L. L. V 64. 67. 69. VI 18. 34. R. H. XVII ap. Cens. d. d. n. 22, 15: sed ad Varronem omnia illa referre eo magis dubito, quod proxime accedunt eis, quae Paulus servat ex Festo p. 49, 12; 63, 9; 85, 13; 92, 15; 104, 13; 200, 7[3]). Itaque Labeo etsi Varronem hic illic secutus videtur esse, tamen pro proprio fonte eum vix habuit; immo aut ad Verrium aut Verrii fontem eum rediisse credo, de quo videas quae scribit RReitzenstein Verr. Forsch. (Bresl. phil. Abh. I 4): 'Die Quelle des Verrius ging von einer Scheidung der verschiedenen Arten der feriae zu der Darstellung der Hochzeitsgebräuche über. Sie besprach eingehend die Tracht der Braut, ihre Begleitung, die Namen der Gottheiten, welche angerufen wurden, die Lage der Heiligtümer, in welchen dies geschah, und schloſs hieran die Rechte der Matronen ... Derselben Quelle mögen auch die beiden Bemerkungen über die Bestattung der Toten und die Ausdehnung der Trauerzeit ... entnommen sein.'

1) Labeonem etiam Bonae Deae et Iani cognomina collegisse moneo; vd. supra p. 115. 117. 2) Plerumque Augustinum et personatum genuinumque Servium sequi solet. 3) Vd. R. D. XVI fr. 57 adn.

De dis minutis.

Arnobium deos illos minutos, quos enumerat III 23. 25. IV 1. 3. 4. 7. 9 Labeoni debere consentiunt viri docti, de Labeonis fontibus dissentiunt; de Granio Kettner, de Varrone Peter (Rosch. myth. Lex. s. v. Indigitamenta), de neutro Kahl cogitat, qui opus secundum litterarum ordinem digestum subesse sibi persuasit, litterarum enim ordinem sequi Arnobium. Atque iste litterarum ordo, quem iam Kettner detexit, hic illic profecto extare videtur, ita tamen ut rerum ordo non plane neglegatur, velut numina nuptialia Arnobius IV 7 tria enumerat continuo: Perficam Pertundam Tutunum, e quibus posteriora duo eodem ordine Augustinus (C. D. VI 9, vd. R. D. XIV fr. 57. 59) vel Varro inter se coniunxit; III 25 coniunctae praebentur aliae deae nuptiales Unxia Cinxia Victa Potua, IV 7 dii agrestes Nemestrinus Patellana Patella Nodutis Noduterensis. Sed quocunque modo hoc factum est, argumentum inde vix duci potest, unde colligatur, cui vel quibus fontibus Labeo sua debeat. Fac Labeonem ipsum quae in fontibus suis invenit secundum litterarum ordinem disposuisse.

Iam quid Varronem Labeoni tribuisse credendum est? De Pertunda — ut a diis nuptialibus sumam exordium — et Tutuno Augustinus C. D. VI 2 simillima similibus verbis attulit atque Arnobius IV 7; sed Perficam, quae eodem Arnobii loco legitur, Augustinus vix, credo, omisisset, si eam apud Varronem vidisset; atqui tria illa numina Labeonem indidem sumpsisse per se credibile est: itaque veri similius mihi quidem videtur eum Varrone hic non usum esse, quamquam aliter rem se habere posse concedo.

Cum Unxia Cinxia Victa Potua (Arnob. III 25), quibus adicienda est Ossipago ex Arn. IV 7 p. 147, 7 sq., aptissime comparantur, quae de Iunone Unxia Cinxia Ossipagina in eandem sententiam secundum Labeonem narrant Marcianus Capella (II 149), myth. Vat. III 4, 3, Arnobius III 30, quae Labeonem non e Varrone sed alio ex auctore, Verrio vel Verri fonte, petiisse modo probare studuimus. Quare ne haec quidem numina ad Varronem referre licet.

Ex tribus illis deabus, quas IV 3 commemorat, primam, Lupercam, Arnobius secundum Varronem cum Romulo infante coniungit, alteram, Praestanam, ad Romulum regem, tertiam Pandam vel Panticam ad Tatium refert. Illa fortasse in R. D. libro XV locum tenuit, has indidem arcessitas esse veri non dissimile est. Ceterum quod Kahl p. 724 Varronem de Panda exscriptum esse negat, qui Nonio teste (44, 2) in libro de vita P. R. III alia doceret, minime me prohibet de Varrone cogitare, cum illo de vita P. R. loco Varro non suam, sed Aelii proferat sententiam.

De dea Pellonia idem docent Arnobius IV 4 et (secundum Varronem) Augustinus C. D. IV 21.

Ea numina, quae praeter Perficam Pertundam Tutunum Ossipaginem leguntur apud Arnob. IV 7, hac ratione se excipiunt: Puta Peta Nemestrinus Patellana Patella Nodutis Noduterensis †Upibilia Orbona Nenia Mellonia. E dis agrestibus hic enumeratis in Varronis relliquiis tres tantum extant apud Aug. IV 8. 34; differunt vero patres et ordine et nominum forma, cum Augustinus praebeat Nodotum Patelanam Mellonam; quod utrum Labeonis fonti an ipsi Labeoni an Arnobio an librariis crimini dandum sit nescio. Differunt etiam ipsa interpretatione; Nodotus enim apud Augustinum geniculis nodisque culmorum praeest, hoc igitur numen eo demum temporis momento munere fungi incipit, quo nodiculi fieri incipiunt, apud Arnobium autem Nodutis res satas ad nodos perducit, atque Augustinus Patelanam folliculis patescentibus, Arnobius Patellanam 'rebus' patefactis praeficit.[1]) Arnobiusne inaccurate auctorem suum excerpserit, an auctor eius in fonte suo interpretationem invenerit a Varroniana diversam, ego non discepto; certe hic nihil extare vides, quo Varronis doctrina suppleatur.

Idem dicendum est de ceteris, quae cum Varrone iam conferri possunt. De Orbona enim docet Arnobius: 'In tutela sunt Orbonae orbati liberis parentes', Tertullianus scribit ad nat. II 15 (R. D. XIV fr. 63): 'Orbana, quae in orbitatem semina extinguat'; quae verba etsi significare videntur: 'Orbana extinguit liberos ita ut parentes orbi fiant', tamen parentes orbati in t u t e l a Orbonae fuisse Varro vix docuit. Prorsus autem diversa leguntur de Nenia, de qua Augustinus refert VI 9 (R. D. XIV fr. 64): 'Nenia in funeribus senum cantatur', Arnobius: 'In tutela sunt Neniae, quibus extrema sunt tempora.' Quae cum ita sint, nimis temerarie ageremus, si reliquos huius capitis deos, de quibus in Varronis relliquiis nihil restat, ad Varronem referremus.

IV 10 ab Arnobio secundum litterarum, ut videtur, non rerum ordinem dispositi enumerantur hi dii: Lucrii Libentina †Burnus Limentinus Lima Limi Saturnus Montinus Murcida Pecunia, quibus apud Varronem, quantum superest, similes extant Lubentina (Aug. C. D. IV 8, R. D. XIV fr. 35), Limentinus (Aug. C. D. VI 7. IV 8. Tert. ad nat. II 15 al., R. D. XIV fr. 104) Murcia (Aug. C. D. IV 16, R. D. XIV fr. 39) Pecunia (Aug. C. D. IV 21 al. R. D. XIV fr. 98). Atque quod de Lubentina Limentino Pecunia in universum consentiunt patres ecclesiastici, non mirum est, de Murcida vel Murcia iam aliquantum differunt (vd. R. D. XIV fr. 39 adn.) et Limam inter deos ad limina pertinentes Varro omisisse videtur; certe et Augustinus et Tertullianus sex diversis locis cum Limentino non coniungunt nisi Forculum et Cardeam.[2]) Ergo ne ex hoc quidem capite quidquam pro certo ad Varronem referri potest.

1) Item 'rebus' petendis et 'rebus' patefaciendis praeficit Petam et Patellam, de quibus veteres Romani certo alia crediderunt.

2) Montinus, cui Arnobius montium tutelam tribuit, nescio an com-

Nonnullos deos propter similem naturam collectos compositosque esse patet hoc loco Arn. IV 1: 'Interrogare vos libet ipsosque ante omnia Romanos . . ., utrumne existimetis Pietatem Concordiam Salutem Honorem Virtutem Felicitatem ceteraque huiusmodi numina, quibus aras videmus a vobis cum magnificis exaedificatas delubris, vim habere divinis.' Paullo infra legitur: 'Victoria Pax Aequitas et cetera, quae in superioribus dicta sunt.' Hoc loco quamquam Arnobium res notissimas referre facile opinaberis atque eas, quas ipse quotidie ipsius suis oculis observare potuerit, tamen si Varronem de talibus diis singulari expositione fuse egisse atque ibi praecipue aras et templa commemorasse mimineris (vd. quaest. I p. 22 sq.), eum ne in his quidem fontem suum, sc. Labeonem reliquisse, Labeonem vero hic Varronis vestigia pressisse non incredibile esse putabis. Quod quo melius perspiciatur, unum afferre liceat Varronis locum ab Augustino traditum C. D. IV 24: '. . . ita Virtus, quae dat virtutem, Honor, qui honorem, Concordia, quae concordiam, Victoria, quae dat victoriam, ita, cum Felicitas dea dicitur non ipsa, quae datur, sed numen illud adtenditur, a quo felicitas datur'. Praeterea cf. C. D. IV 18. 19. 20. 21. 23; Varr. L. L. V 73: Virtus . . . Honos . . . Concordia; 74: Salutem Fortunam Fortem Fidem.

Denique videndum est de hoc Arnobii loco IV 11: 'Atquin videte, perspicite, ne dum talia confingitis monstra [i. e. deos, qui praesident ossibus, mellibus, liminibus, similes; cf. IV 10] talia atque molimini, deos offenderitis certissimos, si modo sunt illi, qui istius nominis [i. e. deorum nominis] mercantur sustinere atque habere fastigium.' Ubi pater cum deos minores aliis opponat diis maioribus, quos certissimos nominat, diis minoribus etiam nomen deorum certorum fuisse indicare videtur; quare Labeonem cum deos minutos tractaret rettulisse conicio, talia numina a Varrone in eo R. D. libro, qui esset de dis certis, enumerata esse. Iam respicias quid scribat Serv. gen. ge. I 21: 'Studium, quibus arva tueri] nomina haec numinum in Indigitamentis inveniuntur, i. e. in libris pontificalibus, qui et nomina deorum et rationes ipsorum nominum continent: quae etiam Varro dicit. Nam ut supra diximus nomina numinibus ex officiis constat imposita. Verbi causa ut ab occatione deus Occator dicatur: a Sarritione deus Sarritor: a stercoratione Sterculinius, a satione Sator.' Verbis 'ut supra diximus' ablegamur ad ea, quae ad vers. 5 adnotantur: 'Stoici dicunt non esse nisi unum deum et unam eandemque potestatem, qua pro ratione officiorum nostrorum variis nominibus appellatur. Unde eundem Solem, eundem Liberum, eundem Apollinem vocant.' Ultimis verbis propria et genuina Labeonis doctrina continetur, cf. Macr. I 18, 1—4. Quam ob rem equidem non dubito, quin Servius ut alibi etiam hoc utroque loco Labeonem

parari possit cum eo, quem Tert. ad nat. II 15 p. 128, 2 (vd. R. D. XIV fr. 101) loco corrupto (cod A praebet: 'montium septemontium') nominat, qui septem montes urbis tuebatur; cf. Preller Röm. Myth. II[3] p. 221.

secutus sit: Labeo igitur Varronem eiusque de Indigitamentis doctrinam commemoravit; verum de dis ab eo enumeratis idem valet, quod supra de Arnobii dis dixi. Quamquam Varroniani esse possunt, tamen Varroni eos adscribere iusto audacius est. —

De dis Penatibus et Novensilibus non est, quod post Wissowam denuo agam; de Laribus et Manibus quae dicenda sunt, in fragmentorum adnotationibus dicam.

Quaestio V.

De dis certis incertis selectis.

Quid deorum certorum et incertorum notionibus significetur, primus intellexit G Wissowa, qui sententiam suam quamvis argumentis non firmatam protulit in Marquardtii Handb. III^2 p. 9, 4; Hunc sequitur Peter in Roscheri Myth. Lex. s. v. Indigitamenta p. 132. Sed quia viri illi doctissimi sententiam suam profiteri quam aliorum refutare maluerunt, id quod illi omiserunt mihi quidem supplendum esse videbatur. Nam qui ante eos de hac re quaesierunt locis ad rem nihil facientibus usi, eam obscuraverunt magis quam illustraverunt. Ut praeter ceteros peccavit Prellerus (Röm. Myth. I^3 p. 71 sqq.), qui, ut rem leviorem prius absolvam, deos certos cum diis propriis confudit Servii interpol. verbis fretus, qui adnotat ad Aen. II 141: 'Pontifices dicunt singulis actibus proprios deos praeesse; hos Varro deos certos appellat.' Verum 'dii proprii' hoc loco omnino non nominantur, ubi secundum pontificum doctrinam singulos quosque actus a singulis diis regi refertur. Revera autem Varro cum in R. D. libro I theologian civilem tractaret, propriorum deorum nomen eis indidit, qui a solis Romanis colerentur, quibus opposuit eos, quos cum aliis communes haberent (vd. Aug. C. D. II 14. III 12. Min. Oct. 25, 7. Lact. I. D. I 20, 1; quaest. II p. 68 sq.). Haec igitur dispositio nihil ad rem.

Deinde Prellerus (l. l.) et Merkelius (Ov. fast. prol. p. CLXXXV) huc ea rettulerunt, quae exhibet Serv. interp. Aen. VIII 275: 'Varro dicit deos alios esse, qui ab initio c e r t i et sempiterni sunt, alii, qui immortales ex hominibus facti sunt.' Attamen ne his quidem verbis de diis 'certis' agitur, id quod ex ipsa verborum forma primo obtutu intellegitur, sed de iis diis, qui neque initium neque finem divinitatis habeant, de diis 'nativis' quos vocat Dionysius Stoicus eodem loco Varroniano (vd. quaest. II p 72 sqq.), id est de diis, qui φύσει dii sunt; his opponit eos deos, qui divinitatis initium aliquod habeant, i. e. deos ex hominibus factos vel homines post mortem in divinitatem receptos.

Inter deos illos 'nativos' Varro imprimis terram ignem caelum aera solem lunam astra collocavit, quos omnes in R. D. libro XVI tractavit, non in libro XIV, quod expectandum erat, si illi hunc locum recte huc attulissent. Quae quamquam satis superque monita sunt, tamen paullulum adicere libet de eis, quae viri docti ex hoc loco concluserunt. Scribit enim Prellerus: 'Die dii certi waren also 'eigentliche und ausgemachte Götter' . . . 'dii incerti' müssen also dem entsprechend solche Götter gewesen sein, welche nicht von Anfang an, sondern erst zu einer gewissen Zeit, d. h. durch Konsekration zu Göttern geworden waren, also im engeren Sinne des Worts nicht für Götter gehalten werden konnten. . . . Auch glaube ich, daſs nicht allein solche Götter, die man nach der tief eingefressenen euhemeristischen Anschauung der Zeit, welcher auch Varro ganz ergeben war, für konsekrierte Menschen hielt, in diesem Abschnitte behandelt wurden, sondern auch die Personifikationen der Tugenden und Fehler.' Verum virtutes et vitia consecrata Varro in R. D. libro XIV posuit (vd. quaest. I p. 22); deinde in his R. D. libris non Euhemeri sed Stoicorum sententias secutus est (vd. quaest. III); denique divinitatem eorum deorum, qui immortales ex hominibus facti sunt, Stoicos secutus non modo non negavit, sed copiose demonstravit (vd. R. D. I fr. 23. 25 sqq. XVI fr. 3 sq.).

Merkelius autem Varronem haec non de diis certis et incertis, sed de solis diis certis scripsisse atque duos certorum ordines docuisse ratus deos certos putat eos, quorum 'simplicissima fuisset ratio' et 'qui antiquissimum deorum genus effecissent', et 'quorum condicio, ex qua consecrati essent, non esset mutata'; hos deos digestos esse in deos certos sempiternos, quorum 'praesertim ex indigitamentis simplex esset notio ipso nomine inclusa' (vd. p. CCXXVII), et numina certa ex hominibus consecrata, quorum 'proprium esset fabulam habere, sed simplicem nec ambigue traditam, tum numina aliusmodi, quam deos indigitamentorum' (vd. p. CXCV). At hac ratione vix intellegitur, quare dii illi nomen illud deorum certorum acceperint; deinde haec sententia in falsa indigitamentorum notione vertitur (vd. Excursum). Denique Merkelius hoc modo deos illos ex hominibus factos duobus diversis R. D. libris tribuere coactus est, id quod Varro certe non fecit.

Neque magis cum Marquardtio (Handb. III^2 p. 9, 4) in usum vocare licet, quae scribit Arnobius II 65: 'Ut enim dii certi certas apud vos habent tutelas, licentias, potestates, neque eorum ab aliquo id, quod eius non sit potestatis ac licentiae, postulatis . . .' Arnobium enim ne tantulum quidem de Varronis diis certis cogitasse docent ipsi dii, quos sententiae suae demonstrandae causa subinde enumerat: Liber Ceres Aesculapius Neptunus Iuno Fortuna Mercurius Volcanus 'rerum singuli certarum ac singularum datores'; immo de universis diis Romanis agens exponit singulos deos singulas vel proprias habere potestates, vel, ut denuo Arnobii ultima verba repetam, singulos esse rerum certarum ac singularum datores. Neque haec sententia a vero abhorret[1]; nam tale aliquid ipse Varro agnoscit, cum sibi proponit explicare, 'quam quisque deus vim et facultatem ac potestatem cuiusque rei haberet (vd. R. D. I fr. 5).

Ceterum his, quae modo diximus, alia sententia refellitur, secundum quam Varro diis illis ideo nomen certorum indidit, quia certam haberent potestatem. Nam, ut notionibus a logica philosophiae parte profectis uti liceat, nota 'generalis', quae ad universum genus spectat, singularis speciei nota 'specifica' esse non potest. Profecto ad unam certamque rationem vel summam Varro etiam unumquemque deorum selectorum redegit, et cum ineunte R. D. libro XV dicit sibi non contigisse, ut deos incertos ad aliquam dirigeret summam, ipse confitetur etiam horum deorum naturam certa ratione contineri.

Denique videamus, quid ad nostram rem faciat hic locus Serv. interp. Aen. II 141: 'Pontifices dicunt singulis actibus proprios deos praeesse; hos Varro deos certos appellat.' His verbis is sensus subesse videtur, quasi Varro deos illos, qui secundum pontificum doctrinam singulis actibus proprii praeessent, certos appellasset, atque id propterea, quod ea potestas, quae uno actu vel uno officio contineretur, revera esset 'certa' potestas. Hanc opinionem Krahnerus (in Ersch. et Grub. Encyclopaed. s. v. Penates) pronuntiavit dicens: 'Der Kreis der Wirksamkeit ist bei den dii certi auf ein bestimmtes, durch ihren Namen angedeutetes[2]) officium beschränkt.' Atenim haec opinio neque ad eos deos certos, qui etiam inter selectos locum tenuerunt, quadrat, neque ad unumquemque ex ceteris diis certis; ut exemplo utar, Fortuna non modo ei uni singularique actui praeest, quod a parturientibus fortuita arceat (R. D. XIV fr. 18), sed generatim omnium fortuitorum dominatrix est (fr. 92). Quae cum ita sint, ex his verbis non colligitur, quam ob causam Varro his diis 'certorum' nomen dederit, sed quales illi dii fuerint. Utique hic fere idem accipimus, quod Augustinus scribit C. D. IV 8: 'Omnia nomina deorum et dearum, quae illi grandibus voluminibus vix comprehendere potuerunt, singulis rebus propria dispertientes officia numinum', sive de ipso R. D. libro XIV sive de Indigitamentis, Varronis fonte, Augustinus cogitavit.

Quid vero sint dii certi et incerti, non nisi ex ipsius Varronis verbis discitur, quae libro XV praemisit. Refert enim Augustinus C. D. VII 17: 'Trium extremorum primum de diis certis cum absolvisset (sc. Varro) librum, in altero de diis incertis dicere ingressus ait: 'Cum in hoc libello dubias de diis opiniones posuero, reprehendi non debeo. Qui enim putabit iudicari oportere et posse, cum audierit,

---

1) Similia exponit Aug. de cons. ev. I 25, 38; c. Faust. Man. XX 10.

2) Uniuscuiusque dei certi officium nomine inclusum non fuisse docet Iuturna (R. D. XIV. fr. 88).

faciet ipse. Ego citius perduci possum, ut in primo libro quae dixi in dubitationem revocem, quam in hoc quae praescribam omnia ut ad aliquam dirigam summam.' Varro igitur dicit se in hoc libro tales enumeraturum esse deos, de quorum natura[1]) certi aliquid evincere non potuisset. Immo illud certum, quod de prioris libri diis statuisset, se in dubium revocare malle quam ea varia, quae de unoquoque huius libri deo undecunque explorata scripturus esset, ad unam et simplicem rationem referre i. e. ad eam rationem, qua, ut interiore vinculo, varia illa inter se ita coniungerentur, ut unum aliquod efficerent.

Apparet his verbis Varronem exposuisse, quam ob causam deos in libro XV tractandos 'incertos' nominaret, nempe quia quae de eorum natura invenisset aut ad nullam aut ad incertam tantum summam dirigere posset, i. e. quia pro certo eruere non potuisset, quae esset eorum potestas. Ergo dii certi sunt ei, de quorum natura Varro certi aliquid invenisse sibi videbatur. Atque profecto ista ratio, secundum quam deorum ordines disposuit, maxime accommodata erat ad id, propter quod R. D. libros conscripsit, sc. ut doceret, 'quid ad quemque Romanorum deum pertineret et propter quid cuique deberet supplicari' (vd. R. D. I fr. 5).

Dii certi et incerti universum deorum P. R. publicorum numerum amplectuntur. Iam vero in R. D. libro XIV[2]) Varro eam rationem secutus erat, ut de diversis actionibus diceret, quibus singuli dii praeessent, non de singulis diis exponeret, quas actiones regerent, unde factum est, ut maiores deos compluribus locis commemoraret. Hoc autem modo neque totam eorum potestatem neque universam naturam illustravit, qua in re neque theologus civilis neque naturalis acquiescere potuit. Itaque hos deos praecipue tractandos selegit, unde nomen acceperunt deorum selectorum.[3])

Denique de R. D. libri XV argumento nonnulla adicere liceat, nam de XIV et XVI ex ipsis relliquiis satis edocemur. Siquidem Varro in hoc libro eos deos posuit, de quibus certi quidquam evicisse sibi non videbatur, primum huc referendi sunt, de quorum na-

---

1) Non 'de quarum divinitate', ut false interpretatur Prellerus l. l. p. 72 (cf. supra p. 127).

2) In libro XV certe nullum selectorum tractavit.

3) Levissima illa, quae de hac re Schmekelius profert, tantum commemorare satis est; scribit enim Phil. d. mittl. Stoa p. 120 adn. sub fin.: 'Buch I enthielt eine Übersicht über die philosophische Religion, Buch XIV bis XV die über die dei publici und privati (!), Buch XVI die über die dei selecti. Um die dei publici und privati kümmerte sich Varro nicht weiter, wohl aber suchte er eine Vereinigung der dei selecti mit der Gottheit bezw. den Göttern, die die Philosophie lehrte'. Quae maximam partem perverse dicta esse non habeo, quod certis ostendam argumentis.

tura veteres Romanos inter se dissentire notum est, dico Penates[1]) Consentes Lares Manes Indigetes Novensides similes; tum dii illi de hominibus assumpti, de quorum natura nisi ex incertissimis fabulis nihil colligi poterat; ceterum etiam de his, velut de Hercule (vd. Ael. ap. Varr. L. L. V 66; Varr. ap. Macr. Sat. III 12, 1 sqq.), alios auctores alia docuisse constat. Ita ipsa horum deorum natura firmatur, quod in quaest. I p. 11 sq. de Penatibus, in quaest. II p. 81 de Aenea Romulo Pico Fauno Fauna Acca Sancto huic libro tribuendis ex Augustini et Tertulliani verbis collegimus.

Excursus.

De Indigitamentis.

Quae ratio inter deos certos Varronis deosque indigitamentorum intercederet nuperrime exponere conatus est RPeter in Roscheri Myth. Lex. II p. 129 sqq. Qui etsi multa recte statuit (velut haud ita paucos a Varrone deos in certorum numerum relatos esse, qui in indigitamentis desiderabantur), saepius tamen ab eis, quae ipse, antequam illius cognovi dissertatiunculam, mecum statui, ita recedit, ut reiecta eius de tota indigitamentorum indole sententia ipse quid sentiam paucis adumbrare malim.

Peter postquam Varronis deos certos p. 151 sqq. examinavit priorumque qui de indigitamentis scripserunt opiniones p. 154 ff.

---

1) Quod Krahnerus (in Ersch. et Gruber. Encycl. s. v. 'Penates') Penates in R. D. libris locum tenuisse negat, perversum est. Nam ut vir doctus eos ad librum XIV aut XVI non pertinere recte vidit, ita de libro XV egregie fallitur. Nam Varronem non modo deos selectos, sed omnes Romanorum deos ad Stoicorum disciplinam accommodavisse ratus iudicat totum R. D. libri XV argumentum eum praebere his verbis in praefatione R. D. libri XVI positis (ap. Aug. C. D. VII 6): 'Inter lunae vero gyrum et nimborum ac ventorum cacumina aërias esse animas ... et vocari heroas et lares et genios'. Atqui Arnobio teste (III 40) Varronem Penates in imis penetralibus caeli collocasse: ergo Penates in libro XV positos esse non posse. Atenim etiamsi heroas et Lares Varro in libro XV commemoravit, tamen non modo non potest demonstrari Varronem istis verbis totum libri XV argumentum praebere voluisse, sed etiam veri plane est absimile eum omnino ad huius libri XV argumentum illo libri XVI praefationis physicae loco spectasse, id quod perspiciet quicunque totum illum locum leget, ex quo Krahnerus nonnulla verba exscripsit, in quibus coniecturam suam exaedificaret. Prorsus vero Krahneri sententia eo destruitur, quod Wissowa (Überlief. der Penaten Herm. XXII p. 53 sq.) Varronem illo loco, quem Arnobius servat, non de Romanorum, sed de Tuscorum Penatibus egisse probavit.

refutavit, hunc fere in modum concludit: Si indigetes[1]) illi, qui Varronis ordinibus continentur, accurate observantur, indigetis munus certis finibus circumscriptum etiam ipso nomine[2]) exprimi patet; atqui indigitamentis teste Servio gen. ge. I 21 nomina deorum et rationes nominum, h. e. interpretationes praebentur, in indigitando autem nihil magis intererat, quam ut rectum dei nomen inveniretur et enuntiaretur, ita ut 'indigitare' i. e. 'indigetem facere'[3]) idem esset, quod 'rectum nomen facere' eius dei, cui supplicaretur: ergo indigitamenta erant indices nominum, quae Indigetibus a pontificibus indebantur vel, ut ipsius eius verba afferam 'Verzeichnisse von den Pontifices festgesetzter Indigetennamen, welche in den diesen beigegebenen rationes nominum eine Anweisung gaben, wie die Namen zu gebrauchen, d. h. welcher Indiges im gegebenen Falle anzurufen war.'

Quae contra dicendum est inter indigetes et indigitamenta rationem illam, quam vir doctus putat, minime interesse indigetesque revera esse genuinos populi Romani deos publicos, quod certissime probavit G Wissowa in luculentissima illa expositione, quae inscribitur 'de dis Romanorum Indigetibus et Novensidibus' (Ind. Lect. Marp. 1892). Verum dixerit quis Peterum, quamvis in verbis erraverit, tamen rem ipsam recte perspexisse recteque demonstrasse indigitamentis non contineri nisi numina specialia.[4]) Sed ex virorum doctorum qui antiquis temporibus vixerunt sententia res aliter se habebat; acutissime enim scribit G Wissowa l. l. p. V: 'Inde quod doctorum litterae ab Arnobio (II 73) adlegatae Apollinis nomen ab indigitamentis Numae regis abesse adnotabant, pro certo sequitur ex virorum doctorum sententia indigitamenta omnes deos, qui quidem tum colebantur comprehendisse.' Quamquam Peter, cum

---

1) Quid 'Indigetem' esse putet, p. 137 ita describit: 'Indiges bezeichnet einen in einer bestimmten menschlichen Handlung, Thätigkeit, in einer bestimmten Sache, Örtlichkeit u. s. w. und zwar nur in dieser einen und in keiner anderen Handlung u. s. w. wirkenden Gott'.

2) Talia nomina dii certi maximam partem revera habuerunt; sed quod Peter Augustinum (C. D. IV 24 inde a verbis 'quorum deorum non inveniebant eqs.') hoc expressis verbis confirmavisse opinatur, false iudicat. Neque enim hoc loco Augustinus, sed ipse Varro loquitur (vd. qu. I p. 22), neque ibi de diis certis vel de 'indigetibus' agitur, sed de certo quodam genere deorum certorum, sc. de eis, qui ipsum nomen habebant earum rerum, quarum datores esse putabantur.

3) Cf. Pet. p. 132: Indigito und indigitamentum bilden zweifellos mit Indiges eine Gruppe von etymologisch wie sachlich zusammengehörigen Wörtern. Indigito bedeutet nach Reifferscheids Erklärung 'ich mache, ich schaffe einen Indiges', indigitamentum ist hiernach die Gebetsformel, durch welche in den einzelnen Fällen dieses Schaffen eines Indiges zu geschehen hat; die dii Indigetes sind also die Gottheiten der Indigitamenta.

4) Hac voce cum Wissowa illa numina appello, quorum munus certis finibus circumscriptum ipsoque nomine expressum erat.

inter indigitamenta Pompiliana et indigitamenta universa non discernat, ex hoc Arnobii loco false colligit Apollinis nomen in indigitamentis omnino non fuisse atque Cornelium Labeonem proprias praebere hariolationes, cum referret apud Macr. Sat. I 17, 15 Apollinem a Vestalibus indigitari Medicum et Paeanem; quod idem statuendum esse de altero Macrobii loco (I 12, 21), ubi idem Labeo Maiam indigitari scriberet. Sed Labeoni cur diffidamus nulla extat causa. Legimus enim etiam apud Servii interpolatorem (Aen. VIII 330) Tiberinum a pontificibus indigitari solere, quo loco commentatorem ideo voce indigitandi uti Peter conicit, quia deus ille 'Indiges' cognominatus sit; quae sententia quo argumento nitatur nescio, immo cum apud Serv. gen. (Aen. VIII 31) in sacris Tiberinum vocari legatur, cumque idem ad Aen. VIII 72 ipsam precationis formulam praebeat 'adesto Tiberine cum tuis undis', pro certo patet etiam hic ut ubique (vd. adn. ad R. D. XIV fr. 2) 'indigitare' idem esse quod 'imprecari'. Praeterea Indigitamentis etiam Iovis imprecationem tribuo, quam refert Serv. int. Aen. II 351: 'Pontifices ita precabantur: Iuppiter optime maxime sive quo alio nomine te appellari volueris.', cf. eund. Aen. IV 577. Denique Aug. C. D. VII 23 p. 303, 18 sqq. pontifices una cum Tellure Tellumoni Altori Rusori 'rem divinam' facere secundum Varronem (R. D. XVI) refert et cum de eadem re alibi (C. D. IV 10 p. 158, 33 sqq.) ita dicat ut 'poeticos' cum 'sacrorum libris' conferat, his 'libris' non Varronis R. D. librum XVI, sed ipsos pontificum libros sacros significari atque hoc Varronis loco Indigitamentorum reliquias extare mihi quidem persuasum est.

Quoniam igitur Indigitamenta cum deos universales tum speciales amplectebantur, actum iam est de Peteri sententia; restat ut propria exponamus: 'Indigitare', ut omnes una voce testantur auctores, idem valet quod imprecari; 'comprecationes' deorum immortalium, quae ritu Romano fierent, expositas esse in libris sacerdotum populi Romani docet Gellius N. A. XIII 23, quibus libris Indigitamenta significari Wissowa intellexit l. l. p. V; invocari etiam a flamine, cum sacrum faceret Telluri et Cereri, Vervactorem Reparatorem Imporcitorem ceteros commemorat Serv. int. ge. I 21, quem locum Indigitamentis mecum vindicabis collatis similibus illis diis agrestibus, quos Varro inde sine dubio hausit; denique ipsae extant comprecationum formulae, quibus Apollo Tiberinus Iuppiter indigitabantur. Talia vero in meris indicibus vel nominum collectionibus conscripta fuisse non credes. Immo equidem Indigitamenta quosdam pontificum libros fuisse opinor, quibus praeciperent, qui dii quibus nominibus formulisque a quibus hominibus quo tempore imprecandi essent. Ceterum non casu factum esse mihi videtur, ut omnia paene indigitamentorum frustula quae extant non ad rem publicam sed (ut Augustini vel Varronis verbis utar) 'ad ipsum hominem et ea quae sunt hominis ut victum atque vestitum et quaecumque alia huic vitae sunt necessaria (Aug. C. D. VI 9)' aut pertineant aut nulla difficultate referri possint; ubi non tam de illis diis cogito, quos Varro proprium secutus consilium in R. D. libro XIV aut in logistorico de lib. educ. ap. Non. p. 352. 532 enumeravit, quam de diis agrestibus, quos in sacro Cereali flamen invocat (vd. Serv. int. ge. I 21), de Tellumone Altore Rusore, quibus pontifices sacrum cum Tellure faciunt (vd. Aug. C. D. VII 23 sub fin.), de Apolline Medico, quem virgines Vestales teste Macrobio Sat. I 17, 15, de Tiberino, quem pontifices teste Serv. int. VIII 330 indigitant. Quare equidem eas comprecationes et sacra, quae de salute rei publicae fiebant, Indigitamentis abrogaverim ibique non nisi eas collocaverim, quae ad salutem ipsorum civium et ad hominum vitam recte tuteque agendam pertinerent. Neque tamen pontifices his in libris hominibus privatis praecepta aut precationum formulas dare voluisse iudico, quibus ipsi per se privatim deos imprecarentur, sed ex indigitamentorum praeceptis publica sacra instituebantur, id quod elucet ex omnibus quos modo collaudavi locis. Huiusmodi libros secundum diversas vitae condiciones hominumque opera et actiones dispositos fuisse consentaneum est[1]; et quia singulis illis comprecationibus id ipsum praepositum fuisse credendum est, propter quod concipiendae essent, aut quia hoc ex ipsis formulis vel nominibus plerumque sua sponte elucebat: Varro 'indigitamentis nomina et rationes ipsorum nominum contineri' (Serv. gen. ge. I 21) iure contendit.

Ut in universum antiquissimi 'sacrorum' libri Numae et aliis regibus ascribebantur (vd. Liv. I 31, 8. 32, 2. Varr. de cult. deor. ap. Aug. C. D. VII 35), ita etiam Indigitamentis vetustissimis nomen erat Pompilianorum, quod nomen ad universa Indigitamenta non pertinere inde elucet, quod ibi deus Argentinus certe locum tenuit

1) Cum hac sententia non pugnat hic Gellii locus N. A. XIII 23 (ubi de Indigitamentis agi Wissowa vidit l. l. p. V): 'Comprecationes deum immortalium, quae ritu Romano fiunt expositae sunt in libris sacerdotum populi Romani et in plerisque antiquis orationibus. In his scriptum est Luam Saturni, Salaciam Neptuni, Horam Quirini, Virites Quirini, Maiam Volcani, Heriem Iunonis, Moles Martis Nerienemque Martis'. Neque enim hae comprecationes una invocatione coniunctae fuerunt. Qualem enim illam fingamus, absonam et diversam ab omnibus quae aetatem tulerunt, aut qua in oratione haec ita enumerata fuisse numina credamus? Conferas quaeso Ennium (ann. 114 Luc. Müller): 'teque Quirine veneror bene Horamque Quirini', conferas sacrificia fratrum Arvalium sescenta alia: collegisse antiquarium quendam et ex libris pontificum et ex orationibus antiquis minora quaedam numina mecum statues, quae plerumque maiori alicui adiuncta invocabantur, nam de coniugiis quidem deorum non agi apparet (vd. Heriem Iunonis, cf. Fest. 100 Herem Marteam cum Ennio ann. 113 Nerienem Mavortis et Herem, vd. Moles Martis), etsi recentiore aetate haec credita sunt. Gellium ipsum locum parum perspexisse non miramur ('in his scriptum est'), modo ne illius stuporem exosculentur viri docti.

(vd. Varro R. D. XIV fr. 98), quem deum pontifices inde ab anno Chr. 269 invocare coeperunt. Necnon recentiorem resipiunt aetatem ipsae imprecationes: 'Adesto Tiberine cum tuis undis' et 'Apollo Medice Apollo Paean (hoc est Ἰήιε Παιάν, ut patet ex ipsa medici voce). Quibus vero temporibus pontifices novos deos novasve imprecationes indigitamentis inserere desierint, incertum est. Eodem tempore hoc fortasse factum est, quo Argei Graecorum ritu inducerentur, inter primum et secundum bellum Punicum, de qua re videas G Wissowa in Pauly Real-Encycl. s. v. Argei sub. fin.

De ceteris scriptoribus.

Restat, ut de ceteris qui huc pertinent auctoribus, de quibus in quaestionibus aut parum aut omnino non dictum est, pauca adiciam.

Atque Verrius quidem Varronis R. D. libris usum esse haud improbabile est, quoniam eiusdem Res Humanas plus semel commemorat. Quid vero e R. D. libris I XIV XV XVI hauserit, vix uno quidem loco constat, praesertim cum praeter Varronem ipsum etiam fontes eius adierit. Accedit quod de ipsa deorum natura nusquam agit, sed ubique de deorum diebus festis sacris simulacris signis; haud raro etiam nomina deorum et cognomina explicat, ita tamen, ut a Varrone plerumque abhorreat. Ceterum satis multa de diis e libro quodam hausit, quem Reitzensteinius, acutissimus Verrianorum fontium indagator, ita describit (Verr. Forsch. Bresl. phil. Abh. 1887): 'Die Quelle des Verrius ging von einer Scheidung der verschiedenen Arten der feriae zu der Darstellung der Hochzeitsgebräuche über. Sie besprach eingehend die Tracht der Braut, ihre Begleitung, die Namen der Gottheiten, welche angerufen wurden, die Lage der Heiligtümer, in welchen dies geschah, und schloſs hieran die Rechte der Matronen.' Haec vero in nostris quidem libris Varro non docuit. Verri igitur verbis Varro, etsi hic illic aptissime illustratur, tamen paene nunquam suppletur[1]).

De Ovidio dissensio adhuc inter viros doctos interest, utrum Varronem magis an Verrium secutus sit; illud Christiano Huelsen (Varron. doctr. quaenam in Ov. fastis vestigia extent Berol. 1880), hoc Hermanno Winther (de Fast. Verr. Flacc. ab Ov. adhibitis. Berol. 1885) placet[2]), atque mihi quidem huius viri sententia magis placet, qui recte eam quaerendi rationem vituperat, qua viri docti 'collatis omnibus, quae apud grammaticos historicos astrologos et Latinos et Graecos ad locum aliquem Ovidii pertinere videbantur, singulas virorum doctorum sententias cum singulis poetae

1) De Val. Max. vd. p. 23 sq. 67 adn. 1.
2) Qui praeter hos de Ovidio docuerint, invenies apud Wintherum p. 2.

versibus comparaverunt atque eos auctores, quibuscum saepissime consentiebat, ab Ovidio inspectos esse concluserunt' (p. 3). Itaque cum iusto audacius sit in Varronis fragmentis Ovidii verba collocare, equidem satis habui in fragmentis monere, quae poeta doceat similia.

E Propertii carminibus duo tantum loci huc pertinent: IV 9 de Bona Dea; IV 2 de Vertumno. Atque de illa dea similia refert Tertullianus ad nat. II 9 secundum Varronis R. D. librum XV (vd. quaest. II p. 81; cf. quaest. IV p. 116); Propertium igitur ad eundem fontem redire posse Tuerkio (de Prop. carm., quae pertinent ad antiquitatem Rom., auct. Hal. Sax. 1885) concedendum est; sed quod e Varronis loco L. L. V 46 poetam de Vertumno e Varroniano aliquo opere hausisse concludit, hoc eum nullo iure contendisse iam alii viderunt, ut Cauerus (Berl. phil. Wochenschr. V 1578 sqq.) et Heydenreichius (Phil. Rundschau V 1157 sq.; cf. Burs. Jahresber. 1888 p. 128 sqq.). Ceterum utcunque res se habet, ad Res Divinas haec referre ne tum quidem liceret, si recte Varroni vindicarentur.

Quae ratio inter Plutarchum et Varronem intercederet, nuper atque plerumque recte exposuit Paulus Glaesser (de Varr. doctr. ap. Plut. vestigiis, Leipz. Stud. IV p. 157 sqq.), qui reiecta illa sententia, qua viri docti Plutarchum ex ipso Varrone pendere putaverunt (ut G. Thilo, de Varr. Plut. quaest. Rom. auctore praecipuo. Hal. Sax. 1864, H. Kettner Varr. de vita P. R. Hal. Sax. 1863), ne eam quidem opinionem plane integram reliquit, quae ab Heerenio (de fontt. et auct. vit. Parall. comm. IV. Gotting. 1820) primum prolata, deinde a Guilelmo Soltau (de fontt. Plut. Bonn. 1870) et Alberto Barth (de Jubae ὁμοιότησιν a Plutarcho expressis Gotting. 1876) confirmata est, secundum quam Varronis doctrinam per Jubae scripta ad Plutarchum perfluxisse iudicatur. Hic igitur omnia incerta sunt, quare Plutarchi doctrinas, quantum huc attinent, in adnotationibus, non in fragmentis invenies.

Servius genuinus eiusque interpolator, qui dicitur, nullo dubio haud pauca praebent, quae ad Varronem redeunt; quae eruere quam difficile sit, ex quaestione IV elucebit. Intermissi enim sunt inter eos et Varronem saepissime vel unus vel plures auctores, qui praeter illum alios fontes vel exhausisse possunt, vel exhauserunt, id quod de Labeone quidem ipsi supra probavimus. De Serviis igitur idem valet, quod modo de Ovidio dictum est ex mera similitudine de fontibus nihil concludendum esse; quare ne ille quidem, qui nuper de hac re quaesivit, Ernestus Samter (Quaest. Varron. Berol. 1891) Varronis causam multum adiuvit, quamquam eum haud raro verum si non probavisse at vidisse concedendum est.

Iam ut ad scriptores ecclesiasticos transeam, de Tertulliani libris ad nat. et apol. in quaest. II actum est; item de his locis de an. 37. 39 dixi: p. 79, de id. 3, praescr. haer. 40: p. 69, de id. 15, cor. 13. scorp. 10: p. 83. Alibi mihi quidem nihil occurrit, quod huc pertinet.

Augustinus Varroniana quaedam praebet in his operibus. De civ. dei (vd. quaest. I. III), cons. ev., doctr. Christ., ver. rel., gen. ad litt., c. Faust. Man., de trin., enarr. Psalm., epist. XVII class. II, cuius rei argumenta partim in quaestionibus supra propositis, partim in ipsis fragmentis invenies. Neque tamen ubique Varronem a patre denuo inspectum esse contenderim, nonnulla certo ille multifaria Varronis lectione servata e memoria sua prompsit. Perlegi praeterea haec eius scripta: Soliloquia, contr. Academicos, de vit. beat., ord., immort. an., quant. an., locut. in Heptat., quaest. in Heptat., Iob, sermon., confessiones, quibus omnibus, quod quidem sciam, nihil inest, quo Varro suppleatur.

Hieronymus, Augustini aequalis, quamquam Varronianorum operum titulos eum novisse constat, tamen Varronem num unquam legerit, mihi quidem dubium videtur; de dis certe aut tritissima memoriae prodit aut ea, quae ad gentium religiones tunc florentes pertineant.

Post Augustinum nullus invenitur scriptor ecclesiasticus, qui suis oculis Varronis Res Divinas inspexit. Cogito de Maximo Taurinensi, Prudentio, Isidoro, qui cum ex patribus ecclesiasticis prioribus tum ex poetis Romanis et commentariis poetarum pendent; quod de Isidoro quidem docuit Kettnerus Varr. Stud. 1 sqq. Ex Isidoro magnam partem posteriores pendent, ut Hrabanus Maurus. Augustinum expilat Boethius.

Denique glossarum scriptores unde hauserint, aut non perspicitur, aut, si perspicitur, fontes novissimi apparent, ut patres ecclesiastici, inter quos praecipue Isidorus (cf. e. g. de Iano Plac. lib. Rom. C. Gl. V 26, 15 sqq. cum Is. or. V 33, 3 sqq. VIII 11, 37. 76), et Vergilii commentatores.

M. TERENTI VARRONIS
ANTIQUITATUM RERUM DIVINARUM
LIBRI I XIV XV XVI.

Praefatio.

Varroniana fragmenta in superioribus paginis collocata partim ea sunt, quae quin ad Varronem redeant, non dubium sit, partim ea, quae num redeant, non extra ullam dubitationem positum sit. Atque nulla quidem dubitatione Varroni tribui non modo quae auctores locupletes fideque digni ei expressis verbis assignant, sed etiam quae ad eum redire ipse ex certis argumentis collegi; ut deos illos minutos, qui ab Augustino et Tertulliano compluribus locis pari ordine enumerati eadem ratione explicantur, e Varrone profectos esse manifeste apparet. Ceterum ne hac in re viri docti me nonnunquam erravisse vituperent, satis timeo. Ea autem fragmenta vel particulas fragmentorum, quae dubio obnoxia sunt, his asteriscis* significavi. Crucis signum† numeris anteposui, cum incertum erat, utrum Varronis quaedam verba ad hunc an ad alium locum referenda essent.

Ubi eadem Varronis doctrina compluribus locis servatur, uberrimum tantum et clarissimum locum exscriptum praebui, ceteros laudavisse satis habui, si modo novi nihil eis continetur; sin vero loci illi in vicem se illustrant aut supplent, omnes eos, etsi eadem vel similia praebent, uno numero signatos exscripsi. Simili modo sub uno numero diversa eiusdem loci Varroniani excerpta posui, ita tamen ut litteras a b c ... adderem. Denique quoniam satis saepe Varronis verba ex auctorum verbis ita enucleari nequeunt, ut mera doctrina Varroniana legentibus praebeatur, integra auctorum verba his uncinis ⟦ ⟧ inclusa in fragmentis proposui.

In adnotationibus primum eas quaestionum mearum paginas enotavi, quibus de singulis rebus egi. Deinde descripsi, quae ex ceteris Varronis scriptis ad rem pertinerent, vitans de industria Schwarzii ubertatem atque id solum spectans, ut Res Divinae additamentis illis explicarentur. Tum eos locos adiunxi, quibus similitudo quaedam cum fragmentis ipsis intercedit; quorum locorum duo genera statuuntur, alterum quo Varronianae doctrinae vestigia latere vel possunt vel videntur, alterum, quo similitudo illa casu quodam ex ipsis rebus profecta est. Addidi autem non nisi ea, quae ad Varronem intellegendum aliquid valere viderentur.

In mediis paginis varias lectiones descripsi eorum locorum, qui ex Augustini C. D. libris, e Tertulliani ad nat., de an., apol., de idol., cor., scorp. libris, e Minucio, Lactantio, Arnobio, Macrobio, Servio genuino Serviique interpolatore (ad Aen.), commentis Bernensibus, Nonio profluxerunt.

Atque de Augustino quidem contigit mihi, ut haud ita paucas lectiones primus ego publici iuris faciam, quas liberalissimae benignitati et voluntati erga me ultra modum propensae debeo viri illustrissimi, E Hoffmann, Vindobonensis litterarum universitatis professoris; cui hoc loco gratiam diu debitam tandem aliquando referre admodum me iuvat. Rogatus enim a Ricardo Reitzenstein, praeceptore meo doctissimo, vir ille egregius meum in usum Dombarti lectiones eorum Augustini locorum, qui ex libris C. D. IV—VII ad Varronem pertinent, et cum duobus antiquissimis praestantissimisque codicibus (*L l*) adhuc nondum collatis et cum codice Corbeiensi contulit, e quo inde a Duebneri temporibus horum Augustini librorum editiones pendent. Describit vero codices illos vir doctissimus hunc fere in modum:

L cod. bibl. urb. Lugud. n. 523 bis, saec. VI, libros I—V continens, haud raro mutilatus (deest in his libris quaternio XVI = pag. 163, 31 [ʻofficiis et operibus'] — pag. 174, 29 Domb. [ʻTerminus et Iuventas']); foliorum orae humore corrosae sunt, ita ut exteriorum columnarum initia finesve perierint.

l cod. bibl. urb. Lugud. 523, saec. IX, libros I—XIV continens, in libris I—V e codice *L* iam mutilato accuratissime exaratus.

De tertio codice *C* Dombartus in praefatione editionis suae alterius refert: *C*, Corbeiensis, nunc Germanensis n. 766, saec. VII, uncialibus litteris scriptus, qui libros novem priores et decem librorum argumenta continet.

Quoniam vero eas horum librorum proprietates, quae ad orthographiam pertinent, plerumque in adnotationibus praetermisi, hoc loco quae gravioris momenti sunt notanda videntur esse. Saepissime ʻae' pro ʻe' scriptum est in *C*, ubi e. g. semper legitur ʻinterpraetatio, interpraetari', minus saepe in *L*, raro in *l*; ʻe' pro ʻae' uno tantum codicis *l* loco equidem vidi, ubi ante ʻsculano' ʻe' supra lineam additum est p. 171, 17 Domb. — Litteras ʻi' et ʻe' non raro prior codicis *C* scriptor, raro posterior inter se commutavit, ita ut ʻi' pro ʻe' saepius occurrat, quam ʻe' pro ʻi'; cod. *l* semel, quod videam, ʻdistructor' praebet p. 248, 3 D. — In scribendis litteris ʻo' et ʻu' libri non constant, varietates ipsae in apparatu descriptae sunt. — In Graecis verbis ʻy' pro ʻi' false exhibet *L*: hystoriam p. 185, 27; *l*: hystoriam *ib.*, polyticen p. 271, 7. — Frequentissima est permutatio consonantis ʻu' cum ʻb' in *L* et *l*, ubi non minus ʻu' pro ʻb', quam ʻb' pro ʻu' legitur; in codice *C*, quod ex meis quidem excerptis intellegam, ʻb' pro ʻu' nusquam, ʻu' pro ʻb' semel occurrit p. 277, 27. Littera ʻb' in verbi ʻscribere' formis et derivatis ante ʻs' et ʻt' in codicibus *C* et *l* plerumque servatur, verum in *C* saepius, quam in *l*; similiter nonnunquam ʻnubta, nubtialis' in *C* legitur atque in compositis ʻb' syllabae praefixae ʻob' ante ʻp' interdum servatur in *C* et *l*. — Litteram ʻc' pro ʻqu' codices *C* (prima manu) et *l* in hac forma: ʻsecuntur' p. 249, 22. 27 usurpant; contra ʻqu' pro ʻc' saepius legitur, ut codex *L* ʻquum' et ʻquur' semper, ʻloquus' semel exhibet; cod. *l* semper 'quur', saepe 'quum' praebet. 'Pulcer' p. 181, 31, 'pulcritudo' p. 180, 14 inveni in *C*. Litteram 'c' superfluam addit *l* in 'distincxit p. 246, 32, 'fincxisse' p. 280, 10. — 'D' cum 't' saepe commutatum est, sicut omnes codices 'adque' et plerumque 'inquid' scribunt, cum *L l* non raro 'aput' praebeant. Litteram 'd' praepositionis 'ad' in compositis omnes modo servant, modo assimilant, nisi quod in cod. *l* semper 'adpellare, adpellantes' scriptum esse videtur. — Litteram 'h' omiserunt tres codices *L l C* in 'ostire, ostilina' p. 156, 3, unus codex *l* nonnunquam in compositis verborum 'habere, horrere'; contra idem codex *l* 'h' perperam hic illic adiunxit, ut in 'exhorsus' p. 266, 10, 'exhortam' p. 298, 29; p. 299, 2. — Litteram 'n' syllabae praefixae 'con' ante 'p' omnes nonnunquam retinent. — 'P' post 'm' ante 's' et 't' codex *C* raro, ut videtur, elidit, saepius *L* et *l*, ut in 'demserunt' p. 157, 12, 'contemtui' p. 185, 19, 'demsisse' p. 186, 27, 'sumserunt' p. 189, 9. — Denique formas monosyllabas 'di, dis' prior codicis *L* scriptor semper adhibuit, saepe etiam scriptor codicis *l*; in *C* hae formae rarissimo occurrunt.

Atque haec quidem de Augustino. De ceteris non habeo, quod dicam, cum in universum eas lectiones et varietates transscripserim, quae in optimis editionibus praebentur.

Index siglorum.

Augustini de civitate dei libri (vd. Dombarti ed. alt.):

LlC vd. supra.
A Monacensis lat. 3831, quondam Augustanus, saec. X.
F Monacensis lat. 6267, quondam Frisingensis, saec. IX.
K Colonienis 75 saec. VIII.
Ed. Par. Duebn. editio Parisina a. 1838.

Tertulliani ad nat., de spect., de id., scorp., de an. libri (vd. ed. Vind. ex rec. Augusti Reifferscheid et Georgii Wissowa):

A Paris. 1622 saec. IX sive Agobardinus.
Goth, Bal*, Hild** eiusdem libri variae lectiones a Gothofredo, Baluzio, Hildebrando enotatae.
B editio Ioannis Gagnei Parisina a. 1545.
C lectiones codicis Ioannis Clementis Angli a Iacobo Pamelio usurpati.
Gel editio Sigismundi Gelenii a. 1550.
Pam editio Iacobi Pamelii a. 1579.
Iun editio Francisci Iunii a. 1597.
Goth Iacobi Gothofredi librorum ad nat. editio princ. a. 1625.

Tertulliani apol. lib. (vd. Oehleri editionem maiorem):

A B D cod. Paris. 1623. 1656. 2616.
E „ Gothanus n. M. 50.
F „ Erlangensis, olim Heilsbronnensis.
G „ Leidensis (n. 315), Mss. Lat. Bibl. Publ. n. 2.
Fuld „ Fuldensis.
Vind. „ Vindobonensis 294.
Erf „ Erfurtanus.
Ox „ Oxoniensis.

Minucii Octavius (vd. ed. Vindob. ex rec. Caroli Halm), Arnobii adv. nat. libri (vd. ed. Vindob. ex rec. Augusti Reifferscheid):

P cod. Par. 1661, olim Romanus saec. IX.
r vir quidam doctus, qui codicem post Sabaei editionem ante Scaligeri collationem correxit.
Sab ed. princ. Fausti Sabaei Rom. 1543 (Min. et Arnob.).
Urs ed. Fulvi Ursini Rom. 1583 (Min. et Arnob.).
Rig ed. Nicolai Rigaltii Par. 1643 (Min. et. Arnob.).
Gel ed. Sigismundi Gelenii Basil. 1546 (Arn.).
Salm ed. Claudii Salmasii Leid. 1651 (Arn.).

Lactantii inst. div. libri (vd. ed. Vindob. ex rec. Samuelis Brandt):

B cod. Bonon. 701 saec. VI—VII.
H „ Pal.-Val. 161 saec. X.
P „ Paris. Puteani 1662 ssec. IX.
R „ Par. Reg. 1663 saec. IX.
S „ Par. 1664 saec. XII.
V „ Valentin. 140 saec. X—XI.
C consensus codicum.

Macrobii Sat. libri:

P cod. Parisinus 6371.
B „ Bamberg. M. L. V. 5 n. 9.
(*P*) (*B*) lectio codicum, de qua ex ipsius silentio tantum Eyssenhardtio constat.

Serviorum comm. ad Aen. libri (vd. ed. ex rec. G Thilo et H Hagen):

I plenioris commentarii codices:

C cod. olim Fuldensis, nunc Cassellanus ms. poet. fol. 6 (Aen. I. II).
F „ olim Floriacensis, nunc Bernensis 172 (Aen. III—V) et Paris. bibl. nat. 7929 (Aen. VI—XII).
G cod. olim Autissiodorensis, nunc Bernensis 167.
T „ olim Turonensis, nunc Bernensis 165.

II Serviani commentarii codices:

A cod. Caroliruhensis 116.
C „ Cassellani ea pars, quae ad Aen. III—VI pertinet.
H „ Hamburgensis 52.
M „ Monacensis 6394, olim Frisingensis 194.
R „ Reginensis 1674.
S codd. Sangallenses 861. 862.

Novissimam Serviorum ad ecl. et ge. adnotationum editionem Teubnerianam ut usurpem, mihi non contigit.

Commentorum Bernensium ad Luc. Phars. libri (ex ed. Useneriana):

C cod. Bernensis litt. 370 saec. X.
D correctiones Petri Danielis codici *C* adhibitae.

Nonii de comp. doctr. libri (ex rec. Luciani Mueller):

G cod. Guelferbytanus.
H „ Harleianus.
L „ Lugdunensis prior.

M. TERENTI VARRONIS
ANTIQUITATUM RERUM DIVINARUM
AD
C. CAESAREM PONTIFICEM MAXIMUM
LIBRORUM I XIV XV XVI.
FRAGMENTA.

M. Terenti Varronis Antiquitatum Rer. Div. Liber I.

Acr. Hor. ep. I 10, 49: Vacunam Varro in primo Rerum 1
divinarum Victoriam ait, quod ea maxime hi gaudent, qui sapientiae vacent.

Aug. C. D. VI 2 p. 248, 7 sqq.: . . . ut in eo ipso opere littera- 2a
rum suarum (sc. in R. D. libris) dicat (sc. Varro) se timere ne

---

Acr. 2 ait; quod *cod. Guelferbyt 81* 2 sq. sapientia vincunt *cod. Guelf.*
Aug. 5 temere C^1

Titulus. Lact. I. D. I 6, 7: M. Varro, quo nemo unquam doctior ne apud Graecos quidem vixit, in libris Rerum Divinarum, quos ad C. Caesarem pontificem maximum scripsit. — Aug. C. D. VII 35 p. 318, 27 sqq.: istos Varronis ad Caesarem pontificem scriptos (sc. Rerum Divinarum libros). Cf. Aug. C. D. VI 2 in.: Quis Marco Varrone curiosius ista (sc. de deis et deorum sacris) quaesivit? quis invenit doctius? quis consideravit adtentius, quis distinxit acutius? quis diligentius pleniusque conscripsit? Ib. p. 248, 1 sqq.: Iste vir (sc. Varro) tantus ingenio tantusque doctrina, si rerum velut divinarum, de quibus scribit, oppugnator esset atque destructor easque non ad religionem, sed ad superstitionem diceret pertinere . . . Tert. ad nat. II 1 p. 94, 15 sq.: Varro, qui rerum divinarum ex omnibus retro digestis commentatus idoneum se nobis scopum exposuit. — Cic. Ac. I 3, 9: Tu (sc. Varro) omnium divinarum humanarumque rerum nomina genera officia aperuisti; cf. Brut. 60. 56. Serv. gen. Aen. XI 787: Varro ubique expugnator religionis. Id. Aen. X 175: Licet Varro praecellat in theologia. Quintil. I. O. X 1, 95.

1 *Haec in prooemio ad Caesarem scripto locum tenuisse conicit Merkelius prol. Ov. fast. p. CX. Fortasse de imprecatione quadam cogitandum est simili ei, quam Varro libro Rer. Rust. I praemisit.* — Acr. l. l.: Vacunam apud Sabinos plurimum cultam Quidam Minervam Alii Dianam putaverunt, nonnulli etiam Venerem esse dixerunt, sed Varro eqs. Comm. Cruqu. ad eund. loc.: Vacuna apud Sabinos plurimum colitur; quidam Dianam nonnulli et Cererem esse dixerunt, alii Venerem, alii Victoriam, deam vacationis, quod faciat vacare a curis, sed Varro primo rerum divinarum Minervam dicit, quod ea maxime hi gaudent, qui sapientiae vacant. *Cf.* Porph. ad eund. loc. Acr. cod. γ (= Par. 7), cod. Barc., Ovid. fast. VI 301 sq. *Ultima comm. Cruq. verba in fragmentis non collocavi, quia cum Acrone pugnant. Item num in ceteris, quae commentatores afferunt, Varronianae doctrinae frustula extent, dubium est, quamvis Sabini quidem Varronem redoleant. Vd. Iordan-Preller. R. M. I^3 p. 409, 2.*

2 *Vd. quaest. I p. 15. De Metello cf.* Cic. p. Scaur. II 48; Dion.

pereant (sc. dii), non incursu hostili, sed civium neglegentia, de qua illos velut ruina liberari a se dicit et in memoria bonorum per eiusmodi libros recondi atque servari utiliore cura, quam Metellus de incendio sacra Vestalia et Aeneas de Troiano excidio penates liberasse praedicatur.

2b Aug. C. D. VII 3 p. 277, 25 sqq.: Dicit ipse Varro, quod diis quibusdam patribus et deabus matribus, sicut hominibus, ignobilitas accidisset.

3a Aug. C. D. VI 3: Quadraginta unum libros scripsit (sc. Varro) antiquitatum; hos in res humanas divinasque divisit, rebus humanis viginti quinque, divinis sedecim tribuit, istam secutus in ea partitione rationem, ut rerum humanarum libros senos quattuor partibus daret. Intendit enim qui agant, ubi agant, quando agant, quid agant. In sex itaque primis de hominibus scripsit, in secundis sex de locis, sex tertios de temporibus, sex quartos eosdemque postremos de rebus absolvit. Quater autem seni viginti et quattuor fiunt. Sed unum singularem, qui communiter prius de omnibus loqueretur in capite posuit. In divinis identidem rebus eadem ab illo divisionis forma servata est, quantum adtinet ad ea, quae diis exhibenda sunt. Exhibentur enim ab hominibus in locis et temporibus sacra. Haec quattuor, quae dixi, libris complexus est ternis: nam tres priores de hominibus scripsit, sequentes de locis, tertios de temporibus, quartos de sacris; etiam hic, qui exhibeant, ubi exhibeant, quando exhibeant, quid exhibeant, subtilissima distinctione commendans. Sed quia oportebat dicere et maxime id exspectabatur, quibus exhibeant, de ipsis quoque diis tres conscripsit extremos, ut quinquies terni quindecim fierent. Sunt autem omnes, ut diximus, sedecim, quia et isto-

---

1 neglegentia *l Domb*: negligentia *C* 4 ae, as *C* (NE *sup.*) 5 praedicatur *codd. et Dombartus* 9 et unum *C* 10 humanis *man. 2 sup. lin. C* 13 qui] quid *C* quid] qui, d *eras., C* 18 idem | tidem, *i (?) eras., l*: idem *F Aug.* 25 et maxime *lAKF*: maximeque *C* *post* quibus exhi-

---

Hal. A. R. II 66; Ov. fast. VI 435 sqq.; Val. Max. I 4, 4; Plin. N. H. VII 141; Plut. Parall. 17; Aug. C. D. III 18, *quibus locis modo de Palladio modo de sacris Vestae igni ereptis dicitur. De Aenea penatium servatore testimonia collegit Wissowa, Ueberlief. d. Pen. Herm. XXII p. 40. De dis 'ignobilibus' cf.* Varr. R. D. I fr. 46; L. L. VI 19. VII 45; *Marqu.-Wissow. Röm. Staatsverw. III*[2] *p. 68.*

3 *Vd. quaest. I p. 15 sq.* Hieron. ep. 29 ad Paulam *false XLV libros refert, cf. Ritschl. op. III 419 sqq.; Chappuis. Sent. de Varr. p. 120. Miror quod Prellerus R. M. I*[3] *p. 32, 1 scribit: Die Zahl XLII scheint die richtige zu sein, 41 Bücher der Antiquitates und ein eignes Buch allgemeiner Einleitung, quod hominem doctum vix scripturum fuisse credo, si Augustinum respexisset. — Quos libros Varro secundum hanc eandem quadripertitam rationem disposuerit, invenies in quaest. I l. l. — Totum Augustini caput exscripsit* Boëthius de dis et praesensionibus *in* Cic. *ed. Or.* V 1 p. 392, 13 sqq.

rum exordio unum singularem, qui prius de omnibus loqueretur, apposuit; quo absoluto consequenter ex illa quinquepertita distributione tres praecedentes, qui ad homines pertinent, ita subdivisit, ut primus sit de pontificibus, secundus de auguribus, tertius de quindecimviris sacrorum; secundos tres ad loca pertinentes, ita ut in uno eorum de sacellis, altero de sacris aedibus diceret, tertio de locis religiosis; tres porro, qui istos sequuntur et ad tempora pertinent, id est ad dies festos, ut unum eorum faceret de feriis, alterum de ludis circensibus, de scaenicis tertium. Quartorum trium ad sacra pertinentium uni dedit consecrationes, alteri sacra privata, ultima publica. ⟦Hanc velut pompam obsequiorum⟧ in tribus, qui restant, dii ipsi sequuntur extremi, quibus iste universus cultus inpensus est: in primo dii certi, in secundo incerti, in tertio cunctorum novissi modii praecipui atque selecti.

Aug. C. D. VII 1 p. 273, 7 sqq.: Civilis theologia a Marco Var- 3b
rone sedecim voluminibus explicata est. Cf. ib. p. 273, 15 sq. C. D. VI 4 p. 251, 1 sqq. Tert. ad nat. II 9 p. 111, 3 sq.: Romanorum deos Varro trifariam disposuit in certos, incertos et electos.

Aug. C. D. VI 4 p. 250, 17 sqq.: Iste ipse Varro propterea se 4
prius de rebus humanis, de divinis autem postea scripsisse testatur, quod prius extiterint civitates, deinde ab eis haec instituta sint . . . Varronis igitur confitentis ideo se prius de rebus humanis scripsisse postea de divinis, quia divinae istae ab hominibus institutae sunt, haec ratio est: 'Sicut prior est, inquit, pictor quam tabula picta, prior faber quam aedificium: ita priores sunt civitates quam ea, quae a civitatibus instituta sunt.' Dicit autem prius se scripturum fuisse de diis, postea de hominibus, si de omni natura deorum scriberet . . . ⟦Quid est ergo, quod⟧ ait: 'Si de omni natura deorum et hominum scriberemus, prius divina absolvissemus, quam humana adtigissemus.' Ibid. p. 251, 13—19: Rerum humanarum libros non quantum ad orbem terrarum, sed quantum ad solam Romam pertinet, scripsit *eqs.* Id. C. D. VI 5 p. 254, 11—13. C. D. IV 1 p. 146, 20—23.

Aug. C. D. IV 22 p. 172, 12 sqq.: Varro iactat praestare se 5
civibus suis, quia non solum commemorat deos, quos coli oporteat a Romanis, verum etiam dicit, quid ad quemque pertineat. Quoniam

---

beant C^2 *in marg. addit* quid exhibeant   1 prius C^1: primus, m *supra* iu *add.*, C^2 5 sq. ut unus *l*   6 altero *l*   tertio *l*   14 selecti, s *in ras. ex* r *(?) corr.*, *C*: electi *l*   15 M. *C*   *Tert. nat.* 18 trifariam *Goth*: bifariam *A*   in certos *add. Goth.*   *Aug.* 21 constituta *A*   24 superior *l*   27 scriberet *lF*: scribat *CK*, scribit *A*   31 pertinent *A*   35 quemquam *l*: quem A^1

---

4 *Vd. quaest. I p. 16. Similia docent* Cic. p. Flacc. 28, 69; de rep. I 2, 2; de leg. II 8, 19; Liv. XXXIX 15, 2. *Vd. Marquardt-Wissow. l. l. p. 3.*

5 *Vd. quaest. I p. 16.*

nihil prodest, inquit, hominis alicuius medici nomen formamque nosse et quod sit medicus ignorare: ita dicit nihil prodesse scire deum esse Aesculapium, si nescias eum valetudini opitulari atque ita ignores, cur ei debeas supplicare. Hoc etiam alia similitudine adfirmat dicens, non modo bene vivere, sed vivere omnino neminem posse, si ignoret, quisnam sit faber, quis pistor, quis tector, a quo quid utensile petere possit, quem adiutorem adsumere, quem ducem, quem doctorem, eo modo nulli dubium esse asserens, ita esse utilem cognitionem deorum, si sciatur quam quisque deus vim et facultatem ac potestatem cuiusque rei habeat. 'Ex eo enim poterimus, inquit, scire quem cuiusque causa deum invocare atque advocare debeamus, ne faciamus, ut mimi solent, et optemus a Libero aquam, a Lymphis vinum.' Id. C. D. VI I p. 244, 2—7; 25—28.

6 Aug. C. D. VI 5 p. 252, 17 sqq.: Tria genera theologiae dicit (sc. Varro) esse, id est rationis, quae de diis explicatur, eorumque unum mythicon appellatur, alterum physicon, tertium civile. ⟦Latine si usus admitteret, genus quod primum posuit, fabulare appellaremus, sed fabulosum dicamus; a fabulis enim mythicon dictum est, quoniam μῦθος Graece fabula dicitur. Secundum autem ut naturale dicatur, iam et consuetudo locutionis admittit. Tertium etiam ipse Latine enuntiavit, quod civile appellatur. Deinde ait:⟧ 'Mythicon appellant, quo maxime utuntur poetae; physicon, quo philosophi; civile quo populi.' Id. C. D. VI 12 p. 271, 5—7. Tert ad nat. II 1 p. 94, 17 sqq.: Varronem ⟦si interrogem, qui insinua⟨to⟩res deorum⟧, aut philosophos designat aut populos aut poet⟨as⟩. ⟦Triplici enim genere deorum censum distinxit:⟧ unum esse physi⟨cum⟩, quod philosophi retractant, aliud mythicum, quod inter po⟨etas⟩ volutetur, tertium ⟦gentile⟧, quod populi sibi quique adoptave⟨runt⟩. ⟦Igitur cum philosophi physicum coniecturis concinnarint, ⟨poetae⟩ mythicum de fabulis traxerint, populi ⟦gentile⟧ ultro prae⟨sumpse⟩rint . . .⟧

---

3 scola.phium *C* 7 adsumere adiutorem *l* 10 sq. inquit poterimus *l* 11 *ut editur C*: aduocare et inuocare *l*, advocare atque invocare *AKF* 13 lymfis *l*

Aug. 17 adpellatur *l.*, *om. C*

Tert. nat. 31 poëtae *Goth* 32 praesumpserint *Goth*

---

6) *Vd. quaest. I p. 16; II p. 71.* Lact. de ira dei 11 s. fin: (Summum deum cum et) philosophi et poetae et ipsi denique, qui deos colunt, (saepe fateantur), *quae nescio an ad Varronem redeant.* *Cf.* Plut. plac. I 6, 9 (= Aet. plac. I 6, 9, Diels dox. p. 295^a, 6 sqq.): Διόπερ οἱ περὶ τῶν θεῶν παραδόντες σεβασμὸν διὰ τριῶν ἐξέθηκαν ἡμῖν εἰδῶν, πρῶτον μὲν τοῦ φυσικοῦ, δεύτερον μὲν τοῦ μυθικοῦ, τρίτον δὲ τοῦ τὴν μαρτυρίαν ἐκ τῶν νόμων εἰληφότος . . . *Zeller Philos. d. Griech. III 1*^{3} *p. 566. 674.*

*Aug. C. D. IV 27 p. 179, 21 sqq.: Relatum est in litteras, 7
doctissimum pontificem Scaevolam disputasse tria genera tradita deorum, unum a poetis, alterum a philosophis, tertium a principibus civitatis. Primum genus nugatorium dicit esse, quod multa de diis fingantur indigna; secundum non congruere civitatibus, quod habeat aliqua supervacua, aliqua etiam quae obsit populis nosse. ⟦De supervacuis non magna causa est; solet enim a iuris peritis dici: Superflua non nocent. Quae sunt autem illa quae prolata in multitudinem nocent?⟧ 'Haec, inquit, non esse deos Herculem, Aesculapium, Castorem, Pollucem; proditur enim a doctis, quod homines fuerint et humana condicione defecerint.' ⟦Quid aliud?⟧ 'Quod eorum qui sint dii non habeant civitates vera simulacra, quod verus deus nec sexum habeat nec aetatem nec definita corporis membra.

Aug. C. D. VI 5 p. 252, 27 sqq.: 'Primum (sc. theologiae 8
genus), inquit (sc. Varro), quod dixi, in eo sunt multa contra dignitatem et naturam immortalium ficta. In hoc enim est, ut deus alius ex capite, alius ex femore sit, alius ex guttis sanguinis natus; in hoc ut dii furati sint, ut adulterarint, ut servierint homini; denique in hoc omnia diis adtribuuntur, quae non modo in hominem, sed etiam quae in contemptissimum hominem cadere possunt.' Hic certe ubi potuit, ubi ausus est, ubi inpunitum putavit, quanta mendacissimis fabulis naturae deorum fieret iniuria, sine caligine ullius ambiguitatis expressit. Loquebatur enim de . . . theologia . . . fabulosa, quam libere a se putavit esse culpandam. Ib. p. 253, 25—29. VI 10 p. 267, 11 sq. 269, 11 sq. VI 12 p. 271, 7—9. Tert. ad nat. II 1 p. 94, 28: Apud poetas omnia indigna, quia turpia. Id. II 7 p. 107, 5 sq.: ⟦Riden⟨dum an i⟩rascendum sit⟧, tales deos credi quales homines esse non debant.

*Aug. C. D. IV 27 p. 180, 9 sqq.: Poeticum sane deorum genus 9
cur Scaevola respuat, eisdem litteris (sc. in libris Rerum Divinarum) non tacetur: 'quia sic videlicet deos deformant, ut nec bonis hominibus comparentur, cum alium faciant furari, alium adulterare, sic

---

Aug. 1 litteris l^2 4 dis L^1 5 habet C^1 9 aescolapius *C* 10 a *om* L^1, ab *l* 12 di L^1

Aug. 18 di C^1 19 in hoc *man. rec. in marg. C* diis *man.* 1 *(?) supra lin. C*

Tert. nat. 27 ridendum an irascendum *Goth:* riden . . . . . irascendum *Bal*, Hild**

Aug. 31 deforma^{n}t *L* 32 faciant *Ll:* faciunt *C* 32 adulterari C^1

---

7 *Vd. quaest. I p. 17. De Scaevola vd. Zeller. Phil. III* 1^3 *p. 566; Relig. u. Philos. b. d. Röm. (Berol. 1866) p. 32 sqq. Cf.* R. D. I fr. 10b. 24. 54.

8 *Vd. quaest. I p. 16, quaest. II p. 75. Cf.* Cic. N. D. I 16, 42 *et apud* Lact. Inst. Div. II 3, 2. *Augustinum exscripsit* Boethius l. l. p. 392, 21 sqq.

9 *Vd. quaest. I p. 17.*

item aliquid aliter turpiter atque inepte dicere ac facere; tres inter se deas certasse de praemio pulchritudinis, victas duas a Venere Troiam evertisse; Iovem ipsum converti in bovem aut cygnum, ut cum aliqua concumbat; deam homini nubere, Saturnum liberos devorare: nihil denique posse confingi miraculorum atque vitiorum, quod non ibi reperiatur atque a deorum natura longe absit.'

10a Aug. C. D. VI 5 p. 253, 10 sqq.: 'Secundum genus (sc. theologiae) est', inquit (sc. Varro), 'quod demonstravi, de quo multos libros philosophi reliquerunt; in quibus est, dii qui sint, ubi, quod genus, quale est: a quodam tempore an a sempiterno fuerint dii; ex igni sint, ut credit Heraclitus, an ex numeris, ut Pythagoras, an ex atomis, ut ait Epicurus. Sic alia, quae facilius intra parietes in schola quam extra in foro ferre possunt aures.' Nihil in hoc genere culpavit, quod physicon vocant et ad philosophos pertinet, tantum quod eorum inter se controversias commemoravit, per quos facta est dissidentium multitudo sectarum. Removit tamen hoc genus a foro, id est a populis; scholis vero et parietibus clausit. Tert. ad nat. II 1 p. 94, 27: ⟦Apud philosophos ⟨incerta⟩, quia varia⟧.

10b Aug. C. D. IV 31 p. 186, 1 sqq.: Evidenter ipse (sc. Varro) dicit de religionibus loquens multa esse versa, quae non modo vulgo scire non sit utile, sed etiam tametsi falsa sunt, aliter existimare populum expediat, et ideo Graecos teletas ac mysteria taciturnitate parietibusque clausisse. Id. C. D. IV 27 p. 180, 5 sqq.: Quod (sc. expedire falli in religione civitates) dicere etiam in libris rerum divinarum Varro ipse non dubitat. Id. C. D. IV 32 p. 187, 25 sq.

10c Tert. ap. 47 p. 287, 7 sqq.: ⟦Inventum ... deum non ut invenerant disputaverunt (sc. philosophi), ut et⟧ de qualitate et de natura eius et de sede disceptent. (*De qualitate:*) Alii incorporalem adseverant, alii corporalem, ut tam Platonici, quam Stoici; alii ex atomis, alii ex numeris, qua Epicurus et Pythagoras, alius ex igni,

---

2 pulcritudinis *C* 3 cycnum *C* 6 repperiatur *Cl:* ///periatur *L mutil.* 6 ab deorum *L:* abeorum l^1, adeorum l^2 10 quale est *lAKF:* quale *ed. Par. Duebn.* 11 igni *C:* igne *l*

Tert. nat. 18 incerta *Goth:* . . . . . . *A*, ⟨omnia⟩ incerta *Wissowa*

Aug. 24 civitatis *C*

Tert. ap. 29 et de se *F*: et de *Vind 294* disceptent] disputent *G* 30 asseverant qua Platonici et Stoici *Fuld:* asseverant, alii corporalem qua Platonici et Stoici *Rig* 31 qua *ABEF Vind:* sicut *DG* alius *AF Fuld Vind:* alii *BDEG* ex igni *ABE Vind Erf:* ex igne

---

10 a) *Vd. quaest. I p. 16. Augustinum exscripsit* Boethius l. l. p. 392, 29 sqq. — b) *Vd. quaest. I p. 18. Cf.* Sent. Varr. 99: Dum vulgus colat iustitiam, nil interest, utrum vera praedices. 101: Multa scit sapiens, quae cum nemine contulit; *cf. etiam* ib. 2. 100. — c) *Vd. quaest. II p. 70. Tertullianum exscripsit* Isid. or. VIII 6. *De deo incorporali Platoni false ascripto vd. Diels. Dox. p. 128. 537 adn. Hic certe ipse Varro vel rectius Varronis auctor erravit, ut elucet e* Cic. N. D.

qua Heraclito visum est. (*De natura:*) Et Platonici quidem curantem rerum, contra Epicurei otiosum et inexercitum et, ut ita dixerim, neminem humanis rebus. (*De sede:*) Positum vero extra mundum ⟦Stoici⟧, qui figuli modo extrinsecus torqueat molem hanc; intra mundum Platonici, qui gubernatoris exemplo intra id maneat, quod regat. Id. ad nat. II 2 p. 96, 4 sqq.: Invento deo non ut invenerunt exposuerunt, ut et de qualitate eius et de natura, etiam de sede disceptent: Platonici quidem curantem rerum et arbitrum et iudicem, Epicurei otiosum et inexercitum et, ut ita dixerim, neminem; positum vero extra mundum ⟦Stoici⟧, intra mundum Platonici.

*Sen. de superst. ap. Aug. C. D. VI 10 p. 267, 22 sqq.: 10d
⟦Ego feram aut Platonem aut Peripateticum Stratonem, quorum alter fecit deum sine corpore, alter sine animo?⟧

*Tert. ap. 47 p. 287, 11 sqq.: Sic et de ipso mundo natus in- 11
natusve sit, decessurus mansurusve sit, variant (sc. philosophi). Sic et de animae statu, quam alii divinam et aeternam, alii dissolubilem contendunt, ut quis sensit, ita et intulit et reformavit. *Tert. ad nat. II 3 p. 98, 9 sqq.: Mundus aut ab aliquo institutus sit necesse est, qua Platonis ⟦humanitas⟧, aut a nullo, qua Epicuri ⟦duritia⟧.

Aug. C. D. VIII 1 p. 321, 9 sqq.: Varro totam theologian 12a
naturalem usque ad mundum istum vel animam eius extendit.

DFG, igni *Fuld* 1 qua *ABEF Fuld Erf Vind*: qualiter *DG* Heracleto *Fuld* 1 *sqq.* visum et Platoni: et quidem curantem rerum factorem et actorem rerum contra Epicuri otiosum et inexercitatum et, ut ita dixerim, neminem in rebus humanis *Fuld* 2 inexercitatum *G Fuld* 4 sq. Stoici — intra mundum *om. D* 5 id] illud *D et vett. edd.* quod] quos *ABEG Erf*

Tert. nat. 6 deo *Oehlerus:* eo *A, probavit Hartelius patr. Stud. II p. 68 adn. 4* 7 qualitate *Goth (vd. Hartel. l. l. p. 69 adn. 1) Rig:* qualitatis *A* 8 sede *Rig:* fide *A* 8 arbitrium *A* 10 intra *Rig:* extra *A*

Aug. 12 istratonem *C*

Tert. ap. 16 de animae statu] deam maiestatem *E Erf* 17 aut intulit quid aut *Fuld:* intulit aut *D* 24 qua] quae *fort.* quae *Goth*

I 12, 30, *sed Stoicos deum extra mundum posuisse vix docuit, nisi forte de Boetho cogitas, de quo vd. Zeller. Phil. III 1*[3] *p. 137, 1; nescio an Aristotelem vel Peripateticos pro Stoicis scripserit, cf.* Cic. N. D. I 13, 33. — d) *Vd. quaest. I p. 35. De Stratone vd.* Cic. Ac. II 38, 121. N. D. I 13, 35; *Windelband. Gesch. d. Phil. p. 140, alios.*

11 *Vd. quaest. II p. 70. 74.*

12b *Vd. quaest. II p. 71 sq. Cf. R. D. XVI fr. 3. 4. E Tertulliano pendet* Isid. or. VIII 6, 21; *cf. Kettner Varr. Stud. p. 4. Tert. vel Isid. inde a verbis 'Unde et Varro' exscribit* Rhab. Maur. de univ. XV p. 415[d] (Migne patr. lat. 111). *De Stoicorum doctrina vd. Villoison ad Ann. Corn. ed. Os. p. 406 sqq., Zeller l. l. p. 139 sqq. — Dionysius Stoicus (cf. fr. 22*[c]*) neque Heracleotes ille (vd. Zeller l. l. p. 38, 2) videtur fuisse neque Cyrenensis (vd. Zeller l. l. p. 569, 1), sed tertius quidam, quem Cicero commemorat* Tusc. II 11, 26 *(vd. Zeller l. l. p. 585, 1) auctor*

12b Tert. ad nat. II 2 p. 96, 22 sqq.: De mun⟨do deo di⟩dicimus. Hinc enim physicum theologiae genus cogunt, ⟨quando i⟩ta deos tradiderunt, ut Dionysius Stoicus trifariam eos d⟨ividat⟩. Unam vult speciem, quae in promptu sit, ut Solem, Lunam, ⟨aetherem⟩; aliam, quae non compareat, ut Neptunum; reliqua⟨m, quae de ho⟩minibus ad divinitatem transisse dicitur, ut Herculem, Amphiaraum. Aeque Arcesilaus trinam formam divinitatis ducit, Olympios, Astra, Titanios, de Caelo et Terra: ex his, Saturno et Ope, Neptunum Iovem et Orcum et ceteram successionem. Xenocrates Academicus bifariam facit, Olympios et Titanios, qui de Caelo et Terra. Aegyptiorum plerique quattuor deos credunt Solem et Lunam, Caelum ac Terram. Cum reliquo igni superno deos ortos Democritus suspicatur, cuius instar vult esse naturam Zenon. Unde et Varro ignem mundi animum facit, ut perinde ⟨in⟩ mundo ignis omnia gubernet, sicut animus in nobis. '⟨Qui⟩ cum est', inquit, 'in nobis, ipsi sumus; cum exivit, emorimur. Ergo et ig⟨nis⟩ cum de mundo per fulgura proficiscitur, mundus emoritur.'

13a *Serv. gen. Aen. VI 727: ⟦'Magno se corpore miscet' secundum eos locutus est, qui dicunt⟧ deum corporalem esse et eum ita definiunt πῦρ νοερόν, id est ignem sensualem.

Tert. nat. 1 mundo deo didicimus *Oehlerus*: mun *lac. 7 litt.* dicimus *A*, mundo *lac. 4* dicimus *Goth**, mundo isto (*aut* istud) dicimus *Goth*, mundano deo dicimus *Hartelius*, mundo deos esse dicimus *coni. Wissowa* 2 huc *Goth* quando ita *Oehlerus*: *lac. 7* ta *A*, quid? non ita *Goth* 3 eos *Oehlerus*: deos *A* dividat *Goth*: d *lac. 7 A*, div *lac. 4 Bal**, div *lac. 8 Hild**, diuiserit *Hartelius* 4 aetherem *Goth*: *lac. 8 A*, *lac. 5 Goth**, astra *Oehlerus* 5 *sq.* reliquam quae de hominibus *Goth*: reliqua *lac. 8* minibus *A*, reliquam *lac. 7* minibus *Bal**, *Hild** 6 divinitatem *Goth*: diuitatem *A* dicitur ut herculem amph *in ras. A* 7 Arcesilaus *Goth*: actesilaus *A* 8 titaneos *A* 10 acadamicus *A* olymphios *A (vd. Hartel. patr. Stud. II p. 13)* 12 hortos *A* 13 cuius] ignis *coni. Wissowa* naturam deorum *coni. Wissowa*, animam *Hartelius* 15 qui *Isidorus Hisp. or. VIII 6, 21; Rhabanus Maurus de univers. XV p. 415 d (Mign. patr. lat. 111)*, nam *Goth* 16 ignis *Goth, Isid. Hisp.*
Serv. gen. 20 HOEPON *R*

Posidonii, e quo et Varro et Cicero pendent. — De Arcesilao vd. Zeller l. l. p. 496, 4; de Xenocrate eund. II 1 p. 873, Stob. ecl. I 1 (= Aet. plac. I 7, 30 *Diels p. 304*^{b} *1 sqq. Xenocratis doctrinam corruptam reddunt* Cic. N. D. I 13, 34 *et secundum Ciceronem* Clem. Al. Protr. V 66, *vd. Diels. Dox. p. 131. — De Democrito vd.* Stob. ecl. I 1 = Plut. plac. I 7 (= Aet. plac. I 7, 16 *Diels. p. 302*^{a} *3,* ^{b}*13), Diels. l. l. p. 10. 302. — De Aegyptiis cf.* Varr. L. L. V 57: Principes dei Caelum et Terra. Hi dei idem qui Aegypti Serapis et Isis. Idem principes in Latio Saturnus et Ops. — *De Zenone* vd. Varr. L. L. V 59: sive ut Zenon Citieus, animalium semen ignis is, qui anima ac mens; Cic. N. D. II 22, 57 sq.; Stob. ecl. I 25, 3; Diog. Laert. VII 156. — *De igne vd.* Varr. L. L. V 70: Ignis a nascendo, quod hinc nascitur et omne quod nascitur ignis gignit; ideo calet, ut qui denascitur eum amittit ac frigescit; Cic. N. D. II 9, 23 sqq.
13 *Vd. quaest. III p. 111 sq. Cf.* Stob. ecl. phys. I 1 (= Aet. plac.

*Id. Aen. VI 747: 'Aetherium sensum' id est πῦρ νοερόν, 13b
ignem sensualem, id est deum.

*Comm. Bern. Luc. IX 578: Ait Posidonius Stoicus: θεός 13c
ἐστι πνεῦμα νοερὸν διῆκον δι' ἁπάσης οὐσίας, deus est spiritus rationalis per omnem diffusus materiam. Hunc spiritum summum deum Plato vocat artificem permixtum mundo omnibusque quae in eo sint; ⟦quod si ita est, omnes eum videmus⟧.

*Aug. C. D. IV 12 p. 162, 28 sqq.: ⟦Nonne debet movere acutos 14
homines vel qualescunque homines? ... Si⟧ mundi animus deus est eique animo mundus ut corpus est, ut sit unum animal constans ex animo et corpore, atque iste deus est sinu quodam naturae in se ipso continens omnia, ut ex ipsius anima, qua vivificatur tota ista moles, vitae atque animae cunctorum viventium pro cuiusque nascendi sorte sumantur.

*Aug. C. D. IV 11 p. 160, 4 sqq.: ⟦Quodlibet igitur physicis 15a
rationibus et disputationibus adserant: modo sit⟧ Iuppiter corporei huius mundi animus, qui universam istam molem ex quattuor vel ⟦quot eis placet⟧ elementis constructam atque compactam implet et movet, ⟦modo inde suas partes sorori et fratribus cedat⟧.

*Ibid. p. 161, 26 sqq.: Omnes dii deaeque sit unus Iuppiter, 15b
sive sint, ut quidam volunt, omnia ista partes eius sive virtutes eius, sicut eis videtur, quibus eum placet esse mundi animum, quae sententia vel magnorum multumque doctorum est .... Unius animantis haec tota vita est, quae omnes continet deos quasi suas virtutes vel membra vel partes.

*Id. C. D. VII 13 p. 290, 21 sqq.: Ad Iovem ceteri referendi †15c
sunt ... cum hic ipse sint omnes sive quando partes eius vel potestates existimantur, sive cum vis animae, quam putant per cuncta diffusam, ex partibus molis huius, in quas visibilis mundus iste consurgit, et multiplici administratione naturae quasi plurium deorum nomina accepit.

Comm. Bern. 3 post | sidonius *C*   3 theoſẽ igneũ aroenondineſondi apaſe ſuſſiaſ deuſ ẽ *C*   5 difisus *C*
Aug. 20 di *Ll*   27 ipsi *C*: ipse *AKF*

I 1 *Diels. Dox. p. 302ᵇ 11). Haec Posidonius in libro XIII* περὶ θεῶν *docuit, vd.* Diog. Laert. VII **138**.

14 *Vd. quaest. I p. 31 sq. Similia leguntur ap.* Arnob. III **35** *in. Cum fr. 13. 14 aptissime confertur* Verg. Aen. VI **724—731**, ge. IV **219** sqq., *cf. quaest. III p. 111.*

15 *Vd. quaest. I p. 31 sq. Cf.* R. D. XVI *fr.* **14** sqq., Philod. π. εὐς. **11, 13. 15, 1** (p. **77. 82** *Gomp.*); Diog. Laert. VII **135**; Ann. Corn. N. D. II *p. 7 sq. Os.* Cic. N. D. I **15, 39** sqq. — *Serv. gen. ge. I 5 (e Cornelio Labeone? vd. quaest. IV p. 125)*: Stoici dicunt non esse nisi unum deum et unam eandemque potestatem, quae pro ratione officiorum nostrorum variis nominibus appellatur. *Id. Aen. IV 638*: Sciendum Stoicos dicere unum esse deum, cui nomina variantur pro actibus et officiis. *Qui loci fortasse ex Varrone profecti sunt. Cf.* Arnob. III **35** in.

16 Tert. ad nat. II 3 p. 98, 21 sqq.: Elementa ... caelum dico et terram et sidera et ignem deos ... credi proposuit Varro et qui Varroni indicaverunt animalia esse cae⟨lum⟩ et astra ... Et tamen unde animalia Varroni videntur elementa? Quoniam ⟨elementa mo⟩ventur ... Dicit eo animalia credita, quod per semet ipsa moverentur, nullo extrinsecus apparente motatore eorum aut incitatore, sicuti apparet qui rotam compellit et plaustra volvit et machinam temperat. Igitur nisi animalia, non mobilia per se.

17 *Aug. C. D. IV 11 p. 162, 10 sqq.: Dicunt omnia sidera partes Iovis esse et omnia vivere atque rationales animas habere et ideo sine controversia deos esse.

18 *Tert. ad nat. II 4 p. 100, 1 sqq.: Aiunt quidam propterea deos ⟨θεοὺc appella⟩tos, quod θέειν id est ἵεcθαι pro currere ac motari interpretatio est.

Tert. nat. 2 et qui] ut qui *Oehlerus*, atqui *Hauckius* 3 Varro *A*: Varroni *Wissowa et MKlussmannus* indicaverat *Goth Hauckius* 4 elementa moventur *Goth Wissowa Hartelius (l. l. p. 43 sq.): lac.* 7 uentur *A sec. lect. Reifferscheidii, lac. 12* uentur *A sec. lect. MKlussmanni*, per semet ipsa mouentur *MKlussmannus* 6 aut incitatore *Oehlerus*: ut initiatore *A*, et initiatore *Goth*, aut minatore *Rig* aut initiatore *fort.*

13 θεοὺc appellatos *Wissowa: lac. 7* tos *A*, . u *lac. 8* latos *Bal**, *lac. 10* atos *Goth* Hild**, fuisse appellatos *Goth* θέειν id est ἵεcθαι *Hartelius*: thin & siesta *A*, θέειν et ἐξίεcθαι *Goth*, θέειν et ceίεcθαι *Rig* pro currere *Wissowa*: procurrere *A*

---

16 a) *Vd. quaest. II p. 72 sqq. Tert. exscripsit* Is. or. XIII 1, 2 *vd. Kettner Varr. Stud. p. 5. — De elementorum divinitate et mobilitate cf.* Alcmaeonem *ap.* Arist. de an. I 2 p. 405 a 30, Cic. N. D. I 11, 27, Aet. plac. IV 2, 2 *Diels.*; Zenonem *ap.* Cic. N. D. I 14, 36, Stob. ecl. I 1, 28 p. 303, 24 *Diels.*; Chrysippum *ap.* Cic. N. D. I 15, 39 (*cf.* Phil. π. εὐc. fr. 15), Stob. ecl. I 10, 16 p. 459 *Diels*, Ciceronem (*vel* Posidonium) N. D. II 5, 13; 15, 42; 21, 54, *vd. quaest.* III p. 87 sqq.; Ann. Corn. N. D. I p. 6 Os.; Plut. plac. I 6 p. 295 *Diels.* — Serv. gen. Aen. IV 524: Elementa etiam animalia esse voluerunt, *quae verba ad Varronem redire coniecit Kettnerus Varr. Stud. p. 5. Cf.* Arnob. III 35: Si mundus unum est animal et unius mentis agitatione motatur (vd. fr. 12[d]): nec in plura potest numina dissipari, nec .... luna sol tellus aether astra membra sunt et mundi partes; quodsi partes et membra sunt, animalia utique sui nominis non sunt.

17 *Vd. quaest. I p. 31 sq. Cf. fr. 16 cum adn.;* R. D. XVI fr. 3. 4; Cic. N. D. I 14, 36; Ann. Corn. N. D. I p. 6 Os. Ov. fast. III 111 sq.: Libera currebant et inobservata per annum Sidera; constabat sed tamen esse deos. Serv. gen. Aen. II 155: Secundum philosophos dicuntur sidera elementa esse, sed habere proprias potestates.

18 *Vd. quaest. II p. 75. Huius veriloquii auctor Plato est, vd.* Plat. Crat. 397[c] sq.: Φαίνονταί μοι οἱ πρῶτοι τῶν ἀνθρώπων τῶν περὶ τὴν Ἑλλάδα τούτους μόνους θεοὺc ἡγεῖcθαι, οὕcπερ νῦν πολλοὶ τῶν βαρβάρων, ἥλιον καὶ cελήνην καὶ γῆν καὶ ἄcτρα καὶ οὐρανόν (cf. fr. 16)· ἅτε γοῦν αὐτὰ ὁρῶντεc πάντα ἀεὶ ἰόντα καὶ δρόμῳ θέοντα ἀπὸ ταύτηc τῆc φύcεωc τῆc τοῦ θεῖν θεοὺc αὐτοὺc ἐπονομάcαι· ὕcτερον δὲ κατανοοῦντεc τοὺc ἄλλουc πάνταc ἤδη τούτῳ τῷ ὀνόματι προcαγορεύειν; *tale aliquid etiam Varro hoc loco docuit, quippe qui Platoni similis de consensu omnium dixerit.*

Tert. ad nat. II 5 p. 102, 12 sqq.: ⟦Quin ergo ad humaniorem 19
aliquanto con⟨vertim⟩ur opinionem, quae de communi omnium sensu et simplici ⟨coniectura⟩ deducta videatur? Nam et⟧ Varro meminit eius, credi⟨tam praete⟩rea dicens elementorum divinitatem, quod nihil omnino ⟨sine suffra⟩gio illorum gigni ali provehi possit ad vitae humanae ⟨conservati⟩onem, quando ne ipsa quidem corpora aut animas sufficere licuisset sine elementorum temperamento, quo habitatio ista mundi circulorum condicionibus foederata praestatur, ⟨nisi quod hominum⟩ incolatui denegavit enormitas frigoris aut ca⟨loris, propterea que⟩ deos credi solem, qui dies de suo cumulet, fruges calor⟨ibus expediat et⟩ annum stationibus servet: lunam, solacium noctium, patrocinium ⟨men⟩sum gubernaculis: item sidera signacula quaedam temporum ad rurationem notandorum: ipsum denique caelum, sub quo omnia, terram, super quam omnia, et quicquid illorum inter se ad commoda humana conspirat. — Nec tantum beneficiis fidem divinitatis elementis con⟨ve⟩nire, sed etiam de diversis, quae tamquam de ira et offensa eorum inc⟨idere⟩ soleant, ut fulmina, ut grandines, ut ardores, ut aurae pestilentes, item diluvia, item hiatus motusque terrarum, et iure credi deos q⟨uo⟩rum natura honoranda sit in secundis, metuenda sit in adversi⟨s⟩, domina scilicet iuvandi et nocendi. — Ib. p. 104, 10; 104, 17 sqq. Id. ad nat. II 6 p. 106, 2 sqq.

Tert. ad nat. II 3 p. 98, 17 sqq.: Quidam (*i. e.* Varro, *vd.* 20

---

2 convertimur *Goth*: con *lac 6* ur *A*, con *lac.* 5 mur *Goth**, conducimur *Hild* 3 coniectura *Goth: lac. 8 A, lac. 4* ura *Hild*, cognitione *Priorius* 4 creditam praeterea *Goth* 5 sine suffragio *Goth* 5 *sq.* vite humana *A* 6 conseruationem *Hartelius (cf. patr. Stud. II p. 48): lac. 9* onem *A*, et terrae sationem *Goth* 7 animas *Goth*: anima *A* 8 *sq.* nisi quod hominum *Goth: lac. 15 A*, nisi qu . d *lac. 5 Goth**, n *lac. 14 Bal* Hild**, sine quo hominum *Hartelius* 9 *sq.* caloris, propterea que *Oehlerus*: ca *lac. 16 A*, caloris *lac. 9 Hild**, caloris aestivitas: ideo *Goth*, caloris itaque *Rig*, caloris zonas duas: ita *coni. Reifferscheidius* 10 dies *Wissowa*: diei *A* 11 caloribus expediat et *Goth*: calor *lac. 11 A*, caloribus. p *lac. 7 Goth**, caloribus *lac. 7 Bal*, Hild*, caloribus maturet *Oehlerus* 12 mensum *Goth* ⟨item stellas, quae curant⟩ gubernaculis *Hartelius* l. l. p. 48 13 rurationem *Merkelius*: mutationem *A* 14 terram *Rig*: in terra *A* 17 incidere *Rig*: inc *lac. 4 A,* inc *lac. 5 Goth**, incusari *Goth*

A Platone ad recentiores scriptores veriloquium transiit, velut ad Posidonium, quem Varro sequitur. Platonis nomen pro Apollodoro reponendum esse in Etym. Gud. p. 258, 57 s. v. θεούς *probavit Münzelius 'de Apollodori* περὶ θεῶν *libris' p. 18. Cf.* Plut. plac. I 6, Etym. Magn. s. v. θεός, Cram. an. ox. II p. 446, Macr. Sat. I 23, 3.

19 *Vd. quaest. II p. 75 sq. Zeller. l. l. p. 317, 3. Cf.* Cic. N. D. II 5, 13. 23, 60 (*vd. quaest. III p. 87 sqq.*), Plut. plac. I 6, 9 p. 295 *Diels*, Plut. Num. 8; Serv. gen. Aen. IV 178: Ideo 'ira deorum', quod in eam (sc. terram) fulmina et grandines de caelo cadunt; cf. ib. III 20. *De Sole et Luna vd.* Varr. L. L. V 68; R. R. I 1, 5; R. D. XVI fr. 38. 58.

20 *Vd. quaest. II p. 72 sqq. Cf.* fr. 7, 60, Phil. π. εὐς. fr. 12 *Diels.*

vers. 24) elementa deos volunt (= *fr. 16*) . . ., cum Stoici negent quicquam d⟨eo⟩ nasci . . . cum deum negent nasci . . . negata (sc. a Varrone) generatio dei et nativitas.

21 *Aug. C. D. IV 10 p. 157, 17 sqq.: Cur Iovi Iuno uxor adiungitur, quae dicatur soror et coniux? Quia Iovem, inquiunt, in aethere accipimus, in aere Iunonem et haec duo elementa coniuncta sunt, alterum superius alterum inferius . . . Quid est quod mare Neptuno tribuitur, terra Plutoni? Et ne ipsi quoque sine coniugibus remanerent, additur Neptuno Salacia, Plutoni Proserpina. Nam sicut inferiorem caeli partem, id est aerem, inquiunt, Iuno tenet, ita inferiorem maris Salacia et terrae inferiorem Proserpina.* Id. C. D. VII 23 p. 302, 30 sqq.: Orci coniux Proserpina, quae secundum aliam (*vd. R. D. XVI fr. 51*) in eisdem libris (*sc. in Reb. Div.*) positam opinionem terrae pars inferior perhibetur. Id. C. D. VII 28 p. 311, 24 sqq.: Dis pater, qui Graece Πλούτων dicitur, etiam ipse frater amborum (sc. Iovis et Neptuni) terrenus deus perhibetur (sc. a Varrone) superiorem terram tenens, in inferiore habens Proserpinam coniugem. Id. C. D. VII 22 p. 300, 34 sqq.: Cur autem illa Salacia per hanc interpretationem (*vd. R. D. XVI fr. 37*) inferiorem maris partem, qua viro erat subdita, ⟦perdidit?⟧

22a Tert. ad nat. II 3 p. 97, 18 sqq.: Videmus physicum istud ad hoc subornatum, ut deos elementa ⟨cont⟩endat, cum . . . etiam alios ⟦deos natos⟧ alleget.

22b *Id. ad nat. II 13 p. 121, 6 sqq.: ⟦Quos a primordio possunt non ⟨asserere nisi homines fuisse, recipiunt in⟩ divinitatem,

---

2 deo *Goth*

Aug. 5 inquit *C* 6 aethere *ex* aere *corr. C* aere *ex* aethere *corr. C* 11 inferiorem *post* terrae *man. rec. sup. lin. C* 12 coniunx *C* quae *om C*[1] 16 di$^{\tau}$is *C*‾ pluton *Cl* 19 inferiorem *C*[1] *l*

Tert. nat. 21 hysicum *A* 22 contendat *Goth*: *lac.* 4 endat *A*, *lac.* 3 tendat *Bal**, *Hild** 24 *sq.* non possunt *Goth* asserere — in *Oehlerus:*

---

21 *Vd. quaest. I p. 30 sq.* Cf. Cic. N. D. II 26, 66: Aer ut Stoici disputant interiectus inter mare et caelum, Iunonis nomine consecratur, quae est soror et coniux Iovis, quod ei similitudo est aetheris et cum eo summa coniunctio. *Quem propter locum ne illud quidem 'soror et coniux' Varroni abiudicaverim, quamquam Augustinus etiam de* Verg. Aen. I 47 *cogitavisse potest.* Serv. gen. Aen. I 47: Physici Iovem aetherem, id est ignem, volunt, Iunonem vero aërem; et quoniam tenuitate elementa paria sunt, dixerunt esse germana. Sed quoniam Iuno, hoc est aer, subiectus est igni, id est Iovi: inde superposito elemento mariti traditum nomen est. Serv. ge. II 325: Interdum pro aere Iuno et pro aethere Iuppiter ponitur. Macr. somn. Scip. I 17, 15: Iuno soror eius et coniux vocatur. Est autem Iuno aer et dicitur soror, quia isdem seminibus, quibus caelum, etiam aer procreatus est, coniux quia aer subiectus est caelo. — Gellius N. A. XIII 23, 1: In libris sacerdotum populi Romani scriptum est: Salaciam Neptuni. Varro L. L. V 72: Salacia Neptuni.

22 a—c *Vd. quaest. II p. 72 sqq. Cf.* Hartel patr. Stud. III p. 40 sq. —

affirmando illos post mortem d⟨eos factos, ut Varro⟩ et qui cum eo somniaverunt.

*Id. ad nat. II 14 p. 125, 3 sqq.: Volunt . . . distingui inter 22c
nativos et factos (sc. deos) secundum Dion⟨y⟩s⟨i⟩u⟨m Stoi⟩cum.

*Sen. ap. Aug. C. D. VI 10 p. 267, 21 sq.: ⟦Credam ego⟧ cae- 22d
lum et terram deos esse et supra lunam alios, infra alios?

Serv. interpol. Aen. VIII 275: Varro dicit deos alios esse, 22e
qui ab initio certi et sempiterni sunt, alios qui immortales ex hominibus facti sunt: et de his ipsis alios esse privatos, alios communes; privatos, quos unaquaeque gens colit, ut nos Faunum, Thebani Amphiaraum, Lacedaemonii Tyndareum, communes, quos universi, ut Castorem Pollucem Liberum Herculem.

*Tert. ad nat. II 7 p. 106, 7 sqq.: ⟦Nescio . . . an tanti de do- 23
cumentis divinitatis confi⟨rmentur⟩ ut⟧ Mopsus Africanus et Boeotus Amphiaraus . . . ⟦Interim hos certe homines fuisse vel eo palam est, quod non constanter⟧ deos illos, sed heroas appellatis.

---

undeviginti fere litterae desunt in A, asserere *lac. 13 Goth*, lacunam duodeviginti litterarum statuit Rig*, asserere sacros et in illam *Goth* 1 affirmant *Goth* deos factos ut Varro *Goth*: de *lac. 14* ro *Bal* Hild** 4 *sq.* Dionysium Stoicum *Goth*: dionys *lac. 5* cum *Goth**

Serv. int. 8 qui *ante* ab *om. F* ex hominibus immortales *T* 9 et de his ipsis *F*: et deis ipsi *G*, ex his *T* 9 *sq.* alios esse privatos alios communes privatos *T*: alios communes privatos privatos *F* alios communes privatas *G* 10 quas *G* colit *T*: colitur *F*, calitur *G* 10 *sq.* ut nos — Tyndareum *om. T* thebani amfiaracum *F*: thebafiaracum *G* lacedaemonia *F* indaren *F* 11 quos *T*: quas *F* universi ut] uniusic̄ *G* 12 castorem *T*: pastorem *F*, partorem *G* et pollucem *T*: pollicem *F* liberum et herculem *T*

Tert. nat. 14 confirmentur *Oehlerus*: confi *lac. 7 A*, conf. *lac. 10 Goth**, confidentes sint *Goth* Mopsus *Goth*: mox *A* Africanus *Goth*: africanos *A* 14 *sq.* Boeotus Amphiaraus *Goth*: boetus ampharaus *A*

Dionysii bifaria distinctio ab illa trifaria fr. 12 non abhorret. d *Vd. quaest. I p. 35; supra lunam dii caelestes, infra heroes habitant, vd. R. D. XVI fr. 3.* e *Vd. quaest. II p. 73 quaest. V p. 126 sqq. — Eosdem deorum ordines docet* Chrysippus ap. Phil. π. εὐς. fr. 13 *Diels.*, Cic. N. D. I 15, 39; *similes leguntur ap.* Cic. de leg. II 8, 19: *De diis ex hominibus factis cf.* Plut. plac. I 6 *p.* 296 *Diels.*; Cic. N. D. II 24, 62; de rep. II 2, 4. *Ut Cicero* N. D. II 24, 62 *ita etiam Varro hunc Liberum Semela natum ab antiquissimo illo Romanorum deo distinxit, vd.* R. D. XIV *fr.* 7 XVI *fr. 41.* Cf. Serv. gen. Aen. XII 118: Alii communes deos volunt Solem Lunam Plutonem Martem: hi enim apud omnes homines inveniuntur et sunt in omnibus terris. Id. Aen. X 18: Et legimus Herculem vel Liberum patrem non semper deos fuisse. — Serv. gen. V 45: Varro et Ateius contra sentiunt dicentes 'divos' perpetuos, 'deos' qui propter sui consecrationem timentur. *Quae ad libros L. L. redire coniciendum est; cf. enim* Serv. interp. Aen. XII 139: Varro ad Ciceronem tertio: Ita respondeant, cur dicant 'deos', cum omnes antiqui dixerint 'divos'.

23 *Vd. quaest. II p. 72 adn. E vi divinandi Stoici divinitatis argumentum ducebant, cf.* Cic. N. D. II 3, 7, *ubi item Mopsus et Amphiaraus enumerantur. De Amphiarao vd.* Cic. N. D. III 19, 49.

24 Aug. C. D. III 4 p. 101, 7 sqq.: Varro ... utile esse civitatibus dicit, ut se viri fortes, etiamsi falsum sit, diis genitos esse credant, ut eo modo animus humanus velut divinae stirpis fiduciam gerens res magnas adgrediendas praesumat audacius, agat vehementius et ob hoc impleat ipsa securitate felicius. ⟦Quae Varronis sententia expressa, ut potui, meis verbis . . . .⟧

25a *Comm. Bern. Luc. IX 6: Stoici virorum fortium animas existimant in modum siderum vagari in aere et esse sic immortales, ut non moriantur, sed resolvantur, secundum Platonem ⟨ne⟩ resolvantur quidem.

25b *Id. Luc. IX 9: Pythagoras dixit animas in stellas converti virorum fortium.

25c *Serv. gen. Aen. VI 713: Sciendum non omnes animas ad corpora reverti: aliquae enim propter vitae merita non redeunt.

26 Serv. gen. Aen. VI 703: ... de Platonis dogmate, quod in Phaedone positum est περὶ ψυχῆς. De qua re etiam Varro in primo divinarum plenissime tractavit.

27 Serv. gen. Aen. VI 733: Varro ⟦et omnes philosophi dicunt quattuor esse passiones, duas a bonis opinatis et duas a malis opinatis rebus: nam dolere et timere duae opiniones malae sunt, una praesentis alia futuri, item gaudere et cupere opiniones bonae, una praesentis altera futuri. Haec ergo nascuntur ex ipsa coniunctione, nam neque animi sunt neque corporis propria, pereunt enim facta segregatione.⟧ Id. Aen. II 499.

28 Boethius de diis et praesens. (in Cic. ed. Or. V 1 p. 392, 2 sqq.): ⟦Videtur quibusdam haec sententia, qua ait Cicero (Top. 20, 76) 'deorum virtus natura excellit, hominum autem industria', ex libris M. Varronis, hominis acutissimi, de humanis et divinis rebus, ubi de theologiae divisione agitur, succincte per transitum mutata.⟧

Comm. Bern. 7 estime*t *corr. C, D*[1]: estiment *pr. C* 9 *sq.* [secundum Platonem resolvan]tur *in ras C man. 2* 11 pitagoras *C*

Serv. gen. 16 phedone *AR*: fedone *HMC*, foedone *T* ΠΕΡΙ ΨΥΧΗϹ *S*: ΠΕΡΥ ΨΥΧΗϹ *R*, ΠΡΙΥΥΧΗϹ *H*, ΠΕΡΥΥΧΗϹ *M*, peri psices *FC* 17 plenissimo *C* 19 *sq.* et duas a malis opinatis *om. C* 20 dolore *RHFC* duo *H* 21 alia] altera *M* 21 *sq.* item — futuri *om. HF* opiniones — futuri] duae sunt opiniones bonae una praesentis temporis et altera futuri *M* 23 sunt animi *C*

---

24 *Cf. fr. 7. 10*[b]. *Varro hoc loco in universum de hominibus fortibus agit, non de Aenea et Romulo, id quod ex Augustini verbis quae ante leguntur false collegit Franckenius Fragm. Varr. in libris Augustini de civ. dei Leid. 1836 p. 1.*

25 *Vd. quaest. III p. 111 sq. Cf.* Verg. ge. IV 225 *sqq.*

26 *Vd. quaest. III p. 110 sq.* Plat. Phaed. *p.* 76 *sqq.* Rep. X *p.* 617[d] *sqq. Cf.* Verg. Aen. VI 733 *sqq.*

27 *Vd. quaest. III p. 112. E Servio pendet* Donat. Ter. Andr. V 4, 34. *Cf.* Verg. Aen. l. l.

28. 29 *Vd. quaest. I p. 20. De Platone vd.* de rep. II 18. 19,

Aug. C. D. VI 9 p. 263, 21 sqq.: Cum religiosum a supersti- 29a
tioso ea distinctione discernat (*sc.* Varro), ut a superstitioso dicat timeri deos, a religioso autem tantum vereri ut parentes, non ut hostes timeri, atque omnes ita bonos dicat, ut facilius sit eos nocentibus parcere, quam laedere quemquam innocentem . . .

Id. C. D. IV 18 p. 167, 10 sqq.: Omnes deos . . . non nisi bonos 29b
existimare debemus. Hoc Plato dicit, hoc alii philosophi, hoc excellentes rei publicae populorumque rectores.

Arnob. adv. nat. VII 1: ⟦Quid ergo, dixerit quispiam, sacrificia †30
nulla esse omnino facienda? Ut vobis non nostra sed Varronis vestri sententia respondeamus. Nulla. Quid ita?⟧ 'Quia', inquit, 'dii veri neque desiderant ea neque deposcunt, ex aere autem facti, testa gypso vel marmore multo minus haec curant: carent enim sensu; neque ulla contrahitur, si ea non feceris, culpa, neque ulla, si feceris, gratia'.

Aug. C. D. VI 5 p. 254, 13 sqq.: ⟦Intueamur sane et⟧ civilem 31
theologian. 'Tertium genus est', inquit (sc. Varro), 'quod in urbibus cives, maxime sacerdotes nosse atque administrare debent. In quo est, quos deos publice colere et ⟨quae⟩ sacra ac sacrificia facere

Aug. 3 timere *l* tanto *C*

Aug. 17 orbibus *C*[1] 19 *sq.* publice sacra ac (*non* et) sacrificia colere et facere *l*; *item C verbis* et facere *man. 1 (non 2) sup. lin. add.*;

Stob. ecl. I 1 (= Plut. plac. I 7, 31 = Aet. plac. *p.* 304 *Diels.*). *Hoc idem secundum Antiochum Academicum docet* Varro *in* libro de philos. *ap.* Aug. C. D. XIX 3 p. 355, 7 sqq. 24 sq., *atque eadem Stoicorum doctrina multis locis extat, velut ap.* Ar. Did. ep. fr. 29 *Diels* (= Eus. p. e. XV 15, 5), Sen. ep. mor. XV 3 (ep. 95, 49), de ira II 27, 1 al. (*Vd. Zeller. l. l. p. 313, 1*). *Cf. etiam* Cic. off. III 28, 102: Hoc quidem commune est omnium philosophorum . . . nunquam nec irasci deum nec nocere. — *De religiositate et superstitione cf.* Cic. N. D. II 28, 71 sq. Serv. gen. Aen. VI 596: Religiosi sunt, qui per reverentiam timent. Id. Aen. VIII 187: Superstitio est timor superfluus atque delirus. — *Cum hac de deorum benignitate sententia non pugnat, quod Varro supra fr. 19 s. fin. docet* 'fidem divinitatis elementis convenire de diversis, quae tamquam de ira incidere soleant eqs.' *cf. Zeller. l. l. p. 173 sqq.*

30 *Hoc fragmentum in R. D. libro I posuit Merkelius Ov. fast. prol. p. CVIII, quod fieri posse abrupte negat Krahnerus Cur. p. 11. Sed cum Stoici diis propter virtutem sacrificia non facienda esse docerent, hoc fragm. aptissime cum* fr. 29 *coniungitur. Neque eo, quod Varro a 'civitatis institutione' dissentit, haec huc referre prohibemur, quia ille a populi sententiis se abhorrere saepius in his ipsis libris testatur, vd. fr. 10 a b, 24, 55. — False Schmekelius (mittl. Stoa p. 124) Varroni tribuit hunc locum* Arn. VII 2: Ex vobis audire consuevimus deos esse quam plurimos et numinum in serie computari: qui si sunt, ut dicitis, uspiam verique, ut Terentius credit, eqs. — ex materiae opibus voluptates. *Omnino enim haec verba Arnobii sunt propria, nisi quod cum scribit* 'veri, ut Terentius credit' *breviter ad ea adludit, quae modo in priore capite e Varrone rettulerat.*

31 *Vd. quaest. I p. 16. Aug. exscripsit* Boeth. l. l. p. 392, 33 sqq. *Cf.* Plut. plac. I 6, 9 (= Aet. plac. *p.* 295 *Diels.*) Fest. *p.* 245, 28 sqq. *De sacris publicis vd. Marquardt-Wissowa l. l. p. 145 sqq.*

quemque par sit'. Tert. ad nat. II 8 in.: Superest ⟦gentile⟧ illud genus inter populos deorum.

†32 Non. p. 510, 2 sqq.: Varro Rerum divinarum: Etenim ut deos colere debet communitus civitas, sic singulae familiae debemus.

33 a *Tert. ad nat. II 9 p. 111, 10 sqq.: Bifariam Romanorum deos recognosci⟨mus⟩ communes et proprios . . . publici et adventicii . . . arae adventiciorum ad fanum Carnae, publicorum in Pa⟨latio⟩ . . . tertium illud genus hostilium deorum.

33 b *Aug. C. D. II 14 p. 70, 27 sq.: Quae Romani numina partim peregrina receperunt, partim sua propria sacraverunt.

33 c *Id. C. D. III 12 p. 110, 6: indigenas et alienigenas.

33 d *Id. ep. ad Max. Mad. (Class. II 17, Migne Patr. 33 p. 84): Cetera huiuscemodi innumerabilia (sc. numina), quibus Romani antiqui . . . templa fecerunt et colenda censuerunt, ⟦quae si negligis, Romanos deos negligis⟧.

33 e *Min. Oct. 25, 7: ⟦Romanorum vernaculos deos novimus⟧.

33 f *Lact. I. D. I 20, 1: ⟦Venio nunc ad proprios Romanorum deos, quoniam de communibus dixi⟧.

33 g *Tert. ad nat. II 12 p. 116, 10 sqq.: ⟦Quot et quos deos utique producam? . . . ⟨Vet⟩eres an et novicios . . . cives an et pe⟨regrinos?⟩⟧. *Id. ap. 10 p. 154, 14 sqq.: ⟦Nunc ergo per singulos decurram⟧ . . . novos veteres . . . Romanos peregrinos, captivos adoptivos, proprios communes . . .

34 Non. p. 197, 14 sq.: Varro Rerum divinarum lib. I: Nostro ritu sunt facienda civi libentius quam Graeco castu.

35 Non. p. 197, 16 sq.: Idem (sc. Varro): Et religiones et castus id possunt, ut ex periculo ⟨nos⟩ eripiant nostro.

---

publice, quae sacra et sacrificia colere quemque *edd. vett.* et *Par. Duebn.* publice sacro et sacrificio colere quemque *coni. Dombartus*

Non. 3 divinarum *add.* H[2] 3 *sq.* ut enim deos *L*[1] 4 colere *Iun*: coleret *codd.* communitus *H, Bamb*: commonitus *L*[2]

Tert. nat. 7 carne *A* Palatio *Goth*

Tert. nat. 20 veteres *Goth* 20 *sq.* peregrinos *Goth*

Non. 25 civi libentius quam *Muell*: quam sciuilibus *L*: quam his civilibus *HG* 26 castitu *codd.*: castu *corr. edd.* 27 nos add. Scal: *non* nos *adiciendum*, *sed* nostro, *ut ex prioribus irreptum eiciendum censet Muell*

---

32 *Hoc fragm. Merkelius in R. D. XII posuit. Cf.* Cic. de leg. II 8, 19. Fest. *p.* 245 *s. v.* privata sacra. *Vd. Marqu.-Wiss. p. 120 sqq. 129 sqq.*

33 a *Vd. quaest. II p. 77 sq.; cf. Wissowa, de dis Rom. ind. et novens. (Ind. lect. Marpurg.) p. 8; Merkel. Ov. fast. praef. p. CXCV. De Carnae fano in Caelio monte sito vd.* Macr. Sat. I 12, 31. *De dis hostilibus i. e. evocatis cf. Marquardt-Wissowa l. l. p. 21.* b—f *Vd. quaest. II p. 68 sqq.* g *Vd. quaest. II p. 71. Cf.* Arnob. IV 4: Romani possident deos peculiares, qui aliarum gentium non sunt. Fest. p. 237 *s. v.* peregrina sacra.

34 *Vd. quaest. II p. 70.*

35 *Vd. quaest. II p. 69.*

*Tert. ap. 25 in. p. 220, 12 sqq.: Dicunt Romanos pro me- 36
rito religiositatis diligentissimae in tantum sublimitatis elatos, ut orbem occuparint et adeo deos esse, ut praeter ceteros floreant, qui illis officium praeter ceteros faciant. *Id. ad nat. II 17 p. 130, 3 sqq. *Aug. C. D. III 11 p. 109, 8 sq.: Numa Pompilius cum cogitaret, quibusnam diis tuendam Romanam salutem regnumque committeret... *III 12 p. 110, 10. *Min. Oct. 25, 1: Ista ipsa ⟦superstitio⟧ Romanis dedit auxit fundavit imperium, cum non tam virtute quam religione et pietate pollerent.

*Tert. ap. 25 p. 223, 11 sqq.: Etsi a Numa concepta est ⟦cu- 37
riositas superstitiosa⟧, nondum tamen aut simulacris aut templis res divina apud Romanos constabat. Frugi religio et pauperes ritus et nulla Capitolia certantia ad caelum, sed temeraria de cespite altaria et vasa adhuc Samia et nidor ex illis et deus ipse nusquam. Nondum enim tunc ingenia Graecorum atque Tuscorum fingendis simulacris urbem inundaverant. *Id. ad nat. II 17 p. 132, 8—12; *ap. 21 p. 205, 6; *de idol. 3 in.; *de praescr. haer. 40 *Aug. C. D. III 12 p. 109, 20 sqq.: Nec his sacris Roma dignata est esse contenta, quae tam multa illic Pompilius constituerat. Nam ipsius summum templum nondum habebat Iovis. *Id. C. D. II 16 p. 72, 9 sq.

Non. p. 156, 7 sq.: Varro Rerum divinarum lib. I: Quae 38
puritia est infrequens polluta.

Aug. C. D. IV 23 p. 173, 18 sqq.: Romulus constituit Romanis 39a

---

Tert. ap. 2 diligentissimae *om. D*: diligentissime *Fuld* elatos et inpositos ut *Fuld* 3 et ideo deos ut *F*

Min. 8 ausit *P*

Tert. ap. 10 Numa popilio *Fuld* 12 fruge *G*: fruges *F Vind* 13 temporaria *Fuld* bexilis *F Fuld* 16 invaderant *D*: nudaverant *G*

Non. 22 pueritia *codd*: puritia *corr. edd.*, quae in puritia est frequens polluta *Muell*

---

36 *Vd. quaest. II p. 68 sqq.* Cic. N. D. III 2, 5: Mihi ita persuasi ... Numam sacris constitutis fundamenta recisse nostrae civitatis, quae nunquam profecto sine summa placatione deorum immortalium tanta esse potuisset. *Ex his verbis Augustino simillimis apparet, quam arte hoc cum sequenti fragmento 37 cohaereat. Cf.* Cic. N. D. III 2, 5; II 3, 8; de har. resp. 9; Val. Max. I 1, 8; Polyb. VI 56; Dion. Hal. A. R. I 4. *Krahner. Cur. p. 16 sqq. Preller-Iordan R. M. I*[3] *p. 24 sq.*

37 *Vd. quaest. II p. 68 sqq. Cf.* R. D. I fr. 59, Varr. de vita P. R. fr. 14. 15 *Kettner.* (= Non. p. 494, 7; 162, 17). Cic. N. D. III 2, 5 (*vd. fr. 36 adn.*), de rep. II 14, 27; Dion. Hal. A. R. II 62 ex. 63; Plut. Num. 8; Clem. Al. Str. I 15, 71 (*secundum* Plut.). *Quae scribit* Arn. II 12: Romam, in qua homines sint Numae regis artibus atque antiquis superstitionibus occupati ..., VII 20: Religionibus artifex in comminiscendis Numa *e certo fonte arcessere vix opus habebat, nisi haec per Labeonem a Varrone traducta esse credere mavis.* Comm. Bern. Luc. VII 396: Numa Pompilius multorum fuit auctor sacrorum, qui hoc instituit, ut apud vicina urbis loca sacrificia fierent, *quae cui tribuenda sint, nescio.*

38 *Vd. quaest. II p. 70.*

39 *Vd. quaest. I p. 32 sq. II p. 65 sqq. Minucii totam § 8 exscripsit* Cypr. Id. 4 (2, 5). — *Hoc loco cum eis collato, quae e Varronis libro de gente*

deum Ianum Iovem Martem, Picum Faunum, Tiberinum Herculem ⟦et si quos alios⟧.

39b Min. Oct. 25, 8: Romuli sunt Picus Tiberinus et Consus et Pilumnus ac Volumnus dii. Sen. ap. Aug. C. D. VI 10 p. 267, 27: Picum Tiberinumque Romulus. *Tert. adv. Marc. I 18 p. 67, 21: Romulus Consum.

39c *Tert. ap. 25 p. 221, 1: Sterculus et Mutunus. *Id. ad nat. II 17 p. 130, 8. *Aug. ep. 17 ad Max. Mad.: Habes apud vos deum Stercutium.

39d *Aug. C. D. IV 23 p. 174, 6 sq: . . . ut coleretur Priapus. *Id. C. D. II 14 p. 70, 26.

40 Aug. C. D. IV 23 p. 173, 20 sqq.: Titus Tatius addidit Saturnum Opem, Solem Lunam, Vulcanum Lucem et ⟦quoscunque alios, inter quos etiam⟧ deam Cluacinam. Ibid. p. 174, 7; Sen. ap. Aug. C. D. VI 10 p. 267, 26; Tert. adv. Marc. I 18; Min. Oct. 25, 8; *Lact. I. D. I 20, 11; *Aug. ep. 17 *unam tantum Cloacinam commemorant.*

41 Aug. C. D. IV 23 p. 173, 23: Numa ⟦tot deos et tot deas⟧.

42 *Lact. I 20, 17: ⟦Mala sua pro diis habent⟧ ut Romani Robiginem.

Min. 3 Romuli s̄ (= sunt) *coni. Aem. Baehrens*: Romulus *P* teuerinus *P* 4 Volumnus *Rig*: polumnus *P*

Tert. 7 Sterculus *apol. codd. et ad nat. II 17 cod A*

Aug. 14 cluacinam *C*: cloacinam *l*; *cf. p. 174, 7* clo͏̆acina *C*, clociana *l*, *cf. etiam p. 155, 9 = R. D. XIV fr. 33.*

Lact. 18 rubiginem *SV*: robigine *H*

P. R. II affert Aug. C. D. XVIII 15, *apparet Varronem docuisse antiquos Latinorum heroes a Romulo consecratos esse, quare etiam Sterculum inter deos Romuleos posui; Mutunum vero huc rettuli, quod* Festus p. 154, 3 *Mutini sacellum ab urba condita ad principatum Augusti mansisse testatur, tum quod Augustinus eum ante Cloacinam enumerat, quae ad Tatium referenda est (vd. fr. 40). De Iove Feretrio vd.* Dion. Hal. A. R. II 34. 50. *De Fauno vd. praeter eos auctores, qui Lupercalia a Romulo instituta referunt,* R. D. XV fr. 15; *de Conso:* R. D. XIV fr. 46, *de Pilumno: ib.* fr. 61 *adn.; de Stercuto:* R. D. XV fr. 14; *de Mutuno:* R. D. XIV fr. 59. — *Cf. Ambrosch Stud. p. 141 sqq. Marqu.-Wiss. l. l. p. 27, 3; Prell.-Iord. II³ p. 11 al.*

40 *Vd. quaest. I p. 32 sq. quaest. II p. 65 sqq. Minucium exscripsit* Cypr. Id. 4 (2, 5). *Quod Minucius et Lactantius simulacrum Cloacinae in cloaca maxima repertum esse referunt, Varroni abrogandum esse videtur, quippe qui deorum simulacra ante Tarquinios nulla agnoscat. — Similis deorum Tatianorum laterculus extat ap.* Varr. L. L. V 74; *propius ad nostrum locum accedit* Dion. Hal. A. R. II 50, *cum utrobique dii masculi et feminae alternis se excipiant; neque tamen Dionysium, quamquam nullo dubio e Varrone pendet, e R. D. libris hausisse contenderim. — Cum Lux inter deos Romanos alibi nusquam occurrat,* L. L. V 74 *autem Lucina legatur, Prellerus Varronem etiam hoc loco Lucinam praebuisse conicit l. l. p. 66. Cf. Ambrosch l. l. p. 159 sqq.; Marq.-Wiss. l. l. p. 27, 4; Müller. Etr. II² p. 64, 95ᵇ; A. Spengel. ad Varr. L. L. V 74.*

41 *Vd. qnaest. I. II locis laudatis. Cf. fr. 37.*

42 *Vd. quaest. II p. 67 sq. Robiginis consecrationem ad Numam rettuli, qui teste Tertulliano (de spect. 5) vel potius Suetonio (fr. 185ˣˣ Reiff.) Robigalia instituerit. Cf.* R. D. XIV fr. 75.

Min. Oct. 25, 8: Pavorem Hostilius atque Pallorem, mox ⟦a 43
nescio quo⟧ Febris dedicata. Aug. C. D. IV 23 p. 173, 24 sqq.: Hostilius rex deos et ipse novos Pavorem atque Pallorem propitiandos ... introduxit. Ib. p. 174, 7: Et Pavor et Pallor et Febris. Id. C. D. IV 15 p. 165, 7 sq.: Pavor et Pallor et Febris dii Romani esse meruerunt. *Id. C. D. III 12 p. 110, 2: dea Febris. *Id. C. D. II 14 p. 70, 27: Febris. *Id. de cons. ev. I 18, 26: Romani Pallori et Febri fana fecerunt. *Id. c. Faust. Man. XX 9: Nam et corporalium vitiorum simulacra Romani consecraverunt, sicuti Palloris et Febris. *Id. ep. 17 ad Max. Mad.: deum ⟦Timorem⟧ deum Pallorem deam Febrim. Sen. ap. Aug. C. D. VI 10 p. 267, 27 sq.: Dedicavit Hostilius Pavorem atque Pallorem. *Tert. adv. Marc. I 18 p. 60, 21: Hostilius Pavorem. Lact. I. D. I 20, 11: Pavorem Palloremque Tullus Hostilius coluit. *Ib. § 17: Febrem.

*Min. 25, 8: Acca Larentia et Flora ... inter Romanorum 44
deos computandae.

Aug. C. D. IV 23 p. 174, 27 sqq.: Nullo modo faceret Iup- 45a
piter, quod ei fecerunt tres dii Mars Terminus et Iuventas, qui maiori et regi suo nullo modo cedere loco voluerunt. Nam sicut habent eorum litterae, cum rex Tarquinius Capitolium fabricare vellet eumque locum, qui ei dignior aptiorque videbatur, ab diis aliis cerneret praeoccupatum, non audens aliquid contra eorum facere arbitrium et credens eos tanto numini suoque principi voluntate cessuros, quia multi erant illic, ubi Capitolium constitutum est, per augurium quaesivit, utrum concedere loco vellent Iovi; atque ipsi inde cedere omnes voluerunt, praeter Martem, Terminum, Iuventatem; atque ideo Capitolium ita constructum est, ut etiam isti tres intus essent tam obscuris signis, ut hoc vix homines doctissimi scirent. Id. C. D. III 12 p. 109, 22 sq.

Lact. 14 pallorem *H* ultius *R P*
Min. 15 Larentia *em. Ursinus Halmius*: laurentia *Pr Baehrensius*
Aug. 18 dei *C* 20 fabricari *l* 21 dis *L*¹ 25 loco *L*¹: locum *Cl* 27 ^{co}nstructum, *i eras.*, *C*

---

43 *Vd. quaest. I. II locis laudatis. Minucium exscripsit* Cypr. Id. 2, 5. *De ara Febris in Palatio sita vd.* Cic. N. D. III 25, 63 (Cic. *exscr.* Plin. N. H. II 16); de leg. II 11, 28; Val. Max. II 5, 16; *de Pavore et Pallore vd.* Liv. I 27; Mart. Cap. I 55.

44 *Vd. quaest. II p. 67. Accam Minucius post Cloacinam enumerat, quocum quadrat, quod secundum Macrobium (Sat. I 10, 12 vd. R. D. XV fr. 15 adn.) Anco regnante vixit. Floram 'meretricem', quam Minucius exhibet, Varro quidem vix agnovit (vd. R. D. XIV fr. 78), quare fieri potest, ut ipse Minucius Floram hoc loco apposuerit. Inter deos Tatianos locum habet ap.* Varr. L. L. V 74.

45 *Vd. quaest. I p. 33. Cf.* Varr. de serm. Lat. II *ap.* Gell. N. A. XII 6; Plin. N. H. 35, 108. *Tres deos nisi hoc Augustini loco non repperi. Ceteri aut unum Terminum commemorant, ut* Cat. in orr. ap. Fest. p. 162, 30 sqq.; Liv. I 55; Ov. fast. II 665 sqq. Serv. gen. Aen.

45b Aug. C. D. IV 29 p. 181, 31 sqq.: Pulcherrimum auspicium fuisse dixerunt Martem et Terminum et Iuventatem nec Iovi regi deorum loco cedere voluisse. Sic enim, inquiunt, significatum est, Martiam gentem, id est Romanam, nemini locum quem teneret daturam, Romanos quoque terminos propter deum Terminum neminem commoturum, iuventutem etiam Romanam propter deam Iuventatem nemini esse cessuram. Id. C. D. V 21 p. 233, 22 sqq.

46 Aug. C. D. IV 23 p. 175, 28 sqq.: Romani veteres ⟦nescio quem⟧ Summanum, cui nocturna fulmina tribuebant, coluerunt magis quam Iovem, ad quem diurna fulmina pertinerent. Sed postquam Iovi templum insigne ac sublime constructum est, propter aedis dignitatem sic ad eum multitudo confluxit, ut vix inveniatur, qui Summani nomen, quod audire iam non potest, se saltem legisse meminerit.

47 *Aug. C. D. IV 23 p. 173, 12 sq.: Felicitati Lucullus aedem constituit.

48 *Aug. C. D. III 12 p. 109, 23 sqq.: Aesculapius ab Epidauro ambivit ad Romam . . . mater deum . . . a Pessinunte.

49a *Tert. ap. 5 p. 130, 5 sqq.: Vetus erat decretum, ne qui deus ab imperatore consecraretur, nisi a senatu probatus. Scit M. Aemilius de deo suo Alburno. *Id. ad nat. I 10 p. 75, 21 sqq.: ⟦⟨M⟩entior si numquam⟧ censuerant, ne qui imperator fanum, quod in ⟨bell⟩o vovisset, prius dedicasset quam senatus probasset; ut contigit ⟨Metell⟩o, qui voverat Alburno deo.

Aug. 13 saltim L^1

Tert. ap. 19 quis *F Vind* 20 sq. probatus sit. In *G*: probatus sit. M *Vind*, probatus sit. Sicut M. *F*, probaretur M. *D*

Tert. nat. 22 bello *Goth*: proelio *Rig* 23 vovisset *Goth*: nouisset *A* 23 Metello *scripsi (cf. adv. Marc. I 18) propter lacunae spatium: lac. 6 o A:* M. Aemilio *Goth (cf. ap. 5)*

IX 446; Lact. I. D. I 20, 37 *(vd. quaest. II p. 68), aut duos Terminum et Iuventatem, ut* Dion. Hal. A. R. III 69; Liv. V 54. *Atque nescio an ex his verbis 'tam obscuris signis, ut hoc vix homines doctissimi scirent' colligendum sit Varronem contra aliorum sententiam pugnavisse, qui minus tres deos nominaverant. — Preller. l. l. I^3 p. 260, Marqu-Wiss. l. l. p. 378 al.*

46 *Vd. quaest. I p. 33. Hunc deum inter deos Tatianos enumerat* L. L. V 74. *De Summano in Capitolio culto vd.* Cic. de div. I 10, 16. *Iovi diurna, Summano nocturna fulmina attribuunt* Fest. p. 229, 2 sqq.; Paul. ex Fest. p. 75, 14; Plin. N. H. II 138; *cf.* Ov. fast. VI 725. *Aliam sententiam praebent* Mart. Cap. II 61, Arnob. V 37. — *Mueller. Etr. II^2 p. 60 sq. Preller. l. l. I^3 p. 243 sq.*

47 *Cf. Richter. Top. v. Rom p. 846.*

48 *Vd. quaest. II p. 68. Cf.* Fest. p. 237 *s. v.* peregrina sacra. *Marq.-Wiss. l. l. p. 376, 2; 367 sq. Preller. l. l. II p. 54 sqq. 241, 1. Richter. l. l. p. 882.*

49 *Vd. quaest. II p. 65 sqq. Oehlerus monet M. Aemilium et M. Caecilium Metellum anni 638 consules fuisse. De dei consecrandi legibus vd. Marq.-Wiss. l. l. p. 43, Mommsen Röm. Staatsrecht. $II 1^3$ p. 619 (= II^2 p. 602), Preller. l. l. I^3 p. 155, 1.*

*Tert. adv. Marc. I 18: Metellus Alburnum. 49b

*Tert. ad nat. I 10 p. 75, 27 sqq.: Saepe censores inconsulto populo ⟨deos⟩ adsolaverunt. Certe Liberum ⟨Patre⟩m cum sacris suis consules senatus auctoritate non urbe so⟨lumm⟩odo, verum tota Italia eliminaverunt. Id. ap. 6 p. 135, 11—13. 50

Tert. ad nat. I 10 p. 76, 2 sqq.: Serapem et Isidem et Arpocraten et Anubem prohibitos Capitolio Varro commemora⟨t⟩. Eorumque ⟨aras⟩ a senatu deiectas nonnisi per vim popularium restructas. Sed tamen et Gabinius consul kalendis Ianuariis, cum vix hostias probaret prae popularium coetu, quia nihil de Serape et Iside constituisset, potiorem habuit senatus censuram quam impetum vulgi et aras institui prohibuit. Id. ap. 6 p. 135, 13 sqq.: Serapidem et Isidem et Arpocratem cum suo Cynocephalo Capitolio prohibitos inferri Piso et Gabinius consules eversis etiam aris eorum abdicaverunt, turpium et otiosarum superstitionum vitia cohibentes. Serv. interp. Aen. VIII 698: Varro indignatur Alexandrinos deos Romae coli. *Aug. C. D. III 12 p. 110, 1 sq.: Cynocephalus longe postea venit ex Aegypto (sc. post Matrem Magnam). *Id. II. 14 p. 70, 26: . . . Cynocephalo. 51

Tert. ad nat. II 8 p. 108, 18 sqq.: Varro ponit Casiniensium Delventinum, Narniensium Visidianum, Atinensium Numiternum, Asculanorum ⟨An⟩chariam, †et quam praeuerint, Vulsiniensium Nortiam . . . ⟦Satis rideo etiam ⟨de⟩os decuriones cuiusque municipii, quibus honor intra muros suos deter⟨min⟩atur⟧. 52a

---

Tert. nat. 3 deos *interposuit Wissowa*: aedes *proponit Hartelius l. l. III p. 20* certe *Rig*: certi *A* Patrem *Goth* 3 *sq.* sacris suis *Oehlerus* (*cf. ap. 6* mysteriis suis): socru sua *A*, sacro suo *Goth* 4 urbe *Goth*: urbes *A* 4 solummodo *Goth* 6 isydem *A* 8 aras *add. Goth*, statuas *add. Rig* 10 caetu *A*

Tert. ap. 12 *sq.* Serapidem isiden *E Erf* 14 inferri *om. Fuld*

Tert. nat. 21 Deluentinum *Rig*: dei * & im *A* Narniensium *Rig*: narnensium *A* Atinensium *Oehlerus*: atheniensium *A*, aternensium *Goth* Numiternum *Oehlerus*: numertinum *A*, Numentinum *Goth* 22 Asculanorum *Oehlerus*: aesculanorum *A*, Faesulanorum *Reinesius* Anchariam *Goth* quam praeuerint *A*, Quampraeuerim *Goth*, quam Praeverim *Rig*, quam perceperint *Oehlerus*, quam praeiuerint *coni. Wissowa*, quam praeteriit *coni. Hartelius l. l. III p. 70, 1, sub verbis* et quam *latere genitivum municipum, ut videatur*, *tuscorum, sub verbo* praeuerint *accusativum dei vel deae putat Klussmannus Cur. Tert. p. 75*

---

50 *Vd. quaest. II l. l. Cf.* R. D. XIV fr. 7. *Marqu.-Wiss. l. l. p. 43. Preller. l. l. II 363 sqq.*

51 *Vd. quaest. II l. l. Cf.* Arnob. II 73 *p. 107, 16 sqq.* Suidas I 2 p. 82 Bernh. s. v. Ἐγκατέϲκηψαν. Τὰ Αἰγυπτίων κατὰ τὰ ἐν τῇ Ἀλεξανδρείᾳ πόλει ἐγκατέϲκηψε καὶ τῇ Ῥώμῃ, Οὐάρρων φηϲίν. *Marqu.-Wiss. l. l. p. 78 sq. Preller. l. l. II p. 378 sq.*

52 *Vd. quaest. II p. 70. Hos deos Merkelius false in R. D. libro XIV posuit, cum neque dii Romani neque dii certi sint. — De Ancharia vd. Steud. in Rosch. Myth. Lex. p. 336; de Nortia Valentia*

52b Tert. ap. 24 p. 219, 1 sqq.: ⟦Romanas provincias edidi, nec tamen Romanos deos earum, quia Romae non magis coluntur, quam qui per ipsam quoque Italiam municipali consecratione censentur⟧: Casiniensium Delventinus, Narniensium Visidianus, Asculanorum Ancharia, Volsiniensium Nortia, Ocriculanorum Valentia, Sutrinorum Hostia, Faliscorum in honorem Patris Curis et accepit cognomen Iuno.

53 Aug. C. D. VI 5 p. 254, 17 sqq.: 'Prima, inquit (sc. Varro), theologia maxime adcommodata est ad theatrum, secunda ad mundum, tertia ad urbem. Id. C. D. VI 6 p. 255, 21—23.

54a Aug. C. D. VI 6 p. 257, 2 sqq.: Cum memoratus auctor (sc. Varro) civilem theologian a fabulosa et naturali tertiam quandam sui generis distinguere conaretur, magis eam ex utraque temperatam quam ab utraque separatam intellegi voluit. Ait enim ea, quae scribunt poetae, minus esse, quam ut populi sequi debeant; quae autem philosophi, plus quam ut ea vulgum scrutari expediat. 'Quae sic abhorrent', inquit, 'ut tamen ex utroque genere ad civiles rationes adsumpta sint non pauca. Quare quae erunt communia cum populis, una cum civilibus scribemus; e quibus maior societas debet esse nobis cum philosophis, quam cum poetis'. Physicos dixit utilitatis causa scripsisse, poetas delectationis. Ib. p. 256, 10 sqq. p. 257, 20—22. Id. C. D. VI 7 p. 257, 26 sqq.; VI 12 p. 271, 9 sq.; c. Faust. Man. XX 9. XII 40.

54b *Aug. C. D. VI 1 p. 243, 14 sqq.: Philosophis displicuerunt istae opiniones erroresque populorum, qui populi constituerunt simulacra

---

Tert. ap 2 Romanos deos earum *ABEG*: romanis deos eorum *F*, romanos deos eorum *Vind*, Romani dei earum *Fuld*, Romanos dominos earum *D* 3 per *om. Fuld* 4 Casiniensium *A ex collat. Hild, Fuld*: Casianensium *A ex collat. Bal, FG*, Casianiensium *EErf*, Caliamensium *Oxon*, Crustumeniensium *D* Deluentinius *Erf* Narniensium *EFuld*: Narmensium *D*, Narnensium *ABFGVind* Visidianus *ABFGVind*: Viridianus *DEFuldErfOx* Asculanorum *Oehlerus sec. libr. Leod. et Adr. Turnebum*: Aesculanorum *omnes fere codd.*, esculanorum *GErf* 5 Volsinensium *F*: Volsimensium *Vind* Nortia *EFG Fuld Vind*: norcia *A*, norsia *B* Ocriculanorum *ABFFuldVind*: Oriculanorum *DE*, Oriculiniorum *Erf*, Cericulanorum *G* 6 Hostia *Fuld*: Hortia *D*, norcia *A*, norsia *B*, Nortia *EFGVindErf* in honorem *Fuld*: in honore *ADEFGVindErf*, in more *B* curris *ABDEG ErfVind*: turris *F*, Chumis *Fuld* et accipit *F*

Aug. 10 orbem *C* 15 ut *om. A* debeant, a *sup. lin.*, *C* 16 uulgum *Cl*: uulgus *A* 18 qua re quaerunt C^1: quae requirunt C^2, quare quae sunt *ed. Par. Duebn.* 18 populis *scrips. Dombartus*: propriis *Cl*, poetis *ed. Par. Duebn.*

Numiterno nonnulla adnotavit Oehlerus, de Nortia vd. C. I. L. VI 537. Cf. Mueller. Etr. II² p. 62 sq. al.

53 *Vd. quaest. I p. 16.*

54 *Vd. quaest. I p. 16 sq. Cf. fr. 8. 9. 10*[b].

numinibus multaque de his, ⟦quos deos immortales vocant⟧, falsa atque indigna sive finxerunt, sive ficta crediderunt et credita eorum cultui sacrorumque ritibus miscuerunt.

55 Aug. C. D. IV 31 p. 185, 18 sqq.: Quid ipse Varro, ⟦quem dolemus in rebus divinis ludos scaenicos, quamvis non iudicio proprio, posuisse, cum ad deos colendos multis locis velut religiosus hortetur⟧, nonne ita confitetur, non se illa iudicio suo sequi, quae civitatem Romanam instituisse commemorat, ut si eam civitatem novam constitueret, ex naturae potius formula deos nominaque eorum se fuisse dedicaturum non dubitet confiteri? Sed iam quoniam in vetere populo esset, acceptam ab antiquis nominum et cognominum historiam tenere, ut tradita est, debere se dicit et ad eum finem illa scribere ac perscrutari, ut potius eos magis colere quam despicere vulgus velit. Id. C. D. VI 4 p. 252, 10 sqq.: Quod apertius alibi (*vd.* fr. 4) posuit . . . ex naturae formula se scripturum fuisse, si novam ipse conderet civitatem; quia vero iam veterem invenerat, non se potuisse nisi eius consuetudinem sequi. Id. C. D. IV 1 p. 146, 24 sq. VI 5 p. 255, 1 sq.

56 Aug. C. D. IV 31 p. 186, 11 sqq.: Dicit etiam idem auctor acutissimus atque doctissimus (sc. Varro), quod hi soli ei videbantur animadvertisse quid esset deus, qui crediderunt eum esse animum motu ac ratione mundum gubernantem.

57 Aug. de cons. ev. I 23, 34: Dicant se Iovi . . . Capitolium dedicasse . . . spiritui vivificanti omnia, quo mundus impletur.

58a Aug. C. D. IV 9 p. 156, 30 sqq.: Iovem deorum omnium dearumque regem volunt: hoc eius indicat sceptrum, hoc in alto colle Capitolium . . . Hunc Varro credit etiam ab his coli qui unum deum solum sine simulacro colunt, sed alio nomine nuncupari. Id. de cons. ev. I 23, 36: Romani, qui . . . ⟦Iovi Capitolium condiderunt, vel aliae nationes, quae Iovem praecipue supra ceteros deos colendum esse putaverunt.⟧

58b Aug. de cons. ev. I 22, 30: Varro deum Iudaeorum Iovem putavit, nihil interesse censens, quo nomine nuncupetur, dum eadem res intellegatur . . . Nam quia nihil superius solent colere Romani,

---

5 et *post* ludos *eras. C* 12 ^{hi}storiam *C*: hystoriam *Ll* dicet C^1 13 *ante* scribere *duas litteras* (se?) *eras. C* dispicere *C* 20 ei *man. 1 sup. lin. L*: *eras. l*, *om. A* videbantur *Ll*: videantur *C* 21 animum advertisse *LC*: anim advertisse, um *eras., l* crediderint, v *sup. ult.* i *pos., l* 26 regem uolunt *LlC*: regem esse *ed. Par. Duebn.*

---

55 *Vd. quaest. I p. 8 sqq. 19. Varronem civitatis auctoritate coerceri* Augustinus *saepissime affirmat, ut* C. D. III 4 p. 101, 5; IV 9 p. 157, 9; VI 2 p. 248, 16; VI 6 p. 255, 11; VI 8 p. 262, 3; VI 9 p. 266, 29; VI 10 p. 267, 4; 269, 11; VII 5 p. 280, 28; c. Faust. Man. XIII 15.

56 *Qua ratione fragmenta 56—59 inter se cohaereant, expositum est in quaestione I p. 19 sq. Cf. fr. 12 sqq.*

57 *Cf. fr. 15.*

quam Iovem, quod Capitolium eorum satis aperteque testatur, eumque regem omnium deorum arbitrantur, ⟦cum animadverteret Iudaeos summum deum colere, nihil aliud potuit suspicari quam Iovem⟧. Ib. I 27, 42: Si deum Israel Iovem putant, sicut Varro scripsit. Id. C. D. IV 31 p. 186, 24 sq.: Cui sententiae suae (vd. fr. 59) testem adhibet (sc. Varro) inter cetera etiam gentem Iudaeam. Id. C. D. XIX 22 p. 392, 18 sqq.: Ipse est deus, quem Varro Iovem putat. Hunc enim eum esse credidit, quem summum putavit deum.

59 Aug. C. D. IV 31 p. 186, 21 sqq.: Dicit (sc. Varro) etiam antiquos Romanos plus annos centum et septuaginta deos sine simulacro coluisse. 'Quod si adhuc, inquit, mansisset, castius dii observarentur' ... Nec dubitat eum locum ita concludere, ut dicat, qui primi simulacra deorum populis posuerunt, eos civitatibus suis et metum dempsisse et errorem addidisse. Id. C. D. IV 9 p. 157, 7 sqq.: ⟦Cur Iuppiter tam male tractatus est Romae, sicut quidem et in ceteris gentibus, ut ei fieret simulacrum?⟧ Quod ipsi etiam Varroni ita displicet, ut cum tantae civitatis perversa consuetudine premeretur, nequaquam tamen dicere et scribere dubitaret, quod hi, qui populis instituerunt simulacra, et metum dempserunt et errorem addiderunt. Id. C. D. VII 5 p. 280, 23 sqq.: ⟦Sed, o homo acutissime (sc. Varro), num in istis doctrinae mysteriis (*vd.* R. D. XVI fr. 6) illam prudentiam perdidisti, qua tibi sobrie visum est⟧, quod hi, qui primi populis simulacra constituerunt, et metum dempserunt et errorem addiderunt castiusque deos sine simulacris veteres observasse Romanos? Id. C. D. VI 1 p. 243, 13 sqq. XVIII 24 p. 289, 3.

60 Aug. C. D. IV 32 p. 187, 20 sqq.: Dicit etiam (sc. Varro) de generationibus deorum magis ad poetas quam ad physicos fuisse populos inclinatos et ideo et sexum et generationes deorum maiores suos id est veteres credidisse Romanos et eorum constituisse coniugia.

Aug. 6 etiam *om.* L^1 11 di L^1 13 primis C^1 19 et terrorem *C* 22 hic *l* 24 sine *man. 2 in marg. C*

---

59 *Vd. quaest. I p. 8 sqq. 19 sq. Cf. fr. 37.* Plut. Num. 8: Οὗτος (*sc.* Numa) διεκώλυσεν ἀνθρωποειδῆ καὶ ζωόμορφον εἰκόνα θεοῦ Ῥωμαίους νομίζειν. Οὐδ' ἦν παρ' αὐτοῖς οὔτε γραπτὸν οὔτε πλαστὸν εἶδος θεοῦ πρότερον, ἀλλ' ἐν ἑκατὸν ἑβδομήκοντα τοῖς πρώτοις ἔτεσι ναοὺς μὲν οἰκοδομούμενοι καὶ καλιάδας ἱερὰς ἱστῶντες ἄγαλμα δὲ οὐδὲν ἔμμορφον ποιούμενοι διετέλουν, *quae etsi fortasse non ad hunc locum at certe ad Varronem redeunt. De simulacrorum improbatione vd. fr. 7 s. f.,* Chrysipp. *ap.* Phil. π. εὐς. 12, 28 *Diels. (p. 79 Gomp.)*, Diog. Babyl. ib. 15, 26 *Diels. (p. 82 Gomp.)*; Diog. Laert. VII 147.

60 *Vd. quaest. I p. 20. Cf. fr. 7. 20.*

M. Terenti Varronis Antiquitatum Rerum Divinarum Liber XIV
De Diis Certis.

Serv. interp. Aen. II 141: Pontifices dicunt singulis actibus 1
proprios deos praeesse. Hos Varro deos certos appellat.

Serv. gen. ge. I 21: Indigitamenta . . . libri pontificales, qui 2
et nomina deorum et rationes ipsorum nominum continent: quae etiam Varro dicit.

Aug. C. D. VI 9 p. 266, 9 sqq.: Varro commemorare et enume- 3
rare deos coepit a conceptione hominis, quorum numerum est exorsus a Iano, eamque seriem perduxit usque ad decrepiti hominis mortem, et deos ad ipsum hominem pertinentes clausit ad Neniam deam, quae in funeribus senum cantatur: deinde coepit deos alios ostendere, qui pertinerent non ad ipsum hominem, sed ad ea, quae sunt hominis, sicuti est victus atque vestitus et quaecunque alia huic vitae sunt necessaria, ostendens in omnibus, quod sit cuiusque mu-

---

Serv. int. 2 certos *codd.*, certe *Lion*
Serv. gen. 3 *sqq. variae lectiones mihi non praesto sunt*
Aug. 7 coepit deos *C*

Titulus: Aug. C. D. VI 3 p. 249, 27 sqq.: In tribus (sc. R. D. libris), qui restant, dii ipsi sequuntur extremi . . .: in primo dii certi. Id. C. D. VII 17, p. 295, 13 sq. Schol. Ver. Aen. X 76 p. 103, 12 sq. *Keil.:* ⟨Varro rerum div⟩inarum XIIII de dis certis.

1 *Vd. quaest. V p. 126 sqq.*

2 *Vd. quaest. V exc. p. 130 sqq.* Paul. p. 114, 6: Indigitamenta incantamenta vel indicia. Tert. de ieiun. 16: precem indigitant. Serv. int. Aen. XII 794: indigeto est precor et invoco. Gloss. Lat.-Graec. e cod. Par. 7651, C. Gl. II p. 80, 47: Indigitamenta ἱερατικα βιβλια (*sic!*). C. Gl. IV p. 352, 47; V p. 629, 28; Gloss. lat. bibl. Par. antiqu. saec. IX ed. Hildebr. p. 171: indigitat: invocat. Thes. nov. lat. *in* Maii Class. Auct. 8 p. 291: indigitare: invocare, implorare, exorare, supplicare, incantare; *cf. fr. 3 adn.*

3 *Vd. quaest. I p. 20 sq.: Similiter, nescio secundum quem auctorem, scribit* Cens. d. d. n. III 4: Alii sunt praeter genium dii complures hominum vitam pro sua quisque portione adminiculantes, quos volentem cognoscere indigitamentorum libri satis edocebunt. *Quae Peter (in Rosch. Myth. Lex. p. 129 sqq. 131) Varroni tribuit. Augustinus cum de his diis disputans scribit* C. D. IV 8 p. 155, 13 sqq.: 'Quando possunt uno loco libri huius commemorari omnia nomina deorum et dearum, quae illi grandibus voluminibus vix conprehendere potuerunt singulis rebus propria dispertientes officia numinum', *utrum ipsius Varronis R. D. librum XIV an indigitamenta designet (quod Peter l. l. contendit), disceptari nequit. Ceterum 'deorum certorum' verbum Augustinus nusquam adhibet, sed ubique hos deos nominat minutos, plebeios, plebeiam turbam, sim., ut* C. D. IV 9. 11. VI 1. VII 2. 3. 4.

nus et propter quid cuique debeat supplicari. Ib. p. 262, 29 sqq. Tert. ad nat. II 11 p. 114, 18 sqq.: Romani ⟦umbr⟨as ali⟩quas incorporales, inanimales et nomina de rebus efflagitant⟧ ⟨deosque⟩ sanciunt dividentes omnem statum hominis singulis potesta⟨tibus⟩.

Dii, qui pertinent ad ipsum hominem:

4 Aug. C. D. VII 2 p. 274, 19 sqq. Ipse primum Ianus, cum puerperium concipitur, unde illa cuncta opera sumunt exordium minutatim minutis distributa numinibus, aditum aperit recipiendo semini. Id. C. D. VII 3 p. 275, 15 sq.; p. 276, 5 sq.

5 Tert. ad nat. II 11 p. 115, 1 sq.: Deus Consevius quidam, qui con⟨satio⟩nibus concubitalibus praesit.

6 Aug. C. D. VII 2 p. 274, 22 sq.: Ibi (*sc. in diis minutis*) est et Saturnus propter ipsum semen (sc. hominis). Id. C. D. VII 3 p. 275, 16; p. 276, 6 sq.

7a Aug. C. D. VII 2 p. 274, 23 sqq.: Ibi (*sc. in diis minutis*) Liber, qui marem effuso semine liberat, ibi Libera, quam et Venerem volunt, quae hoc idem beneficium conferat feminae, ut etiam ipsa emisso semine liberetur. *Eadem leguntur* C. D. VII 3 p. 275, 17 sqq., *praeterquam quod ad* 'Liberam' *adicitur* 'quae Ceres seu Venus est'. Ib. p. 276, 8 sqq. C. D. IV 11 p. 160, 25 sqq.

7b Aug. C. D. VI 9 p. 263, 4 sqq.: Liberum a liberamento appellatum volunt, quod mares in coeundo per eius beneficium emissis seminibus liberentur; hoc idem in feminis agere Liberam, quam etiam Venerem putant, quod et ipsas perhibeant semina emittere; et ob haec Libero eandem virilem corporis partem in templo poni, femineam Liberae. Ad haec addunt mulieres attributas Libero et vinum propter libidinem concitandam. Sic Bacchanalia summa celebrabantur insania. Ubi Varro ipse confitetur a Bacchantibus talia fieri non potuisse nisi mente commota. Haec tamen postea displicuerunt senatui saniori et ea iussit auferri. Id. C. D. XVIII 13 p. 273, 24—27

Tert. nat. 2 umbras aliquas *Goth*: umbras nescio quas *Rig* 3 numina *Goth* effigurant *coni. Reiff* deosque *Goth:* caelo et *Oehlerus* 4 potestatibus *Goth* 11 consationibus *Goth*
Aug. 15 ibi liber, bi *man. 2 sup. lin., C* 17 *sq.* ^{a}ipsemisso *C* 18 liberentur, n *sup. lin., C* 24 semine emittere *C*: seminemittere *l* 25 haec *Cl:* hoc *ed. Par. Duebn.* 27 celebrantur *l*

---

4 *Vd. quaest. I p. 20.*
5 *De deo Consevio a Iano Consevio* (*vd.* Macr. Sat. I 9, 16) *separando contra Marquardtium (l. l. p. 11) et Prellerum (R. M. II*[3] *p. 207) recte disputat Schwarzius l. l. p. 456 sqq., impr. p. 458.*
6 *Vd. quaest. I p. 20.*
7 *Vd. quaest. I p. 22, Peter l. l. p. 153, qui simillimum comparat locum Lactantii* (de op. dei 12) *e* Varronis logist. Tub. de or. hum. *profectum (Chappuis fragm. des ouvrages de M. Ter. Varr. intit.*

Tert. ad nat. II 11 p. 115, 2: Fluvionia, quae infantem in 8
uter⟨o nutriat⟩.

Aug. C. D. VII 2 p. 274, 27 sq.: Ibi (*sc. in diis minutis*) est et 9
dea Mena, quae menstruis fluoribus praeest, ⟦quamvis Iovis filia⟧. Id. C. D. VII 3 p. 275, 19 sqq.: Confert ... Mena, ⟦filia Iovis⟧ fluores menstruos ad eius, quod conceptum sit, incrementum. Id C. D. IV 11 p. 160, 28 sqq.

*Tert. de an. 37: ⟦Superstitio Romana⟧ deam finxit Alemo- †10
nam alendi in utero fetus.

Aug. C. D. VII 2 p. 275, 1 sqq.: Ibi (*sc. in diis minutis*) sunt... 11
Vitumnus et Sentinus, quorum alter vitam alter sensus puerperio largiuntur. Id. C. D. VII 3 p. 275, 21 sqq. 276, 19 sqq. Tert. ad nat. II 11 p. 115, 3 sq.: Vitumnus et Sentinus, per quem viviscat infans et sentia⟨t primum⟩.

Gellius N. A. III 16, 5 sq. 9 sq.: M. Varro mense nonnum- 12a
quam octavo editum esse partum in libro quarto decimo rerum divinarum scriptum reliquit; quo in libro etiam undecimo mense aliquando nasci posse hominem dicit eiusque sententiae, tam de octavo quam de undecimo mense, Aristotelem auctorem laudat.... Antiquos autem Romanos Varro dicit non recepisse huiuscemodi quasi monstruosas raritates, sed nono mense aut decimo, neque praeter hos aliis, partionem mulieris secundum naturam fieri existimasse idcircoque eos nomina Fatis tribus fecisse a pariendo et a nono atque decimo mense. Nam „'Parca', inquit, immutata una littera, a partu nominata, item 'Nona' et 'Decima' a partus tempestivi tempore."

*Tert. de an. 37: Nona et Decima a sollicitioribus men- †12b
sibus et Partula, quae partum gubernet.

Tert. nat. 2 nutriat *Merkelius*: retinebat *Goth*, retineat *Oehlerus*
Aug. 10 ibi] ipsi *l* sensum *A Domb. (cf. vers. 5; 22; 27; p. 276, 1; 21)*: sensus *Cl K*[2] *F*, sensu *K*[1]
Tert. nat. 14 primum *Goth*
Gell. 15 *sqq. vd. Gell. N. A. ed. M Hertz*
Tert. an. 27 sollitioribus *A*

---

*logistorici p. 58 sq. no. *93; cf. Diels. dox. p. 188 sqq.). Cf. etiam* Varr. R. D. I fr. 50; XVI fr. 41; L. L. VII 87: Bacchi, et Liber, cuius comites Bacchae et vinum in Hispania Bacca. Serv. int. ecl. VI 16: Bacchus a bacchatione id est insania, unde et comites eius Bacchae, *quae ex hoc R. D. loco profluxisse credibile est.* — Aug. C. D. VI 9 *exscripsit* Isid. or. VIII 11, 43; Aug. C. D. VII 3 *exscripsit sententiis perturbatis* myth. Vat. III 12, 1.

10 *Vd. quaest. II p. 79 adn. 1.*

12 b *Vd. quaest. II p. 79 adn. 1. De partus temporibus Varro item Aristotelem secutus eadem docuit in* log. Tub. de or. hum. *apud* Cens. d. d. n. 7, 6 sq., *vd. Diels. dox. p. 188 sqq., impr. p. 195; similia dixit in* sat. Test. *apud* Gell. N. A. III 16, 13. *E Varrone pendere videtur etiam Plin. N. H. VII 38.* — Aristot. Hist. an. VII 4. *Cf. Voigt. XII tabb. § 97, 3; § 3.*

13 Aug. C. D. IV 11 p. 160, 27 sq.: Diespater, qui partum perducat ad diem. Tert. ad nat. II 11 p. 115, 4 sq.: Diespiter, qui ⟦puerperam perducat ad partum⟧.

14a Aug. C. D. IV 11 p. 160, 29: Lucina, quae a parturientibus invocetur. Id. C. D. IV 21 p. 171, 5 sq. IV 34 p. 189, 3 sqq.

†14b *Tert. de an. 37: Lucina, quae partum producat in lucem.

†15 *Tert. de an. 39: In partu Lucinae (*vd.* fr. 14) et Dianae eiulatur, ... per totam hebdomadam Iunoni mensa proponitur, ultima die Fata Scribunda advocantur.

16 Tert. ad nat. II 11 p. 115, 5 sqq.: Cum pri⟨mum pariebant⟩, et Candelifera, quoniam ad candelae lumina pariebant, et quae ⟨aliae deae sunt⟩ ⟨ab officiis part⟩us dictae.

17a Tert. ad nat. II 11 p. 115, 7 sqq.: Perverse nato ⟨partu Postvertae, recte ve⟩ro Prosae Carmentis esse provin⟨ciam voluerunt⟩.

17b Aug. C. D. IV 11 p. 161, 4 sq.: Deae, quae fata nascentibus canunt et vocantur Carmentes.

17c Gell. N. A. XVI 16, 2 sqq.: Esse pueros in utero Varro dicit capite infimo nixos, sursum pedibus elatis, non ut hominis natura est, sed ut arboris. Nam pedes cruraque arboris ramos appellat, caput stirpem atque caudicem. 'Quando igitur', inquit, 'contra naturam forte conversi in pedes brachiis plerumque diductis, retineri solent, aegriusque tunc mulieres eni-

---

Aug. 1 dispater *Ll*: diispater *C*[1], diespiter *A*

Tert. nat. 3 puerperam *Wissowa:* puerum *A*

Aug. 4 *sq.* parientibus *C*

Tert. an. 8 *sq.* heiulatur A: eiulantur *Gagneius in marg.* 8 hebdomadem *A*

Tert. nat. 10 primum pariebant *Goth* 12 aliae — partus *Oehlerus*: alias parturientium praeesse nixibus *Goth* 13 perversae *A* 13 *sq.* nato partu Postuertae, recto Varro (*immo* vero) *Goth*: natos adiuvandi Postvertae, recte natos *Oehlerus* 14 prose *A* provinciam voluerunt *Oehlerus*: provinciam quoque scribit *Goth*

Gell. 18 *sq. vd. var. lect. in ed. MHertz*

14b 15 *Vd. quaest. II p. 79 adn. 1. De* Lucina et Iunone *cf.* Varr. R. D. XVI fr. 53 *cum adn.*, L. L. V 69; *de* Diana R. D. XVI fr. 59, *et* logist. Mess. de val. *ap.* Probum Verg. ecl. VI 31 *p. 20 K.*: ... mox Dianam, quod intellegerent eandem esse, quae diem nascentibus daret. — *Cf.* Macr. Sat. I 16, 36: Est etiam Nundina Romanorum dea a nono die nascentium nuncupata, qui lustricus dicitur. Est autem lustricus dies, quo infantes lustrantur et nomen accipiunt, sed is maribus nonus, octavus est feminis. *Memoratu etiam dignum videtur esse quod extat ap.* Plac. lib. Rom. (C. Gl. IV p. 30, 22) = Plac. lib. gloss. (l. l. p. 81, 22): Lucinam alii Iunonem, alii Dianam dicunt, quae parturientibus praeest. — *De* Fata Scribunda *vd. Prell. II*[3] *194, 3.*

17 *Gellii locum Merkelius false in R. D. libro XV posuit. Augustinus, qui in hoc capite IV 11* Carmentes *cum* Fortuna *coniunctas inter* Cuninam *et* Ruminam *collocavit, Varronis ordinem a Tertulliano servatum paullulum demutavit. — Num Varro ut in* L. L.

tuntur, huius periculi deprecandi gratia arae statutae sunt Romae duabus Carmentibus, quarum altera Postverta cognominata est, Prorsa altera, a recti perversique partus et potestate et nomine'.

Aug. C. D. IV 11 p. 161, 5 sq.: Praesit fortuitis . . . Fortuna. 18

Aug. C. D. IV 11 p. 160, 30 sq.: Opem ferat nascentibus exci- 19
piendos eos sinu terrae . . . Opis. Id. C. D. IV 21 p. 171, 7 sq.

Aug. C. D. IV 11 p. 161, 1 sq.: In vagitu os aperiat . . . deus 20a
Vaticanus. Id. C. D. IV 8 p. 155, 11 sq.: Vaticanus, qui infantum vagitibus praesidet. IV 11 p. 171, 8.

Gell. N. A. III 17, 2: ⟦Sed praeter hanc causam (*vd.* fr. 114)⟧ 20b
M. Varro in libris divinarum aliam esse tradit istius nominis rationem: 'Nam sicut Aius', inquit, 'deus appellatus araque ei statuta est, quae est infima nova via, quod eo in loco divinitus vox edita erat, ita Vaticanus deus nominatus, penes quem essent vocis humanae initia, quoniam pueri, simul atque parti sunt, eam primam vocem edunt, quae prima in Vaticano syllaba est idcircoque vagire dicitur, exprimente verbo sonum vocis recentis.'

Aug. 10 uatigibus C^1
Gell. 11 *sqq. vd. var. lect. ed. M. Hertz*

VI 12 *ita etiam hic unam deam* Carmentem *exhibuerit, propter tres illos Tert. Aug. Gell. locos inter se simillimos valde dubitatur. Quare quamvis ex parte quidem paria sint, tamen Varroni tribuere nolim quae leguntur ap.* Plut. Rom. 21: Τὴν Καρμένταν οἴονταί τινεϲ μοῖραν εἶναι κυρίαν ἀνθρώπων γενέϲεωϲ· διὸ καὶ τιμῶϲιν αὐτὴν αἱ μητέρεϲ. Q. R. 56: Οἱ δὲ Μοῖραν ἡγοῦνται τὴν Καρμένταν εἶναι καὶ διὰ τοῦτο θύειν αὐτὴν τὰϲ μητέραϲ; *cf.* Q. R. 56 in., Ov. fast. I 621 sqq. *Denique Nicostratam, Euandri vel matrem vel uxorem, Carmentem esse (vd.* Ov. fast. I 467 sqq. 616 sqq., Dion. Hal. A. R. I 31; Plut. Rom. 21. Q. R. 56; Serv. interp. Aen. VIII 336 in., *e quo pendet* Isid. Or. I 4, 1; *cf.* Serv. gen. Aen. VIII 51) *Varro hoc quidem loco vix docuit, quamquam eum talia in R. H. libro II docuisse posse equidem Samtero (Quaest. Varron. Berol. 1891 p. 1 sqq.) concedo; sed certi quidquam iuvenis doctus non evicit, quia totum* Macr. Sat. libri I caput VII *Tertulliani locis ap. 10 p. 155, 2 sqq. ad nat. II 12 p. 119, 8 sqq. fretus ad Varronem referre frustra conatur, vd. quaest. II p. 50 sqq. Quam ob rem ne eam quidem sententiam Varroni tribuo, secundum quam* Ovid. fast. I 631 (*e quo pendet* Serv. interp. Aen. VIII 336 *inde a verbis* 'alii huius comites') *et* Hyginus ap. Macr. Sat. I 7, 20 *Porrimam vel Antevortam et Postvertam ad meram scientiam rerum praeteritarum et futurarum revocant. — Preller. I³ 405. II 208. Wissow. in Rosch. Myth. Lex. p. 851 sqq. — Auctores Latini, ni erro, omnes 'Carmentis', Graeci* 'Καρμέντα' *praebent. — De 'prosi' vocabulo cf.* Fest. p. 234, 21; Paul. p. 223, 4; Is. or. I 38, 1; *Kettn. Varr. Stud. p. 29.*

18 *Vd. fr. 17 adn. in.*

19 *Cf. R. D. XVI fr. 20. 46.*

20 *Hominum doctorum de deo aliquo 'Vagitano' sententias false pronuntiatas (e. g. affero Marq. l. l. p. 12; Prell. II³ 210, 1) collegit Peter in Rosch. Myth. Lex. II p. 171 sq.; ibidem scribit vir ille doctus:* 'Es ist nicht zu bezweifeln, dafs Varro den Gott Vaticanus, den praeses agri Vaticani (*vd. fr. 103*), infolge von Verwechselung mit einem 'Indiges'

21 Tert. ad nat. II 11 p. 115, 9 sq.: ⟨Deus est dictus⟩ et ab effatu Farinus et alius a lo⟨quendo Locutius⟩.

22 Aug. C. D. IV 11 p. 161, 2 sq.: Levet de Terra dea Levana. Tert. ad nat. II 11 p. 115, 11: Levana.

23a Aug. C. D. IV 8 p. 155, 12: Cunina, quae cunas infantum administrat. Ib. p. 156, 14 sq. Id. C. D. IV 11 p. 161, 3 Cunas tueatur . . . Cunina. IV 21 p. 171, 8 sq. IV 34 p. 189, 8. Tert. ad nat. II 11 p. 115, 11: ⟨adest oculum gra⟩uem ad cavendum sumministrat⟨que quietem Cunina⟩.

23b *Lact. Id. D. I 20, 36: Colitur et Cunina, quae infantes in cunis tuetur et fascinum submovet.

24 Aug. C. D. IV 11 p. 161, 6 sq.: Diva Rumina mammam parvulo immulgeat, quia rumam dixerunt veteres mammam. Id. C. D. IV 21 p. 171, 9; IV 34 p. 189, 7 sq.; VII 11 p. 288, 22 sqq. Tert. ad nat. II 11 p. 115, 12: Una Rumina. *Seneca de superst. ap. Aug. C. D. VI 10 p. 269, 24: diva Rumina.

Tert. nat. 1 deus est dictus *Oehlerus* 2 alius *Wissowa*: aliis *A*, Aius *Hartelius patr. Stud. III p. 58* loquendo Locutius *Goth*

Aug. 3 aleuana Ll^{1}

Tert. nat. 4 Levana *Goth*: albana *A*

Aug. 5 amministrat *Ll* 7 Cunina *Ll*: dea Cunina *C*

Tert. nat. 8 *sq.* adest oculum — Cunina *Oehlerus*: adest luem ad cavendam *coni. Reiff* sed et Veiovem ad cavendum sumministrat. Est et Cunina cunarum tutrix *Goth* sumministratque cunas (*vel* cunas infantum) Cunina *fortasse; cf. Aug. C. D. IV 8.*

Lact. 10 cuma B 11 fuscinum P

Aug. 12 rummina *C*

Tert. nat. 15 Rumina *Goth*: runcinia *A*, Runcina *Wissowa*

Aug. 16 diuarona, na *initio sequentis versus script.*, C

Vagitanus zum göttlichen Beschirmer des vagitus der Kinder macht.' *Sane mihi quidem dubium est, num talis Vagitanus usquam extiterit.* — *De Aio vd.* C. I. L. I 632, VI 110; Cic. de div. I 45, 101; II 32, 69; Liv. V 32, 6; 50, 5; 52, 11.

21 *Farinum deum, quamquam ad primam infantis vocem non pertinet* (*vd.* Varr. L. L. VI 52) *tamen alibi non posui, quoniam e Gellio et Tertulliano concludendum est Varronem de diis vocem humanam tuentibus uno tenore egisse. Similis deus est Fabulinus ap.* Varr. *in* Cato de lib. ed. *ap.* Non. 532, 16.

22 *Levana secundum Marquardtium (p. 13) infantibus vires addit, ut ipsi se de terra levare possint; sed recte iam Franckenius l. l. p. 170 et Prellerus* II^{3} *210 Levanam eam esse cognoverunt, quae efficiat, ut pater infantem post partum in terra depositum de terra levaret.*

23 *De Lactantio vd. quaest. II p. 68. Cf.* Varro Cat. de lib. ed. *ap.* Non. p. 167, 24.

24 *De Seneca vd. quaest. I p. 35. In eandem sententiam, sed multo copiosius de diva Rumina agit* Varro R. R. II 11, 5 et *ap.* Non. p. 167, 25 sqq. et *ap.* Fest. p. 270, 21 sqq. *Unde apparet ad hunc etiam referenda esse ea, quae fert* Plut. Q. R. 57: Διὰ τί τῇ Ῥουμίνᾳ eqs. — τοῖς νηπίοις; Rom. 4: Ἦν δὲ πλησίον ἐρινεός, ὃν Ῥωμινάλιον ἐκάλουν . . . ᾗ μάλιστα διὰ τὸν τῶν βρεφῶν θηλασμὸν eqs. — ἐπισπένδουσιν. *Sed num*

Aug. C. D. IV 11 p. 161, 7 sq.: Diva Potina potionem mini- 25a
stret, diva Educa escam praebeat. Id. C. D. IV 34 p. 189, 8 sq.
VI 9 p. 262, 33 sqq.

Tert. ad nat. II 11 p. 115, 13 sqq.: Primi cibi sumen⟨di po- 25b
tionisque capiendae⟩ Potina et Edula.

Don. Ter. Phorm. I 1, 11: Apud Varronem legitur initiari †25c
pueros Eduliae et Poticae et Cubae Divis edendi et potandi et
cubandi, ut primum a lacte et cunis transferuntur.

Aug. C. D. IV 21 p. 171, 9: (Commendare) deo Statilino 26a
stantes.

*Tert. de an. 39: Prima constitutio infantis super terram †26b
Statilinae deae sacrum est. Id. ad nat. II 11 p. 115, 14:
Statuendi infantis Sta⟨tilina⟩.

Aug. C. D. IV 21 p. 171, 10: (Commendare) deae Adeonae 27
adeuntes, Abeonae abeuntes. Id. C. D. VII 3 p. 276, 31. Tert.
ad nat. II 11 p. 115, 15: ⟨adeundi Adeona, ab abeun⟩do Abe-
ona est.

Tert. ad nat. II 11 p. 115, 15: Domiducam et habent. 28

Aug. C. D. IV 21 p. 171, 10 sq.: Deae Menti, ut bonam ha- 29
berent mentem. Id. C. D. VII 3 p. 276, 31 sqq.: Ibi (*sc. in diis minutis*) posuerunt et Mentem deam, quae faciat pueris bonam mentem, ⟦et inter selectos ipsa non ponitur.⟧

Aug. C. D. IV 21 p. 171, 11 sq.: (Commendare) deo Volumno 30a
et deae Volumnae, ut bona vellent.

Tert. ad nat. II 11 p. 115, 17: Voluntatis Volumnum Vole- 30b
tam⟨que⟩.

Aug. 2 ^{e}duca *C* aescas, *alt.* s *in ras.*, C^2

Tert. nat. 4 *sq.* sumendi potionisque capiendae *Oehlerus*: sumendi et potionis ministrandae *Goth*

Tert. an. 12 Statilinae *scripsi*: Statimae deae *A ex coll. Bal*, stadimaedeae *A ex coll. Hild*, statim Aedeae *Gagn*, Statinae *Oehlerus*

Tert. nat. 13 Statilina *Goth*: Statina *Oehlerus* 16 adeundi — abeundo *Oehlerus*: ab adeundo et abeundo Adeona et *Goth*

Aug. 23 *sq.* uolumino . . . uoluminae *A* 24 uelint l^1

---

ad R. D. libros redeant, incertum est. — Gloss. A. A. *in* C. Gl. V p. 480, 42, gloss. cod. Cass. 90 in C. Gl. V 578, 6: ruma mamma.

25 *Donati locus fortasse ad Varr.* Catum *pertinet, cf.* Non. p. 480, 4 sqq. = 108, 16 sqq. — *Varroniana e R. D. XIV profecta inesse videntur in* Plac. libr. Rom. C. Gl. IV p. 20, 30: Edulae cibo vel esca ab edenda dicta; *cf.* Gl. Nom. *in* C. Gl. II p. 565, 5: Aedulium esca. — *De forma cf. Prell. II^3 211, 2.*

26 *Cf.* Non. p. 532, 14 sqq.: Statilinum et Statanum . . . praesides deos Varro, Cato vel de lib. ed., puerilitatis affirmat: 'Ab Statano et Statilino, quorum nomina habent scripta pontifices'. — *Similis dea est* Ossipago *apud* Arnob. IV, 7 p. 147, 7 sq., *de quo loco vd. quaest. IV p. 124.*

28 *De Domiduco, deo nuptiali, vd fr. 53.*

29 *Quid Tert. de Mente commemoraverit in cod. A excidit, ut tantum restet* 'e et malam'; *sed, ut ex Augustino apparet, Mentem deam etiam malam mentem facere Varro non dixit.*

31a Aug. C. D. IV 11 p. 161, 8 sq.: De pavore infantum Paventia.

31b Tert. ad nat. II 11 p. 115, 18: ⟨Pave⟩ntinam pavoris.

32a Aug. C. D. IV 11 p. 161, 9 sq.: De spe quae venit Venilia. Tert. ad nat. II 11 p. 115, 18: Spei Veniliam.

32b Schol. Ver. Aen. X 76: ⟨Venilia⟩m ... ⟨Varro rerum divin⟩arum XIIII de dis certis 'spes cum conciliata non frustra esset et eveniss(et credere) ... bantur, quam deam cum Neptuno coniungunt multi ... ensis quo cae(cis) ... (licet) differre'.

33 Aug. C. D. IV 8 p. 155, 9: Deae Cluacinae.

34 Aug. C. D. IV 8 p. 155, 10: Volupiae, quae a voluptate appellata est. Id. C. D. IV 11 p. 161, 10. Tert. ad nat. II 11 p. 115, 18: Voluptatis Volupiam.

35 Aug. C. D. IV 8 p. 155, 10 sqq.: Lubentina, cui nomen a libidine.

36 Tert. ad nat. II 11 p. 115, 19: ⟨Praestan⟩tiae Praestitiam.

37a Aug. C. D. IV 16 p. 165, 25 sq.: Vocaverunt Agenoriam, quae ad agendum excitaret. Id. C. D. IV 11 p. 161, 10: De actu Agenoria.

Tert. nat. 2 Paventinam *Goth* 4 spei Veniliam *Goth*: speiue neleiam *A*

Schol. Ver. 5 *sqq. textum recepi a Petero (Rosch. Myth. Lex. p. 138 sq. Vd. ed. A. Herrmanni, Progr. Donaueschíng. 1869. 1871).*

Aug. 9 cluacinae *LlCAKF*: Cloacinae *ed. Par. Duebn.*

Aug. 13 luuentinae *Ll*: ludentinae *C*

Tert. nat. 15 Praestantiae *Goth* prestitiam *A*

Aug. 17 exercitaret *C*

---

32 *Hoc loco Varro docuisse videtur hanc spei deam Veniliam differre ab illa, quae cum Neptuno coniungeretur, de qua vd. R. D. XVI fr. 37.*

33 *Quod officium Cluacina habeat, non extat; cf. R. D. I fr. 40. Iure hanc deam hic collocatam esse non modo inde apparet, quod cum Volupia (fr. 34) coniuncta ab Augustino proponitur, sed quod ipsa ut Venilia (cf.* schol. Ver. Aen. X 76 *in.*), *Lubentina* (fr. 35), *Murcia* (fr. 38) *inter Veneris cognomina occurrat.*

34 *Volupiae sacellum vel sacrum commemorant* Varr. L. L. V 164, Macr. Sat. I 10, 7.

35 *Cf.* Arnob. IV 9 p. 148, 8 sq.: Quis Libentinam, quis †Burnum libidinum superesse tutelis credit, *de quo loco cf. quaest. IV p. 124. Veneris cognomen Lubentinam a lubendo derivat* Varro L. L. VI 47 *et ap.* Non. p. 64, 15 sqq.; cf. Serv. interp. Aen. I 720: Venus est ... et Lubentina, quae lubentiam mentibus novam praestet; Cic. N. D. II 23, 61; Plut. Num. 12; Q. R. 23. *Ab hac dea Lubentina Varro Libitinam, mortis deam, probabiliter dinovit, quas deas confundit* Plac. libr. Rom. (C. Gl. IV p. 30, 13. 14) = Plac. libr. gloss. (C. Gl. IV p. 81, 1): Libitina est dea paganorum. Libidinis deam, quam quidam Venerem infernalem esse dixerunt, tamen et Libitina dicitur lectus mortuorum vel locus, in quo mortui conduntur.

36 *De Praestana dea, quam cum Praestitia comparant Marqu. p. 14, Preller. II*[3] *p. 213, vd. R. D. XV fr. 19.*

37 *Cf.* Maii class. auct. VIII p. 50: Agenoria dea agendi; *haec per Augustinum ad posteros transiisse videntur.* Arnob. IV 7 p. 147, 1:

Tert. ad nat. II 11 p. 115, 19: Ab actu Peragenorem. 37b

Aug. C. D. IV 16 p. 165, 27 sq.: Deam Stimulam, quae ad 38
agendum ultra modum stimularet. Id. C. D. IV 11 p. 161, 10 sqq.: De stimulis, quibus ad nimium actum homo impellitur, dea Stimula nominetur.

Aug. C. D. IV 16 p. 165, 28 sqq.: Deam Murciam, quae prae- 39
ter modum non moveret ac faceret hominem, ut ait Pomponius, murcidum, id est nimis desidiosum et inactuosum.

Aug. C. D. IV 16 p. 165, 30 sq.: Deam Streniam, quae fa- 40
ceret strenuum. Id. C. D. IV 11 p. 161, 12: Strenia dea sit strenuum faciendo.

Aug. C. D. IV 21 p. 171, 31 sq.: Invocanda propter fessos diva 41
Fessona.

Aug. C. D. IV 16 p. 165, 32 sqq.: Quietem appellantes, quae 42
faceret quietum, cum aedem haberet extra portam Collinam, ⟦publice illam suscipere noluerunt⟧.

Aug. C. D. VII 3 p. 277, 4 sq.: Minervae per ista minuta 43a
opera (*i. e. in* R. D. XIV) puerorum memoriam tribuerunt.

*Aug. C. D. IV 21 p. 170, 24 sq.: ⟦Quid⟧ doctrinae vel a Mer- 43b
curio vel a Minerva petendum?

Aug. 13 fessona, *non* fossona *ut dicit Dombartus,* C

Rebus petendis Peta, *cf. quaest. IV p. 124. Similis deus Agonius, qui extat ap.* Paul. *ex* Fest. p. 10, 5, *cum Varrone nihil habet, cf. Müller. ad* Varr. L. L. VI 12. 14.

38 *Stimulam genuinam Romanorum deam fuisse atque postero demum tempore cum Graecorum Semele confusam esse mihi cum Prellero (II³ p. 213. 366, 1) persuasum est; aliter iudicat Müller. Etr.² II p. 78. De Stimulae luco vd.* Liv. XXXIX 12, Ov. fast. VI 497, Schol. Iuv. II 3.

39 Cf. Arnob. IV 9 p. 148, 16: Segnium Murciam deam, *vd. quaest. IV p. 124.* Tert. de spect. 8 (= Suet. rell. fr. 188** *Reiff.*): Murciam deam amoris volunt. *Murciae deae sacellum commemorat* Paul. *ex* Fest. p. 148, 10. *De Venere Murcia vel Murtea vd.* Varr. L. L. V 154. — *De L. Pomponio Bononiensi, atellanorum scriptore, vd. Teuffel. R. L.⁵ 151.*

40 *Cf.* Non. p. 16, 32 sq.: Strena dicta est a strenuitate. Pomponius pistoribus: Asside, si qua ventura est alia strena strenue. *Pomponii ipse Varro mentionem fecit, cum de Murcia dea in priore fragm. ageret; quare fieri potest, ut ad eum et haec Nonii verba redeant. Quod si ita est, de strenis fortasse egit e Streniae luco arcessitis, quas incipiente anno Romani boni auspicii causa inter se condonabant; de quo usu vd.* Symm. X 28 (35): Ab exortu paene urbis Martiae strenarum usus adolevit, auctoritate Tatii regis, qui verbenas felicis arboris ex luco Streniae, anni novi auspices, adcepit. Nomen iudicio est viris strenuis haec convenire ob virtutem. Laur. Lyd. de mens. IV 4: φύλλα δάφνης ἐδίδοσαν, ἅπερ ἐκάλουν στρῆνα, εἰς τιμὴν δαιμονός τινος οὕτω προσαγορευομένης, ἥτις ἔφορός ἐστι τῶν νικῶν.

41 *De huius fragmenti loco vd. quaest. I p. 21.*

42 *De Quietis templo vd.* Liv. IV 41, 8.

43 *Vd. quaest. I p. 21. Cf. R. D. XVI fr. 30. 60.*

44 Aug. C. D. IV 11 p. 161, 12 sq.: Numeria, quae numerare doceat, Camena, quae canere.

45 Aug. C. D. IV 21 p. 170, 30: Deus Catius pater, qui catos id est acutos faceret.

46 Aug. C. D. IV 11 p. 161, 14: Deus Consus praebendo consilia. Tert. ad nat. II 11 p. 115, 19 sq.: Consiliis Consum.

47 Aug. C. D. IV 11 p. 161, 14 sq.: Dea Sentia sententias inspirando.

Aug. 7 sententias *C*: sententia^{m} *L*, sententiam *l*

---

44 *Haec Numeria differt ab illa, quam ad partum pertinere Varro docet ap.* Non. p. 352, 34. *Cf.* Comm. Einsidl. in Don. art. mai. (Keil. G. L. suppl. p. 241, 1): Numeria dea paganorum, quae fertur numerum repperisse. — *De Camena cf. R. D. XV fr. 10; de vocabulo vd.* Varr. L. L. VII 26. 27.

45 *Cf.* Varr. L. L. VII 46: Cata acuta; hoc enim verbum dicunt Savini; quare 'catus Aelius Sextus' non, ut aiunt, sapiens, sed acutus, et quod est '. . . cata dicta', accipienda acuta dicta.

46 Arnob. III 23 p. 127, 12 sq.: Salutaria et fida consilia nostris suggerit cogitationibus Consus, *quae fortasse ad hunc Varronis locum redeunt.* — *Cf.* Varr. L. L. VI 20: Consualia dicta a Conso, quod tum feriae publicae ei deo, et in circo ad aram eius ab sacerdotibus ludi illi, quibus virgines Sabinae raptae. Tert. de spect. 5 (= Suet. rell. fr. 185** *Reiff.*): Quamquam et Consualia Romulo defendunt (cf. R. D. I fr. 39[b]), quod ea Conso dicaverit, deo ut volunt consilii, eius scilicet, quo tunc Sabinarum virginum rapinam militibus suis in matrimonia excogitavit. Et nunc ara Conso illi in circo defossa est ad primas metas sub terra cum inscriptione eiusmodi: CONSVS CONSILIO MARS DVELLO LARES COILLO POTENTES. (*E Tert. pendet* Cypr. spect. 4 [2], idol. 4, Hieron. vit. Hil. 20.). Paul. ex Fest. p. 41, 15 sq.: Consualia ludi dicebantur, quos in honorem Consi faciebant, quem deum consilii putabant. Serv. gen. Aen. VIII 636: Raptae autem sunt Sabinae Consualibus, hoc est mense Martio. Consus autem deus est consiliorum, qui ideo templum sub circo habet, ut ostendatur tectum esse debere consilium . . . Ideo autem dicato Consi simulacro rapuerunt Sabinas, ut tegeretur initum de rapto consilium. Plut. Rom. 14: Ὠνόμαζον δὲ τὸν θεὸν Κῶνϲον, εἴτε βουλαῖον ὄντα, κωνϲίλιον γὰρ ἔτι νῦν τὸ ϲυμβούλιον καλοῦϲιν . . . οἱ δὲ καὶ ὅλωϲ φαϲὶν τοῦ βουλεύματοϲ ἀπορρήτου καὶ ἀφανοῦϲ ὄντοϲ ὑπόγειον οὐκ ἀλόγωϲ τῷ θεῷ βωμὸν γενέϲθαι κεκρυμμένον. *(Verba, quae omisimus, ad Neptunum equestrem pertinent). Vix dubium est, quin hi loci ad Varronem redeant, etsi non ad hunc R. D. XIV librum, sed, mea quidem sententia, ad librum IX de ludis circensibus. Sed Varronem iam docuisse Consum esse Neptunum equestrem (vd.* Dion. Hal. A. R. I 33; II 31; Plut. Q. R. 48; Rom. 14; Serv. gen. Aen. VIII 635 sq., *quem exscripsit* myth. Vat. I 191; Ps.-Asc. in Verr. act. I 10, 31 [Cic. ed. Or. V 2 p. 142, 22 sqq.] al.) *Samterus mihi non persuasit (quaest. Varr. p. 52 sq.); hoc quidem e* Tert. spect. 5 *certe non sequitur, ubi Suetonius sententiam illam e Varrone mutuatam expresse huic alteri opponit:* 'Ludi Consualia dicti, qui initio Neptunum honorabant; eundem enim et Consum vocant. Dehinc Ecurria ab equis Marti Romulus dixit' *ita pergens*: 'Quamquam et Consualia Romulo defendunt eqs. *Consum autem* Varro R. D. I fr. 39[b] *inter Romuli deos enumerat. — De Conso vd. Wissow. in Rosch. Myth. Lex. s. v.,* Mommsen. *C. I. L. I ad a. d. XII kal. Sept. Röm. Forsch. II 42 sqq., Preller. R. M. II*^{3} *23 sqq.*

Aug. C. D. IV 11 p. 161, 15 sq.: Dea Iuventas, quae post 48a
praetextam excipiat iuvenalis aetatis exordia. Id. C. D. VI 1 p. 245, 33 sq.: ⟦Si eorum, qui colerent deam Iuventatem, aetas ipsa floreret insignius⟧.

Tert. ad nat. II 11 p. 116, 1: ⟨Iu⟩venta novorum togatorum. 48b

Aug. C. D. IV 11 p. 161, 16 sq.: Fortuna barbata, quae ad- 49
ultos barba induat. Id. C. D. VI 1 p. 246, 2 sq.: ⟦Si malas cultorum suorum speciosius et festivius Fortuna barbata vestiret ...⟧. Tert. ad nat. II 11 p. 116, 1 sq.: Virorum iam Fortuna barbata.

Aug. C. D. IV 21 p. 171, 12: Diis nuptialibus, ut bene con- 50
iugarentur. Id. C. D. IV 34 p. 189, 10: ⟦Sine⟧ diis coniugalibus coniugati. Tert. ad nat. II 11 p. 116, 2: ⟦⟨Si de⟩ nuptialibus disseram⟧.

Tert. ad nat. II 11 p, 116, 2: Afferenda est ab afferendis 51
dotibus.

Aug. C. D. VI 9 p. 264, 11 sq.: Cum mas et femina coniungun- 52
tur, adhibetur deus Iugatinus. Id. C. D. IV 11 p. 161, 21: ⟦In Iugatino deo⟧ coniuges iungat.

Aug. C. D. VI 11 p. 264, 12 sqq.: Domum est ducenda, quae 53
nubit: adhibetur et deus Domiducus; ut in domo sit: adhibetur deus Domitius; ut maneat cum viro: additur dea Manturna.

Aug. C. D. VI 9 p. 264, 17 sqq.: ⟦Quid impletur cubiculum 54
turba numinum, quando et paranymphi inde discedunt .. ?⟧ Adest enim dea Virginiensis. Ib. v. 32 sq.: Si adest Virginiensis dea, ut virgini zona solvatur. Id. C. D. IV 11 p. 161, 21 sqq.: Cum virgini uxori zona solvitur, invocetur dea Virginiensis.

Aug. C. D. VI 9 p. 264, 22: Adest ... et deus pater Subi- 55
gus. Ib. p. 33 sq.: Si adest deus Subigus, ut viro subigatur. Tert. ad nat. II 11 p. 116, 4: Et Subigus.

Aug. 1 iuuenta *A*
Tert. nat. 5 Iuventa *Oehlerus*: .. entam *A*, Iuventinam *Goth* 9 virorum *Goth*: uiuorum *A*
Aug. 10 dis L^1
Tert. nat. 15 dotibus *Goth*: totibus *A*
Aug. 16 masculus AK^2F 19 domum si, si *in fine versus man. 2, l* 20 domiducus, *priore* u *in* i *ras. mut., C* 21 domicius *l* 24 (*bis*) uirginiensis *Cl*: uirginensis *A* 26 uirginiensis *C*: uirginensis *LlA*

---

48 *Iuventam deam iuvenibus praesidentem praebent:* Suetonius Verb. diff. 274, 10 sqq. *Reiff.*, Serv. interp. Aen. IV 32, Gloss. ex cod. Vat. 1469 (C. Gl. V p. 522, 41); *Iuventatem*: Serv. gen. Aen. I 590, Plac. libr. Rom. (C. Gl. IV p. 28, 10); *Iuventutem*: Paul. p. 104, 10. *Varro, si modo Tertulliano credendum est, hic et Iuventatem et Iuventam exhibuit. Cf. R. D. I fr. 45.*

52 *Alium Iugatinum inter agrestes deos invenies in fr. 68.*

53 *De Domiduca, puerorum dea, vd. fr. 28. Aliae deae virgines sponsas in nuptiis adiuvantes extant apud* Arnob. III 25: Unxia, Cinxia, Victa, Potua, *de quibus dixi quaest. IV p. 123.*

54 *De paranymphis cf.* Aug. C. D. XIV 18.

56 Aug. C. D. VI 9 p. 264, 23: Adest ... et dea mater Prema. Ib. p. 265, 1 sq.: Si adest dea Prema, ut subacta, ne se commoveat, conprimatur. Tert. ad nat. II 11 p. 116, 4: Et Prema mater.

57 Aug. C. D. VI 9 p. 264, 23: Adest ... et dea Pertunda. Ib. p. 265, 2 sq.: Dea Pertunda ⟦ibi quid facit? Erubescat, eat foras; agat aliquid et maritus⟧. Tert. ad nat. II 11 p. 116, 4: Et dea Pertunda.

58 Aug. C. D. VI 9 p. 264, 24: Adest ... et Venus. Ib. p. 264, 27 sqq.: Venus ad hoc etiam dicitur nuncupata, quod sine vi femina virgo esse non desinat.

59 Aug. C. D. IV 11 p. 161, 23: Mutunus vel Tutunus, qui est apud Graecos Priapus. Tert. ad nat. II 11 p. 116, 3: Et Mutunus et Tutunus. Aug. C. D. VI 9 p. 265, 9 sqq.: Ibi (sc. in cubiculo) est et Priapus ..., super cuius ⟦immanissimum⟧ ... fascinum sedere nova nupta iubebatur more honestissimo et religiosissimo matronarum. Id. C. D. VII 24 p. 306, 6 sq.: In celebratione nuptiarum super Priapi scapum nova nupta sedere iubebatur. Id. C. D. IV 34 p. 189, 10. Cf. De cons. ev. I 25, 38. *Lact. I. D. I 20, 36: Tutinus, in cuius sinu pudendo nubentes praesident, ut illarum pudicitiam prior deus delibasse videatur.

60 Non. p. 480, 1 sqq.: Varro antiquitatum rerum divinarum lib. XIIII: Biviris nuptis sacrificabantur in cubiculo viduae.

---

1 praema *C* 2 aut subacta nec^{se} *l*

Tert. n̊at. 3 *sq.* Prema mater *Wissowa*: praemat̃ *A*, Prema *Goth* 7 et dea Pertunda *Rig*: &deuertundę *A*, et Devertunda *Goth*

Aug. 10 ad hoc *Cl*: ob hoc *Dombartus* sine ui] *post* sine *in marg. man. 2 add.* eius, *C*: sine eius vi *ed. Par. Duebn.* 18 priapi///caput, us *eras.*, *l*

Lact. 19 Tutinus *C*; *an* Tutunus? *(sic interrogat S Brandt)* 20 *supra* pudendo *add.* † pendendo *man. post. P* pudicicia *S* 21 deliuasse *B*[1], *corr. B*[3], deli asse *R*

Non 23 biviris *Popma*: viris *L*, viri *rell.*, viri nuptiis *Merkel* in *om. H*[1]

---

56 Cf. inscr. Or.-Henz. 6110: Prema Mutino (*vd. fr.* 59) Arimn.

57 Cf. Arnob. IV 7 p. 146, 20 sqq.: Etiamne Perfica una est e populo numinum, quae obscenas illas et luteas voluptates ad exitum perficit dulcedine inoffensa procedere? Etiamne Pertunda, quae in cubiculis praesto est virginalem scrobem effodientibus maritis? *Vd. quaest. IV p. 123.*

58 *Cf. Varr. R. D. XVI fr. 63;* L. L. V 61: ... et horum vinctionis vis Venus.

59 *De Lactantio vd. quaest. II p. 68.* 'Tutinus' *Varro non scripsisse videtur, cum et Aug. et Tert.* 'Tutunus' *praebeant. Priapum inter Romuli deos invenies in R. D. I fr. 39.* *Arnob. IV 7: Etiamne Tutunus, cuius immanibus pudendis horrentique fascino vestras inequitare matronas et auspicabile ducitis et optatis? *Vd. quaest. IV p. 123.*

Aug. C. D. VI 9 p. 263, 26 sqq.: Mulieri fetae post partum tres 61
deos custodes commemorat (sc. Varro) adhiberi, ne Silvanus deus per noctem ingrediatur et vexet; eorumque custodum significandorum causa tres homines noctu circuire limina domus et primo limen securi ferire, postea pilo, tertio deverrere scopis, ut his datis culturae signis deus Silvanus prohibeatur intrare, quod neque arbores caeduntur ac putantur sine ferro, neque far conficitur sine pilo, neque fruges coacervantur sine scopis; ab his autem tribus rebus tres nuncupatos deos Intercidonam a securis intercisione, Pilumnum a pilo, Deverram a scopis, quibus diis custodibus contra vim dei Silvani feta conservaretur.

*Aug. C. D. IV 21 p. 171, 33: Propter aegros medicus vel 62
Apollo vel Aesculapius.

Tert. ad nat. II 15 p. 127, 17 sqq.: Et tristitiae deos arbitros 63
esse voltis, ⟨ut sit Vi⟩duus, qui animam corpore viduet, quem intra muros cludi n⟨on admit⟩tendo damnastis, item Caeculus, qui oculos sensu exanim⟨et, item Or⟩bana, quae in orbitatem semina extinguat.

Tert. ad nat. II 15 p. 127, 21 sq.: Et ipsius mortis d⟨ea est⟩. 64

Aug. 1 faetae Cl[2]: fatae l[1] 4 circuire *codd.*: circumire *ed. Par. Duebn.* 10 deuerram *Cl*: deuerrum *A* a *C*: ab *lKF* 12 medicos *C* 13 aescolapius *C*

Tert. nat. 15 ut sit Viduus *Oehlerus: lac. 7 litt.* dius *A*, est et Viduus *Goth* 16 non admittendo *Goth*: no *lac. 5 litt.* tendo *Goth**, non permittendo *Rig* 18 exanimet, item Orbana *Hild*: exani *lac. 6 litt.* bana *Goth**, exanim *lac. 4 litt.* bana *Bal**, exanime *lac. 7 litt.* bana *Hild**, exanimet et Orbana *Goth* semina *A*: lumina *Prellerus R. M. II[3] p. 219, 3* 19 mortis *Goth*: mortes *A* dea est *Oehlerus*

---

61 *Hoc fragmentum ideo hic posui, quod* Varro *in libro* de vit. P. R. II *fr. 18 Kettn.* (*ap.* Non. p. 528, 11 *sqq.*) *Picumnum et Pilumnum coniugales deos nominat; ad eundem* de vit. P. R. *locum redeunt* Serv. gen. Aen. IX 4, Serv. interp. Aen. X 76, *nisi quod interpolator Varronis verbis perturbatis 'infantium deos' ad 'puerperam' refert. — Cf. R. D. XV fr. 14 adn.*

62 *Vd. quaest. I p 21. Cf. R. D. XVI fr. 32.*

63 *Caeculum in deos ad mortem pertinentes recte refert Preller II[3] p. 219, deum caecorum fingit Marqu. l. l. p. 15. Ab hoc Caeculo differt conditor ille Praenestinus, de quo vd. Wissowa in Rosch. Myth. Lex. p. 843 sqq. — De Orbana cf.* Arnob. IV 7 p. 147, 6: In tutela sunt Orbonae orbati liberi parentes, *quo de loco vd. quaest. IV p. 124. Orbonae aram commemorat* Cic. N. D. III 25, 63 *quem sequitur* Plin. N. H. II 16. — *Tertulliani locus* ad nat. II 15 *veteribus iam temporibus interpolatus est in* Cypr. Id. 4 (2, 5).

64 *Romanos Mortem aliquam deam coluisse non sequitur e* Cic. N. D. III 17, 44. *Neque magis huc pertinet Morta illa, quam e Livii Odussia arcessitam inter Parcas nominat* Caesellius Vindex *ap.* Gell. N. A. III 16, 10, *id quod placuit Prellero R. M. II p. 219 sq. Immo Varronem de Libitina dea egisse probabile est, de qua cf. fr. 35 adn., Preller. R. M. I[3] p. 440, Richter. Top. v. Rom. p. 896.*

65 Aug. C. D. VI 9 p. 266, 12 sqq.: Deos ad ipsum hominem pertinentes clausit (sc. Varro) ad Neniam deam, quae in funeribus senum cantatur.

Dii, qui pertinent ad ea, quae sunt hominis, sicuti est victus atque vestitus:

(vd. fr. 3.)

66 Aug. C. D. IV 21 p. 171, 13: ⟦Quid opus erat commendare...⟧ diis agrestibus, ut fructus uberrimos caperent.

67 Serv. gen. ge. I 21: Studium quibus arva tueri] Nomina haec numinum in Indigitamentis inveniuntur.

68 Aug. C. D. IV 8 p. 155, 16 sqq.: Nec agrorum munus uni alicui deo committendum arbitrati sunt, sed rura deae Rusinae, iuga montium deo Iugatino; collibus deam Collatinam, vallibus Valloniam praefecerunt.

†69a *Paul. ex Fest. p. 108, 9: Imporcitor, qui porcas in agro facit arando. Porca autem est inter duos sulcos terra eminens.

†69b Fest. p. 238, 7: Porcas, quae inter duos sulcos fiunt, ait Varro, dici, quod porriciant frumentum.

70a Aug. C. D. IV 8 p. 155, 21 sq.: Sata frumenta, quamdiu sub terra essent, praepositam voluerunt habere deam Seiam.

Aug. 11 uni *om.* C^1

---

65 *Cf. fr. 3;* Arnob. IV 7 p. 147, 7: In tutela sunt Neniae, quibus extrema sunt tempora, *quo de loco vd. quaest. IV p. 124. Neniae deae sacellum ultra portam Viminalem (cf. fr. 42, 63) dedicatum commemorat* Fest. p. 161, 33 sqq. = Paul. p. 163, 6.

66 *Cf. fr. 2.*

67—69 *Nescio an Varro, priusquam quae apud Verrium leguntur scripserit, imprecationem illam praemiserit, quae per Cornelium Labeonem perfluxisse potest ad Serv. int. ge. I 21:* Fabius Pictor hos deos enumerat, quos invocat flamen sacrum Cereale faciens Telluri et Cereri: Vervactorem Redaratorem, Imporcitorem Insitorem, Obaratorem Occatorem, Sarritorem Subruncinatorem, Messorem Convectorem, Conditorem Promitorem. *Cf.* Serv. gen. ge. I 21: Ab occatione deus Occator dicitur, a sarritione deus Sarritor, a stercoratione Sterculinius, a satione Sator, *vd. quaest. IV p. 125 sq. Iam videas, quae scribit Reitzenstein, Verr. Forsch. p. 38, 2 de Pauli et Festi locis:* „Die zweite Glosse (porcas) beziehen Müller und Gruppe auf Varro rer. rust. I 29, 3: 'Quod est inter duos sulcos elata terra, dicitur porca, quod ea seges frumentum porricit.' Doch ist es unwahrscheinlich, daſs Verrius diese Schrift, in welcher nur beiläufig hin und wieder eine etymologische Bemerkung eingeflochten ist, als Quelle benutzt haben sollte. Ich schlieſse daher aus der vorher angeführten Glosse (Imporcitor), daſs Verrius die Erklärung des Wortes Porcae einer Auseinandersetzung Varros über den Gott Imporcitor entnahm, und daſs Varro in seinem Werk über die Landwirtschaft nur wiederholte, was er früher bereits gesagt hatte.“ *Haec autem eum in R. D. libris dixisse probabilissima est coniectura.*

70. 71 *Cf.* Plin. N. H. XVIII 8: Seiam a serendo, Segestam a sege-

Aug. C. D. IV 21 p. 171, 14: Maxime ipsi divae Fructeseae. 70b

Aug. C. D. IV 8 p. 155, 22 sqq.: Cum iam essent (*sc.* sata fru- 71
menta) super terram et segetem facerent, deam Segetiam. Id. C.
D. IV 34 p. 189, 19; V 21 p. 233, 6: ⟦Dedit segetes sine cultu⟧
deae Segetiae.

Aug. C. D. IV 8 p. 155, 30 sq.: Praefecerunt Proserpinam 72
frumentis germinantibus.

Aug. C. D. IV 8 p. 155, 31 sq.: Geniculis nodisque culmorum 73
deum Nodotum. Ib. p. 156, 15 sqq. C. D. IV 11 p. 161, 19.

Aug. C. D. IV 8 p. 155, 32 sq.: Involumentis folliculorum deam 74
Volutinam.

Aug. C. D. IV 21 p. 172, 1 sq.: Dea Rubigo, ut non accederet, 75a
rogabatur.

Serv. gen. ge. I 151: *Robigo genus est vitii, quo culmi pere- †75b
unt. Sed abusive robigo dicitur*; nam proprie robigo est, ut Varro
dicit, vitium obscenae libidinis, quod ulcus vocatur.

Aug. C. D. IV 8 p. 156, 1 sq.: Cum folliculi patescunt, ut spica 76
exeat, deam Patelanam.

Aug. C. D. IV 8 p. 156, 2 sq.: Cum segetes novis aristis 77
aequantur, quia veteres aequare hostire dixerunt, deam Hostilinam.

Aug. 1 fructęseae *C*: fructaęseae, ę *in ras.*, *l*, fructesae *A* 5 segestiae *C* 9 nodotum L^1C: nodutum L^2l *Domb.*; *cf. Aug. IV 8 p. 156, 15:* nodotus *Ll*: nodutus, tu *sup. lin.*, *C* 12 rubigo lC^2 *ed. Par. Duebn.*: robigo *A*

Serv. Variae lectiones mihi non praesto sunt.

Aug. 18 patel^a^nā, *antiqua man. corr.*, *L*: patelanam *Cl* 20 ostire . . . ostilinam *LlC*

---

tibus appellabant. Macr. Sat. I 16, 8: Apud veteres qui nominasset Salutem Semoniam Seiam Segetiam Tutilinam, ferias observabat.

72 *Cf. R. D. I fr. 21, XVI fr. 46a. Peter in Rosch. Myth. Lex. II p. 152.*

73 *Cf.* Arnob. IV 7: Nodutis dicitur deus, qui ad nodos perducit res satas; *vd. quaest. IV p. 124.*

75 *Vd. quaest. I p. 21. Dea Rubigo vel Robigo occurrit R. D. I fr. 42,* Ov. fast. IV 907 sqq., Colum. X 342 sq., Tert. de spect. 5 (= Suet. *rell. fr. 185** Reiff.); deus Robigus:* Varr. R. R. I 1, 6; L. L. VI 16; Fast. Praen. a. d. VII kal. Mai; Paul. p. 267, 1; Gell. N. A. V 12, 14; Serv. interp. ge. I 151. *De sacrificio canario huic deae facto* (verum cf. Wissowa in Pauly R. E. ed. nov. *s. v.* augures) *vd.* Ov. l. l.; Colum. l. l.; Paul. p. 45, 7 sq.; Fest. p. 285, 31 sqq.; Philarg. Verg. ge. IV 425, Plin. N. H. XVIII 14; *ultimum locum exscribere liceat:* Ita est in commentariis pontificum: Augurio canario agendo dies constituantur priusquam frumenta vaginis exeant, [nec] antequam in vaginas perveniant. *Hic habes causam, cur Rubiginem inter Volutinam et Patelanam collocaverim. — Cf. Preller-Jord. R. M. II*[3] *p. 43 sq. cum adn.*

76 *De Patellana et Patella ap.* Arnob. IV 7 p. 147, 2 sq. *vd. quaest. IV p. 124.*

77 *De voce 'hostiendi' vd.* Paul. p. 102, 10; Fest. p. 270, 27; 314,

78 Aug. C. D. IV 8 p. 156, 3 sq.: Florentibus frumentis deam Floram.

79a Aug. C. D. IV 8 p. 156, 4: Lactescentibus (*sc.* frumentis) deum Lacturnum.

79b Serv. gen. ge. I 315: Varro in libris divinarum dicit deum esse Lactantem, qui se infundit segetibus et eas facit lactescere.

80 Aug. C. D. IV 8 p. 156, 5: Maturescentibus (*sc.* frumentis) deam Matutam.

81 Aug. C. D. IV 8 p. 156, 5 sq.: Cum runcantur (*sc.* frumenta), id est a terra auferuntur, deam Runcinam (*sc.* praefecerunt).

82 Aug. C. D. IV 8 p. 155, 24 sq.: Frumentis collectis atque reconditis, ut tuto servarentur, deam Tutilinam praeposuerunt.

83 Aug. C. D. IV 34 p. 189, 20: Poma ⟦sine⟧ Pomona.

†84 Serv. gen. ge. III 1: Palem alii, inter quos Varro, masculino genere appellant, ut hic Pales.

85 Aug. C. D. IV 34 p. 189, 19 sq.: ⟦Sine⟧ Bubona boves.

Serv gen ge I 315 app. crit. mihi non praesto est.

Aug. 10 runc.antur, i *eras.*, *C* 13 reservarentur *C* tu^{ti}.linam, l *eras.*, ti *man. 2 add.*, *C*: tutelinam *A*

Serv. gen ge III 1 vd. supra.

17; Serv. interp. Aen. II 156; Non. p. 3, 27; Plac. libr. Rom. et libr. gloss. (C. Gl. IV p. 8, 4 = p. 45, 28; p. 25, 25 = p. 74, 20); gloss. Ampl. prim. (C. Gl. V p. 365, 2. 3; gloss. Non. (l. l. p. 651, 6), gloss. cod. Vat. 3321 (C. Gl. IV p. 87, 41) al.; cf. *Müller. ad Pauli locos.*

78 Arnob. III 23 p. 127, 17 sq.: Flora . . . bene curat, ut arva florescant. *Floram ad frugum (vel arborum vel vitium) flores referunt* Varr. R. R. I 1, 6; Fast. Praen. a. d. IV. kal. Mai; Lact. I 20, 7; *ad omnes flores cum alii tum* Plin. N. H. XVIII 286, schol. Iuv. VI 250, *quare his locis Varroniana non magis inesse arbitror, quam* Ov. fast. V 195 sqq. *Cf. R. D. I fr. 44.*

79 *Cf. Peter. Rosch. Myth. Lex. II p. 139.*

81 *De dea Runcina ap.* Tert. ad nat. II 11 p. 115, 12 *vd. fr. 24 var. lect.*

82 *Cf.* Tert. de spect. 8 (= Suet. rell. fr. 188 Reiff.): . . . Tutilinas a tutela fructuum. *Huic deae aliquantum similis est* Noduterensis, quae frugibus terendis praeest *ap.* Arnob. IV 7 p. 147, 4 sq., *de qua vd. quaest. IV p. 124.*

83 *Cf.* Varr. L. L. VII 45. *Fabula, quam Ovidius narrat* met. XIV 623 sqq., *huc non pertinet.*

84 *Cf.* Varr. R. R. II 1, 9: Non ipsos (sc. Romulum et Remum) quoque fuisse pastores obtinebit, quod Parilibus potissimum condidere urbem? *Nostro loco Varro fortasse praeter Palem, deum pastoricium, Etruscorum deum commemoravit, de quo vd.* Arnob. III 40, Serv. interp. Aen. II 325, Marc. Cap. I 15, 4. — *Quae scribit* Arnob. III 23 p. 127, 14: Armentorum et pecorum gregibus Pales praesunt Inuusque custodes *vix ad Varronem redeunt, qui Inuum, si modo eum commemoravit, in R. D. libro XV posuisse videatur.*

85 *Eponam (cf. e. g.* Tert. ap. 16 = ad nat. I 11) *a Varrone prolatam esse non posse contra Corssenum (Beitr. z. ital. Sprachkunde p. 130) R. Peter in Rosch. Myth. Lex. I p. 1286 ostendit.*

Ib. v. 20: Mella ⟦sine⟧ Mellona. 86

Aug. C. D. IV 34 p. 189, 15 sq.: ⟦Nec quando sitientibus aquam 87
percussa petra profudit, Nymphas Lymphasque coluerunt (*sc.*
Iudaei)⟧.

Serv. interp. Aen. XII 139: Varro rerum divinarum 88
quarto decimo: Iuturna inter proprios deos Nymphasque ponitur.

Dii, qui pertinent ad alia, quae huic vitae sunt necesssaria:
(vd. fr. 3.)

Aug. C. D. IV 21 p. 171, 32: Propter hostes depellendos diva 89
Pellonia.

Aug. C. D. IV 21 p. 171, 14 sqq.: Marti et Bellonae, ut bene 90
belligerarent; deae Victoriae, ut vincerent; deo Honori, ut honorarentur. Id. C. D. IV 34 p. 189, 17: Mars ... Bellona ... Victoria. Id. C. D. IV 15 p. 165, 10; IV 17 p. 166, 27: Victoria.

Serv. int. 5 XIIII *T*, quarta decima *F*
Aug. 12 honorino l

---

86 *Hanc deam Melloniam nominat* Arnob. IV 7 p. 147, 8.

87 *Hoc loco Varronem similia exposuisse credendum est, atque quae leguntur* R. R. I 1, 6 (*nam quod de sitientibus Augustinus dicit, magis ad Iudaeos quam Romanos pertinet*): 'Inter deos, qui maxime agricolarum duces sunt .... precor Lympham ..., quoniam sine aqua omnis arida ac misera agricultura'; *cf.* L. L. V 71; VII 87. C. I. L. V 3106. — Serv. gen. Aen. I 71: Ex nubibus aquae, quas Nymphas esse non dubium est. Id. ecl. I 53: Omnibus aquis Nymphae sunt praesidentes. Is. or. VIII 11, 96: Nymphas deas aquarum putant dictas a nubibus; nam ex nubibus aquae, unde derivatum est; nymphas aquarum deas, quasi numina lympharum. *Cf. R. D. XV fr. 10. — Prell. R. M. II*[3] *p. 127.*

88 *Cf.* Varr. L. L. V 71. Serv. interp. *loco in superiore pagina laudato*; Ov. fast. I 463 sq. 707; Val. Max. I 8, 1; C. I. L. VI 2295. *Hanc deam Romanam Varro ab alia discrevisse videtur atque fortasse ab ea, de qua scribit* Serv. int. Aen. XII 139: Iuturna fons erat in Italia saluberrimus iuxta Numicum fluvium, cui nomen a iuvando est inditum. *Quae nescio an ad Varronem referri possint.*

89 Arnob. IV 4 p. 143, 28 sq.: Pellendorum hostium dea potens Pellonia, *vd. quaest. IV p. 123.*

90. 91 *Vd. quaest. I p. 22 sq. Cf.* Varr. L. L. V 73 sq.: Bellona ab bello nunc, quae Duellona a duello (cf. VII 49). Mars ab eo quod maribus in bello praeest, aut quod a Sabinis acceptus, ibi est Mamers. Quirinus a Quiritibus. Virtus ut viritus a virilitate. Honos ab honesto onere ... Castoris nomen graecum, Pollucis a Graecis .... Concordia a corde congruente. ... Salutem Fortunam Fortem Fidem. *Similis locus est* Arnob. IV 1 p. 142, 2 sqq., *de quo vd. quaest. IV p. 125. De Victoria cf.* L. L. V 62. *Ab antiquissima dea Bellona* (C. I. L. I 44. 196. p. 287; Ov. fast VI 201 sqq.; Liv. X 19; Plin. N. H. XXXV 12; Prisc. G. L. III p. 497, 6 K., Paul. 33, 8, Sen. *ap.* Aug. C. D. VI 10) *differt illa recentior Sullae temporibus e Cappadocia arcessita, cf. Marqu. l. l. p. 75, Preller. II*[3] *248 sqq., Iordan Ind. lect. Regiomont. 1885 p. 14 sqq. — De aedibus Honoris atque Virtutis vd. Richter. Top. v. Rom p. 813. 887. 907; de Victoria p. 825; de Pietate p. 859; de Concordia p. 786. 814;*

91 Aug. C. D. IV 24 p. 176, 14 sqq.: Libet autem eorum considerare rationes. ‘Usque adeone’, inquiunt (*i. e.* Varro), ‘maiores nostros insipientes fuisse credendum est, ut haec nescirent munera divina esse, non deos? Sed quoniam sciebant nemini talia nisi aliquo deo largiente concedi, quorum deorum nomina non inveniebant, earum rerum nominibus appellabant deos, quas ab eis sentiebant dari, aliqua vocabula inde flectentes, sicut a bello Bellonam nuncupaverunt non Bellum, sicut a cunis Cuninam non Cunam, sicut a segetibus Segetiam non Segetem, sicut a pomis Pomonam non Pomum, sicut a bubus Bubonam non Bovem; aut certe nulla vocabuli declinatione sicut res ipsae nominantur, ut Pecunia dicta est dea, quae dat pecuniam, non omnino pecunia dea ipsa putata est: — ita Virtus, quae dat virtutem, Honor, qui honorem, Concordia, quae concordiam, Victoria, quae dat victoriam; ita’, inquiunt, ‘cum Felicitas dea dicitur, non ipsa quae datur, sed numen illud adtenditur, a quo felicitas datur’.

92 Aug. C. D. IV 18 p. 167, 4 sqq.: Felicitas dea est. Aedem accepit, aram meruit, sacra congrua persoluta sunt ... ⟦Sed quid sibi vult, quod et⟧ Fortuna dea putatur et colitur? ⟦An⟧ aliud est Felicitas, aliud Fortuna? ‘Quia Fortuna potest esse et mala; Felicitas autem si mala fuerit, felicitas non erit ...’ ⟦Quomodo ergo dea Fortuna aliquando bona est, aliquando mala? ... An illa quae dea est (*sc.* Fortuna bona) semper est bona? Ipsa est ergo Felicitas: cur adhibentur⟧ diversa nomina? ... Quid diversae aedes, diversae arae, diversa sacra? ‘Est causa’, inquiunt, ‘quia Felicitas illa est, quam boni habent praecedentibus meritis; Fortuna vero, quae dicitur bona, sine ullo examine meritorum fortuito accidit hominibus et bonis et malis, unde etiam Fortuna nominatur.’ Id. C. D. IV 23 p. 173, 7 sq.: Si libri et sacra eorum vera sunt et Felicitas dea est. Id. C. D. VII 3 p. 277, 27 sqq.: ⟦Si ergo Felicitas ideo fortasse inter selectos deos esse non debuit, quod ad istam nobilitatem non merito, sed fortuito pervenerunt: saltem inter illos vel potius prae illis Fortuna poneretur,

---

Aug. 5 in^ni^uebant Ll 6 deos — sentiebant *om.* l[1] 12 quae] quia *l* 15 nomen *C* 25 diversae arae *om.* C^1 28 accedit lC^2 32 fortuito lAK^1: fortuitǒ *C*

---

de Salute p. 906; de Felicitate vd. fr. 92. — His fragmentis simillimus est locus Ciceronis N. D. II 23, 60 sqq.; cf. I 15, 38; 42, 118. II 31, 80; Phil. π. εὐc. fr. 9. 10 *Diels. p. 544*; Plut. de Is. 10: Ὥcπερ ἡμεῖc — ἐφείδοντο.

92 *Vd. quaest. I p. 22 sq. Fortunam inter deos ad partum pertinentes enumerat fr. 18, Fortunam Barbatam fr. 49.* Aug. C. D. IV 18 *expilavit* Isid. or. VIII 11, 94, *cf.* de diff. I 219. *De Felicitate vd. Prell. II*[3] *p. 255 sq., de Fortuna p. 178 sqq. De dearum aedibus vd. R. D. I fr. 47, Richter. Top. v. Rom. p. 820. 846. 849. 898. 906.*

quam dicunt deam non rationabili dispositione, sed ut temere acciderit, sua cuique dona cconferre⟧. Cf. C. D. IV 33 in.: ⟦Deus igitur ille felicitatis auctor et dator quia solus est verus Deus, ipse dat regna terrena et bonis et malis. Neque hoc temere et quasi fortuito, quia Deus est, non fortuna, sed pro rerum ordine ac temporum occulto nobis . . . Felicitatem vero non dat nisi bonis⟧.

*Aug. C. D. IV 19 p. 168, 13 sqq.: Tantum sane huic numini 93
tribuunt, quam Fortunam vocant, ut simulacrum eius, quod a matronis dedicatum est et appellata est Fortuna muliebris, etiam locutum esse memoriae commendaverint atque dixisse non semel sed iterum, quod eam rite matronae dedicaverint.

Aug. C. D. IV 20 p. 169, 5: Virtutem quoque deam fecerunt. 94
Id. C. D. VII 3 p. 278, 7 sqq.: ⟦Non possunt invenire causam, cur celebrata sit Venus et obscurata sit⟧ Virtus, cum ⟦ambarum⟧ ab istis consecrata sint numina.

*Aug. C. D. IV 21 p. 170, 26 sq.: Ars ipsa bene recteque vi- 95
vendi virtus a veteribus definita est. Unde ab eo, quod ἀρετὴ dicitur virtus, nomen artis Latinos traduxisse putaverunt.

Aug. C. D. IV 20 p. 169, 9 sq.: Et Fides dea credita est et 96
accepit etiam ipsa templum et altare.

Aug. C. D. IV 20 p. 170, 5 sqq.: Fides et Pudicitia, quae 97
. . . in aedibus propriis altaria meruerunt.

Aug. C. D. IV 21 p. 171, 16 sqq.: Deae Pecuniae, ut pecu- 98
niosi essent; deo Aesculano et filio eius Argentino, ut haberent aeream argenteamque pecuniam. Nam ideo patrem Argentini Aesculanum posuerunt, quia prius aerea pecunia in usu coepit esse, post argentea. ⟦Miror autem, quod Argentinus non genuit Aurinum, quia et aurea subsecuta est.⟧ Id. C. D. IV 28 p. 181, 18 sqq.: ⟦Sicut potuerunt auream pecuniam habere Romani, quamvis deum Aurinum non colerent: sic et argenteam habere potuerunt et aeream, si nec Argentinum nec eius patrem colerent Aesculanum.⟧ Id. C. D.

Aug. 1 accederet C 7 nomini *Cl*[1] 9 mulieris *l*[1] 24 aescŏlano *C*: ^{e}sculano *l*, aesculano *AKF* 25 aescolanum *C*: aesculanum *l* 26 usum *l* 31 Aescolanum *Dombartus; utrum* u *an* o *exhibeant Cl, nescio*

---

93 *Vd. quaest. I p. 23 sq. et quos ibi collaudavi.*

95 *Vd. quaest. I p. 24.*

96 *De Fidei templo vd. Richter. l. l. p. 820 Marqu. p. 583 sq. Prell. I*[3] *p. 250 sqq.*

97 *De Pudicitiae templo et altari vd. Richter. p. 848. 898.*

98 Cf. Arnob. IV 9 p. 148, 5 sq. 16 sq.: Quis est, qui credat esse deos Lucrios et lucrorum consecutionibus praesidere? . . . Quis ad extremum deam Pecuniam esse credat? *Vd. quaest. IV p. 124. — Similis etiam deus est* Arculus, *de quo scribit* Paul. p. 16, 8: Arculus putabatur etiam deus, qui tutelam gereret arcarum. — *De Iove Pecunia vd. R. D. XVI fr. 19.*

VII 11 p. 289, 12 sq.: Pecunia, quam deam inter illos minuscularios invenimus. Id. C. D. VII 3 p. 278, 12. 19 sq.

99 Gell. N. A. I 18: In XIV rerum divinarum libro M. Varro doctissimum tunc civitatis hominem L. Aelium errasse ostendit, quod vocabulum Graecum vetus traductum in linguam Romanam, proinde atque si primitus Latine fictum esset, resolverit in voces Latinas ratione etymologica falsa. Verba ipsa super ea re Varronis posuimus: „In quo L. Aelius noster, litteris ornatissimus memoria nostra, erravit aliquotiens. Nam aliquot verborum Graecorum antiquiorum proinde atque essent propria nostra, reddidit causas falsas. Non enim 'leporem' dicimus, ut ait, quod est levipes, sed quod est vocabulum anticum Graecum. Multa vetera eorum ignorantur, quod pro his aliis nunc vocabulis utuntur; et illorum esse plerique ignorent 'Graecum', quod nunc nominant 'Ἕλληνα', 'puteum', quod vocant 'φρέαρ', 'leporem', quod 'λαγωὸν' dicunt. In quo non modo Aelii ingenium non reprehendo, sed industriam laudo; successus enim fortunae, experientiam laus sequitur." Haec Varro in primore libro scripsit, de ratione vocabularum scitissime, de usu utriusque linguae peritissime, de ipso Aelio clementissime.

100 Sed in posteriore eiusdem libri parte 'furem' dicit ex eo dictum, quod veteres Romani 'furvum' atrum appellaverint et fures per noctem, quae atra sit, facilius furentur.

101 Tert. ad nat. II 15 p. 128, 1 sq.: Etiam locorum urbis vel loca deos ar⟨bitramini, Janum⟩ Patrem, et diva arquis est Jana, et montium septem Montinum.

Gell. 3 sqq. vd. ed. M Hertz

Tert. nat. 25 urbis uel *Goth*: urbisue *A* 26 arbitramini, Ianum *Oehlerus*: ar *lac. 6 litt. Goth**, ar *lac. 9 litt. Hild**, arcuum Ianum *Goth* et *A*, est et *Goth*, ut *Hartelius* Arquis *Goth* Iana *Goth*: lana *A* 27 montium septem Montinum *scripsi (cf. Arnob. IV 9 p. 148, 15: Montinum montium)*: montium septemontium *A*, montium septem Septemontium *Oehlerus*

99. 100 *Fr. 99 quamquam in 'primore libro' positum fuisse Gellius testatur, tamen huc rettuli, quia neque verum locum indagare potui et Gellii verba discerpere nolui. Fr. 100 Varro scripsisse videtur de Furina agens* (*cf.* L. L. V 84; VI 19; VII 45), *de cuius deae natura nihil constat; sed fortasse Varro quidem eam furum tutricem esse docuit, quae est causa, cur haec post deos Lucrios posui. — Cum verbis 'fures per noctem facilius furentur' compares* Hom. Il. III 11: κλέπτῃ δέ τε νυκτὸς ἀμείνω.

101 *De diis locorum cf. fr. 102.* Act. fr. arv. 183 (C. I. L. VI 2099[b] 8): Sive deo sive deae, in cuius tutela hic lucus locusve est. — *De Iano cf.* fr. 104b; R. D. XVI fr. 9 sqq.; Varr. L. L. V 165, Ov. fast. I 257 sq. — 'Ianam' *pro* 'Limam', *quod cod P praebet, Stewechius legit ap.* Arnob. IV 9 p. 148, 11; Ianam *cum Luna aequat* Varro R. R. I 37, 3; *cum Diana* Nigidius *ap.* Macr. Sat. I 9, 8. — *Cum Montinus Ascensus Clivicola (vd. fr. 102) non ad quoslibet montes, scansiones, clivos, sed ad loca urbis pertineant (cf. R. Peter in Rosch. Myth. Lex.*

Tert. ad nat. II 15 p. 128, 3 sqq.: ⟦⟨Geniis eisdem⟩ illi fa- 102
ciunt, qui in isdem locis aras vel aedes habent, praet⟨erea aliis qui⟩ in alieno loco aut mercedibus habitant. Taceo⟧ Ascensum ⟨a scansione⟩ et Clivicolam a clivis.

Gell. N. A. XVI 17, 1: Et agrum Vaticanum et eiusdem agri 103
deum praesidem appellatum acceperamus a vaticiniis, quae vi atque instictu eius dei in eo agro fieri solita essent. Sed praeter hanc causam M. Varro in libris divinarum aliam esse tradit istius nominis rationem (*vd. fr. 20^{b}*).

Aug. C. D. VI 7 p. 258, 10 sqq.: ⟦Cur Forculus, qui foribus 104a
praeest, et Limentinus, qui limini, dii sunt masculi, atque inter hos Cardea femina est, quae cardinem servat? Nonne ista in rerum divinarum libris reperiuntur?⟧ Id. C. D. IV 8 p. 156, 17 sqq.: ⟦Unum quisque domui suae ponit ostiarium . . .⟧, tres deos isti posuerunt, Forculum foribus, Cardeam cardini, Limentinum limini. Tert. ad nat. II 15 p. 128, 6 sqq.: ⟦Taceo⟧ deos Forculum a foribus et Car⟨deam a cardi⟩nibus et liminum Limentinum.

Tert. de id. 15 p. 48, 1 sqq.: *Ostiorum deos apud Romanos 104b
Cardeam a cardinibus appellatam et Forculum a foribus et Limentinum a limine et ipsum Ianum a ianua . . . ⟦Etiam apud

Tert. 1 geniis eisdem Oehlerus: *lac. 3 litt. Goth*, lac. 9 litt. Hild*,* habitantium *Goth* 2 *sq.* praeterea aliis qui *Oehlerus*: praeterea *lac. 7 litt. Goth**, prae *lac. 9 litt. Hild**, praeterea et qui *Goth*, perinde ut ei qui *coni. Reiff.-Wiss.* 4 a scansione *Oehlerus: lac.* 5 *litt.* Goth*, *lac.* 8 *litt. Hild**, ab ascensu *Goth* Cliuicolam *Rig*: leuico iam *A*, Leuicoiam *Goth** Leuicliuiam *Goth*

Gell. 6 sqq. vd. ed. M Hertz

Aug. 12 cardea, d *in ras, C*: cardea A^2K, carnea A^1F uersat *C* 14 domui *Ll*: domi *C*

Tert. nat. 16 Forculum *Goth*: aforculus *A* 17 Cardeam a cardinibus *Goth*: Car *lac.* 7 *litt.* nibus *Goth**, card *lac.* 10 *litt.* nibus *Hild**

Tert. id. 18 ^{h}ostiorum *A* 19 pellatam *A*

II p. 146) non sine iure '*Montinum*' *scripsisse mihi videor, quem Arnobius praebet (IV 9 p. 148, 15) et ipse cod. A commendat, praesertim cum de deo Septemontio nihil aliunde comperiatur; nisi forte corrupto illo loco non de deo, sed de die festo rem fuisse putas, cui nomen est Septemontii; de quo vd.* Varr. L. L. VI 24; Fest. p. 340, 7 sqq. 348, 24 sqq.; Paul. p. 341, 2 sq.; Tert. id. 10; Plut. Q. R. 69; Lyd. de mens. 18. *Hanc alteram sententiam profitetur Preller. R. M. II^{3} p. 221.*

102 Cypr. id. 4, *qui hoc loco e Tertulliano pendet (vd. fr. 63 adn.), praebet:* Est et Scansus ab ascensibus dictus. — *Cf. fr. 101 adn.* — *Similes dii* Limi (*cod.* P *praebet* lemons) *leguntur ap.* Arn. IV 9 p. 148, 14 sq., *cf. quaest. IV p. 124.* — *De* 'geniis' cf. Serv. gen. Aen. V 85: Nullus locus sine genio est; Serv. int. ge. I 302: Genium dicebant antiqui naturalem deum unius cuiusque loci vel rei aut nominis.

104 *Vd. quaest. II p. 83. E Tertulliano* (ad nat. II 15) *pendet* Cypr. idol. 4. *Tert. tres ultimos locos Peter l. l. p. 146 nulla dubitatione Varroni tribuit.* — *De* Limentino et Lima *ap.* Arnob. IV 9 p. 148, 11; IV 11 p. 149, 14 *vd. quaest. IV p. 124.* — *De* Apolline Thyraeo *vd.* Nig. Fig. *ap.* Macr. Sat. I 9, 6.

Graecos Apollinem θυραῖον et Antelios daemonas ostiorum praesides deos legimus.] De cor. 13 p. 453, 7 sqq. *Oehl.*: *Ianum a ianua, Limentinum a limine, Forculum et [[Carnam]] a foribus et cardinibus; etiam apud Graecos Thyraeum Apollinem et Antelios daemonas. *Cf.* Scorp. 10 p. 167, 13 sqq.: *[[Iuxta Romanam superstitionem †Barnum quendam]] et Forculum et Limentinum.

105 Tert. ad nat. II 15 p. 128, 8 sqq.: *[[... cum et ⟨numina sua⟩ habeant in lupanaribus, in culinis et etiam in carcere]].

106 Laur. Lyd. de mens. IV 2 p. 51, 19 sqq.: Βάρρων ἐν τῇ τεσσαρεσκαιδεκάτῃ τῶν θείων πραγμάτων φησὶν αὐτὸν (sc. Ianum) παρὰ Θούσκοις οὐρανὸν λέγεσθαι καὶ ἔφορον πάσης πράξεως καὶ Ποπάνωνα διὰ τὸ ἐν ταῖς καλάνδαις ἀναφέρεσθαι πόπανα.

107 Schol. Ver. Aen. II 241: Portunus, ut Varro ait, deus port⟨uum porta⟩rumque praeses. *Quare huius dies festus Portunalia, qua aput veteres claves in focum add⟨ere prope⟩ mare institutum.

108 Gell. N. A. XV 30, 6 sq.: Petorritum non est ex Graecia dimidiatum, sed totum ortum trans Alpes; nam est vox Gallica. Id scriptum est in libro M. Varronis quarto decimo rerum divi-

---

Tert. cor. 3 Limentinum] limituum a limite *D (cod. Florent.)*: lumen tuum a lumine *C (cod. Leid.)* Carnam *A (cod. Agob.)*, *ed. princ.*: Carna *CD*, Cardam *B (cod. Vindob.) Gagn Gel Pam Rig* foribus atque *A ex lect. Baluzii*

Tert. scorp. 6 Barnum *A*: Cardum *Gel* Cardeam *Pam* Ianum *Rig* Carnum *Hild*

Tert. nat. 7 numina sua *Oehlerus*: *lac.* 3 *litt. Bal**, *lac.* 9 *litt. Hild**, *lac. non signavit Goth, add. tamen* deos suos 8 culinis *Goth*: cunilis *A* etiam in *Hild*: immo *A*

Schol. Ver. 13 *sqq.: vd. adn.*

Gell. 16 sqq. vd. ed. M Hertz

---

105 *His verbis utrum Tertullianus numina quaedam Varroniana significaverit an quae ipse quotidie in cultu paganorum conspexerat protulerit, non discepto. Illud quidem placuit Petero l. l. p. 146, quapropter Tertulliani locum praetermittere nolui. — Genium culinae Lateranum commemorat* Arn. IV 6 p. 146, 6 sqq.

106 *Vd. quaest. IV p. 117 sqq. 119.*

107 *Hunc locum restituere viri docti frustra adhuc conati sunt; Prellerus quidem cum conicit R. M. I³ p. 178, 1:* 'quo aput veteres aedes in portu et feriae institutae' *et Merkelius, qui legit (Ov. fast. praef. p. CCVII)*: 'claves in forum adductas piare institutum', *mea quidem sententia erraverunt, cum verba* 'claves' *et* 'mare' *servare necesse sit; vd.* Varr. L. L. VI 19: Portunalia dicta a Portuno, cui eo die aedes in portu Tiberino facta et feriae institutae. Cic. N. D. II 26, 66: Portunus a portu. Paul. p. 56, 6 sq.: Claudere et clavis ex Graeco descendit, cuius rei tutelam penes Portunum esse putabant, qui clavim manu tenere fingebatur et deus putabatur esse portarum. *Cf.* Paul. p. 243, 1; Fest. p. 242, 1 sqq. Arnob. III 23: Per maria tutissimas praestat Portunus commeantibus navigationes. Serv. gen. Aen. V 241: Portunus deus marinus, qui portubus praeest. Serv. ge. I 437 (cod. Guelf.): Nostri Portunum dicunt, quia portubus praesit. *Propriam emendationem non inveni. — Prell. I³ p. 177 sq, Marqu.-Wiss. p. 327, 10, Richter. Top. v. Rom. p. 849.*

narum, quo in loco Varro, cum de 'petorrito' dixisset esse id verbum Gallicum, 'lanceam' quoque dixit non Latinum, set Hispanicum verbum esse.

Seneca ap. Aug. C. D. VI 10 p. 269, 24: *Populonia . . . 109
Fulgora.

M. Terenti Varronis Antiquitatum Rerum Divinarum Liber XV
De Diis Incertis.

Aug. C. D. VII 17 p. 295, 13 sqq.: Trium extremorum primum 1
de diis certis cum absolvisset librum, in altero de diis incertis dicere ingressus ait (sc. Varro): 'Cum in hoc libello dubias de diis opiniones posuero, reprehendi non debeo. Qui enim putabit iudicari oportere et posse, cum audierit, faciet ipse. Ego citius perduci possum, ut in primo libro quae dixi in dubitationem revocem, quam in hoc, quae praescribam, omnia ut ad aliquam dirigam summam.'

Macr. Sat. III 2, 11: Varro in libro Quinto Decimo Rerum 2
Divinarum ita refert, quod pontifex in sacris quibusdam vitulari soleat, quod Graeci παιανίζειν vocant.

*Macr. Sat. III, 4, 8: *Qui diligentius eruunt veritatem, Pe- 3a
nates esse dixerunt, per quos penitus spiramus, per quos habemus corpus, per quos rationem animi possidemus: esse autem medium aethera Iovem, Iunonem vero imum aera cum terra et Minervam

---

Aug. 5 fulgora Cl: fulgura A
12 *sq.* putabit *Dombartus*: putauit *Cl*^{1} 15 quo, o *ex* e *corr.*, *l* praescribam *Cl*: perscribam *Dombartus* 16 ad *l*: *om. CFK*
Macr. 19 *pro* παιανίζειν vocant *lac. 10 fere litt. P* 22 rationē *omittit P*^{1} medium, um *in rasura, P*

---

109 *Vd. quaest. I p. 35.*

Tit. Aug. C. D. VII 3 (= R. D. I fr. 5): Sunt autem omnes rerum divinarum libri sedecim . . . In tribus, qui restant, libris dii ipsi sequuntur, . . . in secundo dii incerti. *Cf. fr. 1.*

1 *Vd. quaest. V p. 128 sq.*

2 *Merkelius, cui adsentior, coniecit (Ov. fast. praef. p. CCVII) haec Varronem dixisse de Vitula dea agentem. Cf.* Varr. L. L. VII 107: Apud Naevium . . . in Clastidio vitulantes a Vitula. — *Diversas de Vitula sententias profert* Macr. Sat. III 2, 13 sqq. *De 'vitulandi' voce cf.* Paul. 369, 14; Non. 14, 14 sqq.; *de dea Vitula vd. Preller. I*^{3} *p. 407; de sacris, in quibus pontifex vitulari solebat, vd. Marqu.-Wiss. p. 325.*

3 *De* Macrobii Arnobii Servii *locis huic Varronis libro tribuendis acutissime egit Wissowa, die Überlief. d. Penaten Herm.* XXII p. 32 sqq., *cui in hac re totum me addixi; cf. etiam quaest. V p. 126. Quod* Serv. int. *adiungit:* 'his addidit et Mercurium sermonum deum', *hoc non*

summum aetheris cacumen: et argumento utuntur, quod Tarquinius, Demarati Corinthii filius Samothracicis religionibus mystice imbutus, uno templo ac sub eodem tecto numina memorata coniunxit. *Serv. interp. Aen. II 296: Nonnulli Penates esse dixerunt, per quos penitus spiramus et corpus habemus et animi rationes possidemus; eos autem esse Iovem aetherem medium, Iunonem imum aera cum terra, summum aetheris cacumen Minervam. Quos Tarquinius Demarati Corinthii filius, Samothraciis religionibus mystice imbutus, uno templo et sub eodem tecto coniunxit.

3b Aug. C. D. VII 28 p. 311, 22: Minervam supra ipsum caelum ante (*h. e.* in superiore libro XV *cf. fr. 4*) posuerat (sc. Varro).

3c *Arnob. III 40 p. 138, 18 sqq.: Nec defuerunt, qui scriberent Iovem Iunovem ac Minervam deos Penates existere, sine quibus vivere ac sapere nequeamus, sed qui penitus nos regant ratione calore ac spiritu.

4 Aug. C. D. VII 28 p. 311, 7 sqq.: Hinc (sc. a Caeli et Terrae masculina et feminina vi) etiam Samothracum nobilia mysteria in superiore (*i. e.* XV) libro sic interpretatur (sc. Varro) eaque se, quae nec Sais nota sunt scribendo expositurum eisque missurum quasi religiosissime pollicetur. Dicit enim se ibi multis indiciis collegisse in simulacris aliud significare caelum, aliud terram, aliud exempla rerum, quas Plato appellat ideas; caelum Iovem, terram Iunonem, ideas Minervam vult intellegi; caelum a quo fiat aliquid, terram de qua fiat, exemplum, secundum quod fiat.

†5 Tert. ad nat. II 12 p. 116, 22 sq.: Var⟨ro⟩ antiquissimos deos Iovem Iunonem et Minervam refert.

†6 Arnob. III 40 p. 138, 12 sqq.: Varro, ⟦qui sunt introrsus atque in intimis penetralibus caeli deos esse censet, quos loquimur (sc. Penates), nec eorum numerum nec nomina sciri. Hos Consentes et Complices Etrusci aiunt et nominant, quod una oriantur et occidant una, sex mares et totidem feminas, nominibus ignotis et miserationis parcissimae; sed eos summi Iovis consiliarios ac participes existimari.⟧

---

2 mistice *P* 3 eadem B[1]
Serv. 6 aetherem *Bergkius*: aethere *C*, aethera *Scioppius enotavit* inum *C* 7 aera C[2]: era C 8 demarathi C chorinthi *C* samotrachis C
Arnob. 13 paenates *P* 14 paenitus *P*
Aug. 19 Sais *Wissowa*: suis *codd.*
Arn. 32 memorationis *Urs*: uiscerationis *Scal*, venerationis *fort.* parcissime *P*: paruissimae *Meurs* participes *Scal*: principes *P*

Varronis esse idem vir doctus l. l. demonstat. Quid Varro in Rer. Hum. libro II de Penatium origine symbolis sede docuerit, ibidem invenies p. 40 sqq. itemque quid ceteri antiquarii de eis iudicaverint.
4 *Vd. quaest. I p. 11 sq.*
5 *Vd. quaest. II p. 82 sq.*
6 *Wissowa genuinum huius loci argumentum ab Arnobio vel Labeone foede deformatum his verbis describit p. 54:* Varro hatte der

*Aug. C. D. IV 23 p. 174, 11 sq.: ⟦Felicitas . . . neque⟧ inter deos Consentes, quos dicunt in consilium Iovis adhiberi . . . †7

Arnob. III 41 p. 139, 6 sqq.: Varro haesitans nunc esse illos (sc. Lares) Manes et ideo Maniam matrem esse cognominatam Larum, nunc aërios rursus deos et heroas pronuntiat appellari, nunc antiquorum sententias sequens Larvas esse dicit Lares, quasi quosdam genios et functorum animas. †8

Aug. 2 consentientes *C*

Arnob. 4 Manes *Sab*: Manas *P* 5 haeroas *Sab, r*: haerohas *P* 5 pronunctiat *P* 7 et functorum *Stewechius*: effunctorum *P*; defunctorum *Sab* animas mortuorum *P, secluserunt Canterus, Urs,* mortuorum *seclusit Hildebrandus*

---

etruskischen Penaten wahrscheinlich bei Gelegenheit der römischen in dem Buche de diis incertis beiläufig gedacht und sie als die in den penetralibus caeli Wohnenden definiert. Was er sonst von ihnen aussagte, ist bei Arnobius — sei es durch dessen, sei es durch des Labeo Schuld — in Verwirrung geraten; denn der Widerspruch zwischen den Angaben nec eorum numerum nec nomina scire und sex mares totidem feminas läſst sich auf keine Weise weginterpretieren. Varro hat etwas den römischen Penaten Ähnliches auf dem Gebiete der etruskischen Religion gefunden in einer Klasse von Göttern, die in der etruskischen Blitzlehre eine Rolle spielen, nach welcher Juppiter die stärkste und verderblichste Art von Blitzen nur nach Einholung ihres Beirates entsenden darf. Den etruskischen Namen dieser Gottheiten hatte Varro durch das römische Penates wiedergegeben, zugleich aber wegen der beratenden Rolle, die diese etruskischen Götter spielen, auf die römischen Consentes, die man ja als eine Art Göttersenat auffaſste, verwiesen; auf diese letzteren bezieht sich die Angabe sex mares totidemque feminas, die bei Arnobius fälschlich auf die etruskischen Penaten übertragen ist. — *Quae Varro de penatibus vel magnis dis* (*cf.* Serv. gen. Aen. III 12) *docet* L. L. V 58 *et in* Curione (*ap.* Prob. ad Verg. ecl. VI 31 p. 21 K.) *ea ab his, quae in* R. D. libro XV *profert, non ita diversa esse, ut contraria sint, explicavit Wissowa l. l. p. 49; idem demonstravit* p. *55 ad Varronem ea non redire, quae* Marc. Cap. I 41 sqq. *profert.*

7 *Ex Augustini verbis colligendum est Varronem deorum Consentium nomina enumerasse; nescio an eosdem nominaverit, quos in* Rer. Rust. libro primo; *videas imprimis* I 1, 4: . . . duodecim deos consentis (*cf. fr. 6*), neque tamen eos urbanos, quorum imagines ad forum auratae stant, sex mares et feminae totidem *eqs.*

8 *Has Varronis sententias non sic inter se differre ut Arnobius putat, e* R. D. XVI fr. 3 (*ap.* Aug. C. D. VII 6) *sequitur, quare omnes eas uni loco dare non dubito. Similia docent* Cens. d. d. n. III 2, Paul. p. 121, 17 sq., Serv. gen. Aen. VI 152, *sed de Varrone, ut eorum fonte, aut omnino non cogitandum est, aut nihil constat. — De matre Larum vd.* Varr. L. L. IX 61; Macr. Sat. I 7, 34 sqq.; Act. frat. Arv. ad ann. 183 [218] 224 *cum Henzen. adn. p. 145. Quae* Lactantius I. D. I 20, 35 *refert:* Deam Mutam esse dicunt, ex qua sint nati Lares, et ipsam Laram nominant vel Lacundam, *fortasse Varroni tribuenda sunt, de qua re cf. quaest. II p. 68; Larundam ille* L. L. V 74 *inter deos Tatienses enumerat. —* Ovidius *quae de dea Muta canit* fast. II 581, *proprio Marte videtur finxisse. — De Larvis conferas similem* Aelii Stilonis *sententiam ap.* Fest. p. 129, 88 sqq. *— Larvas esse hominum malorum animas, quod inferioris aetatis scriptores putabant, Varro, si Arnobius accurate rettulit, non agnovit.*

†9a Aug. C. D. VIII 26 p. 364, 1 sqq.: Varro dicit omnes ... mortuos ⟦existimari⟧ Manes deos et probat per ea sacra, quae omnibus fere mortuis exhibentur, ubi et ludos commemorat funebres, tamquam hoc sit maximum divinitatis indicium, quod non soleant ludi nisi numinibus celebrari.

†9b Plut. Q. R. XIV: Ἐπὶ τῶν τάφων (sc. parentum mortuorum), ὥϲ φηϲι Βάῤῥων, περιϲτρέφονται (sc. filii), καθάπερ θεῶν ἱερὰ τιμῶντεϲ τὰ τῶν πατέρων μνήματα, καὶ καύϲαντεϲ τοὺϲ γονεῖϲ, ὅταν ὀϲτέῳ πρῶτον ἐντύχωϲι, θεὸν γεγονέναι τὸν τεθνηκότα λέγουϲι.

†10a Aug. de doctr. Christ. II 17, 27: Non audiendi sunt ..., qui novem Musas Iovis et Memoriae filias esse finxerunt. Refellit eos Varro ...; dicit enim civitatem ⟦nescio quam, non enim locum recolo,⟧ locasse apud tres artifices terna simulacra Musarum, quod in templo Apollinis donum poneret, ut quisquis artificum pulchriora formasset, ab illo potissimum electa erueret. Itaque contigisse, ut opera sua quoque illi artifices aeque pulchra explicarent, et placuisse civitati omnes novem atque omnes esse emptas, ut in Apollinis templo dedicarentur, quibus postea dicit Hesiodum poetam imposuisse vocabula ... Tres autem ... illa civitas locaverat ..., quia facile erat animadvertere omnem sonum, quae materies cantilenarum est, triformem esse natura. Aut enim voce editur, sicuti eorum est, qui faucibus sine organo canunt; ⟦aut flatu sicut tubarum et tibiarum, aut pulsu sicut in citharis et tympanis et quibuslibet aliis, quae percutiendo canora sunt.⟧

---

9 *Augustinum exscripsit* Rhab. Maur. de cler. inst. III 24, BC. *De loco Varroni ex parte simili ap.* Serv. gen. Aen. V 45 *vd.* R. D. I fr. *22 adn. De re cf.* Cic. de leg. II 9, 22; 22, 35; *de etymologia vd.* Fest. p. 146, 20 sqq. 157, 32 sqq. *alib.* Non. p. 66, 13 sqq. Macr. Sat. I 3, 13. Plut. Q. R. 52; *cf.* Varr. L. L. VI 4. — *Varroniana inesse possunt his locis:* Serv. gen. Aen. III 63: Manes sunt animae illo tempore, quo de aliis recedentes corporibus necdum in alia transierunt; sunt autem noxiae et dicuntur κατὰ ἀντίφραϲιν: nam manum bonum est. Alii manes a manando dictos intellegunt: nam animabus plena sunt loca inter lunarem et terrenam circulum unde et defluunt (*cf.* Varr. R. D. XVI fr. 3). Quidam deos infernos tradunt. (*E Serv. pendet* Is. or. VIII 11, 100.) Serv. interp. Aen. III 63: Quidam alios manes alios deos infernos dicunt: plurimi ut deos caelestes vivorum ita manes mortuorum tradiderunt. Alii manes nocturnos esse eius spatii, quod inter caelum terramque est, et ideo umoris, qui noctu cadit, potestatem habere: unde mane quoque ab isdem manibus dictum; *cf.* R. D. XV fr. 8, R. D. XVI fr. 3. L. L. VI 4. *De consecratione parentum vd.* Serv. int. Aen. V 47: Apud Romanos defuncti (*codd.*: defunctorum) parentes dii a filiis vocabantur; cf. Corn. Nep. ep. Corn. § 4: ubi mortua ero, parentabis mihi et invocabis Deum Parentem *eqs.* Corp. Gloss. IV p. 267, 5; 547, 42. Myth. Vat. III 6, 29 *refert*: Varronis (*cod.* Maronis) opinio est ideo mulieres in funere ora lacerare (*cf.* Lgg. XII tabb. *ap.* Cic. Leg. II 23, 59), ut inferis ostento sanguine satis fiat, *quae nescio an ad hunc locum referenda sint. — De divis parentum vel parentibus vd. Iordan. Herm. XV 1880 p. 530 sqq., MVoigt in Burs. Jahresber. IX 1881, 3 p. 48 sqq.*

10 *De Musis Varro in R. D. libro XIV egisse potest. — Quod*

Serv. gen. ecl. VII 21: Secundum Varronem ipsae sunt †10b
Nymphae quae et Musae. Sane sciendum, quod idem Varro tres tantum Musas commemorat. Unam quae ex aquae nascitur motu, alteram quae aeris icti efficit sonus, tertiam quae in mera tantum voce consistit.

Arnob. III 38 p. 136, 19. 21 sqq.: Novensiles ...; novenarium †11
numerum tradit Varro, quod in movendis rebus potentissimus semper habeatur et maximus.

*Tert. ad nat. II 9 p. 112, 1 sqq.: Patrem indigentem 12
Aenean crediderunt ... [[Quid aliud Aeneae gloriosum, nisi quod proelio Laurentino nusq⟨uam⟩ comparuit?]]

Serv. Variae lectiones mihi nondum praesto fuerunt.
Arnob. 7 in movendis] in novandis *Urs*
Tert. 9 indigentem *scripsi, vd. quaest. II p. 80*: diligentem *A* 10 aeneã *A*

Servius et Augustinus paullulum inter se differunt, inde factum est, puto, quod Augustinus Varronem, ut ipse confitetur, e memoria citat. Servius accuratior est, quippe qui sonum illum ex aquae motu natum commemoret, qui proprie ad Musas, i. e. Nymphas e Varronis sententia, pertinet. — E Servio pendent Is. or. VIII 11, 96 s. fin., Myth. Vat. II 50. — Serv. int. ecl. VII 21: In aqua consistere dicuntur (*sc.* Musae) quae de fontibus manat, sicut existimaverunt, qui Camenis fontem consecrarunt: nam eis non vino, sed aqua et lacte sacrificari solet; Philarg. Verg. ge. IV 380: Nymphis libari vino pontifices negant. *Hi loci ad bonum auctorem aperte redeunt, nescio an ad Varronem, qui nostris locis similia docet; cf. etiam* Serv. gen. ecl. VIII 13: Varro Musas ait hedera coronari *et* eund. ecl. III 12: Camenae Musae, quibus a cantu nomen inditum. — *Quae* Arnobius *de Musis profert* III 37, *e Graeco fonte profluxerunt. — De Camenis vd. Wissow. in Rosch. Lex. Myth. p. 846 sqq.*

11 *Diversas de his diis sententias e Labeone sine dubio desumptas praebet* Arnobius *hoc toto capite* III 38. *Quas etsi ex parte quidem iam Varro posteris tradidisse potest, tamen Varroni dare iusto audacius est, praesertim cum capite ineunte* Granius, *alter ille praeter Varronem Labeonis auctor, nominetur. — Plura de novensidibus dare supersedeo post luculentissimam illam Georgii Wissowa dissertationem de dis nov. et. ind. Ind. lect. Marp. 1895.*

12 *Vd. quaest. II p. 80 sq. Tertullianum ultimis quidem verbis Varroniana satis accurate reddidisse docent hi loci:* Aug. C. D. XVIII, 19: Aenean, quoniam quando mortuus est non comparuit, deum sibi fecerunt Latini (= Varr. de gent. P. R. III fr. †3 Kettn.). Dion. Hal. A. R. I 64: Τρία δὲ βασιλεύσας ἔτη μετὰ τὴν τοῦ Λατίνου τελευτὴν τῷ τετάρτῳ θνήσκει (sc. Αἰνείας) κατὰ πόλεμον. Ῥότολοί τε γὰρ .... Μάχης δὲ γενομένης καρτερᾶς, οὐ πρόσω τοῦ Λαουϊνίου ... τὰ μὲν στρατεύματα νυκτὸς ἐπελθούσης διελύθη, τὸ δὲ Αἰνείου σῶμα φανερὸν οὐδαμῇ γενόμενον οἱ μὲν εἰς θεοὺς μεταναστῆναι εἴκαζον, οἱ δ' ἐν τῷ ποταμῷ, παρ' ὃν ἡ μάχη ἐγένετο, διαφθαρῆναι. Καὶ αὐτῷ κατασκευάζουσιν οἱ Λατῖνοι ἡρῷον ἐπιγραφῇ τοιᾷδε κοσμούμενον, ΠΑΤΡΟΣ ΘΕΟΥ ΧΘΟΝΙΟΥ (i. e. 'divi patris indigetis') ΟΣ ΠΟΤΑΜΟΥ ΝΟΥΜΙΚΙΟΥ ΡΕΥΜΑ ΔΙΕΠΕΙ. *Dionysium, quem in capite, quod sequitur, 65 Varrone usum esse e* Plin N. H. XIV 88 *elucet, etiam hic in eiusdem vestigiis ingressum esse*

13 *Tert. ad nat. II 9 p. 112, 22 sqq.: Romulus aeque post mortem deus. Si quia urbem condidit, ... Ideo Quirinus ⟨est, quia⟩ tunc parentibus quiritatum est per illum.

14 *Tert. ad nat. II 9 p. 112, 26 sqq.: ⟦Quid Stercu⟨lus meruit⟩ ad divinitatem? Si agros stercoribus iuvando diligens fuit, ...⟧

Tert. 2 sq, est quia *Goth* 3 quiritatum *Goth*: queritatum *A* 4 Sterculus *Rig, cf. ap. 25 p. 221, 1; ad nat. II 17 p. 130, 8 (= R. D. I fr. 39 c)*: Sterculinus *Goth* 5 meruit *Goth*

---

ultro patet collato nostro et Augustini loco; neque tamen R. D. librum XV eum exhausivisse credendum est. Cf. Schol. Ver. Aen. I 27: Aeneas uxore et regno potitus Latino mortuo Etruscos certamine premens in conflictu bellico ⟨petitus nusquam con⟩paruit et Numici fluminis gurgite haustus putatur; cui Ascanius hostibus devictis in loco quo postremo pater apparuerat Aeneae indigeti templum dicavit, ad quod pontifices quotannis cum consulibus ire solent sacrificaturi. *Quia e pontificum sacrificio colligendum erat Aenean esse deum Romanum, haec nescio an Varro commemoravit. Cf. etiam* C. I. L. I p. 283: Aenea⟨s Ven⟩eris et Anchisa⟨e filius Troia⟩nos qui capta Tr⟨oia et incensa s⟩uper⟨er⟩ant in I⟨taliam adduxit⟩ — ⟨oppidum Lavinium⟩ con⟨didit et ibi regnavit an⟩nos tris. I⟨nde cum prooelio fact⟩o non con⟨paruisset, dictus⟩ est Indigens ⟨et in deorum n⟩umero relatus. *Ubi Mommsenus formam* 'indigens' (*pro* indiges) *lapidarii culpae tribuendum esse putat. — De dis indigetibus vd. Wissowa l. l. Varro quidem videtur docuisse eos esse 'deos ex hominibus factos quasi in diis agentes', cf.* Serv. gen. Aen. XII 794 *s. fin.*, ge. I 498; *cf. etiam* Comm. Bern. Luc. Phars. I 556 in., Arnob. I 64 (: tyrannos ac reges vestros appellatis indigetes), I 36 (*de* Indigetibus *vel rectius* de Aenea). *Aeneas enim, pater indiges, Romulus, Sterculus, Faunus, quos deos Tertullianus deinceps e Varrone transscripsit, dei ex hominibus facti sunt.*

13 *Vd. quaest. II p. 81. Fortasse huc pertinent quae leguntur ap.* Porph. Hor. epod. XVI 13: Varro post Rostra fuisse sepultum Romulum dicit, *cf.* Comm. Cruqu. *et* Porph. cod. γ ad eundem versum: Varro pro (*sic!*) rostris fuisse sepulchrum Romuli dicit. *Quod sepulcrum nescio an idem sit, quod* '*quidam*' *Faustulo assignant ap.* Dion. Hal. A. R. I 87. — *De voce* '*quiritandi*' *cf.* Varr. L. L. V 68. Non. 21, 18. Corp. Gloss. IV p. 383, 35; 384, 10; 559, 49. V p. 478, 8; 577, 24; 636, 33; 651, 28. — *Varronem inter hunc Romulum vel Quirinum et antiquissimum Sabinorum deum* (*de quo vd.* L. L. V 73 sq. 68, Rer. Hum. IV fr. 7 Mirsch. *ap.* Dion. Hal. II 48) *discrevisse ipse hic Tertulliani locus docere videtur.*

14 *Vd. quaest. II p. 65 sqq. 81. Inter Latinorum heroes a Romulo consecratos hunc deum enumerat* Varr. R. D. I fr. 39. *Rei illustrandae causa praebeantur, quae e Varr. de gent. Pop. Rom. II desumpta,* Augustinus *refert* C. D. XVIII 15: Pici patrem Stercen fuisse adseverant, a quo peritissimo agricola inventum ferunt, ut fimo animalium agri fecundarentur, quod ab eius nomine stercus dictum; hunc quidam Stercutium vocatum ferunt ..... certe tamen hunc Stercen sive Stercutium merito agriculturae fecerunt deum. — *Ex hoc R. D. XV loco hausisse videtur* Lact. I. D. I 20, 35: Stercutus, qui stercorandi agri rationem primus induxit; *e quo pendet* Is. or. XVII 1, 3 in. *Sed unde Isidorus ea sumpserit*

*Tert. ad nat. II 9 p. 112, 28 sq.: ⟦Si Faunus, Pici filius, 15
in ius agitabatur mente ictus, curari eum magis quam consecrari decebat.⟧

*Tert. ad nat. II 9 p. 113, 2 sqq.: ⟦Si Fauni filia pudicitia 16a

---

nescio quae subinde dicit: Cuius ara a Pico dedicata est. Hic plura instrumenta agriculturae repperit primusque agros fimavit. Eumdem quidam Saturnum putaverunt, ut maiorem illi nobilitatem facerent hoc nomine, quo splendide sonaret. *Certe Saturnum cum Stercutio Varro non aequavit neque Augustinus, cum eos aequat, e Varrone hausit, sed e Vergilio vel Vergilii commentatore, qui, ut* Macr. Sat. I 7, 25, *Hygini sententiam probavit. — Hoc loco Varro fortasse alium deum a Romulo consecratum tractavit, Pilumnum dico, de quo videas, quid commemorent* Isid. or. IV 11, 6 (*cf. Kettn. Varr. Stud. p. 27 sqq.*), Serv. gen. Aen. IX 4, Serv. interp. Aen. X, 76. *Cf. R. D. XIV fr. 61.*

15 *Vd. quaest. II p. 79 sqq. 81. Faunum, heroem Latinum, a Romulo consecratum refert* Varro R. D. I fr. 39, *vaticinatorem eum docet* R. D. I fr. 22e (cf. 23) *et in libro* de gente Pop. Rom. II *ap.* Aug. C. D. XVIII 15; *cf.* L. L. VI 52, VII 36, *qui loci, ut ad intellegenda Tertulliani verba satis apti, hic proponantur:* L. L. VI 52: A fando dictum Fatum et res Fatales. Ab hac eadem voce . . ., qui futura praedivinando soleant fari, Fatidici; dicti idem Vaticinari, quod vesana mente faciunt; sed de hoc post erit usurpandum, quom de poetis dicemus. Ib. VII 36: Fauni dei Latinorum, ita ut Faunus et Fauna; hos versibus, quos vocant Saturnios, in silvestribus locis traditum est solitos fari, (a) quo fando Faunos dictos. *Similia sed multo plura, quam quae his Varronis locis leguntur occurrunt ap.* Serv. gen. Aen. VII 47, Serv. interp. Aen. VIII 314, ge. I 10, Prob. pers. ge. I 10, *quae nescio an ad Labeonem referenda sint; nam Cincius quidem et Cassius (ap.* Serv. int. ge. I 10) *illum resipiunt. Quare quamquam ibi Varroniana non pauca inesse possunt, tamen certi quidquam affirmari vix nequit; sed loci digni videntur esse, qui exscribantur;* Serv. gen. Aen. VII 47: Quidam deus est Fatuclus; huius uxor est Fatua. Idem Faunus et eadem Fauna. Dicti autem sunt Faunus et Fauna a vaticinando i. e. a fando, unde et fatuos dicimus inconsiderate loquentes. Serv. interp. Aen. VIII 314: Faunus Pici filius dicitur, qui a fando, quod futura praediceret, Faunus appellatus est — Fauni filia —. Hos Faunos etiam Fatuos dicunt, quod per stuporem divina pronuntiant. Quidam Faunum appellatum volunt, quem nos propitium dicimus. Id. ge. I 10: Praesentia numina Fauni] praesentia: quoniam dicuntur usque ad ea tempora, quibus fuit Faunus, qui dictus est a fando, visa esse numina. Quidam Faunos putant dictos ab eo, quod frugibus faveant. Cincius et Cassius aiunt ab Euandro Faunum deum appellatum, ideoque aedes sacras, Faunas primo appellatas, postea fana dicta; et ex eo, qui futura praecinerent, Fanaticos dici. Prob. ge. I 10: Eundem Pana, eundem Inuum, eundem Faunum quidam interpretantur, quod in Italia quidam annuum sacrum celebrant, quidam menstruum. Existimatur autem fuisse Faunus rex Aboriginum, qui cives suos mitiorem vitam docuerit ritu ferarum viventes et aedificia quaedam lucosque sacraverit, a quo et fana sunt dicta: ipse autem receptus in deorum numerum creditur. Itaque et oraculum eius in Albunea Laurentinorum silva est. — *E* Serv. gen. ecl. II 31, *ut* Isidor. or. VIII 11, 81—83 *et* Serv. gen. Aen. VIII 601, *pendet* myth. Vat. III 8, 2, *nisi quod ad verba:* 'Pan deus est naturae et interpretatur omne' *adiungit:* ut dicit Varro, qui de deorum potestate tractat et naturis, *quod unde hauserit nescio; dubito num ei ulla fides habenda sit.*

16 *Vd. quaest. II p. 79 sqq. 81, quaest. IV p. 115 sq. Macrobium*

praecellebat, ut ne conversaretur quidem inter viros .... rubore insaniae paternae, quanto dignior Bona Dea Penelopa ..]

†16b Macr. Sat. I 12, 27: Fauna apud Graecos ἡ θεὸς γυναικεία dicitur, quam Varro Fauni filiam tradit adeo pudicam ut extra γυναικωνῖτιν numquam sit egressa nec nomen eius in publico fuerit auditum nec virum umquam viderit vel a viro visa sit, propter quod nec vir templum eius ingreditur.

†16c Lact. I. D. I 22, 9: Faunam Varro scribit tantae pudicitiae fuisse, ut nemo eam quoad vixerit praeter virum suum mas viderit nec nomen eius audierit.

17 *Tert. ad nat. II 9 p. 113, 6 sq.: Est et Sanctus propter hospitalitatem a rege T. Tatio fanum consecutus.

18a Aug. C. D. VI 7 p. 259, 1 sqq.: Herculis aedituus otiosus atque feriatus lusit tesseris secum utraque manu alternante, in una con-

Tert. 1 ruborae *A*
Macr. 3 Η *Gudianus*: *om. B*, O *P* 3 ΤΥΝΑΙΚΕΙΑ *B* 4 *** tradit *P* 4 ΤΥΝΑΙΚΩΝΙΤΙΝ *B* 6 uiderit nec *P*
Tert. 12 T. Tatio *Prellerus Röm. Myth. II³ p. 273, 4*: Plotio *A*
Aug. 13 hercolis *C*¹

et Lactantium ad eundem Varronis locum redire per se patet. — Cf. Macr. Sat. I 12, 24 sq.: Nec non eandem (sc. Bonam deam vel Faunam) Fauni filiam dicunt obstitisseque voluntati patris in amorem suum lapsi, ut et virga myrtea ab eo verberaretur, cum desiderio patris nec vino ab eodem pressa cessisset. Transfigurasse se tamen in serpentem pater creditur et coisse cum filia. Horum omnium haec proferuntur indicia; quod virgam myrteam in templo haberi nefas sit, quod super caput eius extendatur vitis, qua maxime eam pater decipere temptavit, quod vinum in templum eius non suo nomine soleat inferri, sed vas in quo vinum inditum est 'mellarium' nominetur et vinum 'lac' nuncupetur, serpentesque in templo eius nec terrentes nec timentes indifferenter appareant. *Quo de loco cf. quaest. IV p. 116. — Varroniana videntur inesse huic loco*: Serv. int. Aen. VIII 314: Faunus habuisse filiam dicitur †omam castitate et disciplinis omnibus eruditam, quam quidam quod nomine dici prohibitum fuerat, Bonam deam appellatam volunt. *De* Plutarchi *loco* Q. R. 20 *Varroni non tribuendo vd. PGlaesser de Varr. doctr. ap. Plut. vest. Leipz. Stud. 4 p. 168 sq. — Ad Varronis Rer. Hum., non Div., libros refero Prop. IV 9.*

17 *Vd. quaest. II p. 79 sqq. 81. De huius dei Sabina origine omnes veterum auctores inter se consentiunt; Sabinorum eum regem fuisse legitur etiam apud* Aug. C. D. XVIII 21 = Varro de gent. P. R. III fr. †3 *Kettn.*: Sabini etiam regem suum primum Sancum sive, ut aliqui appellant, Sanctum rettulerunt in deos; *cf.* Dion. Hal. II 49: Κάτων δὲ Πόρκιος τὸ μὲν ὄνομα τῷ Σαβίνων ἔθνει τεθῆναί φησιν ἐπὶ Σαβίνου τοῦ Σάγκου, δαίμονος ἐπιχωρίου. Aelius *ap.* Varr. L. L. V 66 Sancum *aequat cum* Dio Fidio et Hercule, Festus p. 229, 12 sqq. cum Hercule, p. 241, 2 *cum* Dio Fidio, Propertius IV 9, 73 sq. *cum* Hercule, Ovidius fast. VI 213 sqq. *cum* Semone et Fidio; *Varronem de hac re aliquid dixisse veri non dissimile est, sed quid dixerit, nescitur. — De 'hospitalitate' cf.* Fest. p. 229, 12: Propter viam fit sacrificium, quod est proficiscendi gratia, Herculi aut Sanco, qui scilicet idem est deus. — *De Sanci fano cf.* Ov. fast. VI 217 sq. *Prell.-Iord. Röm. Myth. II³ p. 274.*

18 *Vd. quaest. II p. 79 sq. — Cf.* Macr. Sat. I 10, 11—15:

stituens Herculem in altera se ipsum, sub ea condicione, ut si ipse vicisset, stipe templi sibi coenam pararet amicamque conduceret; si autem victoria Herculis fieret, hoc idem de pecunia sua voluptati Hercules exhiberet; deinde cum a se ipso tamquam ab Hercule victus esset, debitam cenam et nobilissimam meretricem L a r e n t i n a m deo Herculi dedit. At illa cum dormisset in templo, vidit in somnis Herculem sibi esse commixtum sibique dixisse, quod inde discedens, cui primum iuveni obvia fieret, apud illum esset inventura mercedem, quam sibi credere deberet ab Hercule persolutam. Ac sic abeunti, cum primus iuvenis ditissimus Tarutius occurrisset eamque dilectam secum diutius habuisset, illa herede defunctus est. Quae amplissimam adepta pecuniam ne divinae mercedi videretur ingrata, quod acceptissimum putavit esse numinibus, populum Romanum etiam ipsa scripsit heredem, atque illa non comparente inventum est testamentum; quibus meritis eam, ferunt etiam honores meruisse d i v i n o s.

---

1 hercolem C^1 5 larentinam *Cl*: laurentinam *A*   6 dormisset *Cl*: dormivisset *Dombartus*   8 obuiam *l*   10 tarucius *l*   11 heredefunctus *l*   14 ipsa, m *post* a *eras.*, *C*

Ferunt regnante Anco aedituum Herculis per ferias otiantem deum tesseris provocasse ipso utriusque manum tuente, adiecta condicione ut victus cena scortoque multaretur. Victore itaque Hercule illum Accam Larentiam nobilissimum id temporis scortum, intra aedem inclusisse cum cena eamque postero die distulisse rumorem, quod post concubitum dei accepisset munus, ne commodum primae occasionis cum se domum reciperet, offerendae aspernaretur. Evenisse itaque ut egressa templo mox a Carutio capto eius pulchritudine compellaretur. Cuius voluntatem secuta adsumptaque nuptiis post obitum viri omnium bonorum eius facta compos, cum decederet populum Romanum nuncupavit heredem. Et ideo ab Anco in Velabro loco celeberrimo urbis sepulta est ac sollemne sacrificium eidem constitutum, quo dis Manibus eius per flaminem sacrificaretur, Iovique feriae consecratae. P l u t. R o m. 5: (Ἑτέραν δὲ τιμῶϲι Λαρεντίαν ἐξ αἰτίαϲ τοιαύτηϲ.) Ὁ νεωκόροϲ τοῦ Ἡρακλέουϲ ἀλύων, ὡϲ ἔοικεν, ὑπὸ ϲχολῆϲ προὔθετο πρὸϲ τὸν θεὸν διακυβεύειν, ὑπειπών, ὅτι νικήϲαϲ μὲν αὐτὸϲ ἕξει τι παρὰ τοῦ θεοῦ χρηϲτόν, ἡττηθεὶϲ δὲ τῷ θεῷ τράπεζαν ἄφθονον παρέξει καὶ γυναῖκα καλὴν ϲυναναπαυϲομένην. Ἐπὶ τούτοιϲ τὰϲ μὲν ὑπὲρ τοῦ θεοῦ τιθείϲ, τὰϲ δ' ὑπὲρ αὑτοῦ ψήφουϲ ἀνεφάνη νικώμενοϲ. Εὐϲυνθετεῖν δὲ βουλόμενοϲ καὶ δικαιῶν ἐμμένειν τοῖϲ ὁριϲθεῖϲι, δεῖπνόν τε τῷ θεῷ παρεϲκεύαϲε καὶ τὴν Λαρεντίαν οὖϲαν ὡραίαν οὔπω δὲ ἐπιφανῆ μιϲθωϲάμενοϲ, εἱϲτίαϲεν ἐν τῷ ἱερῷ, κλίνην ὑποϲτορέϲαϲ καὶ μετὰ τὸ δεῖπνον ϲυνεῖρξεν, ὡϲ δὴ τοῦ θεοῦ ἕξοντοϲ αὐτήν. Καὶ μέντοι καὶ τὸν θεὸν ἐντυχεῖν λέγεται τῇ γυναικὶ καὶ κελεῦϲαι βαδίζειν ἕωθεν ἐπὶ τὴν ἀγορὰν καὶ τὸν ἀπαντήϲαντα πρῶτον ἀϲπαϲαμένην ποιεῖϲθαι φίλον. Ἀπήντηϲεν οὖν αὐτῇ τῶν πολιτῶν ἀνὴρ ἡλικίαϲ τε πόῤῥω ἥκων καὶ ϲυνειλοχὼϲ οὐϲίαν ἱκανήν, . . . ὄνομα Ταῤῥούτιοϲ. Οὗτοϲ ἔγνω τὴν Λαρεντίαν καὶ ἠγάπηϲε, καὶ τελευτῶν ἀπέλιπε κληρονόμον ἐπὶ πολλοῖϲ καὶ καλοῖϲ κτήμαϲιν, ὧν ἐκείνη τὰ πλεῖϲτα τῷ δήμῳ κατὰ διαθήκαϲ ἔδωκε. Λέγεται δὲ αὐτὴν ἔνδοξον οὖϲαν ἤδη καὶ θεοφιλῆ νομιζομένην ἀφανῆ γενέϲθαι περὶ τοῦτον τὸν τόπον ἐν ᾧ καὶ τὴν προτέραν ἐκείνην Λαρεντίαν κεῖϲθαι. Καλεῖται δὲ νῦν ὁ τόποϲ Βήλαυρον. P l u t. Q. R. 35: Ζάκορόϲ τιϲ Ἡρακλέουϲ, ὡϲ ἔοικεν, ἀπολαύων ϲχολῆϲ, ἔθοϲ εἶχεν ἐν πεττοῖϲ καὶ κύβοιϲ τὰ

18b Tert. ad. nat. II 10: Laren⟨tin⟩a scortum meritorium fuit, *sive dum Romuli nutrix ⟨et id⟩eo lupa quia scortum* sive dum Herculis amica est et ⟦iam mortui Her⟨culi⟩s id est iam dei.⟧ Nam ferunt aedituum eius solum forte in aede calculis lu⟨den⟩tem, ut sibi conlusorem, quem non habebat, repraesentaret, una manu ⟨Her⟩culis nomine, alia ex sua persona lusum inisse, si ipse vicisset, cenulam ⟨et sc⟩ortulum ex stipibus Herculis sumeret, si vero Hercules, id est manus al⟨tera⟩, eadem Herculi exhiberet. Vicit manus Herculis ... Aedituus cenam Herculi dependit, ⟨scortu⟩m Larentinam conducit; cenat ignis ... ⟨et om⟩nia ara consumpsit. Larentina in aede sola dormit: ⟦⟨mulier⟩ de lenonio ludo iactitat se somniis Herculi functam, et po⟨tuit, dum⟩ animo contemplatur, somnio pati⟧. Eam de aede progredi⟨entem⟩ mane primo quidam adulescens, Tarutius, alter quod aiunt Hercules, concupiscit, ad se ⟨invitat. Illa obsequitur, ⟦memor commodo fore⟩, id dictum sibi ab Hercule⟧, utique i⟨mpetrat, ut legitimo connubio commis⟩ceantur ...: ⟨coniux here⟩dem quoque scribit. Mox illa prop⟨e mortem populo Romano legavit, quem⟩ per Herculem fuerat insecuta, agrum ⟨satis amplum. Hinc quaesivit⟩ divinitatem ... divina Larentina.

Tert. 1 Larentina *Goth* meritorium *Rig*: meritorum *A* 2 et ideo *Goth* 4 edituum *A* aede *Goth*: ae *A* ludentem *Goth* 5 conlusorem *Goth*: conclusorem *A* 7 et scortulum *Goth*: et *lac.* 3 *litt.* rtulum *Goth** stipibus *Oehlerus*: stipitibus *A* 8 altera *Goth* 9 caenam *A* scortum *Goth* 10 et omnia *Oehlerus* 11 mulier *Goth*: et mulier *Oehlerus* 12 Herculi *Rig*: herculis *A* potuit, dum *Goth* 13 progredientem *Goth* 14 Tarutius alter *Zielinski quaest. com. p. 83*: tertius *A* 15 inuitat. illa obsequitur memor commodo fore *Oehlerus*: compellat: Larentia obsequitur, nempe *Goth* 16 impetrat, ut legitimo connubio *Oehlerus*: et legitimo connubio *Goth* commisceantur *Oehlerus*: centaur *A*, commiscentur *Goth* 17 coniux heredem *Oehlerus*: inde Larentinam et heredem *Goth* 17 *sq.* prope mortem populo Romano legavit quem *Oehlerus*: prope mortem populo Romano reliquit, quae *Goth* 18 *sq.*: satis amplum. hinc quaesivit *Oehlerus*: Turacem Semurium Lutirium Solinium. hinc quaesivit *Goth; nomina desumpsit e Macr. Sat. I 10, 16.*

πολλὰ διημερεύειν. Καί ποτε τῶν εἰωθότων παίζειν ϲὺν αὐτῷ καὶ μετέχειν τῆϲ τοιαύτηϲ διατριβῆϲ, κατὰ τύχην μηδενὸϲ παρόντοϲ, ἀδημονῶν, τὸν θεὸν προὐκαλεῖτο διαβαλέϲθαι τοῖϲ κύβοιϲ πρὸϲ αὐτὸν ὥϲπερ ἐπὶ ῥητοῖϲ, νικήϲαϲ μὲν εὑρέϲθαι τι παρὰ τοῦ θεοῦ χρηϲτόν, ἂν δὲ λειφθῇ, δεῖπνον αὐτὸϲ τῷ θεῷ παραϲχεῖν καὶ μείρακα καλὴν ϲυναναπαυϲομένην. Ἐκ τούτου δὲ τοὺϲ κύβουϲ προθέμενοϲ τὴν μὲν ὑπὲρ αὑτοῦ, τὴν δὲ ὑπὲρ τοῦ θεοῦ βαλὼν ἐλείφθη. Ταῖϲ οὖν προκλήϲεϲιν ἐμμένων τράπεζάν τε λαμπροτέραν παρεϲκεύαϲε τῷ θεῷ καὶ τὴν Λαρεντίαν παραλαβὼν ἐμφανῶϲ ἑταιροῦϲαν εἱϲτίαϲε καὶ κατέκλινεν ἐν τῷ ἱερῷ καὶ τὰϲ θύραϲ ἀπιὼν ἔκλειϲε. Λέγεται δὲ νύκτωρ ἐντυχεῖν αὐτῇ τὸν θεὸν οὐκ ἀνθρωπίνωϲ καὶ κελεῦϲαι βαδίζειν ἕωθεν εἰϲ ἀγοράν, ᾧ δ' ἂν ἐντύχῃ πρώτῳ, προϲέχειν μάλιϲτα καὶ ποιεῖϲθαι φίλον. Ἀναϲτᾶϲαν οὖν τὴν Λαρεντίαν βαδίζειν καὶ ϲυντυχεῖν τινι τῶν πλουϲίων ... ὄνομα Ταῤῥουντίῳ, γνωριϲθεῖϲαν δὲ τούτῳ καὶ ζῶντοϲ ἄρχειν τοῦ οἴκου καὶ κληρονομῆϲαι τελευτήϲαντοϲ. Ὕϲτερον δὲ χρόνοιϲ αὐτὴν τελευτῶϲαν τῇ πόλει τὴν οὐϲίαν ἀπολιπεῖν, διὸ τὰϲ τιμὰϲ ἔχειν ταύταϲ. *Quos locos, quamvis magna ex parte ad hunc Varronis locum redeant, tamen quoniam*

Arnob. IV 3 p. **143**, 13 sqq.: Quod abiectis infantibus (sc. Ro- † 19
mulo et Remo) pepercit lupa non mitis, Luperca dea est auctore appellata Varrone . . . *Praestana est dicta, quod Quirinus in iaculi missione cunctorum praestiterit viribus; et quod Tito Tatio, Capitolinum ut capiat collem, viam pandere atque aperire permissum est, dea Panda est appellata vel Pantica . . . ⟦Nisi Romulus tenuisset teli traiectione Palatium, nique Tarpeiam rupem rex Sabinus potuisset accipere, nulla esset Pantica, nulla Praestana esset*.⟧

Serv. int. Aen. VIII 564: Feroniam Varro Libertatem deam † 20
dicit, Feroniam quasi Fidoniam.

Charis. Inst. Gramm. I (K. G. L. I p. 147, 1 sq.). Varro 21
Antiquitatum rerum divinarum decimo quinto: Volgus rumorem.

Arnob. 5 ut *add. Sab.* capiat] caperet *Urs* 7 nique *Gel.*: neque *P* 8 Praestana esset *Salm*: praestana ẽ *P*

---

non modo in nominibus sed etiam in rebus aliquantum ab Augustino et Tertulliano differunt, in fragmentis collocare nolui. De re cf. Mommsen Röm. Forsch. II p. 1 sqq., Zielinski Quaest. com. cap. VI Petrop. 1881, E Baehrens N. Jahrb. f. Phil. 1885 CXXXI p. 777 sqq. Glaesser Varr. doct. ap. Plut. vest. Leipz. Stud. IV p. 200 sqq. E Tertulliano conclusi Varronem praeter propriam suam de Larentina sententiam et alteram illam praebuisse, secundum quam eam Romuli nutricem fuisse putabatur, neque tamen huc referenda esse censeo ea, quae de hac re leguntur ap. Plut. Rom. 4: Εἶναι δὲ τοιαύτην τὴν Φαυστύλου γυναῖκα *eqs. et* Quaest. Rom. 35: Ἄλλην γὰρ εἶναι Λαρεντίαν Ἄκκαν ἱστοροῦσι *eqs.*

19 *Vd. quaest. IV p. 123*, R. D. I fr. 36 *adn. Cf.* Varr. de vita P. R. I *ap.* Non. **44**, 7 sqq.: Hanc deam (*sc.* Pandam) Aelius putat esse Cererem; sed quod in asylum qui confugissent, panis ⟨īs⟩ daretur, esse nomen fictum a pane dando⟨, et quod nunquam fanum talibus clauderetur⟩ (dictum) pandere, quod est aperire. *Verba uncis* ⟨⟩ *inclusa rectissime L Müller e Nonianae adnotationis priore parte remota alteri parti tribuit.*

20 *Fortasse ad Varronem etiam priora Commentatoris redeunt verba*: In Feroniae templo Tarracinae sedile lapideum fuit, in quo hic versus incisus erat 'bene meriti sedeant, surgant liberi.' — *Ceterum haec Varronem etiam alibi dixisse posse non nego.*

M. Terenti Varronis Antiquitatum Rerum Divinarum Liber XVI
De Diis Praecipuis atque Selectis.

1 Aug. C. D. VII 2 p. 274, 8 sqq.: Hos deos selectos Varro unius libri contextione commendat: Ianum, Iovem, Saturnum, Genium, Mercurium, Apollinem, Martem, Vulcanum, Neptunum, Solem, Orcum, Liberum patrem; Tellurem, Cererem, Iunonem, Lunam, Dianam, Minervam, Venerem, Vestam. In quibus omnibus ferme viginti duodecim mares, octo sunt feminae.

2 Aug. C. D. VII 5 p. 281, 13 sqq.: De naturali (sc. theologia) paucissima praeloquitur (sc. Varro) in hoc libro, quem de diis selectis ultimum scripsit; ⟦in quo videbimus, utrum per interpretationes physiologicas ad hanc naturalem possit referre civilem⟧. Cf. C. D. VII 27 p. 309, 12 sqq.: ⟦Ipsas physiologias cum considero, quibus docti et acuti homines has res humanas conantur vertere in res divinas . . .⟧ C. D. VII 33 p. 316, 12 sqq.: Deorum selectorum sacra Varro dum quasi ad naturales rationes referre conatur . . .

3 Aug. C. D. VII 6 p. 281, 31 sqq.: Dicit idem Varro . . . de naturali theologia praeloquens deum se arbitrari esse animam mundi, quem Graeci vocant κόσμον, et hunc ipsum mundum esse deum; sed sicut hominem sapientem, cum sit ex corpore et animo, tamen ab animo dici sapientem: ita mundum deum dici ab animo, cum sit ex animo et corpore. ⟦Hic videtur quoquomodo unum confiteri deum, sed ut plures etiam introducat, adiungit⟧ mundum dividi in duas partes, caelum et terram, et caelum bifariam in aethera et aera,

---

Aug. 8 sqq. in hoc libro — civilem *Dombartus*: in hoc libro; videbimus in quo — civilem, quam diis selectis ultimam scripsit *Cl cett. codd.* 10 possit ad hanc naturalem *C* 17 chosmon 1

Tit.: Aug. C. D. VI 3 (= Varr. R. D. I fr. 5): Sunt autem omnes rerum divinarum libri sedecim . . . In tribus, qui restant, dii ipsi sequuntur . . . in tertio dii praecipui atque selecti. C. D. VII 1 p. 273, 14 sqq.: Fieri enim potest, ut saltem deos selectos atque praecipuos, quos Varro volumine complexus est ultimo . . . *Cf. R. D. XVI fr. 2. 17.*

2 *Vd. quaest. I p. 24 sq. II 76. Huius Varronis loci Augustinum meminisse apparet, cum scriberet* Contr. Faust. Man. XII 40: Nec Pagani nobis in hoc obstrepunt, cum fabulas suas, ut aliquo modo commendent, ad nescio quas physiologias vel theologias, id est rationes naturales vel divinas referre conentur.

3 *Vd. quaest. I p. 25. 35. De divisione mundi cf.* Varr. L. L. V 16; *de re cf.* Cic. N. D. II 15, 42; Stob. ecl. I 1 (= Aet. plac. I 7, 30 *Diels. dox.* p. 304, 1 sqq.) *alios; de Laribus cf.* Varr. R. D. XV fr. 8, *de geniis* Varr. R. D. XVI fr. 4.

terram vero in aquam et humum; e quibus summum esse aethera, secundum aera, tertiam aquam, infimam terram. Quas omnes partes quattuor animarum esse plenas, in aethere et aere inmortalium, in aqua et terra mortalium: ab summo autem circuitu caeli ad circulum lunae aetherias animas esse astra ac stellas, eos caelestes deos non modo intellegi esse, sed etiam videri; inter lunae vero gyrum et nimborum ac ventorum cacumina aerias esse animas, sed eas animo, non oculis, videri et vocari heroas et lares et genios. *Priora verba repetit* C. D. VII 9 p. 286, 20 sqq. *et ad haec adludit* C. D. VII 29 p. 312, 15 sqq.: ⟦Nos Deum colimus, non caelum et terram, quibus duabus partibus mundus hic constat⟧ (*cf.* fr. 4); C. D. VIII 1 p. 321, 9—16: Varro totam theologian naturalem usque ad mundum istum vel animam eius extendere potuit, ⟦isti vero (sc. Platonici) . . . confitentur Deum, qui non solum mundum istum visibilem, qui saepe caeli et terrae nomine nuncupatur . . .⟧ (*cf.* fr. 4); *item* de gen. ad. litt. III 9, 13 sq.: ⟦Nec ignoro quosdam philosophos sua cuiusque elementi distribuisse animalia ut terrena esse dicerent, non tantum quae in terra repunt atque gradiuntur, sed aves etiam quod et ipsae in terra requiescant volando fatigatae: aeria vero animalia daemones, coelestia deos . . . Iidem tamen aquis pisces et sui generis belluas attribuunt, ut nullum elementum suis animalibus vacet . . . Etsi daemones aeria sunt animalia, quoniam corporum aeriorum natura vigent, et propterea morte non dissolvuntur, quia praevalet in eis elementum, quod ad faciendum quam ad patiendum est aptius.⟧ Ib. VII 4, 6: ⟦Si ergo Deum diceremus tanquam corporei huius mundi animam, cui mundus ipse esset tanquam corpus unius animantis . . .⟧ Ib. VII 12, 19: ⟦Unde supra diximus . . . si animam mundi tanquam unius maximi animantis Deum crederemus . . .⟧ Id. de ver. rel. 2, 2: ⟦Simul et illos, qui mundum istum visibilem summum Deum opinabantur . . . .: unum Deum quaererent . . ., a quo omnem animam et totum istum mundum fabricatum esse constaret.⟧ Ib. 54, 109: ⟦Non sit nobis religio terrarum cultus et aquarum, quia istis purior et lucidior est aer etiam caliginosus, quem tamen colere non debemus. Non sit nobis religio etiam purioris aeris et serenioris cultus, . . . et purior illo est fulgor ignis etiam huius, quem tamen . . . colere utique non debemus. Non sit nobis religio cultus corporum aethereorum atque coelestium, quae quamvis ceteris corporibus recte praeponantur, melior tamen ipsis est quaecunque vita⟧ (*quae sequuntur invenies in fragmento 4*); De doctr. Christ. I 1, 7: ⟦Illi, qui dediti sunt corporis sensibus, aut ipsum coelum aut quod in coelo fulgentissimum vident, aut ipsum mundum deum deorum esse arbitrantur⟧ *cf.* fr. 4. *Adludit etiam*

---

1 sq. terram — aethera, *man. 2 in marg., l* 4 ∵ad, ∵usq; *man. 2 in marg., C* 5 *et* 7 aetherias . . . aerias Cl AKF: aethereas . . . aereas *ed. Par. Duebn.*

Seneca ap. Aug. C. D. VI 10 p. 267, 20 sqq., *cum ait:* ⟦Hoc loco dicit aliquis: Credo ego caelum et terram deos esse et supra lunam alios, infra alios?⟧

4 Aug. C. D. VII 23 p. 301, 22 sqq.: Idem Varro in eodem de diis selectis libro tres esse adfirmat animae gradus in omni universaque natura: unum, qui omnes partes corporis, quae vivunt, transit et non habet sensum, sed tantum ad vivendum valetudinem; hanc vim in nostro corpore permanare dicit in ossa ungues capillos; sicut in mundo arbores sine sensu aluntur et crescunt et modo quodam suo vivunt. Secundum gradum animae, in quo sensus est; hanc vim pervenire in oculos aures nares os tactum. Tertium gradum esse animae summum, quod vocatur animus, in quo intellegentia praeminet; hoc praeter hominem omnes carere mortales. Hanc partem animae mundi dicit deum, in nobis autem genium vocari. Esse autem in mundo lapides ac terram, quam videmus, quo non permanat sensus, ut ossa, ut ungues dei. Solem vero lunam stellas, quae sentimus quibusque ipse sentit, sensus esse eius, aethera porro animum eius; cuius vim, quae pervenit in astra, ea quoque facere deos, et per ea quod in terram permanat, deam Tellurem; quod autem inde permanat in mare atque Oceanum, deum esse Neptunum. *Cf.* C. D. VII 22 p. 300, 26 sq. VII 23, p. 301, 16 sq. C. D. VII 13, p. 291, 7 sqq.: Alio loco *(sc. atque huius libri fr. 29)* genium dicit (*sc.* Varro) esse uniuscuiusque animum rationalem et ideo esse singulos singulorum, talem autem mundi animum deum esse: ad hoc utique revocat, ut tamquam universalis genius ipse mundi animus esse credatur. C. D. VII 17 p. 296, 4 sqq.: Sciebat (sc. Varro) esse mundum, esse caelum et terram *(vd. fr. 3)*, caelum sideribus fulgidum, terram seminibus fertilem atque huiusmodi cetera; sicut hanc totam molem atque naturam vi quadam invisibili ac praepotenti regi atque administrari certa animi stabilitate credebat . . . C. D. VII 30 p. 312, 31 sq.: ⟦Nos illum Deum colimus, . . . qui rationalem animam, quod dicitur animus, quibus voluit viventibus indidit⟧. — *Ad hunc locum adludit* Aug. de vera rel. 54, 109 sq. (*cf. fr. 3*): ⟦Quapropter si animalia sunt (sc. corpora aetherea), melior est

---

6 qui] quod *Cl* 8 permanere *l*[1] 16 *alterum* ut, *man. 1 supr. lin., C* 16 dei *om. C* 18 animum eius; cuius *Dombartus*: animum et cuius *CA*, animum cuius *l*, animum eius *K*[1], animum e cuius *K*[2] vim *Dombartus*: ui *Cl AK*[2] *F, om. K*[1] ea quoque *Dombartus*: eam quoque Cl AKF 19 per eam *l* 23 rationalem, *man. 2 in marg., l* 27 esse *ante* mundum *om. l* 29 ui] ut *C*

---

4 *Vd. quaest. I p. 25 sqq. Cf.* R. D. I fr. 13 sqq. 25. *Comparandus est etiam locus* Varr. L. L. V 80—105 (*non una* § 102, *ut Schwarzius vult*): 80—94 de hominibus, 95—101 de pecore, 102—104 de animalibus, quae vivere dicuntur neque habere animam, ut virguita, 104 *sq.* de eis, quae manu facta sunt. — *Eadem docet* Posidonius *ap.* Diog. Laert. VII 138; Cic. N. D. II 12, 33; *vd. quaest. III p. 89.*

quaevis anima per se ipsam, quam corpus quodlibet animatum. Non sit nobis religio cultus illius vitae, qua dicuntur arbores vivere, quoniam nullus sensus in ea est; et ex eo genere est ista, qua nostri etiam corporis numerositas agitur, qua etiam capilli et ossa vivunt, quae sine sensu praeciduntur; hac autem melior est vita sentiens, et tamen vitam bestiarum colere non debemus. Non sit nobis religio vel ipsa perfecta et sapiens anima rationalis, sive in ministerio universitatis, sive in ministerio partium stabilitate, sive quae in summis hominibus expectat commutationem reformationemque portionis suae⟧; de doctr. Christ. I 1, 8 *(cf. fr. 3)*: ⟦Ipsam vitam pergunt inspicere et si eam sine sensu vegetantem invenerint, qualis est arborum, praeponunt eis sentientem, qualis est pecorum, et huic rursus intellegentem, qualis est hominum⟧; c. Faust. Man. XXII 19: ⟦Pagani Dei providentia istam universitatem regi et administrari a summis usque ad ima concedunt⟧; ib. XX 5: ⟦Coelum et terra, mare et aer, sol et luna, et caetera sidera, omnia haec manifesta oculis apparent, atque ipsis sensibus praesto sunt. Quae cum pagani tamquam deos colunt, vel tanquam partes unius magni dei; nam universum mundum quidam eorum putant maximum deum: ea colunt, quae sunt⟧; de trin. VIII 7, 11: ⟦Quapropter qui quaerunt Deum per istas potestates, quae mundo praesunt vel partibus mundi ...⟧; ib. XV 1, 1: ⟦Iam pervenimus ad eius (sc. Creatoris) imaginem, quod est homo, in eo, quo caeteris animalibus antecellit, id est ratione vel intellegentia, et quidquid aliud de anima rationali vel intellectuali dici potest, quod pertineat ad eam rem, quae mens vocatur vel animus, quo nomine nonnulli auctores linguae latinae id, quod excellit in homine et non est in pecore, ab anima, quae inest et pecori, suo quodam loquendi more distinguunt⟧; ib. XV 5, 7: ⟦Haec autem vita (sc. Dei) non talis est, qualis inest arbori, ubi nullus est intellectus, nullus est sensus. Nec talis, qualis inest pecori: habet enim vita pecoris sensum quinquepartitum, sed intellectum habet nullum. At illa vita, quae Deus est, sentit atque intellegit omnia, et sentit mente, non corpore, quia spiritus est Deus. Non autem sicut animalia, quae habent corpora, per corpus sentit Deus; non enim ex anima constat et corpore.⟧

Mythogr. Vat. III p. 162: Varro dicit, quod unus idemque †5
sit homo, a corpore tamen homo, ab anima sapiens dicitur. Ita ergo deus, cum unus idemque sit, in multis tamen per dispensationem sive diversitatem censetur vocabulis.

Aug. C. D. VII 5 p. 280, 9 sqq.: Varro dicit antiquos simu- 6
lacra deorum et insignia ornatusque finxisse, quae cum oculis animad-

---

5 *Mythographo, quamvis unde hauserit nesciatur, tamen fidem non abrogandam esse ex fragmentis* 3 *et* 4 *apparet.*

6 *Vd. quaest. I p. 25.* *Cf.* R. D. I *fr.* 59; Plut. ep. I 7 (= Aet. plac. I 6, 16 *Diels. dox.* p. 297[a], 3 sqq.).

vertissent hi, qui adissent doctrinae mysteria, possent animam mundi ac partes eius, id est veros deos, animo videre; quorum qui simulacra specie hominis fecerunt, hoc videri secutos, quod mortalium animus, qui est in corpore humano, simillimus est inmortalis animi; tamquam si vasa ponerentur causa notandorum deorum et in Liberi aede oenophorum sisteretur, quod significaret vinum, per id quod continet id quod continetur: ita per simulacrum, quod formam haberet humanam, significari animam rationalem, quod eo velut vase natura ista soleat contineri, cuius naturae deum volunt esse vel deos. C. D. VII 5 p. 281, 9 sqq.: Fatetur interim vir iste doctissimus animam mundi ac partes eius esse veros deos. C. D. VII 7 p. 286, 13 sq.: Deos veros animam mundi ac partes eius iste definivit. — *Hanc Varronis doctrinam cavillatur* Aug. Enarr. Psalm. XCVI 11: ⟦Sed existit nescio quis disputator, qui doctus sibi videbatur, et ait, non ego illum lapidem colo nec illud simulacrum, quod est sine sensu . . . sed adoro quod video et servio ei quem non video. Quis est iste? Numen quoddam invisibile, quod praesidet illi simulacro⟧; Enarr. Psalm. CXIII 4: ⟦Videntur autem sibi purgatioris esse religionis, qui dicunt nec simulacrum nec daemonium colo, sed per effigiem corporalem eius rei signum intueor, quam colere debeo. Ita vero interpretantur simulacra, ut alio dicant significari terram, unde templum solent appellare Telluris, alio mare sicut Neptuni simulacro, alio aerem sicut Iunonis, alio ignem sicut Vulcani, alio Luciferum sicut Veneris, alio solem, alio lunam, quorum simulacris eadem nomina sicut Telluris imponunt. De quibus rursus, cum exagitari coeperint, quod corpora colant, maximeque terram et mare et aerem et ignem . . . respondere audent non se ipsa corpora colere, sed quae illis regendis praesident numina⟧; De doctr. Christ. III 7, 11: ⟦Et si quando aliqui eorum illa tamquam signa interpretari conabantur, ad creaturam colendam venerandamque referebant. Quid enim mihi prodest simulacrum Neptuni non ipsum habendum deum, sed eo significari universum mare vel etiam omnes aquas ceteras, quae fontibus proruunt?⟧

7 Aug. C. D. VII 17 p. 295, 22 sqq.: In tertio porro isto de diis selectis (sc. libro) posteaquam praelocutus est, quod ex naturali theologia praeloquendum putavit, ⟦ingressurus huius civilis theologiae vanitates . .;⟧ de diis, inquit (sc. Varro), populi Romani publicis, quibus aedes dedicaverunt eosque pluribus signis ornatos notaverunt, in hoc libro scribam, sed, ut

---

1 hi qui adissent, *man. 1 sup. lin. C* 2 ac *om. C* qui C^1: que C^2 5 si *om. l* libri *l* 6 ae deo enophorum *l*: otenophoram C^1, amphora *corr.* C^2 8 rationabilem *l* eo] eum *C* 11 *sq.* animam mundi, 'am' *man. 1 sup. lin., C* 36 theologiae *l*

---

7 *De Xenophanis loco vd.* Sext. Emp. adv. Math. VIII 326, *Mullach. fragm. phil.* p. 103, 14; *cf.* Galen. hist. phil. 3. 7.

Xenophanes Colophonius scribit, quid putem, non quid contendam, ponam. Hominis est enim haec opinari, dei scire.

Varro R. D. XVI fr. 43 ap. Aug. C. D. VII 28 p. 310, 30 sqq.: 8a
Varro inquit: Ut in superioribus initium fecimus a caelo, cum diximus de **Iano,** quem alii caelum, alii dixerunt esse mundum.

Aug. C. D. VII 7 p. 282, 26 sq.: Ianus igitur, a quo sumpsit 8b
(sc. Varro) exordium, ⟦quaero quisnam sit. Respondetur⟧: Mundus est. Id. C. D. VII 9 p. 286, 13; VII 10 in. VII 17 p. 296, 9.

Aug. C. D. VII 7 p. 282, 28 sqq.: Ad Ianum dicuntur rerum 9
initia pertinere, fines vero ad alterum, quem Terminum vocant. Nam propter initia et fines duobus istis diis duos menses perhibent dedicatos praeter illos decem, quibus usque ad Decembrem caput est Martius, Ianuarium Iano, Februarium Termino. Ideo Terminalia eodem mense Februario celebrari dicunt, cum fit sacrum purgatorium, quod vocant Februm; unde mensis nomen accepit. Ibid. p. 283, 18 sq., VII 9 p. 285, 25 sq. Id. C. D. VII 30 p. 312, 28 sqq.: ⟦Illum Deum colimus, qui naturis ... et subsistendi et movendi initia finesque constituit.⟧

Aug. C. D. VII 8 p. 283, 32 sqq.: Sed iam bifrontis (*sc.* Iani) 10
simulacri interpretatio proferatur. Duas eum (sc. Ianum) facies ante et retro habere dicunt, quod hiatus noster, cum os aperimus, mundo similis videatur; unde et palatum Graeci οὐρανὸν appellant, et 'nonnulli', inquit (sc. Varro) 'poetae Latini caelum vocaverunt palatum, a quo hiatu oris et foras esse aditum ad dentes versus et introrsus ad fauces'. Cf. Aug. C. D. VII 4 p. 279, 30 sqq.

---

1 colophonius *Cl*: Colophonios *F Dombartus* scribit *Cl*: scripsit *Dombartus* 2 est enim *C*: enim est *l* 11 fînis *C* 13 decem, *alt.* e *man. 2 in* j *mut.*, *C* 14 febroarium *l* 15 febroario l^1 16 februm *Cl AKF*; februum *ed. Par. Duebn.* 23 oranon $C^1 l$

---

8 *Qua de causa Preller (R. M. I*[3] *35, 2) apud* Augustinum C. D. VII 28 'Iove' *pro* 'Iano' *legerit*, *nescio.* — *De Tertulliani loco* ad nat. II 12 p. 119, 4 (= ap. 10 p. 155): 'Iano sive Iane, ut salii vocant' *vd. quaest. II p. 54.* — *De caelo vel mundo cf.* Prob. Verg. ecl. VI 31 p. 18, 2 *Keil*: Caelum pro igni ..., quem eundem mundum et κόϲμον dictum probat Varro in cynicis, quam inscripsit Dolium aut seria *eqs. Unde profecta sint, quae de Iano* Macrobius Sat. I 9, 2—18, Arnobius III 29, Serv. interp. Aen. VII 610, Laur. Lyd. de mens. IV 1 sqq. p. 50, 12 sqq. *e* Cornelio Labeone *referunt, exposui quaest. IV p. 117 sqq.* — Isidorus *quod* or. VIII 11, 37 *in. praebet:* Ianum dicunt quasi mundi vel coeli vel mensium ianuam, *nescio unde hauserit, cetera desumpsit ex* Aug. C. D. VII 8; *ex* Isid. l. l. *et* V 33, 3 sqq. *pendet* Plac. libr. Rom. p. 26, 15—17.

9 *De Ianuario et Februario cf.* Varr. L. L. VI 34. 13; Rer. Hum. lib. XVII (fr. 1 Mirsch.) *ap.* Cens. d. d. n. XXII 13.

10. 11 *Vd. quaest. I p. 27 sq.* *Cf.* Cic. N. D. II 18, 49: Caeli palatum, ut ait Ennius, *ubi Schoemannus adnotat*: Auch das griechische οὐρανόϲ bedeutet Gaumen und Himmel, und dieselbe Homonymie

11 *Aug. C. D. VII 8 p. 284, 20 sqq.: ⟦. . . . aut si propterea verum est (sc. simulacrum Iani bifrontis), quia etiam nomine Orientis et Occidentis totus solet mundus intellegi . . .⟧

12 Aug. C. D. VII 8 p. 284, 15 sqq.: Cum vero eum faciunt quadrifrontem et Ianum geminum appellant, ad quattuor mundi partes hoc interpretantur. Cf. Aug. C. D. VII 4 p. 279, 30 sqq.

13 Aug. C. D. VII 8 p. 284, 25 sqq.: ⟦Non habent omnino, unde quattuor ianuas, quae intrantibus et exeuntibus pateant, interpretentur ad mundi similitudinem, sicut de bifronte (*sc.* Iano) quod dicerent saltem in ore hominis invenerunt, nisi Neptunus forte subveniat et porrigat piscem, cui praeter hiatum oris et gutturis etiam dextra et sinistra fauces patent.⟧

14 Aug. C. D. VII 9 p. 285, 6 sqq.: ⟦**Iovem** autem, qui etiam Iuppiter dicitur, quem velint intellegi, exponant.⟧ 'Deus est', inquiunt, 'habens potestatem causarum, quibus aliquid fit in mundo'. Ib. p. 285, 29 sqq.: Hunc sane deum, penes quem sunt omnes causae factarum omnium naturarum naturaliumque rerum, si Iovem populi appellant ... Ib. p. 286, 7 sqq.: ... quam istum deum dicere tonantem (*cf. fr. 18*) ... et totum mundum regentem (*cf. fr. 15*), et naturarum omnium naturaliumque rerum causas summas habentem. Aug. C. D. VII 30 p. 312, 30 sq.: ⟦Illum deum colimus⟧ qui rerum causas habet. Ib. p. 313, 15 sq.: ... qui causas ... principales ... habet.

15 Aug. C. D. VII 9 p. 285, 11 sqq.: ⟦Cur Iovi praeponitur Ianus? hoc nobis vir ille acutissimus doctissimusque respondeat.⟧ 'Quoniam penes Ianum', inquit, 'sunt prima, penes Iovem summa. Merito ergo rex omnium Iuppiter habetur. Prima enim vincuntur a summis, quia, licet prima praecedant tempore, summa superant dignitate'.

16 Aug. C. D. VII 10 p. 287, 16 sqq.: ⟦Cum et Ianus mundus sit et Iuppiter mundus sit unusque sit mundus, quare duo dii sunt Ianus et Iuppiter? Quare seorsus habent templa, seorsus aras, diversa

---

9 bifronte *Cl A*: bifronti *KF* 14 vellent *C*[1] 20 naturarum *Cl* naturam *Dombartus* 32 seorsum *(bis) l* habent templa seorsus *man. 1 sup. lin. C*

---

findet sich auch in anderen Sprachen, wie J. Grimm bemerkt in Haupts Zeitschr. f. deutsche Alterthum. VI p. 541. — *Alteram Iani bifrontis interpretationem praebent praeter alios* Ov. fast. I 137 sq., *et, cum aliis coniunctam,* Macrobius, Arnobius, Serv. interp. *locis in adn. 8 citatis; cf. etiam* Serv. int. Aen. I 294, Serv. gen. Aen. I 291, Aen. XII 198.

12. 13 *Vd. quaest. I p. 27 sq. Eandem quadrifrontis Iani interpretationem praeter alias praebet* Serv. interp. Aen. VII 610 (*cf.* adn. 8), *aliae leguntur ap.* Macr. l. l., Serv. gen. Aen. VII 607.

14. 15 *Cf.* R. D. I fr. 56—58.

16 *Vd. quaest. I p. 28. 22.*

sacra, dissimilia simulacra? Si propterea, quod alia vis est primordiorum, alia causarum, et illa Iani, illa Iovis nomen accepit ...⟧ C. D. VII 11 p. 288, 16 sqq.: ⟦Puto inter se propinquiora esse causas rerum atque primordia, propter quas res unum mundum duos deos esse voluerunt Iovem atque Ianum ...⟧

Aug. C. D. VII 16 p. 294, 31: Mundus ... Iuppiter et ... 17
*caelum Iuppiter. Id. C. D. VII 19 p. 298, 10: *Caelum esse Iovem innumerabiliter et diligenter adfirmant.

Aug. C. D. VII 11 p. 288, 4 sqq.: Dixerunt Iovem Victorem, 18
Invictum, Opitulum, Inpulsorem, Statorem, Centumpedam, Supinalem, Tigillum, Almum, Ruminum ⟦et alia quae persequi longum est. Haec autem cognomina inposuerunt uni deo propter causas potestatesque diversas ....⟧ quod omnia vinceret, quod a nemine vinceretur, quod opem indigentibus ferret, quod haberet inpellendi, statuendi, stabiliendi, resupinandi potestatem, quod tamquam tigillus mundum contineret ac sustineret, quod aleret omnia, quod ruma, id est mamma, aleret animalia. Cf. C. D. VII 14 p. 291, 28 sqq.

Aug. C. D. VII 12 p. 289, 20 sq.: 'Et Pecunia', inquit (sc. 19
Varro), 'vocatur (sc. Iuppiter) quod eius sunt omnia'. Cf. C. D. VII 11 sub fin., p. 289, 11 sqq.: ⟦nisi et inter eius (sc. Iovis) alia cognomina legerem⟧, quod etiam Pecunia vocaretur.

Aug. C. D. VII 13 p. 290, 28 sq.: Quid est **Saturnus**? 'Unus', 20 a
inquit (sc. Varro), 'de principibus deus, penes quem sationum omnium dominatus est'. Id. C. D. VII 15 p. 292, 29 sq.: Saturno dant non parvam substantiam, omnium videlicet seminum. C. D. VII 30 p. 312, 31.

---

1 dissi milia, 'dissi' *man. 1 (?) in ras., C* 10 inpultorem C[1]: inpulttorem l 11 almū, *man. 2 in marg., C* 15 resupinandi, *man. 1 sup. lin., C* 15 tigellus *C* 16 quod ruma] quorum ma *l* 19 nomina *l* 23 princibus *C* 23 omnium, *man. 1 sup. lin., C*

---

17 *Vd. quaest. I p. 28*; *cf.* R. D. XV fr. 3.

18 *De Iovis cognominibus vd. Preller I*[3] *p. 188 sqq., Wissow. ap. Marquardt., Röm. Staatsverw. p. 23, 1.*

19 *De dea Pecunia vd.* R. D. XIV fr. 98.

20 *Vd. quaest. II p. 82 quaest. IV p. 115. Cf.* Varr. R. D. XIV fr. 60; L. L. V 57: Principes dei Caelum et Terra ... Idem principes in Latio Saturnus et Ops. Ib. V 63 sq.: Poetae de caelo quod semen igneum cecidisse dicunt in mare *eqs.* Quare quod caelum principium, ab satu est dictus Saturnus ... Terra Ops, quod hic omne opus et hac opus ad vivendum; ideo dicitur Ops mater quia terra mater. — *Varroniana nonnulla per Labeonem accepisse videtur* Arnobius III 29: Si tempus significatur hoc nomine, Graecorum ut interpretes autumant, ut quod χρόνος est habeatur Κρόνος, nullum est Saturni nomen (*cf.* fr. 27). Ita ex ordine tolletur et iste caelestium, quem Caelo esse edito patre, magnorum esse procreatorem (*cf.* fr. 21[b]) deorum, vitisatorem falciferum vetustas edidit prisca et minorum transmisit aetati. *Ultima verba docent Arnobium ex ipso Varrone non hausisse, atque 'vitisator' illud et 'falcifer' profecto e* Verg. Aen. VII 179 *prodiit,*

20b *Tert. ad nat. II 12 p. 118, 10 sqq.: Latini vocabuli a sationibus rationem ⟨deducunt⟩, qui eum procreatorem coniectantur, per eum seminalia caeli ⟨in terram⟩ deferri. Opem adiungunt, quod opem vivendi semina confe⟨rant, tum et⟩ quod opere semina evadant.

20c *Macr. Sat. I 10, 20: Saturnum et Opem etiam nonnullis caelum ac terram esse persuasum est, Saturnumque a satu dictum, cuius causa de caelo est, et terram Opem, cuius ope humanae vitae alimenta quaeruntur, vel ab opere per quod fructus frugesque nascuntur.

21 Aug. C. D. VII 18 p. 296, 24 sqq.: Iste (sc. Varro) interpretatur ideo Saturnum patrem a Iove filio superatum, quod ante est causa, quae pertinet ad Iovem, quam semen, quod pertinet ad Saturnum. *Ad haec adludit* Aug. C. D. VII 17 p. 296, 10 sq.: Non potuit (sc. Varro) . . . de Saturno invenire, quomodo et Iovis pater esset et Iovi regnanti subditus factus esset.

22 Aug. C. D. VII 19 p. 297, 4 sqq.: 'Saturnum', inquit (sc. Varro), 'dixerunt, quae nata ex eo essent, solitum devorare, quod eo semina, unde nascerentur, redirent. Et quod illi pro Iove gleba obiecta est devoranda, significat', inquit, 'manibus humanis obrui coeptas serendo fruges, antequam utilitas arandi esset inventa'. Id. C. D. VI 8, p. 261, 24 sqq.: Saturnum suos filios devorasse . . . opinatur Varro, quod pertineat Saturnus ad semina, quae in terram, de qua oriuntur, iterum recidunt. Cf. C. D. VII 26 p. 307, 28 sqq.

Tert. 2 deducunt *Goth* 3 celi *A* in terram *Goth* 4 conferant, tum et *Goth*: confe *lac. 7 litt. A*, confe *lac. 6 litt.* et *Goth**; conferant uel et *Hartelius patr. Stud. III p. 60*

Macr. 7 persuasum est *(P):* persuasum esse *ed. Eyssenhardt* 9 opere ** *p*

Aug. 13 quam] quem l^1 18 quid dixerint *l* 24 rec///idunt, c *eras, l*: recidunt C^1, recidant C^2

---

quod recte monuit Schwarz l. l. p. 482 adn. 10^c. *Cetera quoque satis nota sunt; quam ob rem ea in fragmentis ponere nolui. — De Saturno et Ope simillima leguntur apud Verrium, vd.* Fest. p. 325, 8 sqq.: Is culturae agrorum praesidere videtur, quo etiam falx est ei insigne (*cf.* fr. 23) . . . qui deus in saliaribus Saeturnus *(?)* nominatur videlicet a sationibus; Fest. p. 186, 19 sqq.: Opima spolia dicuntur originem quidem trahentia ab Ope Saturni uxore, quod ipse agrorum cultor habetur, nominatus a satu tenensque falcem effingitur (*cf.* fr. 23) quae est insigne agricolae. Itaque illa quoque cognominatur Consiva et esse existimatur terra. Ideoque in Regia colitur a populo Romano, quia omnes opes humano generi terra tribuat. *Samter, quaest. Varr. p. 7 sq. non sine ulla veritatis specie coniecit haec Verrium Varroni debere; sed dubito equidem, num antiquarius doctissimus, ut haec doceret, certum fontem adire opus habuerit; et si quem fontem adiit, de Rer. Div. opere nihil constat. —* Isidorus *quae* or. VIII 11, 30—33 *refert, partim ex* Aug. C. D. VII 18. 19, *partim e* Tert. ad nat. II 12, *partim e* Serv. gen. Aen. III 104 *sumpsit.*

Aug. C. D. VII 19 p. 297, 21 sqq.: 'Falcem habet', inquit 23
(*sc.* Varro), 'propter agriculturam' . . . Ideo priora eius tempora perhibentur, sicut idem ipse fabellas interpretatur, quia primi homines ex his vivebant seminibus, quae terra sponte gignebat.

Aug. C. D. VII 19 p. 297, 28 sqq.: Deinde (*cf. fr. 23*) ideo 24
dicit (*sc.* Varro) a quibusdam pueros ei solitos immolari, sicut a Poenis, et a quibusdam etiam maiores sicut a Gallis, quia omnium seminum optimum est genus humanum. Id. C. D. VII 26 p. 307, 30 sq.: Quod ei Poeni suos filios sacrificati sunt, non recepere Romani.

Aug. C. D. VII 19 p. 298, 5 sqq.: 'Quod Caelum', inquit (*sc.* 25
Varro) 'patrem Saturnus castrasse in fabulis dicitur, hoc significat penes Saturnum, non penes Caelum semen esse divinum'.

Aug. C. D. VII 19 p. 298, 12 sqq.: Chronon appellatum dicit 26
(*sc.* Varro), quod Graeco vocabulo significat temporis spatium, sine quo semen, inquit, non potest esse fecundum.

*Tert. ad nat. II 12 p. **118**, 4 sqq.: Eleganter quidam sibi 27
videntur physiologice per allegoricam ⟨argu⟩mentationem de Saturno interpretari tempus esse et ideo Caelum ⟨et Terr⟩am parentes, ut et ipsos origini nullos, et ideo falcatum, quia tempore ⟨omnia di⟩rimantur, et ideo voratorem suorum, quod omnia ex se edita ⟨in se i⟩psum consumat. Nominis quoque testimonium compellant: Κρό⟨νον dict⟩um Graece ut Χρόνον. *Aug. C. D. VI 8 p. 261, 24 sqq.: Saturnum filios suos devorasse ita nonnulli interpretantur, quod longinquitas temporis, quae Saturni nomine significatur, quidquid gignit, ipse consumat.

---

9 sacrificati sunt *Cl A F*: sacrificati sunt sacrificaverunt *K*[1], sacrificaverunt *ed. Par. Duebn.* 13 chronon *Cl K*: choronon *F*, cronon *A Tert.* 17 physiologi*ce *A*: physiologi esse *Goth* argumentationem *Goth* 18 interprętari *A*: interpretati *Goth* et Terram *Goth* 18 *sq.* ut ipsos *coni. Reiff.* 19 origine *Goth* originis nullius *coni. Reiff., sed vd. Hartelium p. St. III p. 60* 19 *sq.* omnia dirimantur *Goth* 20 *sq.* in se ipsum *Rig*: in semet ipsum *Goth* 21 compellant *Rig*: compellent *A*, compellunt *Goth* 21 *sq.* Κρόνον dictum *Oehlerus*: chro *lac.* 5 *litt.* um *A*, Chronium enim dictum *Goth*, Chronium dictum *Rig* 22 grecę *A* Chronon *A*

---

23 *De 'prioribus temporibus' vel aurea aetate vd.* Varr. R. R. II 1, 3 sqq., I 2, 16; Senec. ep. 90, 15 sq.; Ov. met. I 89 sqq.

24. *Cf.* Dion. Hal. I 38: λέγουσι δὲ καὶ τὰς θυσίας ἐπιτελεῖν τῷ Κρόνῳ τοὺς παλαιούς, ὥσπερ ἐν Καρχηδόνι, τέως ἡ πόλις διέμεινε, καὶ παρὰ Κελτοῖς εἰς τόδε χρόνου γίνεται, καὶ ἐν ἄλλοις τισὶ τῶν ἑσπερίων ἐθνῶν, ἀνδροφόνους *(vd. quaest. II p. 63); Dionysius e Rer. Hum. libris et haec hausit et ea quae ibidem de hominibus in Saturni honorem de ponte Milvio deiectis refert; eadem indidem desumpta praebent* Macr. Sat. I 7, 28 sqq., Lact. I. D. I 21, 6 sqq., *vd. quaest. II p. 64.*

27 *Vd. quaest. I p. 29, quaest. II p. 82 sq. Has 'quorundum' vel 'nonnullorum' interpretationes Varro pro suis certe non venditavit, sed ipse, ut recte commemorat Augustinus (vd.* fr. 28*), ad semen omnia rettulit. — Ex hoc Varronis loco etiam sumpta esse possunt, quae scribit* Tert. l. l. p. **117**, 13: Legimus Caelum genere masculino (*cf.* Varr. ap. Non. p. 197, 5; *vd. fr. 43 adn.*). *Sed quod ibidem Caelum a Saturno*

28 Aug. C. D. VII 19 p. 298, 15 sq.: ⟦Haec et alia de Saturno multa dicuntur et ad semen omnia referuntur.⟧

29 Aug. C. D. VII 13 p. 291, 3 sqq.: ⟦Quid est **Genius?**⟧ 'Deus', inquit (sc. Varro), 'qui praepositus est ac vim habet omnium rerum gignendarum.

30 Aug. C. D. VII 14 p. 291, 19 sqq.: ⟦**Mercurium** ... quo modo referrent ad aliquas partes mundi et opera Dei, quae sunt in elementis, non invenerunt, et ideo ... operibus hominum praeposuerunt, sermocinandi ... administrum.⟧ Id. C. D. VII 30 p. 313, 1: ⟦qui sermonis facultatem usumque donavit.⟧

31 Aug. C. D. VII 14 p. 291, 32 sqq.: ⟦Si sermo ipse dicitur esse Mercurius, sicut ea, quae de illo interpretantur ostendunt, nam⟧ ideo Mercurius quasi medius currens dicitur appellatus, quod sermo currat inter homines medius; ideo Ἑρμῆς Graece, quod sermo vel interpretatio, quae ad sermonem utique pertinet, ἑρμηνεία dicitur; ideo et mercibus praeesse, quia inter vendentes et ementes sermo fit medius; alas eius in capite et pedibus significare volucrem ferri per aera sermonem; nuntium dictum, quoniam per sermonem omnia cogitata enuntiantur.

Aug. 7 mundi partes *C* 15 hermenia *Cl* 19 ^{e}nuntiantur, e *man. 2 suprascr., C*

---

castratum et falcem Saturni insigne (non harum rerum physicas interpretationes) irridet, apud Varronem quaerere opus non habuit.

28 *Vd. 27 adn.*

29 *Hoc Varronem de Genio Pop. Rom. (de cuius cultu vd. Preller II*[3] *199 sq.) docuisse per se patet. Male igitur Varronem intellegit Birtius, cum scribit in Rosch. Myth. Lex. p. 1623:* Dieser von Varro gedachte Universalgenius ist natürlich in Wirklichkeit nie verehrt worden.

30 *Augustinus hoc loco Mercurium et Martem inter se coniunxit, quamobrem nonnulla verba praetermisi, nonnulla mutavi, ut scripsi 'administrum' pro 'administros'.*

31 *Cum Mercurio — medio currente (cf.* Varr. L. L. VI 4: Meridies ab eo quod medius dies) *cf.* Serv. interp. Aen. VIII 138: Alii Mercurium quasi Medicurrium a Latinis dictum volunt, quod inter caelum et inferos semper intercurrat. Hic etiam mercimonii deus est. Quidam hunc in petaso et in pedibus pinnas habere volunt propter orationis velocitatem (cf. Serv. cod. Tur. Aen. IV 239: Quia Mercurius deus sermonis dicitur, talaria fingitur habere in pedibus, quia sermo citius currit); caduceum illi ideo assignatur, quod fide media hostes in amicitiam conducat; quae virga ideo serpentibus illigata est, ut sicut illi obliti veneni sui in se coeunt, ita hostes contemptis et depositis inimicitiis in amicitiam revertantur. Serv. gen. Aen. IV 242: Mercurius orationis deus dicitur et interpres deorum. Unde virga serpentes dividit, id est venena: nam bellantes interpretum oratione sedantur: unde secundum Livium legati pacis caduceatores dicuntur: sicut enim per fetiales bella indicebantur, ita pax per caduceatores fiebat. Ἑρμῆς autem graece dicitur ἀπὸ τῆς ἑρμηνείας, latine interpres. *Eadem eisdem verbis exhibet* Acro ad Hor. carm. I 10, 17. 18; *cf.* Varr. de Vit. P. R. *apud* Non. 528, 16 sqq. 529, 18 sqq. Arnob. III 32 p. 133, 3 sqq.: Mercurius etiam

Aug. C. D. VII 16 p. 293, 35 sqq: **Apollinem** ⟦quamvis divinatorem et medicum velint (sc. Varro), tamen ut in aliqua parte mundi statuerent⟧, ipsum etiam solem esse dixerunt, et ideo eum sagittas habere, quod sol de caelo radios terras usque pertendat. Id. C. D. VII 30 p. 313, 1 sqq.: ⟦Qui munus futura dicendi quibus placuit spiritibus impertivit et per quos placet ipse futura praedicit et per quos placet malas valetudines pellit.⟧ 32

Aug. C. D. VII 3 p. 277, 15 sq.: Locum inter selectos dederunt **Marti** ⟦effectori mortium⟧. Id. C. D. VII 14 p. 292, 13 sqq.: ⟦Item quia nec Marti aliquod elementum vel partem mundi invenire potuerunt, ubi ageret opera qualiacunque naturae⟧ deum belli esse dixerunt. Id. C. D. VII 14 p. 291, 19 sqq. Id. C. D. VII 30 p. 313, 4 sqq.: ⟦Qui bellorum quoque ipsorum . . . exordiis progressibus finibusque moderatur.⟧ 33

---

2 in *om.* l[1]. 2 *sqq.*: *vd. adn.* 7 ipse malas *l* 10 quia] qui *l*

---

quasi quidam Medicurrius dictus est, et quod inter loquentes duo media currat et reciprocetur oratio (cf. Varr. L. L. VII 80: Reciproca est cum, unde quid profectum, redit eo), nominis huius concinnata est qualitas . . . atque ita hoc pacto aboletur et extinguitur caduceator ille (Cyllenius in algido fusus monte) verborum excogitator et nominum, nundinarum mercium commerciorumque mutator. Macr. Sat. I 17, 5: (Virtus solis, quae) sermonis auctor est, Mercurii nomen accepit. Nam quia sermo interpretatur cogitationes latentes, Ἑρμῆς ἀπὸ τοῦ ἑρμηνεύειν propria appellatione vocitatus est. *Quibus de locis vd. quaest. IV p. 120.* — *Ex* Augustino *et* Serv. gen. Aen. IV 242 (239) *pendet* Isid. or. VIII 11, 45—49, *ex iisdem atque* Isidoro *hauserunt* myth. Vat. I 119; II 42; III p. 232. — *Cf.* Ann. Corn. de deor. nat. p. 65 sq.: Κῆρυξ μὲν Ἑρμῆς, ἐπεὶ διὰ φωνῆς γεγωνοῦ παριστᾷ τὰ κατὰ τὸν λόγον σημαινόμενα ταῖς ἀκοαῖς . . . Πέδιλα δὲ φέρει πτερωτὰ καὶ δι᾽ ἀέρος φέρεται, συμφώνως τῷ Ὁμήρῳ, καθάπερ εἴρηται τὰ ʻἔπεα πτερόεντα', p. 67: Οἱ δ᾽ ἀποπληροῦντες περὶ τὴν εἰρημένην ῥάβδον, τὸ τοῦ κηρυκίου σχῆμα, δράκοντες σύμβολόν εἰσι τοῦ καὶ τοὺς θηριώδεις ὑπ᾽ αὐτοῦ κηλεῖσθαι καὶ καταθέλγεσθαι λύοντος τὰς ἐν αὐτοῖς διαφορὰς καὶ συνδέοντες αὐτοὺς ἅμματι δυσλύτῳ. Διὰ τοῦτο γὰρ καὶ εἰρηνοποιὸν δοκεῖ τὸ κηρύκιον εἶναι. p. 73 sq.: Λέγεται καὶ ἀγοραῖος πρῶτος, εἰκότως· ἐπίσκοπος γὰρ τῶν ἀγορευόντων ἐστίν· ἤδη δὲ ἀπὸ τῆς ἀγορᾶς διατείνει καὶ εἰς τοὺς ἀγοράζοντάς τι ἢ πιπράσκοντας, ὡς πάντα μετὰ λόγον ποιεῖν δέοντος. — *Quae* Aug. C. D. IV 21 p. 170, 24 *dicit*: ʻQuid doctrinae a Mercurio petendum esset', *Varroni tribuere equidem non audeo, quia notiora sunt, quam ut pater ea ex sua memoria hausisse non possit. Verum fieri potest, ut Varroniana sint, atque ab hoc tractatu profecta.*

32 *Apollinem et Dianam ab Augustino hoc loco coniunctos rursus segregavi, quamobrem nonnulla mutanda erant: scripsi* ʻ*eum*' *pro* ʻ*ambos*', ʻ*sol*' *pro* ʻ*duo sidera*', ʻ*pertendat*' *pro* ʻ*pertendant*'. — *Cf.* Varr. L. L. V 68: Solem Apollinem quidem vocant. *De locis* Macr. I 18, 4, Arnob. III 33; Macr. I 17, 15; Arnob. II 73 *vd. IV p. 120 sq. V p. 131.*

33 *Cf.* Varr. L. L. V 73: Mars ab eo quod maribus praeest aut quod a Sabinis acceptus ibi est Mamers. Varr. R. H. XVII ap. Cens. d. d. n. 22, 11: Martium mensem a Marte quidem nominatum credit (sc. Varro), non quia Romuli fuerit pater, sed quod gens Latina bellicosa.

†34 Clem. Al. Protr. IV 46 p. 41 Pott. Ἐν Ῥώμῃ τὸ παλαιὸν δόρυ φησὶν γεγονέναι τοῦ Ἄρεως τὸ ξόανον Οὐάρρων ὁ συγγραφεύς, οὐδέπω τῶν τεχνιτῶν ἐπὶ τὴν εὐπρόσωπον ταύτην κακοτεχνίαν ὡρμηκότων.

35 Aug. C. D. VII 16 p. 294, 22 sqq.: ... ignem mundi ... violentiorem, qualis **Volcani** est. Ibid. p. 294, 5. Id. C. D. VII 30 p. 313, 6 sqq.: ⟦Qui mundi huius ignem vehementissimum et violentissimum ... regit.⟧

36 Aug. C. D. VII 16 p. 294, 5: **Neptunum** aquas mundi. Id. C. D. VII 30 p. 313, 8 sq.: ⟦Qui universarum aquarum ... gubernator est.⟧

37 Aug. C. D. VII 22 p. 300, 14 sq.: 'Venilia', inquit (sc. Varro), 'unda est, quae ad litus venit, Salacia, quae in salum redit.'

---

6 Volcani *scripsi*, *vd. Varr. L. L. V 70 et adn.:* Vulcani *Augustinus* 7 *sq.* et violentissimum, *man. 2 sup. lin.*, *C*

Varr. R. D. XIV fr. 90. — *Cf.* Ann. Corn. de deor. nat. XXI. — *Varronem hoc loco de Martis cognominibus tractavisse verisimile est, praecipue de Gradivo et Quirino, quorum nominum complures interpretationes accipimus ap.* Paul. p. 97, 7 sqq.; Serv. gen. Aen. I 292. III 35. VI 859; Serv. interp. Aen. III 35; (Is. or. VIII 11, 52); *verum num haec ad eum redeant, dubium est, quamquam id de* Servii *loco* ad Aen. I 292 *demonstrare conatus est Merkelius l. l. p. CCXXXV.*

34 *Num haec Varro hic docuerit incertum, sed veri non dissimile est; cf. etiam* R. D. I fr. 59. *E* Clemente *pendet* Arn. VI 11; *cf. etiam* Plut. Rom. 29: ... ἐν δὲ τῇ Ῥηγίᾳ δόρυ καθιδρύμενον Ἄρεα προσαγορεύειν.

35 *Cf.* Varr. L. L. V 70: Ab ignis iam maiore vi et violentia Volcanus dicitur. *Utroque igitur loco Varro idem docuit Volcanumque a 'violentia' derivavit; quare non verisimile est ad Varronem redire illud veriloquium, quod occurrit ap.* Serv. gen. Aen. VIII 414: Vulcanus ignis est et dictus Volicanus, quod per aerem volat, *neque ceteras fabularum interpretationes physicas, quae in hoc veriloquio exaedificatae ibidem leguntur et* ad Aen. VIII 454. Servium *expilavit* myth. Vat. II 40, Servium *et* Augustinum Isid. or. VIII 11, 39. — *Quae* Arnobius III 23 *scribit:* In tutela Vulcani est ignis et materies eius in illius regimine constituta est, *haec, utpote notissima, eo minus Varroni dederim, quod apud ipsum legitur* III 33: Vulcanum esse omnes ignem pari voce pronuntiatis ac sensu.

36 *Cf.* R. D. XVI fr. 4. Varr. L. L. V 72: Neptunus quod mare terras obnubit ut nubes caelum, ab nuptu id est opertione, ut antiqui, a quo Nuptiae, Nuptus dictus. Arn. III 31 p. 132, 25 sq.: Quod aqua nubat terram, appellatus est, inquiunt, cognominatusque Neptunus. *Quae a Varrone profecta esse probabilissimum est, sive ab illo de L. L. loco, sive ab hoc R. D. loco. Aliud Neptuni veriloquium profert* Cic. N. D. II 26, 66 (a nando), *aliud* Isid. or. VIII 11, 38 (myth. I 107) ('nube tonans'). *Cetera Isidorus ex Augustino hausit.*

37 *Vd. quaest. I p. 30;* R. D. I fr. 21. XIV fr. 32. *Cf.* Varr. L. L. V 72: Salacia Neptuni ab salo. Venelia a veniendo ac vento illo ... *Neptunus cum Salacia in comprecationibus iungitur apud* Gell. N. A. XIII 23, 1, *cf.* Senec. ap. Aug. C. D. VI 10 p. 269, 21. Serv. int. Aen. X 76, *cum scribit:* Salaciam a salo, Veniliam quod veniam dat †negan-

Aug. C. D. VII 30 p. 313, 9 sqq.: ⟦Qui **Solem** fecit corporalium 38
clarissimum luminum eique vim congruam et motum dedit.⟧

Aug. C. D. VII 3 p. 277, 14 sq.: Locum inter selectos dede- 39
runt . . . **Orco** . . . mortium receptori. Id. C. D. VII 30 p. 313, 11 sq.

Aug. C. D. VII 16 p. 294, 6 sq.: Ditem patrem, hoc est Or- 40
cum, terrenam et infimam partem mundi volunt. Id. C. D. VII 23 p. 302, 29 sq.: Orcus, *frater Iovis atque Neptuni,* quem Ditem patrem vocant.

Aug. C. D. VII 21 in.: **Liberum** liquidis seminibus ac per hoc 41a
non solum liquoribus fructuum, quorum quodam modo primatum vinum tenet, verum etiam seminibus animalium praefecerunt.

Aug. C. D. VII 16 p. 294, 7 sqq.: Liberum et Cererem prae- 41b
ponunt seminibus, vel illum masculinis, illam femininis; vel illum liquori, illam vero ariditati seminum. Id. C. D. VII 30 p. 313, 12 sqq.

Aug. C. D. VII 19 p. 298, 17 sqq.: ⟦Quid ad semina dii alii 41c
requiruntur, maxime Liber et Libera, id est Ceres? De quibus rursus, quod ad semen adtinet, tanta dicit (sc. Varro), quasi de Saturno nihil dixerit.⟧

Aug. C. D. VII 21 p. 299, 13 sqq.: Inter cetera (sc. sacra), 42
quae praetermittere, quoniam multa sunt, cogor, in Italiae compitis quaedam dicit (sc. Varro) sacra Liberi celebrata ⟦cum tanta licentia turpitudinis⟧, ut in eius honorem pudenda virilia colerentur

---

5 horcum *C* 7 *sq.* patrem, *man. 2 sup. lin., C* 10 quodammodum *C* 10 *sq.* privatam uim obtinet *A* 13 uel illum *ante* 'masc.' *om.* *l*[1]

---

tibus, *de Salacia congruit, de Venilia differt a Varrone; de origine adnotationis nihil constat. Aliud Salaciae veriloquium exhibent* Paul. p. 327, 4; Serv. gen. Aen. I 144. — *Ex* Augustino *pendet* Isidor. *in Gloss. s. v.* Venitia; *idem legitur in* Gloss. Scal., Corp. Gloss. V p. 613, 39.

38 *Quid Varro de Sole dixerit, facile intelleges, si comparabis hos locos:* R. D. I fr. 16. 19; L. L. V 68: Sol . . . solus ita lucet, ut ex eo deo dies sit; R. R. I 1, 5: Invocabo . . . Solem et Lunam, quorum tempora observantur, cum quaedam seruntur et conduntur. — *Solem inter deos Tatianos enumerat* Varro R. D. I fr. 40, L. L. V 74, *cf.* Dion. Hal. II 50.

39 Aug. *exscr.* Is. or. VIII 11, 42.

40 *Cf.* Varr. L. L. V 66: Idem hic Dispiter dicitur Infimus, qui est coniunctus terrae, ubi omnia oriuntur et aboriuntur. *Similia sed ex parte contraria dicit* Cic. N. D. II 26, 66, *longe aliam 'Orci' etymologiam praebet* Fest. p. 202, 28 sqq. (ab urgendo). *Satis multa de hoc deo leguntur ap.* myth. Vat. III 6, 1, *quae tamen a Varronis doctrina L. L. prolata aliquantum differunt: mythographus enim 'Dis pater' cum 'dives' aequat similis Ciceroni l. l., dissimilis Varroni, qui* L. L. V 68 in. *'Dispater' cum 'Diovis' aequat; et 'Orcum' mythographus a Graecorum* ὅρκῳ *derivat.*

41 *Cf.* R. D. I fr. 5; XIV fr. 7; R. R. I 1, 5: Cererem et Liberum, quod horum fructus maxime necessarii ad victum: ab his enim cibus et potio venit e fundo. — *De Libera vel Cerere huc referenda vd.* Schwarz l. l. p. 488 adn. 19[b].

42 *De Liberalibus Romae celebratis agit* Varro L. L. VI 14.

⟦non saltem aliquantum verecundiore secreto, sed in propatulo exultante nequitia⟧. Nam hoc ⟦turpe⟧ membrum per Liberi dies festos cum honore magno plostellis inpositum prius rure in compitis et usque in urbem postea vectabatur. In oppido autem Lavinio unus Libero totus mensis tribuebatur, cuius diebus omnes verbis flagitiosissimis uterentur, donec illud membrum per forum transvectum esset atque in loco suo quiesceret. Cui membro ⟦inhonesto⟧ matrem familias honestissimam palam coronam necesse erat inponere. Sic videlicet Liber deus placandus fuerat pro eventibus seminum, sic ab agris fascinatio repellenda. Id. C. D. VII 24, p. 306, 5 sqq.

43 Aug. C. D. VII 28 p. 310, 27 sqq.: Dicturus de feminis, hoc est de deabus: 'Quoniam', inquit (sc. Varro), 'ut primo libro dixi de locis, duo sunt principia deorum animadversa de caelo et terra, a quo dii partim dicuntur caelestes, partim terrestres: ut in superioribus initium fecimus a caelo, cum diximus de Iano, quem alii caelum, alii dixerunt esse mundum, sic de feminis scribendi facimus initium a Tellure' ... ⟦Ducitur (sc. Varro) quadam ratione verisimili,⟧ caelum esse quod faciat, terram quae patiatur, et ideo illi masculinam vim tribuit, huic femininam.

44 ⟨De **Tellure**⟩ Aug. C. D. VII 23 p. 301, 11 sqq.: ⟦Nempe una est terra ...; verum tamen ipsam magnum corpus in elementis mun-

---

3 plostellis C^1: plaustellis C^2 4 lau.ino *C*: lauino *l* 5 dieeius *C* 9 pro euentibus *C*: prouentibus *l A K F*

---

43 *Quae Varro e 'primo libro de locis' collaudat, Merkelius (l. l. p. CXVII) recte ad R. D. librum V refert; cf. Varr.* L. L. V 16: Loca naturae secundum antiquam divisionem prima duo, caelum et terra. *Krahnerus (Cur. p. 5) ea audacius quam verius ad R. D. libri XVI initium refert. — Eadem deorum divisio saepius apud Varronem occurrit, cf.* R. D. I fr. 12, L. L. V 57, Cur. de cult. deor. ap. Prob. Verg. ecl. VI 31 *(locum exscripsi p. 12 adn. 2); iam videas hunc locum* Non. p. 197, 5: Varro Rerum divinarum: Ut deum significas non partem mundi, sic Pater magnus Mater ⟨mag⟩na hi sunt coelus. *Post 'coelus' Schwarzius (l. l. p. 478 fr. 8^b) satis recte adiecit 'et terra', ego potius scribendum esse proposuerim 'Coelus et Tellus', quoniam, ut apparet, Varro illo loco deos quosdam a partibus mundi dinoscendos esse docuit, Tellus autem, non Terra, apud Romanos et Varronem propria terrae dea et Mater magna* (vd. fr. 46) *est, quamvis et Terram deam fuisse haud nesciam. Sed quis est Coelus vel Pater magnus? Si nostrum R. D. locum respicies, cum Schwarzio de Iano cogitabis; verum conferas cum Nonio, quae scribit* Varro R. R I 1, 5: Invocabo primum, qui omnis fructus agri culturae caelo et terra continent: itaque quod ii parentes, magni dicuntur, Iuppiter pater, Tellus mater (*'terra' post 'Tellus' recte eiecit Iordan ad Prell. R. M. II³ 2 adn. 3). Quem propter locum equidem de Iove Varronem ap. Non. dixisse puto, et cum in hoc R. D. XVI libro Iovem ad caelum referre non soleat, Nonii locum huic quidem libro ego non tribuo, sed 'primo illi libro de locis' quem ipse Varro hoc R. D. loco citavit. Fortasse etiam apud Non. pro* 'ut' *legendum est* V *(= quinto).*

44 *Vd. quaest. I p. 25 sq.*

dique infimam partem cur eam volunt deam? An quia fecunda est?⟧ Id. C. D. VII 30 p. 313, 14: ⟦Qui terram fundat atque fecundat.⟧

Aug. C. D. VII 23 p. 303, 15 sqq.: Inquit (sc. Varro): Una 45a
eademque terra habet geminam vim, et masculinam, quod semina producat, et femininam, quod recipiat atque nutriat; inde a vi feminae dictam esse Tellurem, a masculi Tellumonem. Cur ergo pontifices, ut ipse indicat, additis quoque aliis duobus quattuor diis faciunt rem divinam, Telluri, Tellumoni, Altori, Rusori? ⟦De Tellure et Tellumone iam dictum est.⟧ Altori ⟦quare?⟧ 'Quod ex terra', inquit, 'aluntur omnia, quae nata sunt'. Rusori ⟦quare?⟧ 'Quod rursus cuncta eodem revolvuntur.'

Aug. C. D. IV 10 p. 158, 32 sqq.: Et hic aliquas differentias 45b
volunt esse atque in ipsa terra aliud *Terram,* aliud Tellurem, aliud Tellumonem putant. Et hos omnes deos habent suis nominibus appellatos, suis officiis dictinctos, suis aris sacrisque veneratos.

Aug. C. D. VII 24 p. 304, 10 sqq.: Ipse Varro ⟦quasi de ipsa 46a
turba (*sc. multorum deorum*) verecundatus⟧ unam deam vult esse Tellurem. 'Eandem', inquit, 'dicunt (sc. physici) Matrem Magnam; quod tympanum habeat, significari esse orbem terrae; quod turres in capite, oppida; quod sede⟨n⟩s finga[n]tur, circa eam cum omnia moveantur, ipsam non moveri. Quod Gallos huic deae ut servirent fecerunt, significat, qui semine indigeant, terram sequi oportere; in ea enim omnia reperiri. Quod se apud eam iactant, praecipitur', inquit, 'qui terram colunt, ne sedeant; semper enim esse quod agant. Cymbalorum sonitus ferramentorum iactationem ac manuum ⟨usum⟩ et eius rei crepitus, in colendo agro qui fi⟨un⟩t, significant; ideo aere, quod eam antiqui colebant aere, antequam ferrum essent inventum. Leonem', inquit, 'adiungunt solutum ac mansuetum, ut ostendant nullum genus esse terrae tam remotum ac vehementer ferum, quod non subigi colique conveniat.' Deinde adiungit et dicit Tellurem matrem, et nominibus pluribus et cognominibus quod nominarunt, deos existimatos esse complures. 'Tellurem', inquit, 'putant esse Opem, quod opere fiat melior; Matrem, quod cibum pariat;

---

5 *sq.* in deam faeminę dicūt eẽ *l* femininae *C* 6 masculini *l* 9 quare *om. l* 10 nata] natura *l* 14 *sq.* suis officiis distinctos suis nominibus appellatos *C* 19 orbem *ex* obrem *corr. l*: urbem C 20 sedes fingatur *G Zoega* (*cf. M Haupt in Herm. IV p. 333*) 23 repperiri *Cl* 25 iactationem *Dombartus*: iactandorum *codd.* usum *add. Haupt* 26 crepitus *codd.*: crepitum *Dombartus* fiunt *pro* fit *corr. Haupt* 30 subici *l* 31 quod l^1: quos l^2 33 *sq.* Matrem quod plurima pariat, Magnam quod cibum pariat *edd. et codd.*: plurima *et* cibum *commutavit Swoboda (P. Nig. Fig. opp. rell. p. 86 adn. crit.)*

---

45 *Vd. quaest. I p. 31 cf. p. 22. Terram fortasse ipse Augustinus interposuit, etsi Terram deam Romanam fuisse constat, vd. Iord. ad Prell. II*[3] *p. 2, 3.*

46 *Hunc locum a Varrone e Nigidio haustum esse frustra probare*

Magnam, quod plurimum pariat; Proserpinam, quod ex ea proserpant fruges; Vestam, quod vestiatur herbis. Sic alias deas', inquit, 'non absurde ad hanc revocant...' ⟦Adiungit enim et dicit:⟧ 'Cum quibus opinio maiorum de his deabus, quod plures eas putarunt esse, non pugnat... Sed potest', inquit, 'fieri, ut eadem res et una sit et in ea quaedam res sint plures...' Haec sunt Telluris et Matris Magnae praeclara mysteria, unde omnia referuntur ad mortalia semina et exercendam agriculturam.

46b Aug. C. D. IV 10 p. 159, 3 sqq.: Eandem terram etiam Matrem deum vocant... secundum... sacrorum libros. Id. C. D. VI 8 p. 261, 6 sqq.: Interpretationis huius, quando agitur de sacris Matris deum, caput est certe, quod Mater deum terra est.

†47 Serv. interp. Aen. III 113: Dominam proprie Matrem deum dici Varro affirmat. *Hanc eandem eram appellari, hoc est dominam tradunt.*

---

8 et exercendam *ClAKF*: et ad exerc. *ed. Par. Duebn.* 10 deum *C*: d̃m *Ll*, deorum *Dombartus*

---

conatur Swoboda *in 'P. Nig. Fig. opp. rell.' p. 26 sq. — De Ope cf.* Varr. L. L. V 64: Terra Ops, quod hic omne opus et hac opus ad vivendum, R. D. XIV fr. 60, XVI fr. 20[b]. — *De Proserpina vd.* R. D. I fr. 21, XIV fr. 72, XVI fr. 51. *Cf.* Serv. int. Aen. III 113: Proserpina terra dicitur sicut et mater deum. *Quae ad Varronem redire eo facilius putantur, quod interpolator in eadem adnotatione Varronem laudat (vd. fr. 47). — De Vesta vd.* R. D. XVI fr. 64. — *Huic loco Varroniano similia leguntur apud* Lucr. II 598 sqq. 640 sqq. — *De hoc loco:* Arn. III 32 p. 133, 10 sqq.: Terram quidam e vobis, quod cunctis sufficiat animantibus victum, Matrem esse dixerunt Magnam; eandem hanc alii, quod salutarium seminum frugem gerat, Cererem esse pronuntiant; nonnulli autem Vestam, quod in mundo stet sola, caeteris eius partibus mobilitate in perpetua constitutis *dictum est in quaest. IV p. 114 sq. — Similes huius deae eiusque rituum insigniumque interpretationes leguntur etiam his* Servii genuini *locis:* Aen. III 113: Ideo mater deum curru vehi dicitur, quia ipsa est terra, quae pendet in aëre; ideo sustinetur rotis, quia mundus rotatur et volubilis est; ideo ei subiugantur leones, ut ostendetur maternam pietatem totum posse superare; ideo Corybantes eius ministri cum strictis gladiis esse finguntur, ut significetur omnes pro terra sua debere pugnare. Quod autem turritam gestat coronam, ostendit superpositas terrae esse civitates, quas insignitas turribus constat. Id. Aen. X 252: Alma proprie est tellus, ab eo quod nos alat... Terram autem constat esse matrem deum: unde et simulacrum eius cum clavi pingitur, nam terra aperitur verno, hiemali clauditur tempore. Id. Aen. X 253: Civitates turritae: unde et cum corona turrita mater pingitur deum. Ad frena leonis] hoc fingitur, quod omnis feritas maternae subiacet adfectioni ac subiugata est. *Num quid ex his ad Varronem redeat, incertum est. — Ex* Augustino *et* Servio (*locis laudatis* et Aen. I 292) *pendet* Isid. or. VIII 17, 59—66, *indidem* myth. Vat. II 46, III 2, 3. — Ovid. fast. IV 179 sqq. *huc non pertinet. — De fr. 46*[b] *vd. quaest. I p. 31.*

47 *Serv. int. verba eo maiore cum probabilitate hic posui, quod ille ad eundem versum de Proserpina vel Terra vel Matre deum nonnulla adnotat, quae ad prius fragmentum redire verisimile est. Cf. eundem*

Aug. VII 25: ⟦Et Attis ille non est commemoratus nec eius 48
ab isto (sc. Varrone) interpretatio requisita est .... Merito hinc aversatus est Varro noster, neque hoc dicere voluit, non enim hominem doctissimum latuit.⟧ Cap. 26: ⟦Itemque de mollibus eidem Matri Magnae ... consecratis ... nihil Varro dicere voluit.⟧

Aug. C. D. VII 16 p. 294, 13 sq.: **Cererem** nihil aliud dicunt 49
esse quam terram. Id. C. D. IV 10 p. 159, 7.

Aug. C. D. VII 30 p. 313, 14 sq.: ⟦Qui fructus terrae animali- 50
bus hominibusque largitur.⟧

Aug. C. D. VII 20 p. 298, 23 sqq.: In Cereris autem sacris 51
praedicantur illa Eleusinia, quae apud Athenienses nobilissima fuerunt. De quibus iste (i. e. Varro) nihil interpretatur, nisi quod attinet ad frumentum, quod Ceres ⟦invenit⟧, et ad Proserpinam, quam rapiente Orco perdidit. Et hanc ipsam dicit significare fecunditatem seminum, quae cum defuisset quodam tempore eademque sterilitate terra maereret, exortam esse opinionem, quod filiam Cereris, id est ipsam fecunditatem, quae a proserpendo Proserpina dicta esset, Orcus abstulerat et apud inferos detinuerat; quae res cum fuisset luctu publico celebrata, quia rursus eadem fecunditas rediit, Proserpina reddita exortam esse laetitiam et ex hoc sollemnia constituta. Dicit deinde multa in mysteriis eius tradi, quae nisi ad frugum inventionem non pertineant. Id. C. D. VII 23 p. 302, 31 sq.: Proserpina ... secundum aliam in eisdem libris (*sc.* Rer. Div.) positam opinionem ... terrae fecunditas ...

Aug. C. D. VII 16 p. 294, 14 sq.: Eamque (sc. terram) per- 52
hibent et **Iunonem** et ideo ei secundas causas tribuunt. Ibid. p. 294, 33 sq.: Iuno secundarum causarum domina *et Iuno aer* et Iuno terra. Id. C. D. VII 30 p. 313, 15 sqq.: ⟦Qui causas ... subsequentes novit atque ordinat.⟧ Id. C. D. IV 10 p. 158, 26 sq.: si Iuno terra ...; ⟦nam hoc quoque in libris suis habent eorum docti atque sapientes.⟧

3 noster *om.* C^1 atque taceri neque hoc dicere, 'hoc' *sup. lin. add., C* 14 horco, h *sup. lin. add., l* (*item* 18)

Serv. int. Aen. III 438: Proprium hoc nomen (sc. domina) Matris deum est.

49 *Vd. quaest. I p. 29. Quod* Aug. l. l. p. 294, 12 sq. *scribit:* 'Matrem Magnam eandem Cererem esse volunt' *apud Varronem non legisse videtur, cf. quaest. I l. l. adn. 1. Cereris interpretationem et veriloquium praebet* Varr. L. L. V 64: Terra, quod gerit fruges, Ceres. — August. *exscr.* Is. or. VIII 11, 59 *in.*

51 *De altero loco vd. quaest. I p. 30. De Proserpina cf.* R. D. I fr. 21, XIV fr. 71, XVI fr. 46 a; *alia de hac dea docet* Varr. L. L. V 64. — *Arnob. III 33 Proserpinam Veneris cognomen esse tradit,* V 32 *de Proserpinae raptu et coniugio plane diversa refert.*

52 *Vd. quaest. I p. 29 sq. — Cur et terrae et aeris patrocinium eidem deae tribui potuerit, ex hoc loco* Macr. III 4, 8 *discendum esse recte iudicat Schwarzius p. 494 adn.:* Iunonem vero imum aethera cum terra (e R. D. XV fr. 3). *Quid secundae causae sint, apparebit e fr. 43.*

53a Aug. C. C. VII 2 p. 274, 29 sqq.: Provinciam fluorum menstruorum in libro selectorum deorum Iunoni idem auctor (i. e. Varro) adsignat, quae in selectis etiam Regina est et hic tamquam Iuno Lucina cum eadem *(cf. R. D. XIV fr. 9)* Mena privigna ... sua eidem cruori praesidet.

53b Aug. C. D. VII 3 p. 275, 19 sqq.: Confert selecta Iuno, et hoc non sola sed cum Mena filia Iovis, fluores menstruos ad eius, quod conceptum est, incrementum.

53c Aug. C. D. VII 3 p. 276, 11 sq.: ... Iunonem non deesse purgationibus feminarum et partubus hominum.

54 Aug. C. D. VII 3 p. 276, 28 sqq.: Iuno selecta et Regina Iovisque *soror* et coniunx.

55 Aug. C. D. VII 3 p. 276, 34 sqq.: Inter selectos ... ponitur Iuno, quia Iterduca est et Domiduca ⟦quasi quicquam prosit iter carpere et domum duci ...⟧ Ib. p. 276, 29 sq.: Haec tamen (*sc.* Iuno) Iterduca est pueris.

† 56 Serv. interp. Aen. IV 59: Iunonem Varro Pronubam dicit.

---

7 hoc *Cl cett. codd.*: haec *ed. Par. Duebn.* 10 part$\overset{u}{i}$bus *C* 12 coniunx *C*: coniux *l Dombartus* 14 domiduca, t *in fin. eras., C* quidquam, d *ras. in* c *mut., Cl*

---

53 *Vd. quaest. I p. 32. — Quamquam hic Iunoni 'Lucinae' id munus tribuitur, quo alibi 'Fluonia' fungi solet, tamen neque apud Augustinum 'Fluonia' reponendum esse cum O Muellero (adn. ad Paul. p. 92, 15) credo, cum pater nisi de Iunone 'Lucina' cogitasset, tertio illo loco dicere non potuisset Iunonem non deesse partubus hominum* (*cf.* R. D. XIV fr. 14, XVI fr. 57 *adn.*), *neque Augustinum Varronis verba confudisse cum Petero (Rosch. Myth. Lex. s. v. Indigitamenta p. 172) pro certo statuerim, cum* Varro L. L. V 69 (Luna ideo quoque videtur ab Latinis Iuno Lucina dicta, vel quod est e terra, ut physici dicunt, et lucet, vel quod ab luce eius, qua quis conceptus est usque ad eam, qua partus quis in lucem, luna iuvat, donec mensibus actis produxit in lucem, ficta a iuvando et luce Iuno Lucina) *Iunoni Lucinae tutelam tribuat non modo eorum, 'qui nascuntur', sed etiam eorum, 'qui concepti sunt.' — De dea Lucina vd. R. D. XIV fr. 14.*

54 *Cf.* R. D. I fr. 21; Varr. L. L. V 67: Quod Iovis Iuno coniunx et is caelum haec terra, quae eadem Tellus; et ea dicta, quod una cum Iove iuvat, Iuno; et Regina, quod huius omnia terrestria. *Cf.* C. I. L. I 1110, Ov. fast. VI 38; *quia Cicero* N. D. II 26, 66 *'secundum Stoicos' scribit:* 'Iuno, quae est soror et coniunx Iovis', *Varroni illud 'soror' non plane abrogaverim, quamquam 'soror et coniunx' Vergilium resipit.*

55 *Ceteri auctores, quod sciam, haec cognomina ad nuptias referunt* (vd. fr. 57 adn.); Varro R. D. XIV fr. 28 *deam Domiducam inter deos pueriles,* ib. fr. 53 *deum Domiducum inter nuptiales commemorat.*

56 *Haec Varro etiam scripsisse potest, ubi de nuptiarum ritu agebat; e tali quidem opere profectum videtur esse, quod apud eundem* Serv. int. Aen. IV 166 legitur: Varro pronubam dicit, quae ante nupsit et quae uni tantum nupta est. — Cf. Plac. lib. Rom., C. Gl. IV p. 38, 1 (= Plac. lib. Gloss., C. Gl. IV p. 95, 6): Pronuba est, quae nupti⟨i⟩s praeest, quaeque nubentem viro coniungit, quod officium ad Iunonem pertinet; deam coniunctionis. Gloss. Ampl. sec., C. Gl. V p. 325, 35: Pronuba, quae nubentibus praeest. *Vd. et. fr. 57 adn.*

Aug. C. D. VII 24 p. 304, 1 sq.: ⟦Tot cognominibus una Iuno.⟧ 57

---

57 *Ex his verbis colligo Varronem multa Iunonis cognomina enumerasse, ut antea de Iove fecit. Collectiones vero cognominum extant plures, de quibus dixi in quaest. IV p. 121 sq.* — Mart. Cap. II 149: Iuno pulchra, licet aliud nomen tibi consortium caeleste tribuerit (*vd. Iovis coniunx fr. 54*) et nos a iuvando Iunonem, unde et Iovem dicimus, nominemus (*cf. Varr. L. L. V 64. 67. 69*), sive te Lucinam, quod lucem nascentibus tribuas, ac Lucetiam convenit nuncupare, nam Fluoniam, Februalem ac Februam mihi poscere non necesse est . . ., Iterducam et Domiducam, Unxiam Cinxiam mortales puellae debent in nuptiis convocare, ut earum et itinera protegas, et in optatas domos ducas, et cum postes unguent, faustum omen affligas, et cingulum ponentes in thalamis non relinquas, Opigenam te, quas vel in partus discrimine, vel in bello protexeris, precabuntur, Populanam plebes, Curitim debent memorare bellantes . . . Myth. Vat. III 4, 3: Iunonem etiam coniugiis et partubus praeesse dicunt: unde et nomina ei complura attribuunt. Dicitur enim Lucina vel Lucesia, quod nascentes in lucem producat. Unde et portarum dicitur dea, quod nascentibus portam praebeat luminis (*e Serv. gen. Aen. II 610*). Dicitur et Fluonia a fluoribus seminum, quod feminas liberet in partu (*eadem Varro de Lucina docuit in fr. 53*), Februalis vel Februa, quod eas post partum secundis egredientibus purgat; februo enim graece, purgo latine . . . Unde et mensis in quo animarum purgationes, id est expiationes, apud antiquos celebrantur, februarius est appellatus (*cf. Varr. L. L. VI 34; R. H. XVII 1 Mirsch. ap. Cens. d. d. n. 22, 13 sq.*). Dicitur et Iterduca, quod nubentes puellas per iter ducat. Dicitur Domoduca, quod ad domos maritorum eas adducat. Unxia etiam dicitur ab ungendo, quod variis unguentis ungebantur nubentes vel quod postes domorum ungebant ingredientes, unde uxores quasi unxores dictas volunt. Soticena quoque dicitur, quod ipsa marem et feminam sociat, vel Saticena a satione: Iuno enim mulieres in labore operis coniugalis dicitur liberare (*Huic respondet Marciani Opigena; cf. Paul. p. 200, 7: Opigena Iuno*). Dicunt et Iunonem populonem, quod populos multiplicet. Curitim etiam id est regalem vel fortem vel potentem. Arn. III 30 p. 132, 11 sqq.: Si aer Iuno est . . ., nulla soror et coniux (*vd. fr. 54*) omnipotentis reperietur Iovis, nulla Fluvionia, nulla †Pomana (*Lucina coni. Prell. I³ 275, 5; Pronuba? Domiduca?*), nulla Ossipagina (*Opigena: Prell., sed cf. deam Ossipaginem ap. Arn. IV 7. 8.*), nulla Februtis, Populonia, Cinxia, Caprotina (*cf. Varr. L. L. VI 18*). — Serv. gen. Aen. I 8: Iuno multa habet numina: est Curitis, quae utitur curru et hasta . . . et Lucina, quae partubus praeest . . . est Regina . . .; sunt et alia eius nomina. Id. Aen. IV 16: Iuno Iugalis dicitur. Id. Aen. IV 59: Iuno est Curitis, est Matrona, est Regina. Id. Aen. IV 166: Et Pronuba Iuno, quae nubentibus praest. (*cf. fr. 56*) Id. Aen. VIII 84: Variae sunt, ut diximus (Aen. I 8) Iunonis potestates: ut Curitis, Lucina, Matrona, Regina. — Cf. hos Verrii locos: Paul. p. 63, 9: Cinxiae Iunonis nomen sanctum habebatur in nuptiis, quod initio coniugii solutio erat cinguli, quo nova nupta erat cincta. Id. p. 92, 15: Fluoniam Iunonem mulieres colebant, quod eam sanguinis fluorem in conceptu retinere putabant. Id. p. 104, 13: Iunonis Iugae, quam putabant matrimonia iungere. Id. p. 200, 7: Opigenam Iunonem Matronae colebant, quod ferre eam opem in partu laborantibus credebant. Id. p. 49, 12: Curitim Iunonem appellabant, quia eandem ferre hastam putabant. *Cf.* p. 85, 13: Februarius mensis . . . vel a Iunone Februata quam alii Februalem, Romani Februlim vocant, quod ipsi eo mense sacra fiebant, eiusque feriae erant Lupercalia, quo die mulieres februabantur a lupercis amiculo Iunonis, id est pelle caprina; quam ob causam is quoque dies Februatus appellabatur.

58 Aug. C. D. VII 30 p. 313, 17: ⟦Qui **Lunae** statuit modum suum.⟧

59 Aug. C. D. VII 16 p. 294, 1 sqq.: **Dianam** ⟦germanam eius (sc. Apollinis)⟧ lunam et viarum praesidem (sc. esse dixerunt), unde et virginem volunt, quod via nihil pariat, et ideo eam sagittas habere, quod luna de caelo radios terras usque pertendat. Id. C. D. VII 30 p. 313, 17 sq.: ⟦Qui vias caelestes atque terrestres locorum mutationibus praebet.⟧

60 Aug. C. D. VII 16 p. 294, 17 sqq.: **Minervam**, quia eam humanis artibus praeposuerunt . . ., eandem vel summum aethera vel etiam lunam esse dixerunt. Id. C. D. VII 30 p. 313, 18 sqq.: ⟦Qui humanis ingeniis . . . scientiam artium variarum ad adiuvandam vitam naturamque concessit.⟧

61 Aug. C. D. IV 10 p. 158, 12 sqq.: Aetheris partem superiorem

1 modum *Cl AKF*: motum *ed. Par. Duebn.*

58 *De Luna Varronem similia docuisse coniciendum est atque quae leguntur* R. D. I fr. 19: Propterea deam credi . . . Lunam, solacium noctium, patrocinium ⟨men⟩sum gubernaculis; L. L. V 68: Luna [vel] quod sola lucet noctu. Itaque ea dicta Noctiluca in Palatio; nam ibi noctu lucet templum; *cf.* ib. VI 79; R. R. I 1, 5: Invocabo . . . secundum Solem et Lunam, quorum tempora observantur, cum quaedam seruntur et conduntur. — *Dea a Tatio Romanis instituta est; vd.* R. D. I fr. 40, Varr. L. L. V 74, Dion. Hal. II 50. — Ov. fast. III 883 sq.: Luna regit menses. Huius quoque tempora mensis Finit Aventino Luna colenda iugo. *De Lunae cultu vd. Prell. I³ 327 sq.*

59 *De forma huius fragmenti videas, quae adnotavimus ad fr. 32.* Varr. L. L. V 68: Lunam, ut Solem Apollinem, quidam Dianam vocant; Apollinis vocabulum graecum, alterum (sc. Dianae) latinum; et hinc quod luna in altitudinem et latitudinem simul it, Diviana appellata. *Cf.* VII 16. Varr. in logist., qui inscribitur Messala de valet. ap. Prob. ad Verg. ecl. VI 31 p. 20 K: Antiquos agrestes venandi peritos, cum plurimum in silvis agerent, quod veluti Diana duce ad investigandas feras solas et devias silvas peterent, Devianam appellasse deam, mox Dianam, quod intellegerent eandem esse, quae diem nascentibus daret. *Cf.* R. D. XIV fr. 15. — Aug. *expilavit* Is. VIII 11, 56; *verum unde sumpserit ultima verba:* 'Dianam autem vocatam, quasi Duanam, quod luna die ac noctu appareat', *nescio.*

60 *Cf.* R. D. XIV fr. 43, XV fr. 3. C. D. VII 16 p. 295, 1 *sqq.* Augustinus *repetit, quae modo dixit* p. 294, 17 sqq. (= fr. 60) *ita ut ad verba:* 'Minerva summus aether et Minerva itidem luna' *adiungat* 'quam (sc. lunam) esse in aetheris infimo limite existimant'. *Quae his ultimis verbis Varronis impugnandi causa dixit, non ex hoc Varronis loco sumpsit, sed aut aliunde arcessivit, fortasse e praefatione huius libri physica* (fr. 3), *aut, ut pote sententiam vulgarem, ex nullo certo auctore accepit.* — *Cf.* Arnob. III 31 p. 132, 16 sqq.: Aristoteles, ut Granius memorat . . ., Minervam esse Lunam probabilibus argumentis explicat et litterata auctoritate demonstrat. Eandem hanc alii aetherium verticem et summitatis ipsius esse summam dixerunt memoriam nonnulli, unde ipsum nomen Minerva quasi quaedam Meminerva formatum est. *Quo de loco diximus in quaest. IV p. 120 sq.*

61 *Vd. quaest. I p. 31.* *Cf.* Serv. gen. Aen. IV 201: Minerva, quae supra aetherem est, unde de patris capite procreata dicitur.

Minervam tenere dicunt, et hac occasione fingere poetas, quod de Iovis capite nata sit.

*Aug. C. D. VII 15 p. 292, 32: **Venerem** esse etiam Lunam 62
volunt.

Aug. C. D. VII 30 p. 313, 20 sqq.: ⟦Qui coniunctionem maris 63
et feminae ad adiutorium propagandae prolis instituit.⟧

Aug. C. D. VII 16 p. 294, 20 sqq.: **Vestam** quoque ipsam 64a
propterea dearum maximam putaverunt, quod ipsa sit terra, quamvis ignem mundi leviorem, qui pertinet ad usus hominum faciles, ... ei deputandum esse crediderunt.

Aug. C. D. IV 10 p. 159, 7 sqq.: Terram etiam Vestam volunt, 64b
cum tamen saepius Vestam ⟦non nisi⟧ ignem esse perhibeant pertinentem ad focos, sine quibus civitas esse non potest; et ideo illi virgines solere servire, quod sicut ex virgine, ita nihil ex igne nascatur.

---

12 quum *Ll*: cū *ex* quā, *ut videtur, corr. C*

---

62 *Num Varro de stella, quae Venus nuncupatur, quidquam docuerit, atque Augustinus eam designare voluerit illis verbis, quae huic fragmento praemittit cap. 15 in., incertum est, cf. quaest. I p. 30.*

63 Cf. Varr. R. D. XIV fr. 58. L. L. V 61 sq.: Horum (sc. maris et feminae) vinctionis vis Venus ..., non quod vincere velit Venus, sed vincire. — *Huius deae cognomina collecta praebet* Serv. int. Aen. I 720, *physicas fabularum interpretationes invenies ap.* Serv. gen. Aen. V 801.

64 *De altero loco vd. quaest. I p. 31.* — Ov. fast. VI 267 sqq.: Vesta eadem est et terra. Subest vigil ignis utrique: Significant sedem terra focusque suam. Terra pilae similis nullo fulcimine nixa Aere subiecto tam grave pendet onus. 277 sqq.: Cur sit virginibus quaeris dea culta ministris? Inveniam causas hac quoque parte suas ... De tribus (sc. Iunone Cerere Vesta) impatiens restitit una (sc. Vesta) viri. Quid mirum, virgo si virgine laeta ministra Admittit castas in sua sacra manus? Nec tu aliud Vestam, quam vivam intellege flammam: Nataque de flamma corpora nulla vides. Iure igitur virgo est, quae semina nulla remittit Nec capit, et comites virginitatis amat. 299: Stat vi terra sua. Vi stando Vesta vocatur. *Quin haec ad hunc Varronis locum referenda sint vix dubium est; verum num ea, quae Ovidius de templi forma v. 265 sqq., de foci et vestibuli veriloquio v. 295 sqq. dicit, huc pertineant incertum est, quamvis Varronem de foco eadem in R. D. libro V docuisse e* Serv. interp. Aen. III 134; XI 211 (*cf.* Serv. gen. Aen. XII 118), *de vestibulo nescio quo loco egisse e* Serv. gen. Aen. IV 273 (*cf.* eund. Aen. II 469) *sciamus.* — Serv. gen. Aen. I 292: Vesta pro religione quia nullum sacrificium sine igne est (*cf.* Serv. interp. Aen. III 133: Varro R. D. (lib. V) refert ... non licere vel privata vel publica sacra sine foco fieri), unde et ipsa et Ianus in omnibus sacrificiis invocantur. Vesta autem dicta vel ἀπὸ τῆς ἑστίας, ut digammos sit adiecta ... vel quod variis vestita sit rebus, ipsa enim esse dicitur Terra, quam ignem habere non dubium est, ut ex Aetna Vulcanoque datur intellegi. Id. Aen. II 296: Vestam] deam ignis, quae, ut supra diximus, terra est. Serv. interp. Aen. II 296: Vesta terra, quod in medio mundo vi sua stet et ignem intra se habeat. Id. Aen. IX 257: Canae Vestae] ipsa enim antiquissima dea Terra. *Cf.* Arnob. III 32 *et* R. D. XVI fr. 46 cum adnot. *Servii locis Varroniana quaedam inesse eo facilius conicitur, si per Cornelium Labeonem a Varrone rivulos illos perfluxisse iudicatur.* — *Vd.*

64c Aug. C. D. VII 30 p. 313, 22 sqq.: ⟦Qui hominum coetibus, quem focis et luminibus adhiberent, ad facillimos usus munus terreni ignis indulsit.⟧

65 Aug. C. D. IV 10 p. 159, 13 sqq.: ⟦Quis enim ferat, quod cum tantum honoris et quasi castitatis igni tribuerint *(cf. fr. 64b)*, aliquando Vestam non erubescunt etiam Venerem dicere?⟧

66 Non. p. 318, 25 sqq.: ⟦Habitare, uti.⟧ ... Varro ... Rerum Divinarum lib. XVI: Hoc nomine antiquos secundis rebus comam habitasse.

---

2 quem] quae *C*
7 Habitare *Turnebus*: habere *codd* utu *L* 9 comam *Quicheratus*: comas *codd,* cumas (*i. e.* Cumas) *ed. anni 1471.*

---

etiam Dion. Hal. II 66: Τινὲς μὲν οὖν οὐδὲν ἔξω τοῦ φανεροῦ πυρὸς εἶναί φασι τὸ τηρούμενον (sc. in templo Vestae)· τὴν δὲ φυλακὴν αὐτοῦ παρθένοις ἀνακεῖσθαι μᾶλλον ἢ ἀνδράσι ποιοῦνται κατὰ τὸ εἰκός, ὅτι πῦρ μὲν ἀμίαντον, παρθένος δ' ἄφθαρτον· τῷ δὲ ἁγνοτάτῳ τῶν θείων τὸ καθαρώτατον τῶν θνητῶν φίλον. Ἑστίᾳ δὲ ἀνακεῖσθαι τὸ πῦρ νομίζουσιν, ὅτι γῆ τε οὖσα ἡ θεὸς καὶ τὸν μέσον κατέχουσα τοῦ κόσμου τόπον (*cf.* Ov. fast. VI 267 sqq. 293; Serv. int. Aen. II 296; Arnob. III 32) τὰς ἀνάψεις τοῦ μεταρσίου ποιεῖται πυρὸς ἀφ' ἑαυτῆς. *Haec si e Varrone profecta sunt, id quod mihi quidem non dubium videtur, tamen num ab hoc ipso loco profluxerint incertum est. De similibus, quae apud* Plut. Num. 9 *leguntur, satis habeo repetere, quae Schwarzius scribit p. 499:* 'Res impeditior est, postquam virorum doctorum pars omnia Romana, pars nihil Varroni debere Chaeronensem statuit'. — Isidorus or. VIII 11, 67 *sua ex* Aug. C. D. IV 10, Serv. gen. Aen. I 292, Ovidio, Lactantio (I. D. I 12) *compilavit.*
65 *Vd. quaest. I p. 31.*

Indices sequuntur in fine huius fasciculi pag. 367 sq.

M. Terenti Varronis Antiquit. Rer. Div. I XIV—XVI

Auct. **R. Agahd.**

Indices.

A. Index locorum.

B. Index nominum et rerum.

E.

F.

Q.

R.

S.

Varronis R. D. libros I XIV XV XVI exscripserit p. 24.
Vallonia p. 178.
Varro Rerum Divinarum doctissimus scriptor, ubique expugnator religionis, praecellens in theologia p. 141; — Romani stili Diogenes vel Romanus Cynicus p. 58.
Varronis auctores: L. Aelius p. 184; Antiochus Stoicus p. 155 *adn.*; Apollodorus p. 92; Aristoteles p. 167; Pontifices p. 128. 130 sqq.; Posidonius p. 111; Plato p. 75. 150. 154. 155; Scaevola p. 17.
Varronis placita: I De anima quid docuerit ex uno Platone cognoscitur p. 110 sqq.; Platonis doctrinam in Phaedone propositam sequitur p. 110. 154; de animae passionibus sive perturbationibus p. 112. 154; de revolutione animarum p. 106 sqq.; de tribus animae gradibus p. 25. 200 sq.; de generibus animarum rationalium p. 25. 198 sq. — II De deo: deus est mundus et anima mundi p. 71. 148. 198; animus motu ac ratione mundum gubernans p. 9. 19. 163. — III De diis: veri dii sunt anima mundi ac partes eius p. 25. 198; sunt elementa caelum sidera p. 72. 74 sq. 150 sq.; alterum genus deorum sunt homines post mortem dii facti p. 72 sq. 152 sq.; omnes dii sunt boni p. 155; 'θεοὶ' a 'θέειν' derivat p. 75. 150; deorum generationes et coniugia negat p. 30 sq. 72. 152; quicquam deo nasci cum Stoicis negatur p. 74; — *de singulis diis vd. singula deorum nomina.* — IV De elementis: elementa, caelum, astra animalia sunt p. 75. 150; sidera vivunt et animas rationales habent p. 31 sq. 150; de singulis stellis quid docuerit, incertum p. 30. — V De virtute et religioso: de virtute p. 24; virtus deorum natura, hominum industria excellit p. 154; religiosum a superstitioso discernit p. 155.
Varronis Res Divinae: R. D. libros ad C. Caesarem pontificem maximum scripsit p. 141; — qua de causa Res Humanas ante Divinas absolverit p. 16. 143; quomodo Antiquitatum libros disposuerit p. 142 sq.; — in R. D. libris de dis Romanis, non de omni natura deorum docet p. 16. 143; theologian civilem in R. D. libris explicavit p. 18; populi Romani consuetudinem sequitur p. 13 *al.*; quem ad finem R. D. libros conscripserit p. 15. 141 sq.; non solum commemorat deos, quos coli oporteat a Romanis, sed etiam quid ad quemque pertineat p. 143 sq. *Vd. etiam* Varro theologus.
In R. D. lib. I: Varro totius Rerum Romanarum operis dispositionem proponit p. 15 sq. 142 sq.; — de philosophorum doctrinis scripsit p. 17. 76; — qui dii Romani a singulis regibus aliisque constituti sint, scripsit p. 32 sq. 65 sqq.
R. D. lib. XIV: qua ratione hunc librum disposuerit p. 20 sq.; quomodo deos certos disposuerit p. 20 sq. 22 sqq. 165 sq.; non meras deorum syllogas composuit p. 22; nonnullorum deorum certorum templa sacra aras in hoc libro commemorat p. 22 sq. — *Vd. etiam* dii certi.
R. D. lib. XV: quales deos in hoc libro posuerit p. 129 sq.; deos ex hominibus assumptos tractavit p. 81 sq. 130; de Samothracum mysteriis egit p. 11. *Vd. etiam* dii incerti.
R. D. lib. XVI: civilem theologian ad naturalem referre studet p. 24 sq. 198; de theologia naturali paucissima praeloquitur p. 24 sq. 76. 198; quos deos selectos selegerit p. 27; quare hos potissimum deos selegerit p. 27. 129. *Vd. etiam* dii selecti.
Varro theologus: maiorem societatem habet cum philosophis quam cum poetis p. 9 sq.; fabulas contumeliosas de dis non commemoravit p. 29; Euhemeri adversarium se declaravit p. 49; a civitate Romana de dis deorumque nominibus abhorret p. 68; tamen populi consuetudinem sequi se debere dicit p. 8 sqq. 19. 163; falli in religione civi-

X.

Z.

ANCIENT RELIGION AND MYTHOLOGY

An Arno Press Collection

Altmann, Walter. **Die Römischen Grabaltäre der Kaiserzeit** (The Roman Grave Altars of Imperial Times). 1905

Amandry, Pierre. **La Mantique Apollinienne à Delphes** (Apollo's Oracle at Delphi). 1950

Appel, Georgius. **De Romanorum Precationibus** (Concerning the Prayers of the Romans). 1909

Bidez, Joseph and Franz Cumont. **Les Mages Hellénisés: Zoroastre, Ostanès et Hystaspe** (Hellenized Magi: Zoroaster, Ostanes and Hystaspes). Two volumes in one. 1938

Bouché-Leclercq, A[uguste]. **Les Pontifes de l'Ancienne Rome** (The Pontiffs of Ancient Rome). 1871

Cumont, Franz. **Recherches sur le Symbolisme Funéraire des Romains** (Investigations on the Funerary Symbolism of the Romans). 1942

Domaszewski, Alfred von. **Abhandlungen zur Römischen Religion** (Essays on Roman Religion). 1909

Domaszewski, Alfred von. **Die Religion des Römischen Heeres** (The Religion of the Roman Army). 1895

Edelstein, Emma J[eannette] and Ludwig Edelstein. **Asclepius: A Collection and Interpretation of the Testimonies.** Two volumes in one. 1945

Foucart, P[aul] [François]. **Des Associations Religieuses Chez les Grecs:** Thiases, Eranes, Orgéons (The Religious Associations of the Greeks: Thiasoi, Eranoi, Orgeones). 1873

Foucart, Paul [François]. **Les Mystères d'Éleusis** (The Mysteries of Eleusis). 1914

Gruppe, O[tto]. **Griechische Mythologie und Religionsgeschichte** (Greek Mythology and the History of Greek Religion). Two volumes. 1906

Harrison, Jane E[llen]. Prolegomena to the Study of Greek Religion. 1922

Jeanmaire, H[enri]. **Couroi et Courètes:** Essai sur l'Éducation Spartiate et sur les Rites d'Adolescence dans l'Antiquité Hellénique (Couroi and Couretes: Essay on Spartan Education and on the Rites of Adolescence in Greek Antiquity). 1939

De-Marchi, Attilio. **Il Culto Privato di Roma Antica** (The Private Cult in Ancient Rome). Two volumes in one. 1896/1903

Moulinier, Louis. **Le Pur et l'Impur dans la Pensée des Grecs d'Homére à Aristote** (The Pure and the Impure in the Thought of the Greeks from Homer to Aristotle). 1952

Nilsson, Martin P[ersson]. **The Dionysiac Mysteries of the Hellenistic and Roman Age.** 1957

Norden, Eduard. **Aus Altrömischen Priesterbüchern** (From the Books of the Ancient Roman Priests). 1939

Otto, Walter [Gustav Albrecht]. **Priester und Tempel im Hellenistischen Ägypten** Priest and Temple in Hellenistic Egypt). Two volumes in one. 1905/1908

Plutarch. **The Roman Questions of Plutarch.** Edited by H[erbert] J[ennings] Rose. 1924

Plutarch. **The Greek Questions of Plutarch.** With a New Translation and a Commentary by W. R. Halliday. 1928

Robert, Carl. **Archaeologische Hermeneutik** (The Interpretation of Archaeological Material). 1919

Robert, Carl. **Bild und Lied:** Archäologische Beiträge zur Geschichte der Griechischen Heldensage (Image and Song: Archaeological Contributions to the History of the Greek Hero Sagas). 1881

Roman Augury and Etruscan Divination. 1975.

Rouse, William Henry Denham. **Greek Votive Offerings:** An Essay in the History of Greek Religion. 1902

Scott, Kenneth. **The Imperial Cult Under the Flavians.** 1936

Stengel, Paul. **Die Griechischen Kultusaltertümer** (Antiquities Relating to Greek Cults). 1920

Tabeling, Ernst. **Mater Larum:** Zum Wesen der Larenreligion (Mother of the Lares: Towards the Essence of the Lares Religion). 1932

Tresp, Alois. **Die Fragmente der Griechischen Kultschriftsteller** (Fragments of the Writers on the Greek Cults). 1914

Two Studies on the Roman Pontifices. 1975

Varro, Marcus Terentius. **M. Terenti Varronis Antiquitatum Rerum Divinarum. Libri I, XIV, XV, XVI** (Marcus Terentius Varro's Books on Ancient Religious Matters). Edited by Reinholdo Agahd. 1898

Wissowa, Georg. **Gesammelte Abhandlungen zur Römischen Religions und Stadtgeschichte** (Collected Essays on Roman Religion and Political History). 1904
